浙江文化研究工程成果文庫

浙江文獻集成

浙江文叢

姚覲元日記

〔上册〕

〔清〕姚覲元 著

趙紅娟 整理

浙江古籍出版社

圖書在版編目（CIP）數據

姚覲元日記 / (清) 姚覲元著 ; 趙紅娟整理.
杭州 : 浙江古籍出版社, 2024. 8. -- (浙江文叢).
ISBN 978-7-5540-3062-2

Ⅰ. K825.41

中國國家版本館CIP數據核字第2024PN5587號

浙江文叢

姚覲元日記

（全二册）

〔清〕姚覲元 著　趙紅娟 整理

出版發行　浙江古籍出版社
（杭州市環城北路177號　郵編：310006）
網　　址　http://zjgj.zjcbcm.com
責任編輯　伍姬穎　羅毅峰
封面設計　吴思璐
責任校對　葉静超
責任印務　樓浩凱
照　　排　浙江大千時代文化傳媒有限公司
印　　刷　浙江新華數碼印務有限公司
開　　本　710 mm × 1000 mm　1/16
印　　張　40.25　　插頁　3
字　　數　412千
版　　次　2024年8月第1版
印　　次　2024年8月第1次印刷
書　　號　ISBN 978-7-5540-3062-2
定　　價　300.00圓（精裝）

ISBN 978-7-5540-3062-2

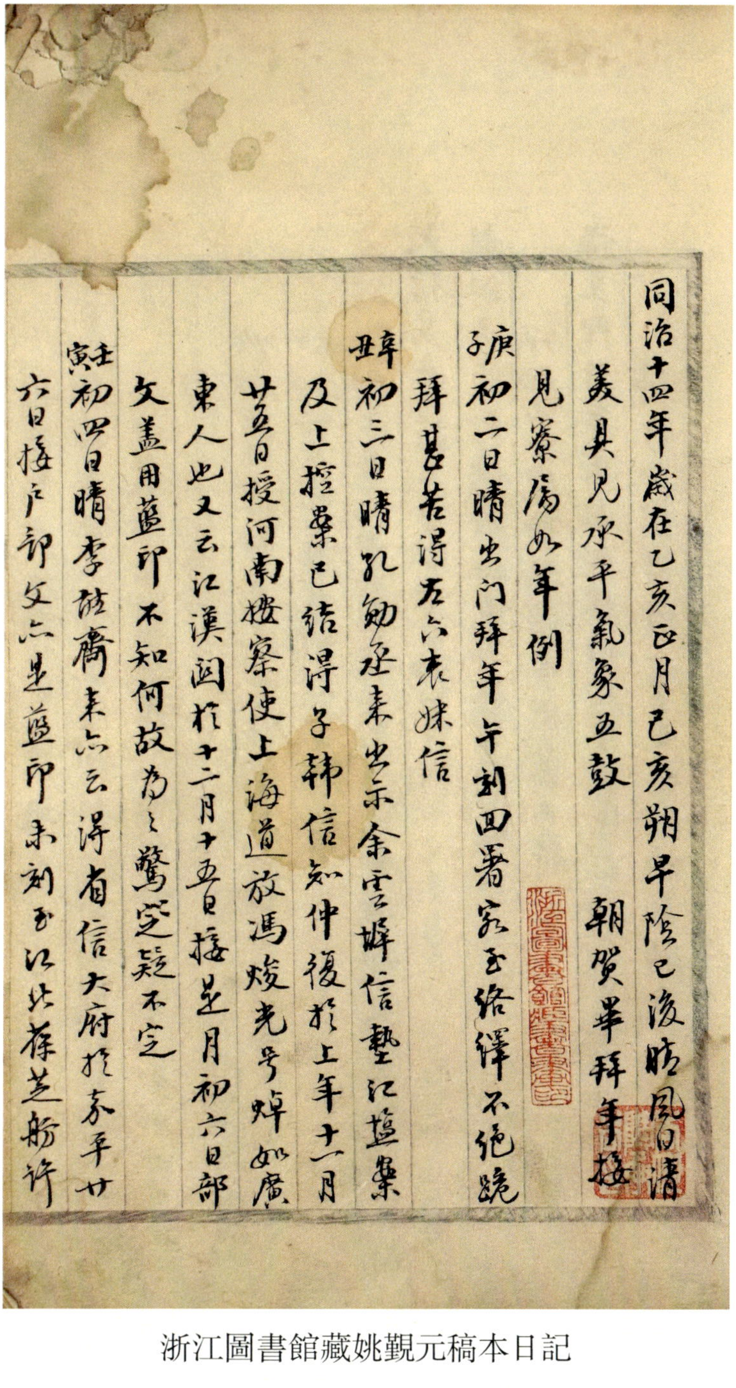
同治十四年歲在乙亥正月己亥朔早陰已後晴風日清
美具見承平氣象五鼓　朝賀畢拜年接
見察鴻如年例
庚子初二日晴出门拜年午刻四署家丞絡繹不絕晚
拜甚若得左六表妹信
辛丑初三日晴孔勉之來出示余雲墀信墊江藍案
及上控案已結得子韩信知仲復於上年十一月
廿五日授河南按察使上海道放馮焌光号竹如廣
東人也又云江漢関於十二月十五日接是月初六日部
文蓋用藍印不知何故為之驚疑不定
壬寅初四日晴李兹齋来亦云得省信大府於本年廿
六日接户部文亦是藍印未刻至江北蒋芝舫许

浙江圖書館藏姚覲元稿本日記

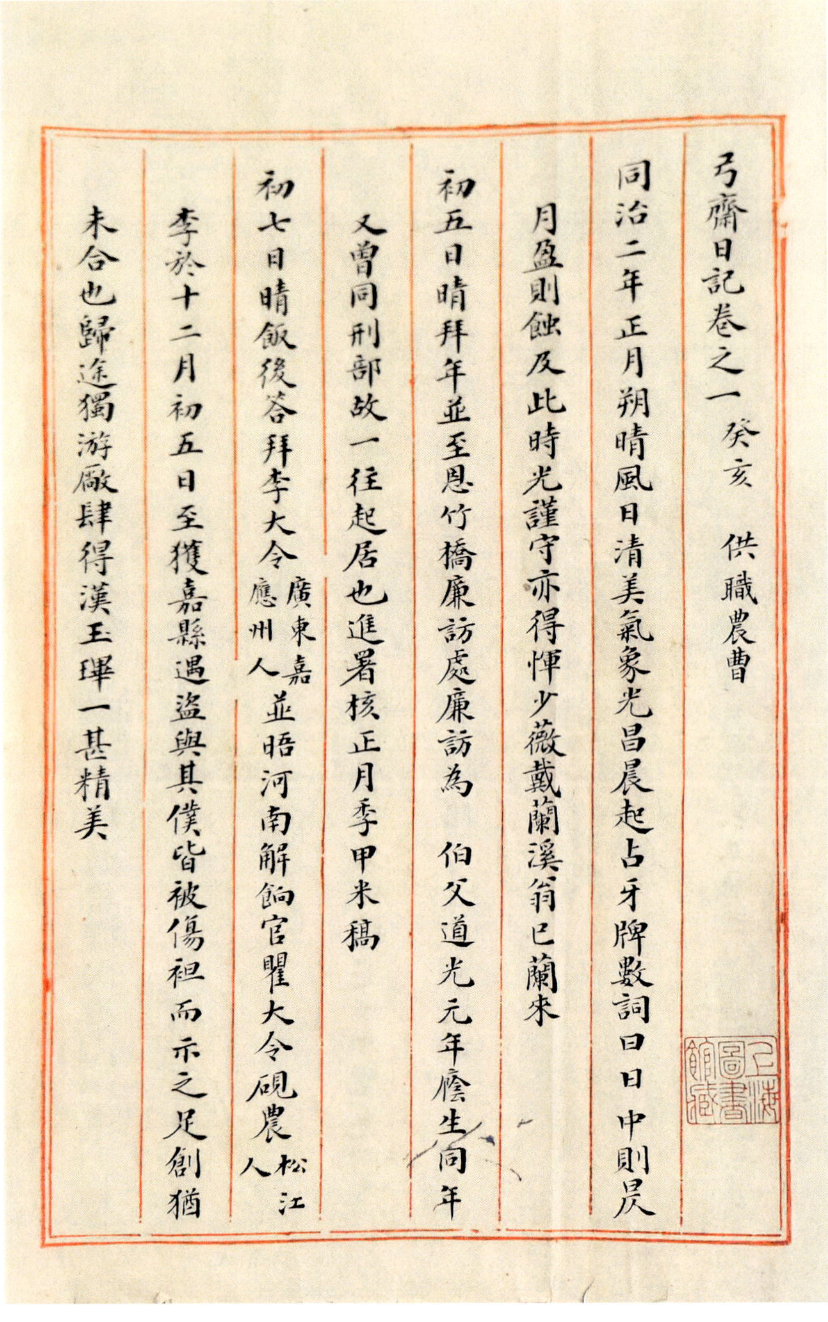
弓齋日記卷之一　癸亥　供職農曹
同治二年正月朔晴風日清美氣象光昌晨起占牙牌數詞曰日中則昃
月盈則蝕及此時光謹守亦得惲少薇戴蘭溪翁巳蘭來
初五日晴拜年並至恩竹橋廉訪處廉訪為　伯父道光元年㑹生同年
又曾同刑部故一往起居也進署核正月季甲米稿
初七日晴飯後荅拜李大令廣東嘉應州人並晤河南解餉官瞿大令硯農松江人
李於十二月初五日至獲嘉縣遇盜與其僕皆被傷袒而示之足創猶
未合也歸途獨游廠肆得漢玉琫一甚精美

上海圖書館藏《弓齋日記》鈔本

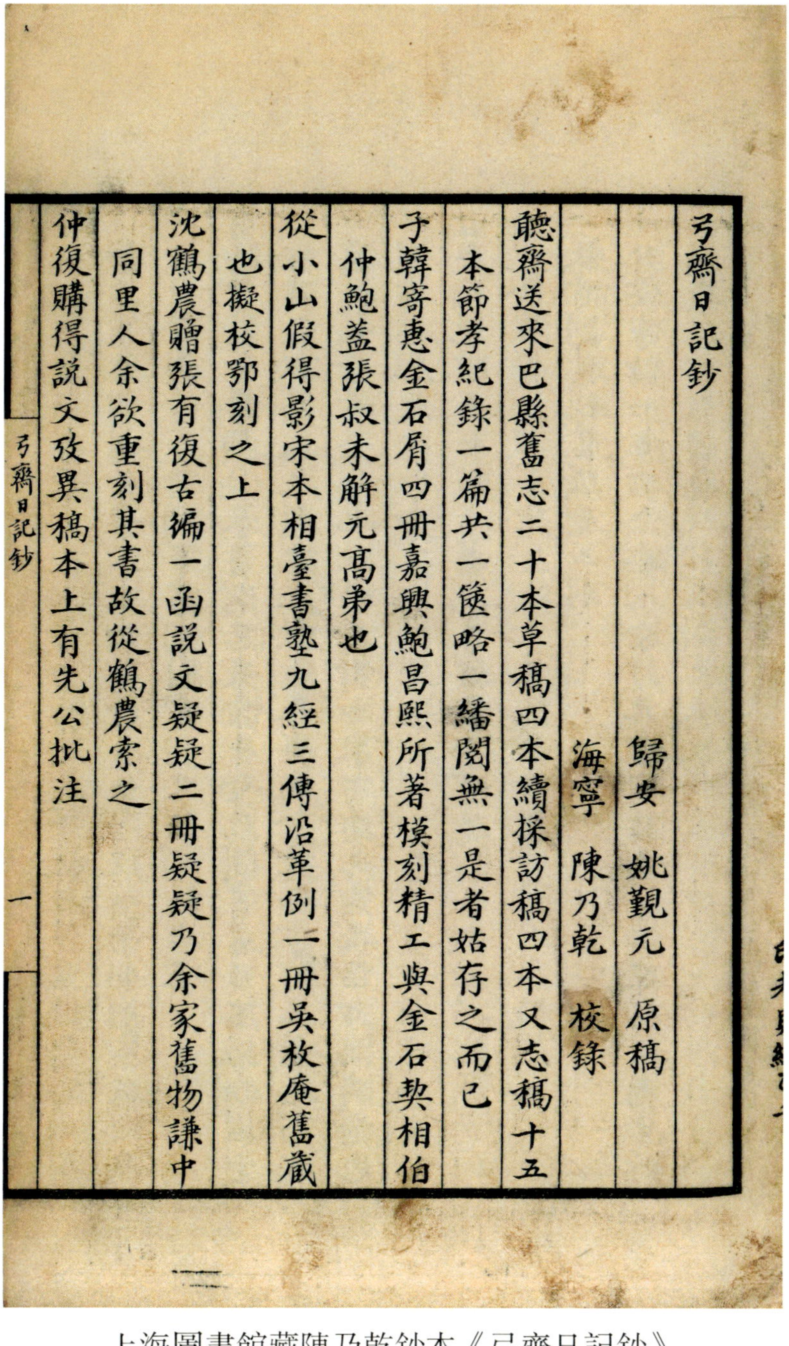

弓齋日記鈔

歸安　姚覲元　原稿

海寧　陳乃乾　校錄

聽齋送來巴縣舊志二十本草稿四本續採訪稿四本又志稿十五本節孝紀錄一篇共一篋略一繙閱無一是者姑存之而已

子韓寄惠金石屑四冊嘉興鮑昌熙所著模刻精工與金石契相伯仲鮑蓋張叔未解元高弟也

從小山假得影宋本相臺書塾九經三傳沿革例一冊吳枚庵舊藏也擬校鄂刻之上

沈鶴農贈張有復古編一函說文疑疑二冊疑疑乃余家舊物謙中同里人余欲重刻其書故從鶴農索之

仲復購得說文攷異稿本上有先公批注

弓齋日記鈔　一

上海圖書館藏陳乃乾鈔本《弓齋日記鈔》

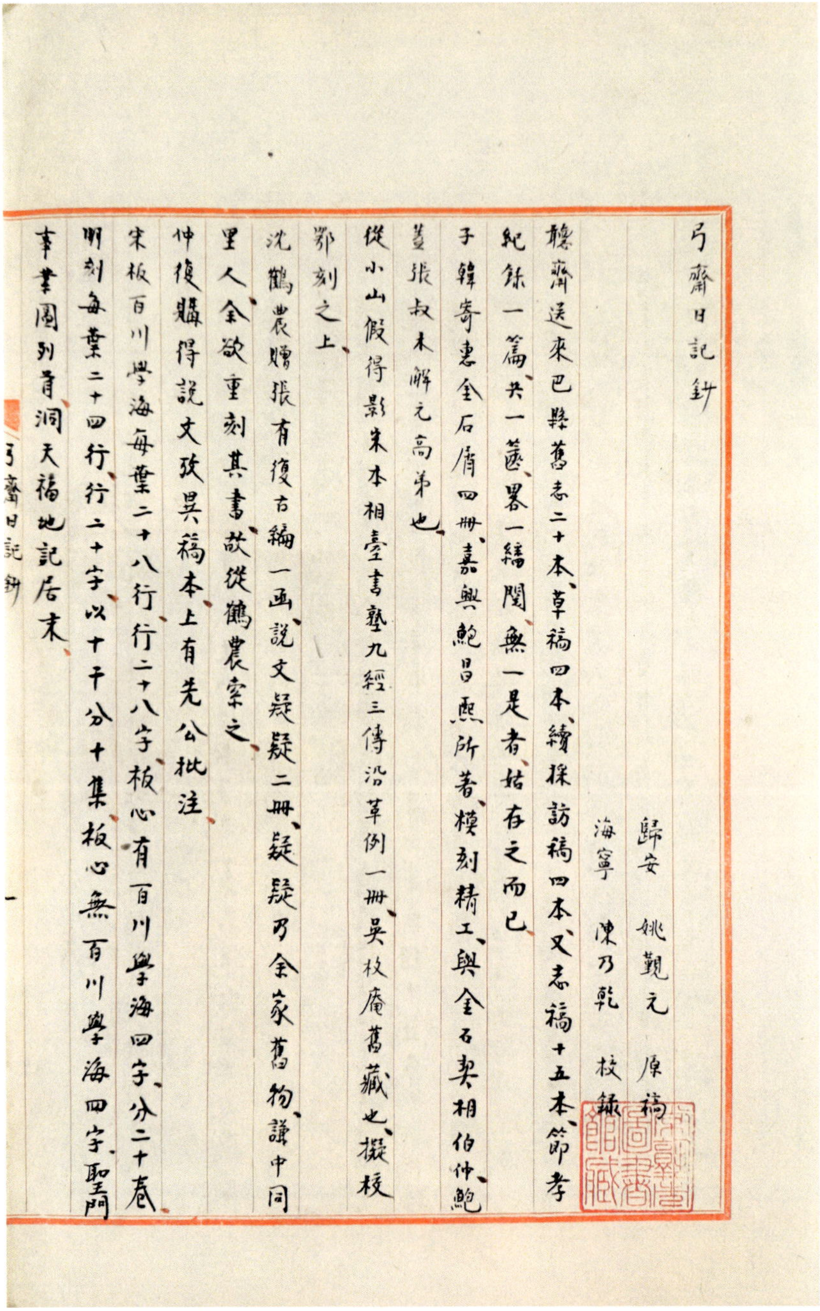
弓齋日記鈔

歸安　姚覲元　原稿

海寧　陳乃乾　校録

聽齋送來巴縣舊志二十本、草稿四本、續採訪稿四本、又志稿十五本、節孝紀餘一篇共一篋，畧一繙閱，無一是者，姑存之而已。

子韓寄惠金石屑四册，嘉興鮑昌熙所著，模刻精工，與金石契相伯仲。鮑蓋張叔未解元高弟也。

從小山假得影宋本相臺書塾九經三傳沿革例一册，吳枚庵舊藏也，擬校鄂刻之上。

沈鶴農贈張有復古編一函、說文疑疑二册。疑疑乃余家舊物，謙中同里人，余欲重刻其書，故從鶴農索之。

仲復購得說文攷異稿本，上有先公批注。

宋板百川學海，每葉二十八行，行二十八字，板心有百川學海四字，分二十卷。明刻每葉二十四行，行二十字，以十干分十集，板心無百川學海四字。聖門事業圖列首，洞天福地記居末。

常熟圖書館藏瞿鳳起鈔本《弓齋日記鈔》

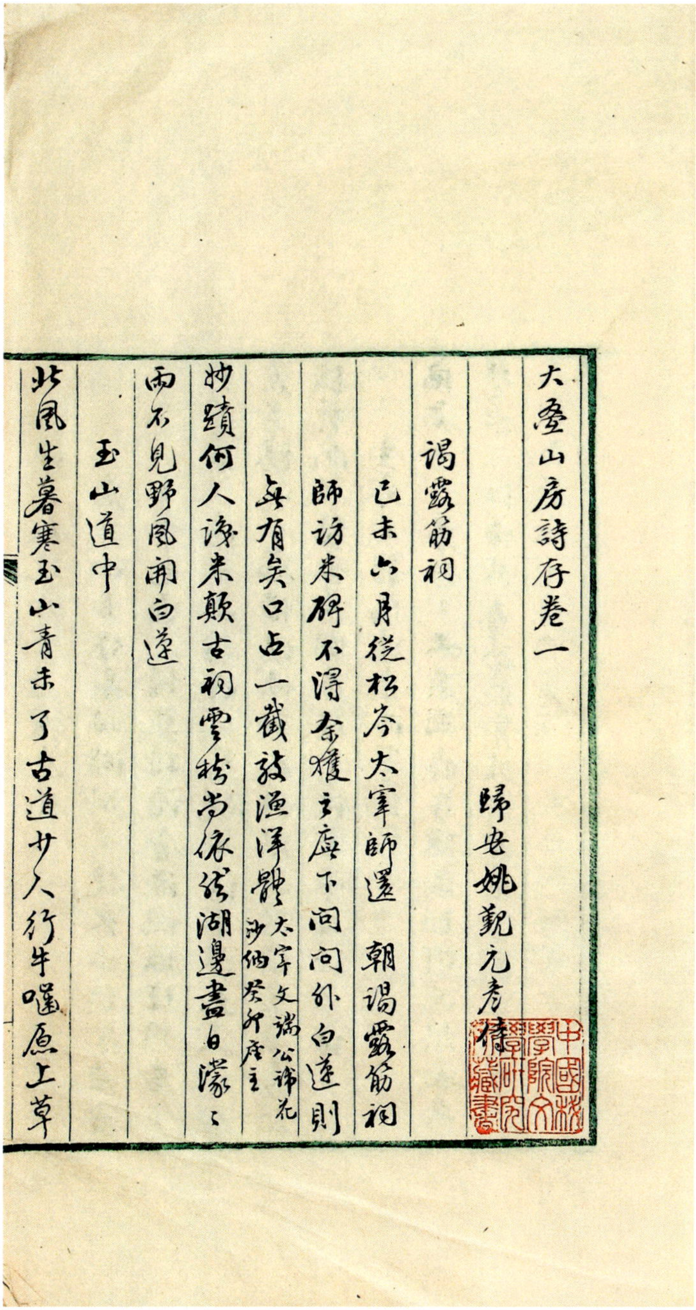
大疊山房詩存卷一

歸安姚覲元彥侍

謁露筋祠

己未六月從松岑太宰師還　朝謁露筋祠

師訪米碑不得余獲之廡下問向外白蓮則

無有矣口占一截效漁洋體太宰文端公諱花沙納癸卯座主

妙蹟何人訪米顛古祠雲樹尚依然湖邊盡白濛濛

雨不見野風開白蓮

玉山道中

北風生暮寒玉山青未了古道少人行牛嚙原上草

中國社科院文學所藏姚覲元《大疊山房詩存》

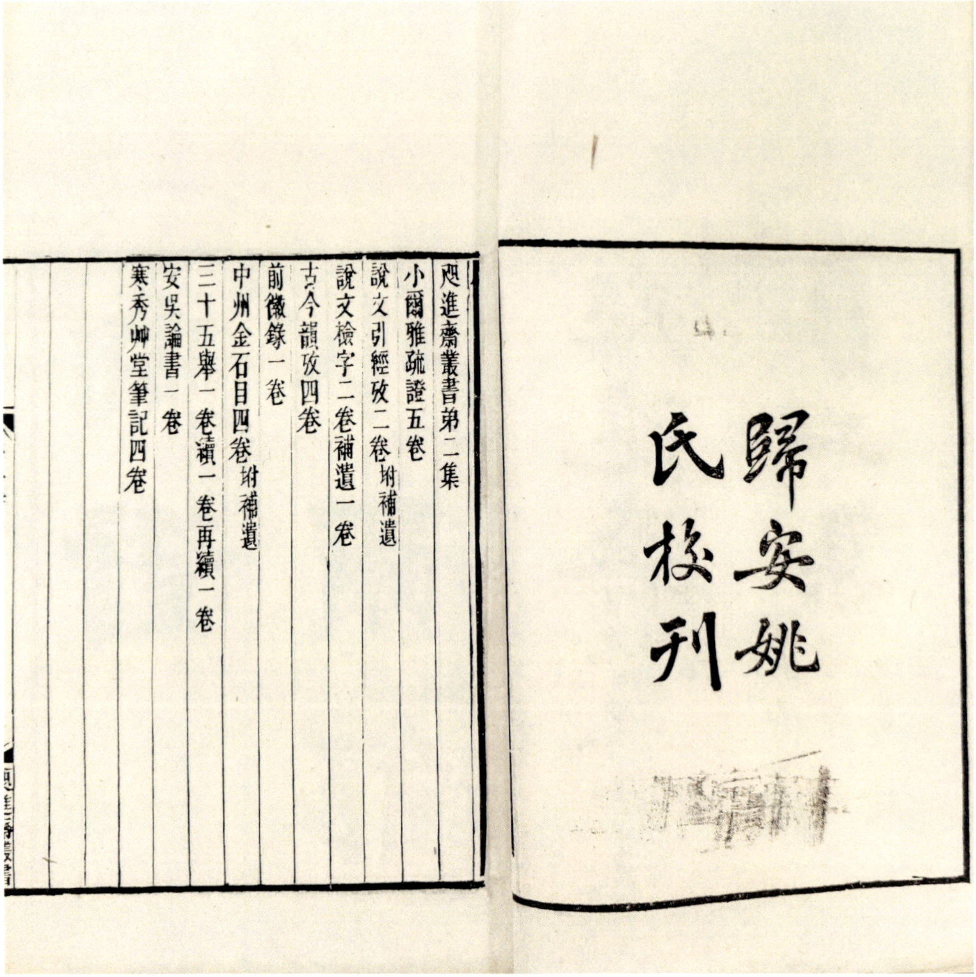
歸安姚氏校刊

咫進齋叢書第二集
小爾雅疏證五卷
說文引經攷二卷附補遺
說文檢字二卷補遺一卷
古今韻攷四卷
前徵錄一卷
中州金石目四卷附補遺
三十五舉一卷續一卷再續一卷
安吳論書一卷
寒秀艸堂筆記四卷

姚覲元輯刻《咫進齋叢書》

浙江省文化研究工程指導委員會

浙江文化研究工程成果文庫總序

習近平

有人將文化比作一條來自老祖宗而又流向未來的河，這是説文化的傳統，通過縱向傳承和横向傳遞，生生不息地影響和引領着人們的生存與發展；有人説文化是人類的思想、智慧、信仰、情感和生活的載體、方式和方法，這是將文化作爲人們代代相傳的生活方式的整體。我們説，文化爲群體生活提供規範、方式與環境，文化通過傳承爲社會進步發揮基礎作用，文化會促進或制約經濟乃至整個社會的發展。文化的力量，已經深深熔鑄在民族的生命力、創造力和凝聚力之中。

在人類文化演化的進程中，各種文化都在其内部生成衆多的元素、層次與類型，由此決定了文化的多樣性與複雜性。

中國文化的博大精深，來源於其内部生成的多姿多彩；中國文化的歷久彌新，取決於其變遷過程中各種元素、層次、類型在内容和結構上通過碰撞、解構、融合而産生的革故鼎新的强大動力。

中國土地廣袤、疆域遼闊，不同區域間因自然環境、經濟環境、社會環境等諸多方面的差異，建構了不同的區域文化。區域文化如同百川歸海，共同匯聚成中國文化的大傳統，這種大傳統如同春風化雨，滲透於各種區域文化之中。在這個過程中，區域文化如同清溪山泉潺潺不息，在中國文化的共同價值取向下，以自己的獨特個性支撑着、引領着本地經濟社會的發展。

從區域文化入手，對一地文化的歷史與現狀展開全面、系統、扎實、有序的研究，一方面可以藉此梳理和弘揚當地的歷史傳統和文化資源，繁榮和豐富當代的先進文化建設活動，規劃和指導未來的文化發展藍圖，增强文化軟實力，爲全面建設小康社會、加快推進社會主義現代化提供思想保證、精神動力、智力支持和輿論力量；另一方面，這也是深入瞭解中國文化、研究中國文化、發展中國文化、創新中國文化的重要途徑之一。如今，區域文化研究日益受到各地重視，成爲我國文化研究走向深入的一個重要標誌。我們今天實施浙江文化研究工程，其目的和意義也在於此。

千百年來，浙江人民積澱和傳承了一個底蘊深厚的文化傳統。這種文化傳統的獨特性，正在於它令人驚歎的富於創造力的智慧和力量。

浙江文化中富於創造力的基因，早早地出現在其歷史的源頭。在浙江新石器時代最爲著名的跨湖橋、河姆渡、馬家浜和良渚的考古文化中，浙江先民們都以不同凡響的作爲，在中華民族的文明之源留下了創造和進步的印記。

浙江人民在與時俱進的歷史軌跡上一路走來，秉承富於創造力的文化傳統，這深深地融匯在一代代浙江人民的血液中，體現在浙江人民的行爲上，也在浙江歷史上衆多傑出人物身上得到充分展示。從大禹的因勢利導、敬業治水，到勾踐的卧薪嘗膽、勵精圖治；從錢氏的保境安民、納土歸宋，到胡則的爲官一任、造福一方；從岳飛、于謙的精忠報國、清白一生，到方孝孺、張蒼水的剛正不阿、以身殉國；從沈括的博學多識、精研深究，到竺可楨的科學救國、求是一生；無論是陳亮、葉適的經世致用，還是黄宗羲的工商皆本；無論是王充、王陽明的批判、自覺，還是龔自珍、蔡元培的開明、開放，等等，都展示了浙江深厚的文化底藴，凝聚了浙江人民求真務實的創造精神。

代代相傳的文化創造的作爲和精神，從觀念、態度、行爲方式和價值取向上，孕育、形成和發展了淵源有自的浙江地域文化傳統和與時俱進的浙江文化精神，她滋育着浙江的生命力、催生着浙江的凝聚力、激發着浙江的創造力、培植着浙江的競争力，激勵着浙江人民永不自滿、永不停息，在各個不同的歷史時期不斷地超越自我、創業奮進。

悠久深厚、意韻豐富的浙江文化傳統，是歷史賜予我們的寶貴財富，也是我們開拓未來的豐富資源和不竭動力。黨的十六大以來推進浙江新發展的實踐，使我們越來越深刻地認識到，與國家實施改革開放大政方針相伴隨的浙江經濟社會持續快速健康發展的深層原因，就在於浙江深厚的文化底藴和文化傳統與當今時代精神的有機結合，就在於發展先進生産力與發展先進文化的有機結合。今後一個時期浙江能否在全面建設小康社會、加快社會主義現代化建設進程中繼續走在前列，很大程度上取決於我們對文化力量的深刻認識、對發展先進文化的高度自覺和對加快建設文化大省的工作力度。我們應該看到，文化的力量最終可以轉化爲物質的力量，文化的軟實力最終可以轉化爲經濟的硬實力。文化要素是綜合競争力的核心要素，文化資源是經濟社會發展的重要資源，文化素質是領導者和勞動者的首要素質。因此，研究浙江文化的歷史與現狀，增强文化軟實力，爲浙江的現代化建設服務，是浙江人民的共同事業，也是浙江各級黨委、政府的重要使命和責任。

二〇〇五年七月召開的中共浙江省委十一届八次全會，作出《關於加快建設文化大省的决定》，提出要從增强先進文化凝聚力、解放和發展生産力、增强社會公共服務能力入手，大力實施文明素質工程、文化精品工程、文化研究工程、文化保護工程、文化産業促進工程、文化陣地工程、文化傳播工程、文化人才工程等『八項工程』，實施科教興國和人才强國戰略，加快建設教育、科技、衛生、體育等『四個强省』。作爲文化建設『八項工程』之一的文化研究工程，其任務就是系統研究浙江文化的歷史成就和當代發展，深入挖掘浙江文化底藴、研究浙江現象、總結浙江經驗、指導浙江未來的發展。

浙江文化研究工程將重點研究『今、古、人、文』四個方面，即圍繞浙江當代發展問題研究、浙江歷史文化專題研究、浙江名人研究、浙江歷史文獻整理四大板塊，開展系統研究，出版系列叢書。在研究内容上，深入挖掘浙江文化底藴，系統梳理和分析浙江歷史文化的内部結構、變化規律和地域特色，堅持和發展浙江精神；研究浙江文化與其他地域文化的異同，釐清浙江文化在中國文化中的地位和相互影響的關係；圍繞浙江生動的當代實踐，深入解讀浙江現象，總結浙江經驗，指導浙江發展。在研究力量上，通過課題組織、出版資助、重點研究基地建設、加强省内外大院名校合作、整合各地各部門力量等途徑，形成上下聯動、學界互動的整體合力。在成果運用上，注重研究成果的學術價值和應用價值，充分發揮其認識世界、傳承文明、創新理論、諮政育人、服務社會的重要作用。

我們希望通過實施浙江文化研究工程，努力用浙江歷史教育浙江人民、用浙江文化薰陶浙江人民、用浙江精神鼓舞浙江人民、用浙江經驗引領浙江人民，進一步激發浙江人民的無窮智慧和偉大創造能力，推動浙江實現又快又好發展。

今天，我們踏着來自歷史的河流，受着一方百姓的期許，理應負起使命，至誠奉獻，讓我們的文化綿延不絕，讓我們的創造生生不息。

二〇〇六年五月三十日於杭州

浙江文化研究工程成果文庫序言

易煉紅

國風浩蕩、文脈不絕，錢江潮涌、奔騰不息。浙江是中國古代文明的發祥地之一、是中國革命紅船啓航的地方。從萬年上山、五千年良渚到千年宋韻、百年紅船，歷史文化的風骨神韻、革命精神的剛健激越與現代文明的繁榮興盛，在這裏交相輝映、融爲一體，浙江成爲了揭示中華文明起源的『一把鑰匙』，展現偉大民族精神的『一方重鎮』。

習近平總書記在浙江工作期間作出『八八戰略』這一省域發展全面規劃和頂層設計，把加快建設文化大省作爲『八八戰略』的重要内容，親自推動實施文化建設『八項工程』，構築起了浙江文化建設的『四梁八柱』，推動浙江從文化大省向文化强省跨越發展，率先找到了一條放大人文優勢、推進省域現代化先行的科學路徑。習近平總書記還親自倡導設立『文化研究工程』並擔任指導委員會主任，親自定方向、出題目、提要求、作總序，彰顯了深沉的文化情懷和强烈的歷史擔當。這些年來，浙江始終牢記習近平總書記殷殷囑托，以守護『文獻大邦』、賡續文化根脈的高度自覺，持續推進浙江文化研究工程，接續描繪更加雄渾壯闊、精美絶倫的浙江文化畫卷。堅持激發精神動力，圍繞『今、古、人、文』四大板塊，系統梳理浙江歷史的傳承脈絡，挖掘浙江文化的深厚底蘊，研究浙江現象、總結浙江經驗、豐富浙江精神，實施『「八八戰略」理論與實踐研究』等專題，爲浙江幹在實處、走在前列、勇立潮頭提供源源不斷的價值引導力、文化凝聚力、精神推動力。堅持打造精品力作，目前一期、二期工程已經完結，三期工程正在進行中，出版學術著作超過一千七百部，推出了『中國歷代繪畫大系』等一大批有重大影響的成果，持續擦亮陽明文化、和合文化、宋韻文化等金名片，豐富了中華文化寶庫。堅持礪煉精兵强將，鍛造了一支老中青梯次配備、傳承有序、學養深厚的哲學社會科學人才隊伍，培養了一批高水平學科帶頭人，爲擦亮新時代浙江學術品牌提供了堅實智力人才支撑。

文化是民族的靈魂，是維繫國家統一和民族團結的精神紐帶，是民族生命力、創造力和凝聚力的集中體現。在以中國式現代化全面推進强國建設、民族復興偉業的新征程上，習近平文化思想在堅持『兩個結合』中，以『體用貫通、明體達用』的鮮明特質，茹古涵今明大道、博大精深言大義、萃菁取華集大成，鮮明提出我們黨在新時代新的文化使命，推動中華文脈綿延繁盛、中華文明歷久彌新，推動全黨全國各族人民文化自信明顯增强、精神面貌更加奮發昂揚。特别是今年九月，習近平總書記親臨浙江考察，賦予我們『中國式現代化的先行者』的新定位和『奮力譜寫中國式現代化浙江新篇章』的新使命，提出『在建設中華民族現代文明上積極探索』的重要要求，進一步明確了浙江文化建設的時代方位和發展定位。

文明薪火在我們手中傳承，自信力量在我們心中升騰。縱深推進文化研究工程，持續打造一批反映時代特徵、體現浙江特色的精品佳作和扛鼎力作，是浙江學習貫徹習近平文化思想和習近平總書記考察浙江重要講話精神的題中之義，也是浙江一張藍圖繪到底、積極探索闖新路、守正創新强擔當的具體行動。我們將在加快建設高水平文化强省、奮力打造新時代文化高地中，以文化研究工程爲牽引抓手，深耕浙江文化沃土、厚植浙江創新活力，爲創造屬於我們這個時代的新文化貢獻浙江力量。要在循迹溯源中打造鑄魂工程，充分發揮習近平新時代中國特色社會主義思想重要萌發地的資源優勢，深入研究闡釋『八八戰略』的理論意義、實踐意義和時代價值，助力夯實堅定擁護『兩個確立』、堅決做到『兩個維護』的思想根基。要在賡續厚積中打造傳世工程，深入系統梳理浙江文脈的歷史淵源、發展脈絡和基本走向，扎實做好保護傳承利用工作，持續推動優秀傳統文化創造性轉化、創新性發展，讓悠久深厚的文化傳統、源頭活水暢流於當代浙江文化建設實踐。要在開放融通中打造品牌工程，進一步凝煉提升『浙學』品牌，放大杭州亞運會亞殘運會、世界互聯網大會烏鎮峰會、良渚論壇等溢出效應，以更有影響力感染力傳播力的文化標識，展示『詩畫江南、活力浙江』的獨特韻味和萬千氣象。要在引領風尚中打造育德工程，秉持浙江文化精神中蘊含的澄懷觀道、現實關切的審美情操，加快培育現代文明素養，讓陽光的、美好的、高尚的思想和行爲在浙江大地化風成俗、蔚然成風。

我們堅信，文化研究工程的縱深推進，必將更好傳承悠久深厚、意蘊豐富的浙江文化傳統，進一步弘揚特色鮮明、與時俱進的浙江文化精神，不斷滋育浙江的生命力、催生浙江的凝聚力、激發浙江的創造力、培植浙江的競争力，真正讓文化成爲中國式現代化浙江新篇章中最富魅力、最吸引人、最具辨識度的閃亮標識，在鑄就社會主義文化新輝煌中展現浙江擔當，爲建設中華民族現代文明作出浙江貢獻！

二〇二三年十二月

整理前言

姚覲元（一八二四—一八九〇）是清朝著名學者、藏書家與刻書家。原名經炳，字裕萬〔一〕，號彦侍，亦號彦士〔二〕，晚自稱復丁老人，湖州府歸安縣人。世居歸安縣東北鄉姚家埭，明萬曆中十一世祖姚讓始遷府城東，十世祖姚舜牧始居府城月河。舜牧，字虞佐，因慕唐一庵、許敬庵之學，而自號承庵。萬曆元年，以《易》中浙江鄉試，歷任廣東新興、江西廣昌知縣。著有《四書疑問》《五經疑問》《孝經疑問》等。中丞劉一焜、御史楊鶴造廬執弟子禮，爲建『羽翼六經坊』於省城及郡城南街，世稱『理學名儒承庵先生』，崇祀名宦鄉賢。舜牧長子祚端亦以《易》中萬曆二十八年舉人，萬曆三十五年舉進士。九世祖祚重，爲舜牧第五子，字肩初，號又庵。生子延啓、延著，均爲崇禎間舉人，順治四年又同登進士。延著爲姚覲元八世祖，字象懸，號榕似，曾任工、户、吏三科給事中，經筵侍班，管理大計、京察、軍政，兩充文武殿試掌卷官。延著第六子淳恪，字子莊，號念劬，監生，任山東昌樂縣知縣，崇祀名宦鄉賢。淳恪次子德升，以弟德謙次子世孝爲後，是爲姚覲元高祖。世孝，字備三，號簣山，府學增貢生。姚覲元曾祖名益治，字深仲，號達齋，縣學增生。本生祖即嘉慶四年狀元姚文田，原名加畬，字經田，號秋農，官至禮部尚書，謚文僖。祖加果，爲姚文田之弟，字千之，號汝日，又號兑庵，未娶而卒，因以文田次子衡爲後。衡即姚覲元之父，原名培賞，字大卿，號雪逸，太學生。娶石門胡氏，乾隆六十年進士胡枚女。曾任江西建昌府同知，著有《寒秀草堂筆記》四卷。

姚覲元道光三年十二月初二日〔三〕生於京師鐵門胡同。二十三年，中順天鄉試舉人。次年，由舉人考取景山官學漢教習。道光三十年，父衡卒於宦途，星飛奔喪，並扶櫬回湖州。咸豐元年，協辦侍讀。五年，補内閣中書。九年，因葬母再次南歸。次年春，因太平天國起義，道路梗阻，一時無法還京，被江蘇巡撫徐有壬延入幕府〔四〕。湖州告警後，徐有壬派兵往援。姚覲元仗劍請行，協助妹婿趙景賢籌辦湖防〔五〕，迭出奇計，因以軍功保升員外郎，賞戴花翎。蘇州、湖州淪陷後，南北阻絶，遂繞道湖廣入京。因親家陽湖惲次山時任分巡岳常澧道〔六〕，途中曾在常德盤桓數月。後由長沙渡洞庭，咸豐十一年十一月抵荆州，取道襄樊，始回京供職。

同治元年，姚覲元簽分户部雲南司。在部十年，先後充玉牒館總校官，襄辦大婚典禮，奉派隨辦奉天馬賊，通州、天津歷届驗收海運米石，以及軍需局、捐銅局、現審處、捐納房各差。於部務庫款悉心勾稽，曾嚴治銅局書吏，裁革南苑供奉白糧，議定蘇杭減漕章程，奏請金陵克復軍需免其報銷。特别是減漕和報銷這兩件涉及清王朝國計民生的大事，爲姚覲元贏得了良好聲譽。

同治十年十月，姚覲元被任命爲川東分巡兵備道，管轄三府二州一廳，於次年五月赴任。川東道幅員遼闊，尤多中外交涉事件，歷年教案層見迭出，素稱難治。姚覲元審斷時，並不委曲求全，而是秉公辦理，只論是非，不分民教，因此没有使教案升級和複雜化。同治十二年黔江教案，姚覲元不動聲色，使原本氣焰囂張的法使赫捷德『卒能就我範圍』〔七〕。東鄉血案剛起時，姚覲元三次上書四川總督，請求單騎前往，相機剿撫，惜不果議，致釀大獄。渝城奸商慣用藥水熔銀提金，姚覲元實力嚴禁，頓息此風。粵商李光照捐運木植案，姚覲元及時洞察其弊，奏請六省自行籌款，委員采辦。爲平穩解散武字營，姚覲元聯絡營員，妥爲彈壓，籌款三十萬兩，終其事而無一人嘩。蜀地宜植桑而不得其法，川東更是少有知者。姚覲元大力提倡蠶桑，從家鄉湖州運來良種，教民接桑繅絲之法，在佛圖關外隙地種桑養蠶，進行示範。又修建蠶神祠，開闢蠶市，進行蠶絲綢交易。不數年，川東郡縣，遍野桑田，民得其利。當地百姓爲紀念他，將佛圖關一帶改名姚公場。姚覲元還大力振興文教，購買合川秦氏大徐本《説文》書板，審校刊刻後藏之府學，爲治小學者傳習。孔廟禮樂之器不備，他按制度詳考，精製若干，並自撰《重置禮器碑記》。他還將天一閣所藏北宋本《石鼓文》，選石勾摹，拓爲精本，傳於海内，並於東川書院置四部典籍，使學子得遍觀博覽〔八〕。

光緒三年大計，四川總督丁寶楨『以卓異薦』〔九〕。次年，姚覲元升任湖北按察使。湖北一帶，刀匪盛行，掠賣婦女，甚至殺人放火，習以爲常。這些刀匪大都嘯聚於兩縣交界之處，此拿彼竄，很難捉獲。姚覲元訪得其實，委幹員分頭密捕，直搗其穴，捕殺積年巨匪夏家學、褚任興等十四人，荆襄一帶，爲之肅然。

光緒五年十二月，姚覲元升廣東布政使，次年六月到任。時西方列强入侵，海上告急，防費不敷，朝廷有勸捐之旨。而廣州濱海，沙田成熟，半爲豪强侵蝕，不僅賦稅積弊難收，而且爲奪田而械鬥的巨大案件頻發。姚覲元因以《周禮》均賦法度地，每畝沙田捐白金一兩，官府就給予印照，作爲百姓世守之業。不數月，集捐數十萬，賦增數倍，不僅解決了軍需費用問題，而且有效制止了民間奪田爭鬥事件。粤東候補人員，有例應赴部者，往往夤緣差委，逗留不前。姚覲元履任後，徹底清查，飭令迅速啓程，不得飾詞延緩，並將輪補應委各班次職名張榜公布於官廳，使書吏無所上下其手。姚覲元還組織修補學海堂書院阮元舊刊書板，刷印流行，以廣其傳，是爲鑄經研史書局。

光緒八年，新任户部尚書閻敬銘上臺後，整頓積弊，姚覲元在追論户部司員案内削職。是年冬天，自廣東罷官歸，因湖州老家無屋〔一〇〕，僑寓蘇州蕭家巷。自此閉門掃跡，潛心著述刻書。光緒十五年，朝廷徵召，本擬出山，因病未應，卒於次年十月初七日，年六十八。

自姚舜牧明萬曆中以舉業發家，到姚覲元出生的清道光間，湖州姚氏有功名、入仕途者達百餘人，其中進士九名、狀元一名，而且家學家風特徵顯著，成爲明清著名的文化世家。明代姚舜牧始以經學著稱於世，其《四書疑問》《易經疑問》《書經疑問》《詩經疑問》《禮記疑問》《春秋疑問》《孝經疑問》七部著作，《四庫全書總目》均予著録。清代崇尚經學與小學，姚氏家學得到發揚光大。姚文田嘉慶間以狀元起家，官至禮部尚書，著作等身，有《邃雅堂文集》《邃雅堂學古録》《説文聲系》《説文校議》《説文解字考異》《古音諧》《四聲易知録》《易原》《廣陵事略》《春秋日月表》等書行世，尤以《説文校議》風行海内，在文字學、音韻學、訓詁學以及書法創作上成就突出。姚覲元自小穎慧過人，五歲入塾讀書，即知向學。稍長，益刻苦自勵，無間寒暑，博覽群書。後折衷漢儒，潛研經學，形聲訓詁，尤爲專門。他學古入官，爲官垂四十年，官至布政使，然手不釋卷。所著有《集韻校正會編》《急就篇校勘記》《石魚文字所見録》《金石苑目》《三十五舉校勘記》《弓齋雜志》《燈窗拾慧》《大疊山房詩存》各若干卷。姚覲元之子姚慰祖，原名學莪，字公蓼，亦博覽群書，一應省試不利，即舍舉子業，精研古學，尤精目録之學，『凡某書之源流、某刻之行款字數，言之鑿鑿』〔一一〕。

擅長經學與小學的姚覲元、姚慰祖父子，也是父子兩世藏書家與刻書家。姚覲元出爲循吏，入爲純儒，無論閒居還是在官，甚至戰火紛飛期間，都不忘訪求書籍以及金石碑刻。他還是一位著名的目録學家，所經眼或收藏的每一部書籍，都細緻記録它的作者、刻書者、行款、題跋等，一些重要題跋則全文照録，並有自己的鑒定意見。如明刻本《長慶集》四册，有朱筆校語，黄丕烈跋認定爲絳雲樓舊物，朱筆就是錢謙益校宋本，但姚氏以爲所言不實。他指出黄氏晚年爲境所迫，無書不跋，往往有尋常習見之書，亦讚嘆欲絶，『蓋志在利也』〔一二〕，而此跋敷衍之跡明顯，當是黄氏晚年謀利之作。姚氏藏書多達數萬卷，且多爲宋元刻本、稿本和名人精抄本。姚覲元曾自言：『予藏書不爲少矣，而尋常通行本轉未有，亦可笑也。』〔一三〕據上海圖書館藏感峰樓抄本《咫進齋善本書目》四卷〔一四〕，姚氏父子所藏善本書共三百三十五種，約一萬零二百五十四卷〔一五〕，其中宋版三十六種、元版四十種、明版九十九種，其他舊抄、精抄、傳抄、稿本、校刻本等一百六十種〔一六〕。

刻書方面，姚覲元在川東時，即出資翻刻《集韻》《類篇》《禮部韻略》，這就是著名的姚刻『三韻』。他還延請遵義鄭知同、黄岡洪良品、江陰繆荃孫等名士襄助，校讎刊刻著名的《咫進齋叢書》。先以單種刻印，後匯成集，再由諸集合成叢書。《咫進齋叢書》三集最後完成於廣東布政使任上，共三十五種九十卷〔一七〕，有姚覲元光緒十年附記〔一八〕。其中《公羊禮疏》《公羊問答》《説文問答疏證》等是清代經學代表作，而《銷毁抽毁書目》《禁書總目》《違礙書目》等是研究清代文字獄與古書亡佚史的重要文獻。姚覲元退居蘇州後，更是專以校刻書籍、鈎摹金石爲樂，『自謂延墜緒於既往，惠後學於將來』〔一九〕。一生所刻逾千卷，多古本未見之書，其中手寫付梓者有《繆篆分韻》《續復古編》《笠澤叢書》三種，並有手校定本十餘種待梓〔二〇〕，它們是後來瞿啓甲主持校補的《咫進齋叢書》第四集的基礎。

《咫進齋叢書》校勘之役，其子姚慰祖實任之，『雌黄萬卷，無一訛者』〔二一〕。姚慰祖刻書成就亦不凡，然因功名不顯而又英年早逝，故刻書聲名被其父所掩。他曾親自影寫宋本《陸宣公奏議》、錢大昕《石經考異》《竹汀日記》、錢坫《十經文字》《通政書》、戴熙《古錢叢話》等，並先後付梓，板藏於家。他感嘆唐代虞世南《北堂書鈔》爲明陳禹謨竄改，轉輾借得常熟瞿氏所藏曹寅舊鈔本，然曹本乃胥手所爲，錯誤百出，於是夜以繼日，隨校隨梓，成六十餘卷，後因居父喪而中輟。其所刻尤著者爲《晋石厂叢書》，凡十種[二二]，皆目録學家所必讀之書，惜殺青未竟而人先逝。不久，姚氏後人將《咫進齋叢書》與《晋石厂叢書》板片賣與常熟瞿氏鐵琴銅劍樓，瞿啓甲、瞿鳳起、徐兆瑋等在姚覲元未盡事業的基礎上繼續校補，從而有了《咫進齋叢書》第四集[二三]，《晋石厂叢書》亦有一九三四年瞿氏鐵琴銅劍樓重修本。

姚覲元日記現存稿本三種、抄本三種，具體如下：

（一）上海圖書館藏《咫瞻日識》稿本一册。原封面有姚覲元手題『咫瞻日識』四字；後裝外封『咫瞻日識』書名下有『歸安咫進齋主人姚彦侍先生手寫（一行）日記稿本（二行）』十八字，後鈐『漢萬石君後』『經飴舊主』二印。日記卷首鈐『聚書爲巢』『意在瀟湘雲水之盦』『卓觀書巢』『行己有耻』『徐澂經眼』『上海圖書館藏』六印[二四]，卷末鈐『歸安姚繩武藏書』『咫進齋傳書』二印。此册爲咸豐十一年日記，起自九月十八日姚覲元因捻軍起義北上受阻而滯留長沙時，止於十二月二十九日姚覲元到達京城。

（二）上海圖書館藏《弓齋日記》稿本十二册。周越然舊藏，鈐有『曾留吴興周氏言言齋』『周越然』『言言齋善本圖書』『吴興周越然藏書之印』等印。前有楊壽祺題記：『此蓋歸安姚覲元先生所書也。先生字彦侍，晚年寓蕭家巷，在川東時曾刻「三韻」，在粤又刻《咫進齋叢書》。寓蘇日記中多宋元名畫及蕘圃題跋，京友中多提仲復，乃沈秉成也。』時間跨越十數年：

同治十三年、光緒四年至五年、光緒八年至十年、光緒十三年至十六年。其中同治十三年、光緒四年、光緒十年、光緒十四年這四年較完整，其他六年則有不同程度殘缺。十二册日記已根據文字數量情況重裝，其中以光緒十年量最大，占三册，同治十三年次之，占兩册。日記用紙不一，部分册封面有姚覲元題署，如第三册題『戊寅日記』，第七册題『甲申日記上』『起正月朔訖九月五日』，第九册題『甲申日記中』『起九月六日訖十一月三十日』，第十册題『己丑再續（一行）丁亥日記（一行）戊子續記（一行）』『起戊子（旁改作「丁亥」〔二五〕）正月，訖己丑二月，内（「内」字下殘缺，有旁注，曰「此下缺『自四月十二』計五字」〔二六〕）日至十月晦，因大病，未記。老（下殘）』，第十二册題『弓齋日記』『庚寅』。

（三）浙江圖書館藏《弓齋日記》稿本一册。首頁鈐『浙江圖書館藏書畫印』〔二七〕，以『同治十四年歲在乙亥』開篇，實爲光緒元年日記，原因是作日記時，遠在川東的姚覲元還未得到同治皇帝上年底駕崩的消息。

（四）上海圖書館藏本《弓齋日記》抄本二册。封面左側題『弓齋日記』，右側題『姚覲元日記，記官部曹及川東時事』。分别爲同治二年、四年、七年、十年、十三年，光緒元年至三年日記。内容涉及八個年份，因分爲八卷，每卷注明時間和姚覲元所任職務〔二八〕。其中與稿本重合的是同治十三年與光緒元年。姚覲元稿本日記皆爲逐日日記，而此抄本乃節抄本，不僅天數明顯減少〔二九〕，而且某日日記内容也只是擇取部分，有些事件抄録不完整，並間有事件繫日前後移易者。

（五）上海圖書館藏陳乃乾《弓齋日記抄》一册。署『歸安姚覲元原稿，海寧陳乃乾校録』，摘抄了周越然舊藏《弓齋日記》十二册稿本中涉及姚覲元藏書與刻書活動的部分内容，無年月日。有陳乃乾按語五條，以『乃乾案』形式標出。

（六）江蘇常熟圖書館藏瞿鳳起抄本《弓齋日記抄》一册〔三〇〕。瞿抄乃陳乃乾校録本，署『歸安姚覲元原稿，海寧陳乃乾校録』，内容上亦與上海圖書館藏陳乃乾抄本相同，天頭有瞿氏批語四條。

以上繫年的前四種日記，去掉重複年份，共計十八年，雖有殘損，但内容極其豐富，涉及姚覲元公務處理、日常生活、交遊往來、經眼書目、藏書刻書、金石書畫收藏、晚清歷史事件、風俗民情等内容，是研究晚清社會政治、經濟、歷史、文化等領域珍貴的一手文獻。例如，日記不僅詳細記録了姚覲元鑒書、藏書、校書與刻書情況，指出了書賈作僞的諸多情形，體現了姚氏獨特的鑒賞眼光和深厚的版本目録學功底，而且忠實地記録了當時書籍與金石古董的價格，生動地揭示了藏書家爲聚書與衆多書賈的周旋。又如川東日記，不僅對救火、剿匪、禁煙、禁娼、平亂等地方治安維穩活動有記録，而且記載了當地傳教士活動及相關教案，涉及的外國人士有英人麥士尼、麥家的、金華陀、威妥瑪、吉爲理、格維納、建文波、貝得禄，法人范若瑟、白德哩、白藻泰，日人竹添進一、津田進一等十餘人。姚覲元與這些洋人的交涉及對他們的評價、清政府對他們在四川境内活動的監控等，對晚清教案研究有重要史料價值。

然而由於手稿、抄本等深藏於圖書館中，加上稿本字跡難識，讀者難以利用，洵爲遺憾。本次整理，以上海圖書館、浙江圖書館藏稿本爲底本，配以上海圖書館藏抄本；稿本與抄本重複的年份，則以抄本校之，並將陳乃乾、瞿鳳起案語移録於日記相應位置。日記部分年尾，附有姚氏録以備忘的資料，包括宴集名單、同僚履歷、親友生日、書籍摘抄、詩文底稿等，均保留原樣不變。爲了使讀者對姚覲元有更全面的瞭解，另將姚慰祖撰姚覲元行狀、葛起鵬撰姚覲元墓志銘、姚慰祖小傳附於書後。

二十年前，筆者負笈上海，得以常往上海圖書館查閲論文資料。因一直關注湖州刻書藏書，遂發現了姚覲元《弓齋日記》稿抄本以及感峰樓抄本《咫進齋善本書目》。後來又在浙江圖書館發現了《姚氏家乘》等，於是對姚覲元的興趣越發濃厚，並於二〇一二年刊發了《姚覲元、姚慰祖父子生平與藏書活動考述》一文。二〇一九年六月，在路偉先生邀約下，我與浙江古籍出版社簽訂了日記整理合同。接下來是非常辛苦的稿本識讀、抄録與核對工作，至今已四年有餘。感謝浙江古籍出版社路偉先生、陳小林先生，北京大學潘建國先生、張劍先生，中國社會科學院文學所李超女士、陳瑶女士幫助獲取相關資料，感謝在上海讀書的朋友譚玉婷、陳正陽幫助抄録與核查稿本，感謝同事趙東旭和學生嚴曦幫助録入部分資料。特別要感謝中國美術學院錢偉强先生，稿本難以識讀的字，我隨手發在微信上，他都能及時回復，且無論多麽難的字，在他那裏都能迎刃而解。也特別感謝合作者楊柳老師，她幫助承擔了排版後日記下册的校對工作以及校勘記的統稿任務，使屢屢感覺被這日記所坑而陷入痛苦中的我，能堅持完成整理工作。

趙紅娟

壬寅夏日於小和山下

〔一〕此據姚學邃《姚氏家乘》卷八《譜牒》，清宣統三年刊本。

〔二〕見姚學邃《姚氏家乘》卷十六姚慰祖《彦侍府君行狀》，清宣統三年刊本。

〔三〕按，該年十二月初二日已是公曆一八二四年一月二日。

〔四〕徐有壬（一八〇〇—一八六〇），字鈞卿，湖州府烏程縣人。道光九年進士，官至江蘇巡撫。咸豐十年，太平天國起義軍攻陷蘇州，不屈而死，謚莊湣。

〔五〕趙景賢（一八二二—一八六二），字竹生，湖州歸安人。道光二十四年舉人，授福建督糧道，加布政使銜。守湖州，與太平天國軍血戰三年，同治元年城破被俘，押至蘇州，不屈而死。據姚學邃《姚氏家乘》卷八《譜牒》，趙景賢娶姚衡女，是姚覲元妹婿。據日記，咸豐十一年，姚覲元在長沙時，仍與他有書信往來，爲他出謀劃策。同治二年四月，姚覲元在農曹任職時，讀到其獄中詩。同年十月，爲其請謚。

〔六〕按：惲次山是姚覲元鄉試同年，也是其長子姚慰祖之岳父。

〔七〕姚學邃《姚氏家乘》卷十六姚慰祖《彦侍府君行狀》，清宣統三年刊本。

〔八〕前五條參見姚慰祖《彦侍府君行狀》；第六條參見朱之洪等修、向楚等撰《巴縣志》卷九（下）《官師列傳》，收入《中國地方志集成·重慶府縣志輯》第四輯，巴蜀書社二〇一六年版，第三二〇頁。

〔九〕姚慰祖《彦侍府君行狀》，姚學邃修《姚氏家乘》卷十六，清宣統三年刊本。

〔一〇〕按：在太平天國戰争時被焚毁。姚覲元同治四年二月十三日日記：『得漢章八弟書，知先塋無恙，老屋已成焦土，爲之憮然。』

〔一一〕姚學邃《姚氏家乘》卷十六《公蓼刺史小傳》。

〔一二〕姚覲元光緒十四年十一月二十二日日記。

〔一三〕姚覲元光緒十五年二月初九日日記。

〔一四〕商務印書館二〇〇五年版《中國著名藏書家書目匯刊》（近代卷）第四册收姚覲元《咫進齋善本書目》，其底本爲國家圖書館藏抄本。

〔一五〕按：未説明卷數或未分卷的，均視作一卷，附録無卷數的也作一卷計。另外，一部書若干分册，則每分册按一卷計。

〔一六〕參見趙紅娟《姚覲元、姚慰祖父子生平與藏書活動考述》，《中國典籍與文化》二〇一二年第三期。

〔一七〕關於《咫進齋叢書》三集的種數與卷數，説法不一。此據廣東中山圖書館藏本的總目録統計，若其中兩種的補遺各算一卷，則爲九十二卷。附各集書目如下：第一集：《公羊禮疏》十一卷、《公羊問答》二卷、《孝經疑問》一卷、《説文問答疏證》六卷、《瘞鶴銘圖考》一卷、《蘇齋唐碑選》一卷、《姚氏藥言》一卷、《咽喉脈證通論》一卷、《務民義齋算學》十一卷、《大雲山房十二章圖説》二卷、《大雲山房雜記》二卷、《棠湖詩稿》一卷、《春草堂遺稿》一卷；第二集：《小爾雅疏證》五卷、《説文引經考》二卷附《補遺》、《説文檢字》二卷《補遺》一卷、《古今韻考》四卷、《前徽録》一卷、《中州金石目》四卷附《補遺》、《三十五舉》一卷《續》一卷《再續》一卷、《安吴論書》一卷、《寒秀草堂筆記》四卷；第三集：《禮記天算釋》一卷、《孝經鄭注》一卷、《爾雅補郭》二卷、《説文新附考》六卷、《汲古閣説文訂》一卷、《説文校定本》二卷、《四聲等子》一卷、《銷毁抽毁書目》一卷、《禁書總目》一卷、《違礙書目》一卷、《慎疾芻言》一卷、《陽宅闢謬》一卷、《清閟齋詩存》三卷。

〔一八〕按：《咫進齋叢書》有光緒七年陳澧序，然此時叢書尚未刻成。又叢書有光緒九年李文田所題書名，故一般以此作爲該叢書刊刻完成時間。參見馬珂《〈咫進齋叢書〉版本研究——兼談〈咫進齋叢書〉第四集》，《山東圖書館學刊》二〇二一年第一期。

〔一九〕姚慰祖《彦侍府君行狀》，姚學塽修《姚氏家乘》卷十六，清宣統三年刊本。

〔二〇〕參見姚慰祖《彦侍府君行狀》，姚學塽修《姚氏家乘》卷十六，清宣統三年刊本。

〔二一〕葛起鵬《公蓼刺史小傳》，姚學塽修《姚氏家乘》卷十六，清宣統三年刊本。

〔二二〕十種書爲：《七録序目》《九經誤字》《鄭學書目》《古今僞書考》《吴興藏書録》《讀書叢録節抄》《南江文鈔》《經籍跋文》《錢竹汀日記鈔》《非石日記鈔》。

〔二三〕《咫進齋叢書》第四集共十九種：《投壺考原》《皇朝樂舞輯要》《山右金石録跋尾》《蠶桑易知録》《浙江癸酉同年序齒録》《四書典故核》《唐石經考異》《十經文字通正書》《説文經字考》《六書説》《説文訂訂》《易林釋文》《西域水道記校補》《海東金石存考》《藥言補遺》《三統術詳説》《皇覽》

《玉壺漁唱》《吳興志》。因抗日戰爭爆發，最後一種未校補完成，前五種曾有紅印本。參見馬珂《〈咫進齋叢書〉版本研究——兼談〈咫進齋叢書〉第四集》，《山東圖書館學刊》二〇二一年第一期。

〔二四〕按：『卓觀書巢』乃徐澂藏書印，其他印章未能考知。徐澂（一九〇八—一九七六），字澐秋，蘇州人，其室名卓觀齋，有《卓觀齋脞録》。

〔二五〕該册首頁即起自光緒十三年正月。

〔二六〕此當爲日記收藏者據正文所缺部分出注。

〔二七〕另有一印鈐在文字上，不可辨識。

〔二八〕依次爲：『弓齋日記卷之一，癸亥，供職農曹』『弓齋日記卷之二，乙丑，時官户部』『弓齋日記卷之三，戊辰，供職農曹』『弓齋日記卷之四，辛未，供職農曹』『弓齋日記卷之五，甲戌，分巡川東』『弓齋日記卷之六，乙亥，分巡川東』『弓齋日記卷之七，丙子，分巡川東』『弓齋日記卷之八，丁丑，分巡川東』。

〔二九〕如抄本癸亥日記，正月八天，二月、三月各九天，四月、五月各十二天，六月十三天，七月二天，八月八天，九月十六天，十月十一天，十一月十二天，十二月十五天，全年共計一百二十七天。

〔三〇〕按：常熟圖書館藏有一批瞿鳳起抄本，據字跡判定，此亦爲瞿抄本。

目録

咸豐十一年（據上海圖書館藏《咫瞻日識》稿本整理）

咫瞻日識　歸安咫進齋主人姚彦侍先生手寫日記稿本

九月

咸豐十一年九月十八日，癸卯　晴。同鄉孫蘭士薰，菱湖人來，未見。程來之鎬到館來拜，本杭州人，住長沙三世矣。

十九日，甲辰　晴。答拜程來之，未晤。常德倪向仁顯志、王楨庭占鰲來。昨晚見坐探顧經歷慶泰湖北來書，云河南捻匪竄及賒家店，閣部以金翼庭觀察國琛署襄陽道，即赴樊城防堵。余北行本定二十一日，又須一候消息，不果行矣。

二十日，乙巳　陰。同鄉楊小田名泰來別駕來，飯後與盧午橋游皇倉街骨董肆，皆敝敗不堪之物，不得謂骨董也。

二十一日，丙午　晴。同張雲谷至穿新泉觀菊花，尚含英未吐。聞黔匪圍龍山。

二十二日，丁未　晴。至吕慎伯許陪吊一日。聞捻匪至賒家店，居民堅壁自守，而使人賂以白金千二百兩、洋藥二千兩，匪受賄而去。又知何子愚丈於明日携眷入都，若然，則此路已通，我亦將行矣。

二十三日，戊申　晴。曉起，至子愚丈處送行，慎伯太夫人出殯，步送出南門，還至貢院西街拜宋小崖大令太安人壽。下午，王春波大令開運來。晚，觀漢甎研及小琅嬛田黄石印，皆阮文達故物也。

硯左側原文：黄龍元年建

右側刻：阮伯元校十三經研

下側刻：阮氏八甎之二

墨池上刻：噫，此西漢物也。譜研齋與五鳳甎研共寶藏之。

背下方近邊横刻：張氏石鼓亭

按：漢宣帝、吴大帝皆以黄龍紀年。宣帝改於壬申，是歲十二月，帝崩。大帝起己酉，訖辛亥，凡三年而改嘉禾。是甎文曰元年，則爲漢爲吴，正未可知。張氏題曰西漢物，文達信之，其諸附會之失歟？

二十四日，己酉　晴。次翁招，同何子貞太史、子愚觀察飲李氏園林。夜，小雨。

二十五日，庚戌　晴，暖甚。雇定花跨船一隻，送沙市。晚，宋小崖刺史招飲，聞捻匪於十二日竄及樊城，若然，則途間又有阻矣。如之何，如之何？得羽報並澧州刺史廷芳宇兄桂來書，云湖北來鳳於十五日不守，十六日龍山被圍，次翁請於中丞，調常勝營師船咸豐九年次翁守常德時所立防澧與辰，而使岳州師船承其乏。即覆芳宇一書，又寄小山信並琴二張，託解京餉委員耿司馬維中，號子持，行十帶。

二十六日，辛亥 陰。方仰昕太守臻大來，未見。吴子敦太史嘉善來，談吴門舊事，相與欷歔久之。聞樊城賊已于十四日退去，惟數百里傳舍悉爲灰燼，河南之路尚未可行。文方伯及毛中丞、倉廉訪遣往接眷之人皆在襄陽守候，次翁力勸勿行，而余歸志已決，意終不可止也。夜，大風雨，頗冷。

二十七日，壬子 雨。宋小匡來叙世誼。小匡之叔名佩緯，後改佩縉，道光乙酉選拔，先文僖公丙戌閲卷所取士也。晚，次翁邀吴雲門、許清溪、程來之、林菽臯飲，邀作陪。寄芳宇一書，託陸心農帶。夜雨滴瀝不止，紙窓竹几，一燈熒然，不勝羈旅之感。

二十八日，癸丑 雨。飯後回拜潘蘭士、方仰昕，並拜陸心農太守增祥、劉子迎刺史達善，皆京華舊雨也。晚，何貞丈、楊小田招飲，飲貞丈齋中。

二十九日，甲寅 雨時作時止。子迎來譚。申刻，至黄南坡冕觀察許，偶論淮鹽事，南翁勸往曾帥軍中。自揣無撥亂之才，婉謝之，然意則可感也。晚，小田招飲。

三十日，乙卯 小雨竟日。曉起整頓行裝，待舟人，不至。其亦憚於行乎？晚，飲子迎齋中，同座龍星伯解元、王紉秋、馮述甫。偶檢軍需局簿籍，附記于左。

升字營副將朱升開
部勇五百名，月支銀二千八百四十兩
陽字營候選知縣楊安臣已裁撤
部勇一千名，月支銀五千六百八十兩
章字營副將王永章
部勇一千名，月支銀五千六百八兩二錢
武字營副將周達武
部勇一千名，月支銀五千六百八兩二錢
精捷中營記名道江忠義味根
部勇一千四百五十九名，月支銀八千二百八十七兩一錢二分
精捷左營即選知縣鄧子垣
部勇六百四十二名，月支銀三千六百四十六兩五錢六分
精捷右營參將江忠朝
部勇六百二十二名，月支銀三千五百卅二兩九錢六分
精捷前營副將陳希祥
部勇六百二十二名，月支銀三千五百卅二兩九錢六分

精捷後營副將權元燦
部勇五百六十六名，月支銀三千二百十四兩八錢八分
永清水師中營總兵劉培元
部勇一千二百七十二員名，月支銀五千五百卅五兩八分三釐
永清水師前營游擊謝泰平
部勇五百六十八員名，月支銀二千三百六十三兩四錢
永州鎮李明惠
部勇五百名，月支銀二千一十三兩六錢
和字營記名道趙焕聯號玉班
坐防省城湘勇一千八百名，月支銀八千一百二十一兩
和字右營副將趙福元焕聯弟
部勇二千名，月支銀一萬一千三百六十兩
和字中、左營趙福元
部勇一千二百名，月支銀六千八百一十六兩
質字營同知魏喻義
部勇馬隊共二千名，月支銀一萬九百十一兩六錢

精毅營江西即補知府席寶田
部勇一千一百名，月支銀六千二百四十八兩
靖勇營即選同知戈鑑
部勇四百三十名，月支銀一千七百二十兩
長勝軍都司滕加洪
部勇五百名，月支銀二千兩
芳字營守備王占鼇
部勇五百名，月支銀二千兩
印字營副將周洪印
部勇六百名，月支銀二千四百兩

十月

十月朔，丙辰　雨。訪樊城消息不得，悶甚。得俞石年同年書。

初二日，丁巳　陰。子迎來談。未刻，黄南翁招飲。聞樊城尚可行，又整疏裝矣。

初三日，戊午　雨。國子學正湯斐、齊世丈煊來。

初四日，己未　雨。龍山之賊未退，而粤西股匪自慶遠來犯楚邊，至靖州之青林界。羽書旁午，不患寡而患貧，杞人之憂日切矣。

初五日，庚申　立冬，晴。子迎來談。摺弁歸，見小山信，知京寓都好，旅人之念少慰。樊城無事，汴梁一帶均可暢行，頗悔過聽，誤我歸程也。

初六日，辛酉　雨。至各處辭行。晚，飲仲雲觀察芋園。

初七日，壬戌　雨。曉起至各處辭行，午刻孫蘭士招飲。晚，飲胡恕堂中丞退園，觀貞丈作書，含墀來。

初八日，癸亥　雨。湯斐翁、宋小厓、魏鏡如式曾，長沙令，庚子舉人來。晚，同年蔡善化省吾式鈺招飲，晤王茶陵述恩，談都門事甚悉。又云樊城之路若不通，可繞道山西，由老河口十站至茅津渡，由茅津渡二十一站至京，若不到太原省，可少一站。

初九日，甲子　曉微晴，午陰，夜大雨。筱恬、子迎來，擬登舟，次翁堅留，不令去。

初十日，乙丑　雨。筱恬來談，寄沈菁士一書。筱恬言淮鹽事甚悉，若借運鄂引，雇夾板船至漢口銷售，其利不可勝計。次山擬試行之，以佐軍餉之不足，留爲經理其事，薦筱恬自代。

十一日，丙寅　微晴。在子迎處食蟹。得竹生六月廿六日書。大行皇帝遺詔到長沙。

十二日，丁卯　晴。李仲雲來。楊顯臣總戎名聲率其舊部自武陵來投効。顯臣，桃源人，本徽防將，其初則常德提標行伍也，以失地褫職家居。在武陵時曾識之，故來丐爲推轂也。晚，權長沙太守李武岡茂齋逢春招飲，同席易海卿前輩、夏小潤比部、江又讀觀察忠濬。覆竹生書，託筱恬寄。筱恬來，知淮鹽事已有先我而爲之者，次翁意猶未决，可惜也。叔詞云，南瓜初花時，搯其梗取汁，治誤吞生鴉片，神驗。

十三日，戊辰　晴。楊顯臣來，次翁收其部伍五百人，號曰迭勝營，以其爲迭勇巴圖魯也，使防永定也。得蔣輯五駕部書，論灃州邊防形勢，瞭如指掌，惟欲使鄙人長其曹，爲綜戎事，則所見謬矣，然而人材亦真難得也。徐虚舟表叔書來，知新野大捷，北路暢通，隨州於月朔光復，可喜也。雨帆自許昌致次翁書，八月廿八日巳生一子，可喜之至也。

十四日，己巳　陰。顯臣來。寄陳竹伯中丞、孫春皋大令兩書。

十五日，庚午　陰。顯臣、子迎來。下午至兩君處，顯臣未晤，與子迎縱談。黄南翁寓書，約早返楚，作函答之。於郭意城中翰許，索鄧先生書《西銘》及《雪浪齋銘》墨本，蓋先生之子傳密守之所刻，携至長沙者也今在青石街鹽茶局中。《西銘》墨蹟向存倪方伯良耀家，前年於役吴門，方伯之子小舫大令舉以贈余，今藏京邸涵秋閣中。吴門淪陷，此物幸免刼灰，其亦有數存耶？附識之。

十六日，辛未　晴。早起至張凱章廉訪運蘭處論東征大局，凱章謂欲恢復蘇、常，必先保固杭、湖，而深嘆東南人物之不數覯。凱章以病乞假三月，現鮑軍門攻取甯國，左太常在信州，擬略爲後路佈置，亦即由此進兵。因與約，俟楚軍到廣德，即約會竹生，併力合謀。爲恢復嘉、蘇、常之計，即寄竹生一書。飯後擬登舟，因子迎之弟子遜欲同行，復爲少留。晚，子遜來。

十七日，壬申　晴。與子遜約定於十九日登舟，二十開行。廣西主試洪幼元編修、龔幼安儀曹來。得廷芳宇兄書附蔣輯五武部一械。

十八日，癸酉　晴。至子遜、幼元、幼安處，途遇黃荷汀芳，約傍晚時在家相待，既而爽約。

十九日，甲戌　晴。訪黃荷汀，還至子迎處暢談。飯後與盧午橋至二聖廟觀相，其人以言試，皆笑而不答，遂無道著語。

治爛脚方：黄丹三錢，輕粉二錢，飛滑石三錢，枯礬三錢，共爲細末。

晚，得芳宇書。作家書一件，又覆芳宇書。

二十日，乙亥，小雪　晴。申刻登舟，同行惲叔訶、劉子遜、余與子湘，凡四人，並爲次翁携劉、李二嫗入都。

二十一日，丙子　晴。辰刻開船，西北風，三十里，三叉磯泊。早，辛桂來，令帶呈外姑一書。夜半解維，已睡熟矣，聞櫓聲始知之。推篷閒睇，月色皎然，因成一律：『欹枕續殘夢，忽聞柔櫓聲。大江流月白，曙色接天明。賈誼才難及，屈原恨未平。長沙凄切地，憑吊不勝情。』

二十二日，丁丑　晴。八十里，師篁棚泊，益陽所轄也，隔岸則湘陰境。子迎題留智廟楹聯曰：『從龍逐鹿兩茫然，我思妙用無方，何害英雄如婦女；黄石赤松皆戲耳，獨悟全生有術，不遭烹醢即神仙。』子遜述。

二十三日，戊寅　晴。泊西泠港。自省至此百二十里，水涸迂折，行不知幾許也。

二十四日，己卯　晴。泊沅江縣。東南風頗利，惜湖水清淺，多行途耳。徐兆蘭蔚、陳九峰耀奎來，九峰贈蝦菜、銀魚。初更，聞雞鳴。

二十五日，庚辰　晴。六十里，羊角磯泊。

二十六日，辛巳　晴。六十里，青草湖泊。次翁家有婢，羸瘠而無人色，其形可憐，牙中人以閻王點心呼之，戲作《可憐歌》，附録於此。

書卿先生頗好奇，一婢羸瘦一癡肥。穠纖長短各有態，瘦者尤足解人頤。四座且勿喧，聽我歌可憐。可憐生小黔苗女，一朝選入官衙里。暮寒每自怯衣單，朝睡往往呼不起。起來日已紅，對鏡梳妝慵。朱提銀液瑶臺雪，團團之面真如楪。昂頭一望悕殺人，髑髏戴肉未生血。朱櫻半啓瓠犀呈，一笑直比黄河清。高談雄辯騰廣座，蚯蚓竅作蒼蠅鳴。兩目昏昏若醉夢，亦或微微露一縫。忽然伸口只一嘘，宛若日下開溝渠口氣穢也。一跌一跌復一跌，晃晃蕩蕩兼兀兀。家凫出水龜上堦，如此形容難仿佛。蒲葵一握重不勝，欲墜不墜雙手擎。敝衣襲體不掩肘，但見嚙膚蚊如蠅。玉山無故忽傾倒，咫尺之地猶未掃。可憐真是可憐蟲，如此可憐天下少。我聞閻摩世界别有君，往往以人作點心。可憐不死又不活，得毋尺籍已書名。再拜上書閻天子，庖有肥肉何必此。閻摩得書笑不禁，不彀寡人塞牙齒。

二十七日，壬午　雨。龍陽小泊。五十里，留鴉觜住，無風，寒甚。

《漢書·張湯傳》：『郎有醉小便殿上，主事白行法，安世曰：「何以知其不反水漿邪？」』

又仲景《傷寒論》亦有大便小便云云，是『小便』二字甚古，今人以爲俗説，謬矣。

二十八日，癸未　晴。六十里，黄花障武陵所治鎮龍庵畔泊，俗所謂金綫吊胡盧地也。落日淡黯無色，可以熟視不瞬。

淳于公少女緹縈上漢文皇帝書：『妾父爲吏，齊中皆稱其廉平，今坐法當刑。妾傷夫死者不可復生，刑者不可復屬，雖後欲改過自新，其道亡繇也。妾願没入爲官婢，以贖父刑罪，使得自新。』

二十九日，甲申　晴，大風寒。三十餘里，杜家河泊。

漢武帝天漢三年二月『初榷酒酤』，如淳曰：『榷，音較。』韋昭曰：『以木渡水曰榷。』師古曰：『榷者，步渡橋。《爾雅》謂之「石杠」，今之略彴是也。禁閉其事，總利入官，而下無由以得，有若渡水之榷，因立名焉。韋説如音是也。』

近人書蠻夷語，輒偏旁加口，梵書亦然。解者多不得其意，蒙以爲夷語。梵書皆有聲無字，譯者就其音之近者書之，故識以口，若曰譯者之譯云然。此其濫觴，後遂習而不察耳。

《前漢書·律曆志》：『權者，銖、兩、斤、鈞、石，所以稱物平施，知輕重也。本起于黄鐘之重。一龠容千二百黍，重十二銖，兩之爲兩。二十四銖爲兩。十六兩爲斤。三十斤爲鈞。四鈞爲石。』所謂兩者，蓋兩龠二十四銖之謂，今人兩而十之曰錢，而泯銖之數，然則錢者，蓋古二銖四十黍也。讀仲景書者，宜以是忖之。

十一月

十一月朔，乙酉 晴。五十餘里，羌口泊，安鄉所治也。今年夏大水，流庸未盡還。《刑法志》：『景帝元年，丞相劉舍、御史大夫衛綰請：「笞者，箠长五尺，其本大一寸，其竹也，末薄半寸，皆平其節。當笞者笞臀，毋得更人，畢一罪乃更人。」』按，此即今之板責。昭帝始元四年秋七月，詔曰：『比歲不登，民匱於食，流庸未盡還。』師古曰：『流庸，謂去其本鄉而行爲人庸作。』

初二日，丙戌 晴。東南風，八十七里，新洲住。《張耳傳》共七十六字。

初三日，丁亥 晴。午刻到津市，常勝營水師外委蔣慶壽、陳亮彩、李華貴、劉輝亮號光彩、龍通文號煥章，行二皆來迎，州判黄雪逵績亦至。申末至澧寶塔灣，聞東門水淺，繞南門，灘流湍激，欲上不上，會日暮乃止。作子明書。

初四日，戊子 晴。辰刻到州署，芳宇兄正欲下鄉查團，少譚即去。晤令子石如及沈晴巖昆仲。飯後拜客，唯蔣輯五、吴萊庭回家，餘俱見。酉刻歸船，權岳常道萬星六啓台來。寄次翁一書。芳宇交來次翁伉儷廿二、三日兩書，並京信二件。

初五日，己丑 晴。沈晴嵐霽巖、張堯民吏部、蔣雲帆太守來。晚，萬星六招飲，宿芳宇衙齋。星六贈劉文清楹帖。

初六日，庚寅，大雪　晴。爲晴嵐、雲帆諸君子作書。芳翁令子端昶、石如招飲。宿州牙。晴嵐贈邵香伯荷花一立軸。

初七日，辛卯　早晴，午後雨。陸心農來談。晚，飲晴嵐齋中。宿州牙。寄次翁一書。

初八日，壬辰　雨。申刻芳宇回城。萊庭、蕘民招飲。宿州牙。

初九日，癸巳　晴。芳宇留飲。與子遜、叔詞、子湘同宿州牙。心農來送，託帶京信廿二件。蔣輯五武部自安福夜來，席散即去。與芳宇談至四鼓始卧。

初十日，甲午　陰，微雨。午後登舟即解維，酉刻到津市泊。州判黄雪逵來。聞籲門制府奏調子迎入川辦軍務。

楊雄《解嘲》：『不遭臾跗、扁鵲。』師古曰：『二人皆古之良醫也。』《循吏傳·黄霸》：『武帝末以待詔入錢賞官，補侍郎謁者，坐同產有罪劾免。後復入穀沈黎郡，補左馮翊二百石卒史。馮翊以霸入財爲官，不署右職。』按，此則霸亦訾郎也。今人但知張釋之、司馬相如，罕有及霸者。

十一日，乙未　陰。早起，假黄雪逵肩輿答拜，遂至吴玉堂通守毓瑛、陳三平大令安處，通守未晤。昨芳宇約，有家書託帶，待至未正猶未至，遣人促之，以此不得解維。戌刻，穆啓坤持芳翁書來。雪逵、三平來送。雪逵云：『都門琉璃廠何廣順樂器店賣琴絃，極佳，以杭州蠶絃爲上，白色者不堪用。』夜半亥時二刻，天大雷電，以風雨如注水。寄次翁書。

十二日，丙申　朝晴，午後陰。風大，不能行，泊新洲。

《前漢・儒林傳》：『房授東海殷嘉、河東姚平、河南乘弘，皆爲郎、博士，繇是《易》有京氏之學。』

《王莽傳》：『封姚恂爲初睦侯，奉皇帝後。』服虔曰：『姚，舜姓，故封爲皇帝後。』莽又曰：『虞帝之先，受姓曰姚，其在陶唐曰嬀，在周曰陳，在齊曰田，在濟南曰王。』

春三二月三二，彈罷七弦琴五二，望三三徑里三長，緑暗紅稀六四，吹過了幾番風信四二，兩眼望蒼冥六二，兩淚飄零長么，天長地久兩頭分六么，聽孤鴻五夜凄清五么，聽孤鴻五夜凄清五么。

缺少巫山一點雲六五，梅花帳絶塵五長，三更三點三長，綺窗人静四長，怎能够雙雙厮並二長，天涯滯客星六長，天涯滯客星六長。辜負我一表人才半天風韻六么，抛却梅妻五長，兩地成孤另長么。

曾記得長板橋頭二長，梅花三弄五三，繫不住孤舟六三，載遠人四長，分别在十里短長亭六四，我也曾細語丁寧二么。你一去三年三么，你一去三年三么，經久無音信五四，這相思可不止五分六分六分六五。

害得我三番四覆難安頓四三，只落得一年四季子細推尋四么。

十三日，丁酉　早晴，午陰，日昳雨。行六十餘里，夾洲泊。

十四日，戊戌　陰雨。三十五里，焦溪泊安鄉所治。晚晴，月色皎然，夜半復雨。《遊俠傳》：『字謂邑曰：「公子貴如何！」』樓護：『分付諸客，諸客奔走市買，至日昳皆會。』原涉。

十五日，己亥　陰。六十里，塞口泊，公安所治。至此，始出湖南境。宵中暴風怒號，雨至如撒菽。

《樓護傳》：『與谷永俱爲五侯上客，長安號曰「谷子雲筆札，樓君卿唇舌」，言其見信用也。』

《佞幸·董賢傳》：『上有酒所，從容視賢笑。』師古曰：『言酒在體中。』『太皇太后召大司馬賢，引見東箱。』

十六日，庚子　顛風斷渡，雨時作時止。夜半雷電，大雨雪。

十七日，辛丑　大風雪，嚴寒不可耐。

十八日，壬寅　雪止，風颸颸然未已，飯後勉行二十里，至溪里泊。晚晴，月明如晝。

十九日，癸卯　快雪初晴，風日晴美。行八十里，黄金口泊。薄暮，大霧起水上，頃之瀰漫布濩，咫尺不可視物。

二十日，甲辰　北風，雨雪。冒寒行二十里，泊李家口孱陵驛下。霧靄，水面如釜上氣，竟日不斷。晚，下髮肝氣，痛數日矣，今晚頗劇。

《刑法志》：『縣道官獄疑者，各讞所屬二千石官，二千石官以其罪名當報之。所不能决者，皆移廷尉，廷尉亦當報之。廷尉所不能决，謹具爲奏。傳所當比律令以聞。』

廿一日，乙巳，冬至　晴。風颿順利，申刻出太平口，行八十五里，抵沙市。夜，同子遜持萊庭所付津市益源號鄧君書，訪劉君培田。劉，江西吉安人，在巡司巷隆興公棧爲津市正祥裕號主會計。

廿二日，丙午　陰。早起同子遜過劉君許。飯後往江陵見徐虛舟表叔，皤然老矣。是晚宿縣牙。西席周商山葆恩，榜名芝，江夏人，癸卯同歲生也。又委員一人，幕賓七人，附記於左：

路少林運棠，漢陽人、徐栩生杰，無錫人、艾輯亭聯瑞，上元人、胡蔚生佑文，揚州人、陳蓉軒鼎，杭州人、俞石初□□，長沙人、周子棋濤，紹興人、李小渠□□，長沙人、候補知縣張魯峰□□，長沙人。

廿三日，丁未　晴。午刻諸君强索作書，紙墨筆無一佳者，寫大幅並對十餘聯，歸舟已曛黑矣。

廿四日，戊申　陰。過堤，易小舟。沙市巡檢張笙陔兆蘭，安徽人。

廿五日，己酉　陰。辰刻解維，六十里，焦尾泊。夜雨。

廿六日，庚戌　晴。平旦渡長湖，一百里，新洲鎮泊。

廿七日，辛亥　陰，晚晴。五十里，到沙洋。自沙市至此，凡過橋十有八、壩二。

廿八日，壬子 晴。巳刻過堤，换襄陽五艙船。南風頗競，惜不及行也。有樊城慈器街黄百順車行人來接，詢知雨帆已於月初過彼，梁樸臣之母與姊亦同來。想其諸徑泛洞庭，故未相遇與？

廿九日，癸丑 陰，微有雪，舟人戀戀不能行。巳刻解纜，五十五里，黑茅斷泊。和子迎《游絲詩》。

十二月

十二月朔，甲寅 晴。黎明即行，七十里，華家灣泊。水落沙出，舟屢膠，不得速焉。

初二日，乙卯 晴。八十里，新河店泊，對岸即安陸府城。再賦《游絲詩》四首，疊前韻。夜陰，天色如墨。

初三日，丙辰 晴。八十里，周家嵛泊。會成玉在京師前門外冰窨胡同美玉店内，沙市經手人郝儒升、郝鎮沅。

初四日，丁巳 晴。八十里，古河堰泊。自平旦至既昏未停棹，所行止此，蓋水涸，河似錢塘之折，故多迂途，然舟人之力盡於此矣。

初五日，戊午 微陰。七十五里，明經店泊。徐樹人方伯《咏炭》警句云：『一半黑時猶有骨，十分紅後便成灰。』頗佳。

初六日，己未，小寒　陰。早起上灘，水急風鬥，與子遜舟合力互引，先後行至小河口，風愈厲，挽之不上。薄暮，勢少定，復行十里，泊關帝廟。是日共行廿五里。

初七日，庚申　陰。三十餘里，泊獨樹。

初八日，辛酉　陰。五十里，抵樊城。晚飯後移至慈器街高升店住。

初九日，壬戌　晴。雇定轎車四乘，每乘價銀二十一兩五錢，傍晚裝車。寄次翁一信，交王國治帶。又徐虛舟表叔一書，託店家覓便帶。

初十日，癸亥　晴。早起視車，因太重，復添雇一兩。午刻開行，至葉家店，未尖。子遜之車覆焉。六十里，宿呂陽驛。環樊城數十里，樹木蕩然。聞金翼亭之勇頗爲民擾，半爲其所伐，半則民恐其伐而自伐之也。一路茅舍盡毀，而瓦屋無恙。樊城新修土城，匪至亦未得逞志，不似傳聞之甚也。

十一日，甲子　晴。四十里，新店鋪鎮尖，漢來歙故里也。飯後過河，三十里，新野縣宿。

十二日，乙丑　晴。重賂僕夫，使兼程，行六十里，瓦店尖。六十里，宿裏河店。失道夜未至數里，馬仆，車與人俱無恙。稔匪過此，未得犯城，城外亦未甚殘毀。

十三日，丙寅　陰。八十里，趙河萬安寨尖。四十里，宿裕州。

十四日，丁卯　陰。四十里，獨樹尖。五十里，宿舊縣。自獨樹至此，泥深没馬股，幸凍行，不知凡幾里，二鼓餘始至。

耳，然從者之車屢陷焉。問途於野人，野人曰：『予我錢千，我爲而導。』從之行，無轍，迺謝去野人。有一老父來前引之，初昏而至。

十五日，戊辰　晴。五十里，汝濆尖，俗曰『魯班橋』，音轉之訛也。四十里，襄城縣宿。自葉縣以北，路少平，然日融冰泮，時濡軌焉。其南則泥深如昨，舊縣寨中尤甚，僕夫曰：『宛、葉之間多泥淖，恒患苦之，今計里而過，亦幸矣。』晚，遇湖南解京餉委員江司馬肇成，號雨田，行十六，廣西人。作次翁一書，託其轉交襄城令鄆遞。是日，子遜、子湘及僕子劉升之車竝覆。

十六日，己巳　晴。九十里，石固尖。六十里，新鄭縣宿，到店已三鼓。聞有浙人從都來，問之，則鮑聽泉大令之子吉齋也。子遜與相識，呼之起，述京中事甚悉。聞芳宇之弟同行，住他店，夜深未見。余之車覆於潁橋之北。

十七日，庚午　晴。平旦，芳宇之弟蔭圃來，略譚即別。一百，至鄭州尖。欲至黃河邊崗嶺宿，聞彼店已盡於賊，無駐車處，遂止宿焉。遇陝州吏目趙德洙號少泉，南豐人，葉硯農之眷屬，自許赴孟縣，託帶吳子韞一信。

十八日，辛未　晴。夜半即行，四十里，黎明至河干。適龔儀曹自滎澤來同行劉孝廉敬中，號蓮丞，桂林人，儀曹新得士也，待其渡而渡，已日昳，尚幸東南風耳。過河，二十五里，黃靄營尖。聞亢邨驛不得入寨，遂宿。

十九日，壬申　晴。九十里，新鄉縣尖。五十里，宿衛輝府。防勇未撤，旅舍皆爲所踞，至城廂極北，始得小屋棲止，亦苦矣哉。

二十日，癸酉　晴，百三十里，宜溝驛尖，先賢子貢故里也。舍宇半爲灰燼，氣象可慘。五十里，魏家營宿。

二十一日，甲戌〔一〕**，大寒**　晴。百里，杜邨，東漢杜喬故里，尖，曉行得句云：『殘夢初迴未五更，驅車又復向前程。板橋霜重無人跡，弟一衝寒是我行。』五十里，宿邯鄲縣。題壁曰：『神山富貴兩無緣，彈指光陰四十年。真亦嬾爲何況夢，人能不朽莫須仙。中原鼓角悲多故，鄉里烽烟信渺然。憂國憂家無限恨，夜深都到枕頭邊。』

二十二日，乙亥　晴。百二十里，順德府尖。六十里，宿内邱縣。沙河縣北鄗有梅花亭，以唐宋文貞賦名之也，已頽廢。高宗御筆書畫尚陷壁間。文貞墓在道西里許，魯公書神道碑在焉，惜未及一往。

二十三日，丙子　晴。百二十里，趙州大石橋尖，橋爲隋大業間石工李春所造。相傳仙人張果墜驢處，有明嘉靖癸亥、甲子兩碑。五十里，宿欒城縣，未至十里，日已暮。有二騎士及二人荷戈及火槍相送，每過窩鋪輒一然，守者擊柝和焉。雖具文，然亦倦矣。初更抵旅舍人家，祀竈而不聞爆竹聲。

二十四日，丁丑　晴。五十五里，正定十里鋪尖。遇廬江劉吉士秉章號仲良。飯後渡滹沱，輿梁成，不用舟楫。六十里伏城驛宿。

二十五日，戊寅 晴，大風，寒。七十里，明月店尖。六十里，宿清風店。

二十六日，己卯 晴。五十五里，方順橋尖。六十里，保定省宿。

二十七日，庚辰 晴。五十里，安肅縣尖。六十里，宿定興北河。

二十八日，辛巳 晴。六十里，新橋尖。八十四里，榆發宿。

二十九日，壬午 晴。五十里，黄邨尖。四十里，到京。

附録

王公百官服色

一、百日内，恭遇祭天壇、地壇、太廟、社稷壇，遣官恭代，承祭執事各官均朝服，祭時作樂、行禮，齋戒日，素服，冠綴纓。大祭禮以前，百官不陪祀。百日外二十七月内，恭遇親詣行禮，或遣官行禮。齋戒日，各官俱常服，挂朝珠。恭遇閱視祝版，百官穿補褂，至駕詣天壇齋宫。是日早，閱視祝版及前期省牲視牲，各官俱穿蟒袍補褂。祭日，咸朝服。

一、百日内凡遇中祀、群祀，遣官致祭，承祭執事各官俱素服行禮，百官不陪祀。祭日，樂設而不作。百日外二十七月内，齋戒日常服，祭日朝服，作樂。

一、百日外，宫内初次祭神，承辦執事人員俱蟒袍補褂。二十七月内，俱穿補褂。

一、二十七月内，元旦隨駕詣堂子，王公大臣官員俱穿朝服。

一、王公文武大臣官員大祭禮後百日内，穿青長袍褂，冠綴纓，夏季戴兩纓帽，至大行皇帝几筵前仍摘纓。其應穿百日孝之王大臣官員人等，仍服縞素。至百日外二十七月内，王公文武大臣官員均服青褂藍袍，夏季戴緯帽。遇朔望，穿常服，不挂朝珠，至大行皇帝几筵前及山陵前俱服青長袍褂，冠摘纓。

一、奉移梓宫至山陵，隨從人員在途穿青長袍褂，冠摘纓，禮成後回京時，仍穿青長袍褂，冠綴纓。

一、百日外二十七月内，恭謁山陵，隨從人員在途次穿行衣。謁各陵日，隨從人員穿青長袍褂，冠綴纓。遇駕謁孝德皇后几筵前時，隨從人員穿青長袍褂，冠摘纓。

一、萬壽聖節正日，王公大臣官員俱穿蟒袍補褂，挂朝珠。其前三日、後三日俱常服，挂朝珠。萬壽日几筵前上祭時，執事官仍摘冠纓。

一、百日外遇元旦日，王公百官俱穿蟒袍補褂，挂朝珠。其前三日、後三日俱常服，挂朝珠。忌辰日仍素服，于初五日補穿常服，挂朝珠一日。

一、百日外二十七月内，遇常朝坐班及封開印信日，届時俱穿補褂，挂朝珠。

一、大祭禮後百日内，引見官員俱穿青長袍褂；百日外穿青褂藍袍，遇朔望常服，不挂朝珠。

一、百日内，雨衣、雨帽、氈褂，不論品級均用青色；百日外，帽套各按品級，雨衣、氈褂仍用青色。

一、外省在京各員赴天安門謝恩，俱穿常服。如遇鄉試、會試之年，停止筵宴，内外簾各員謝恩，穿常服，挂朝珠。

一、二十七月内，各衙門封開印信、告條仍舊粘貼，其王公大臣百官官銜封條百日後粘貼，對聯、門神至二十七月後張挂。

沈古愚　金午亭　石鹿苹　徐聽香　吴子登行七、嘉善

孫雲石　龍汝翼星伯，湘鄉人，壬子、乙卯解元　王開運紉秋，湘潭人，孝廉，辛酉九月劉子迎處同席

湘南簪集

黄南坡觀察冕，按察司銜，江西即補道　何子貞太史紹基　胡恕堂中丞興仁，乙酉年伯　徐雲渠員外棻　李仲雲觀察概，運使銜，即選道，乙酉、癸卯　李茂齋逢春，權長沙守　魏鏡如式曾，長沙令，庚子　蔡省吾式鈺，善化令，癸卯　俞石年鳳翰，權衡山令　孫蘭士薰，候補令，湖同鄉　楊筱恬泰來，浦市倅，同鄉　劉子迎達善　宋小崖玉璐，權醴陵令，乙酉世兄　方臻大號仰昕，候補守，子箴前輩之子

雷丹銘數　黃　馮　孫春皋翹澤，權武陵　祥吉人慶，常德協　陳竹伯中丞啓邁，乙酉年伯　戴荇泉庚　桂笙維楣　廷芳宇桂，權澧州牧，乙酉世兄，癸卯同年　沈晴巖慶曦　霽岩慶暄　蔡静生安葛容川　余我如鶚，辛酉拔　子澄長清，優　倪向仁顒志，安徽首事　薛巨川濟，浙江首事　周少溪德昌，江蘇首事　徐杏泉炳垣　梅蒻浦盖南　楊性農彝珍　吴萊庭經采，廣東同知　蔣雲帆知府蔣輯五錫瑞，兵部員外　張堯民允熙，吏郎　王開運春波　林菽皋光崇　程來之鎬　吴雲門曜　許清渠　林麓樵光霽　周舜農寶典　周瀛舫寅　黃星垣南斗　唐石橋滋棣

〔一〕原稿作『甲申』，誤，今徑改。其後至本月二十九日併改。

同治二年（據上海圖書館藏《弓齋日記》抄本整理）

弓齋日記卷之一　癸亥　供職農曹

正月

同治二年正月朔　晴。風日清美，氣象光昌。晨起，占牙牌數詞曰：『日中則昃，月盈則蝕。及此時光，謹守亦得。』惲少薇、戴蘭溪、翁巳蘭來。

初五日　晴。拜年，並至恩竹橋廉訪處。廉訪爲伯父道光元年廕生同年，又曾同刑部，故一往起居也。進署，核正月季甲米稿。

初七日　晴。飯後，答拜李大令廣東嘉應州人，並晤河南解餉官瞿大令硯農松江人。李於十二月初五日至獲嘉縣遇盜，與其僕皆被傷，袒而示之，足創猶未合也。歸途獨游廠肆，得漢玉璭一，甚精美。

初九日　晴。早至雪岑許。飯後與耕娱同游廠肆，購得黄陶庵先生書一幅、項子京雙鈎墨竹一幀，直四金；《爾雅》《孝經注疏》各一，直錢三千。耕娱購得胡三省《通鑑》翻刻本，直十二金。

十三日　晴，大風。次山初度之辰，小山觴客。食已，至廠肆，遇方子望，遂同游焉。將散，復遇杏耘，與之俱歸。購得漢玉搬指一，蓋古之遂頭，其上四喜文，則高廟時尚方所造也。

二十日　晴。午後，獨游廠肆，購得元板《東萊先生隋書詳節》。

二十五日　晴，風少殺。錢法堂派估修寶泉局泉五廠工程。平旦，偕伊芝山、瑞芝亭兩員外，葉蘭臺主政並錢法主事穆榮舫、方子望入朝，白崇、齊二長官事。

二十九日　晴。早至寶泉局勘工，申刻歸。

二月

二月初二日　晴。入署，購得先理學公《禮記疑問》一部、皋文先生《茗柯文》一册、《歸震川集》一函、常熟嚴虞惇《文獻通考詳節》八本、殿板初印《孝經注疏》一卷。

十八日　晴。飯後，偕程式如游城南諸寺，於陶然亭文昌閣拈得第二十五籤，詞曰：『長沙謫去古今憐，繡被熏香獨自眠。賴得官閒且疏放，巴童蜀道共隨緣。』

吾郡石門胡梁園比部枚，督學貴州，實心校士，以主持風教自任，堂立碑，銘云：『窮極勿賄賣關節，苦極勿需索供應，忙極勿拋擲文字，怒極勿凌虐生童。』嘉慶癸酉，值拔貢之期，悉心校選，得士極盛。桐鄉陸以湉敬安《冷廬雜誌》。

十九日　晴。入署請會試假。堂派署現審處正紅旗主稿，辭之。

三　月

三月初二日　晴。游龍樹寺，即宋之興誠寺也。槐已無存俗曰龍爪槐，新植者未盈拱。寺屢興廢，道光初僧月亭重修，庭有順治二年碑記，今又將圮矣。

二十三日　晴，進署銷假。

二十七日　陰。巳刻，至錫厚安農部家，瑞南星先在坐。有持畫求售者，厚安屬審定，爲擇三種：一王石谷山水册，早年作，雖真跡而未盡善；一中州周良樹石册，雖小品而頗工緻；一奚鐵生墨筆寫生册，自題醉後所作，則隨意揮灑，無不精妙，三者之中以此爲冠。厚安又出舊藏姜西溟墨跡同觀。

四　月

四月初四日　晴。早至宋雪翁許，午刻至寶泉局早餐。偕芝山、詒庭、蘭臺驗局庫並五廠工程西廠在安定門西城根千佛寺，北廠在交道口。

宋藝祖以受禪開基，《通鑑》自不得以魏爲篡；高宗以宗枝再造，《綱目》自不得以蜀爲僞。此説甚精，見蕭山王穀塍大令宗炎《晚聞居士集》。

初九日　晴。放榜，余與杏耘俱落第。會元黃體芳，温州人。珊枝獲雋。

十二日　晴。入署，堂派軍需局專辦釐金洋藥税。

趙竹生景賢被羈賊中詩：

豈待孤城破，方嗟力莫支。從來疆守義，敢以死生辭。亂刃交揮處，危冠獨坐時。相持不相殺，鼠輩爾何知〔一〕？

裂眦呼狂寇，奚煩講説多。斷頭身自分，抗手意云何。厚貌徒爲爾，孤臣矢靡他。空勞尊酒獻，駡坐更高歌。

猝爲群盜困，遑敢學文山。且盡從容義，聊驚醜類頑。單詞明順逆，正氣懾神姦。反覆誰家子，相看祗厚顔。

是豈天良見，環觀涕泗揮。但期能悔禍，豈必與生歸。伏劍余何憾，投戈汝莫違。漫收吾骨葬，暴露益光輝。

大清同治紀元立秋後六日，茗上贏笙氏作。

二十五日　晴。入内白事，進署同綬卿擬李鴻章奏捐輸米石章程速議稿，酉刻方散。

五　月

五月初七日　陰。申刻，微雨數點。入署議覆御史丁壽昌籌備京倉管見四條。

初九日　入内白事。堂派現審處正黄旗主稿，是日始視事。

十五日　晴。堂派兼山東司幫辦正主稿。

二十五日 晴。平旦，入内白事。過内閣，知昨日奉有議減蘇松太糧額恩詔。還入署。

二十七日 晴。入署。日中擬定議覆光禄卿潘祖蔭請減蘇松漕額、福建道御史丁壽昌請減蘇杭漕額摺稿，耕娱秉筆，綬卿修飾之，余亦參末議焉。

六　月

六月朔日 晴。早，謁滇生師，訪瑞南星太守，均遇。南星尊人春輅公，乙酉鄉榜，先文僖所取士也，其伯春熙公亦乙酉同榜，春熙公之子□□又與余癸卯同得解。兩家誼最深，曩者固未之知也。是日，奉杭嘉湖減漕恩旨。

十八日 寶泉局收銅。

七　月

七月初二日 晴。早至楊實齋春華處，遂同訪周少山。巳刻，赴寶泉局查估工程。錢法堂額相傳爲分宜書，筆力緊勁，與嵩他書不同。丹墀銅獅二，右者座下南面有陽款文曰『萬曆己未中秋宜章銅匠曾槐造』；左者額上刻文曰『崇禎二年四月』，舌底刻文曰『崇禎五年二月』，理不可曉，其諸移置之歲月歟？

初四日 晴。派辦捐銅局，始視事。

初十日　晴。入内白事，遂入署。日月色赤如血，遞寶堂説帖。

二十七日　晴。寶泉局偕伊芝山、葉南雪收天津洋銅。明仁宗時，夏忠靖公原吉擬旨多云『某部知道』。或以問公，公曰：『予奪之柄，非臣下所敢專，故付之六部，定其可否，而復取上裁，則有所分，而權不下移。』旨哉言乎！宜至今因之不改也。桐鄉陸以湉《冷廬雜誌》。

八月

八月初八日　晴，大風。峨卿約游三海，以有工程，故得入也。初登紫光閣，觀功臣畫像，遂至豐澤園、春耦齋，登瀛臺，由勤政而出，至北海，由慶霄樓登白塔山，復至湖光浮玉後宮，登閲古樓，觀三希堂石刻，由大西天、闡福寺、浴蘭軒出琉璃門，歸寓。

十四日　晴。早至蘭臺仲方家，巳刻到局。飯罷，偕蘭臺同勘東南兩錢廠工，至芝師、滇師並怡悦亭制府丈處拜節。

十五日　晴。未刻，偕與軒、鑪青至會館檢點器具，並同至西甎胡同看屋。同與軒出，知單約郡人之有印結費，月出五釐如分銀十兩，酌扣五錢作公用。夜，月色皎然。

十六日　晴。入内白事，還至銅局。飯後，偕南雪游廠肆。得蔡申甫先生書聯一副：『禄薄儉常足，官卑廉自尊。』見明姚宣《聞見録》，左忠毅公光斗官中書時嘗以題其堂聯。

九月

九月廿四日 陰。訪王又沂，囑擇日修吴興會館。寒甚，如深冬。

廿八日 晴。到局。飯後入署。是日，會館興工修葺，費絀，補綴而已，不能完美也。

十月

十月初六日 晴。爲竹生予謚事，訪鮑子年舍人丈，舍人贈《净業》湼拓本。竹生賜恤已數月，而謚法未下。問内閣，則云禮部文未至。問禮部，則云故事：凡照某官賜恤，應予謚者，由部請旨，得旨予謚，而後行文内閣；特旨予謚者，則徑由内閣撰擬。以是告子年，子年曰：『言則誠然矣。然九月中漢黄道王壽同亦特旨予謚者，彼固行文，何耶？』

初八日 晴。早，入内白事，還入署。申刻，過儀曹，訪琴石、莘農，遇之。詢竹生事，則祠祭所司。良久，吏人捧牘至，云已於六月行文。細視『内閣典籍廳』數字，與上不類，殆懼詰責而續書於下者。琴石令即備文行催。鄭重而別，歸寓已日暮矣。

十六日 晴。霜霧彌濛，屋瓦盡白。到局。飯後入署。會館工竣，偕與軒視之。

十七日 晴。偕瑞治、廷裕、錫之、孔玉雙赴寶泉局，以監督請煎煉渣土錢法兩堂派往查勘也。錢法堂之右，有額曰『權衡九府』，歲月及署款處皆鑱去，相傳亦爲分宜書，未知是否。

十八日　晴，大風。早，至袁鏡堂家。所居先文僖舊第也，舍宇依然，花木則枯槁盡矣。周巡廊廡，慨然久之。

十九日　晴。到局。飯後入署，與商人程玉振論煎煉事，暝時方散。

二十日　晴。到局。飯後，滇司會軍機、兵、工部，議覆協辦大學士、兩江總督曾國藩奏籌備京倉摺，兵部未到。

二十四日　早微雪，午後晴。到局。飯罷入署，兵部來會議。

三十日　晴。入署。寄劉子迎書，子迎託查黄方伯淳熙謚號。内閣初擬『忠壯』，已得旨矣。既而祠部復行文至閣，閣臣忘前事，復擬『貞介』，上遂又賜謚『貞介』。一人而得二謚，斯亦奇矣，然官事一何可笑！

謹按：癸亥日記，十一月以下全佚。

甲子〔二〕日記全年均佚。

〔一〕『知』，原作『如』。據清光緒八年刻本《趙忠節公遺墨》改。

〔二〕甲子：即同治三年，公元一八六四年。

同治四年（據上海圖書館藏《弓齋日記》抄本整理）

弓齋日記卷之二　乙丑　時官户部

正月

同治四年正月初六日　陰。午後，獨游火神廟，遇馮士貞述甫。購得青藤道士《墨荷》一幅，套紅小烟壺一枚，作魚形，尾與鬣皆赤，腹刻『乾隆年製』四字。

初七日　微雨雪。竟日陰霾，屋瓦皆凍，地滑不可駐足，仲復云名『地介』。

十七日　晴。嚴寒未解，到署畫浙省减漕奏稿。

二月

二月初三日　晴。訪宋雪翁，與秦誼庭遇。雪翁約同早餐，觀仇實父《上林羽獵圖》，後有待詔楷書《上林賦》，精工之甚。待詔跋語謂實父畫閱十三寒暑而成，無怪其神妙若是也。又有麓臺、烟客、南田畫扇，石谷中幅，新羅巨軸，張雪鴻山水，均佳。飯罷，觀舞鶴。

初六日 雨雪。早至滇師處下帖，初十日癸卯團拜，例請座主也。午刻到局，又到署，還過方子望兄少坐。

初十日 晴。早入内白事。癸卯團拜，假平介會館演四喜部，公請滇師。

十一日 陰，微雨雪，地介。到署，朱俊卿得坐糧廳差，堂派署軍需局總辦蔡乂臣署余所遺總辦上行走。

十三日 陰。得漢章八弟書，知先塋無恙，老屋已成焦土，爲之憮然。

二十日 晴。早入内白事，午刻至厚安家。偕綬卿至寶泉西廠監放黝土。

廿六日 晴。到署，江蘇奏報海運米石二月初十日開，至十潊守風北上。是日，堂派驗米差。

五 月

五月初六日 陰。偕吴蕙吟起身，酉初到通，嵩俊卿先來，祥小竹後至。酉刻雨，住北門内白馬關帝廟。

初八日 申刻微雨，後晴，晚間聞雷。答拜沈孚澤，並拜世丈、程俊卿杰。得峨卿、小亭書，爲采買米石責成經紀押運事。即刻加函，轉致綬卿諸君，遣人赴部，附致師伯駿兄信。

十二日 晴。發各堂禀，並致滇司信。頭運前起米船到壩。子固來。

十三日 晴。巳刻，隨同星使至大光樓恭祀河神。樓在石壩前，臨運河，所謂祭壩也。祭畢登舟，星使、倉場共一舟，隨員、坐糧廳共一舟，皆泊而不行。少憩，驗米。星使、倉場共驗十艘，余與小竹驗十四，蕙吟、俊卿驗十三，峻卿、次坡亦十三。故事，驗米者各持册，凡分五等，皆判其上：曰起，就艙斛收也；曰過，米微潮，遇風也；曰倒，潮較甚，過艙抖晾也；曰上，潮頗甚，上艙面風晾也；曰下，潮大甚，兼有攙和，下地曬晾且簸揚也。倉場以此次米色過潮，答船户各數百，統令下地，星使如之，凡驗者皆如之。歸行館，已向暝矣。

十四日 晴。卯刻，至土壩，隨星使驗白糧五十艘。米濕如昨，答船户有差，仍統令下地風曬焉。十段委員白前起下地米整頓如法，以樣進，星使曰可，乃斛收。飭石壩州判轉輸大通橋，凡八千八百餘石。

十五日 早陰，午晴，夜雨。第二運前起到壩，辰刻驗白糧七艘。遂至石壩，將驗軍糧。津委員馬鉞等以船户逃失告，乃止。斛收第一運起米。

十八日 晴。委員以船户誤驗，畏罪自匿，現已來歸，請寬其既往，准予驗收來請。星使准之，定明日赴壩。

十九日 晴。驗第二運前起軍糧，擬辦理章程並開斛日期奏稿。

二十日 陰。驗第二運後起漕白糧，督錢廷標寫摺，三鼓方卧。

二十二日 晴。星使奏事，竹翁留通。卯刻進内，午刻到署。聞同年楊咏春太守來，夜往訪之。

廿三日　卯刻偕楊鵠山、定佑亭、沈鑪青入内白事，聚豐朝餐。巳初三刻，起身回通。申初到，遲小竹不至。乙夜方來，蓋乘舟多阻也。

廿四日　晴。驗第四運前起漕白糧。酉刻，大雨如注。筱翁歸。

廿五日　晴。驗第四運後起漕白糧。咳嗽大作。

廿六日　晴。驗五運前起白糧。是日，倉場驗收奉天粟米，故軍糧停收一日。

廿七日　晴。驗五運前起漕糧。委員錢履端，十餘齡童子也，爲船户所要，奔走殊苦。咳嗽未愈，服二陳湯。

廿八日　陰，微雨，午後晴。未驗米。程式如來。婁倬堂來，云天津大船頭已至，未出見人。謁鍾筱翁。

天津十七州縣大船頭，充當者皆有身家。其小船頭則若輩僱役，不足恃也。聞現在潛至者三人：孫長清、劉焕文、蕭國安。

廿九日　晴。驗五運後起漕糧、六運前起白糧。倬堂來，云孫長清等已爲其所留。是日，起米一萬餘石。

唐官屯千總劉玉魁，綽號劉四虎子，一號劉瑾，本天津道轅門，凡剥船皆聽其指揮。

閏五月

閏月朔　各官來賀，仍以京官禮處之。不謁長官，不答拜。遣人問小巖侍郎病。辰刻，出北門，驗第六運前起漕糧、後起白糧。舟中悶熱，苦不可言，薄暮始歸。《史記·吕后本紀》『後九月』，文穎曰：『即閏九月也。時律曆廢，不知閏，謂之後九月也。以十月爲歲首，至九月則歲終，後九月則閏月。』

初二日　晴。驗六運後起漕糧、七運前起白糧。酉刻，大風沙。

初三日　晴。驗七運前起漕糧，未驗白糧。酉刻，偕方次坡抽掣土壩白糧，欠六合至二合不等，責經紀斛手有差。

初四日　晴。驗七運後起漕白糧，天津道遣武弁帶總船頭三名，即孫長清、劉洪升、蕭國安也。

初五日　早晴。驗八運前起漕糧。晡時大風，雷雨暴下如注水。

初六日　陰。午微晴，未刻大雨。驗八運前起白糧，擬續收海運摺並提驗東糧片稿。

初七日　晴。申微雨。至石壩，收前日下地米，未竟。婁倬堂回津。

初八日　晴。卯刻，竹翁進京，峻卿、蕙吟從。未刻，至石壩。

初九日　晴。遞摺未回，作書。竟日坐糧廳，未邀赴壩。李子丹來談。

初十日　晴。竹翁回通，蕙吟、峻卿未至。

十一日　晴。驗收八運後起軍糧。石壩地窄，白糧數多，僅驗一半。峻卿來，蕙吟未至。晚，英蕚田招飲，盡醉而歸。

十二日　晴。未刻，至壩樓，視昨日下地未完米，偕小竹至裏河抽掣斛面。酉刻，乘舟至石壩，驗收白糧。水淺舟膠，長年極力推挽，四刻餘方到。

十四日　晴。至蕚田處。

讀《史記·天官書》：『正月旦決八風。風從南方來，大旱；西南，小旱；西方，有兵；西北，戎菽爲，小雨，趣兵；北方，爲中歲；東北，爲上歲；東方，大水；東南，民有疾，歲惡。』東南，巽方也，與今時欽天監所奏『風從巽地起，主人壽年豐』截然相反。

十六日　晴。收九運軍白糧。筱翁起視事。江蘇正漕驗收訖。

十七日　晴。東糧催提到壩，山東四衛二所十幫漕船六百四十六隻。

十八日　晴。巳刻，祭壩，獎賞運弁旗丁如例。驗收山東德州衛正幫米、麥、豆，均乾潔可喜。

十九日　晴。收東糧，未竟。小竹來。

二十日　晴。收東糧下地米。

二十一日　晴。驗濟寧衛左幫米、豆四十一票。一票者，一旗丁應運之糧也。或一票一船，或二三票一船不等。凡驗者，皆乘舟薄漕艘而泊，使舍人逐艙籤様，閲視其分別，起、下一如海運法。是日，水淺撥多，往返甚遠，自巳至酉方竣事，回船餐飯。

二十二日 晴。乘舟覆驗米色，遂至河口外查看水勢，至楊家埫而還。

二十四日 晴。驗濟左幫米、豆二十一票，水淺甚。

二十五日 早晴。驗濟左幫米、豆二十票。晡時，大雨雹，津星使來。日入，答拜昆厚山兄，並謁雪帆侍郎。

二十六日 晴。驗收濟左未起米石。辰刻，謁鶴峰大司馬，未見。峨卿、小亭、鐵臣、吉人來。禺中至壩，還過峨卿諸君寓暢談，即邀四君子晚飯。

《左传》卜楚邱曰『日之數十，故有十時』，杜元凱注則以爲十二時。雖不立十二支之目，然其曰夜半者，即今之所謂子也；雞鳴者，丑也；平旦者，寅也；日出者，卯也；食時者，辰也；禺中者，巳也；日中者，午也；日昳者，未也；晡時者，申也；日入者，酉也；黄昏者，戌也；人定者，亥也。一日分十二時，始見此。《吴越春秋》『時加日出』『時加雞鳴』『時加日昳』『時加禺中』，則十二名，古有之矣。

選擇家以子初爲壬時，丑初爲癸時，寅初爲艮時，卯初爲甲時，辰初爲乙時，巳初爲巽時，午初爲丙時，未初爲丁時，申初爲坤時，酉初爲庚時，戌初爲辛時，亥初爲乾時。《記·大傳》疏：『周建子，商建丑，夏建寅，是改正也；周夜半，商雞鳴，夏平旦，是易朔也。』自漢武太初以來，皆以寅爲正，而朔不復論矣。

《顏氏家訓》：或問：『一夜何故五更？』答曰：『漢魏以來謂爲甲夜、乙夜、丙夜、丁夜、戊夜，亦云一更、二更、三更、四更、五更，皆以五爲節，所以然者，假令正月建寅，斗柄夕則指寅，曉則指午矣。自寅至午，凡歷五辰。冬夏之間，雖復長短參差，辰間遼闊，盈不至六，縮不至四，進退常在五者之間。更，歷也，經也，故曰五更。』

二十七日　晴。驗濟寧右幫米二十票。酉刻，大風，雷雨。

二十八日　陰。河水陡漲，收下地米。俊卿乞假未回。

二十九日　陰，小雨乍止乍作，申刻稍霽，微見日。驗濟右米二十六票。

三十日　乍陰乍晴。至壩上收昨日下地米，擬報正漕完竣並東糧開斛日期奏稿，雪翁列銜。

六　月

六月朔　海運采買米到壩，查驗官撥二十隻，民撥六隻，日旰而罷。

德正，四十七隻；東昌，二十一隻；濟左，八十二隻；濟右，五十六隻；臨東前，六十四隻；臨東後，四十五隻；濮州，十隻；東平，十九隻；濟前，十八隻；濟後，十二隻。

右閘外各幫本到通船數。

鐵扇散：象皮四錢，切薄片，微火焙乾、龍骨四錢、古石灰四兩，須數百年物方可用、枯白礬四兩、寸柏香即松香之黑色者，四兩、松香四兩，與寸柏香同化傾水中，取出曬乾，共研極細末，收瓷罐中，遇刀石破傷，或食嗓割斷，或腹破腸出，用藥急敷創口，以扇扇之，立時收口結痂，忌卧熱處。如傷處發腫，煎黄水，以翎毛蘸塗，即消。

初二日 陰雨，午晴。辰刻冒雨入城，未刻到家。城河水漲，爲數年所僅見。與小山、月槎暢談。晚，蔣蕙林招飲福興。

初三日 晴。遞摺倉場筆帖式。巳刻到署。晚邀小山、月槎、杏耘、晋萊、仲京、時豐小飲。鵠山來。

初四日 晴。巳蘭、虎臣、咏華、雪臣、吉人來。晚，鵠山、吉人招飲廣和，綬卿後至，兩月來農曹各事暢談頗悉。小山、月槎回津。

初五日 陰。晚，微雨。訪咏春同年，談古文奇字。晚，咏春來，贈以完白翁《陰符經》墨刻。

初八日 陰。巳刻，冒雨行，舟中不蔽風雨，仍乘車行，雙橋小憩。申正到通，晴霽，至壩上。

初九日 陰，微有雨，晚晴。驗海運采米，自初一至此，全數告竣。

初十日 雨，竟日不止。爲英蓴田題毛毓璘《墨梅》幛子，篆書楹帖十二聯、扇五柄。

國朝畫手推金農，華光以後此最工。毛生畫筆更奇絶，不務立異不苟同。披圖忽睹夭矯勢，拔地飛出雙虬龍。墨池天寒水清淺，月痕淡淡烟朦朧。江妃危立瘦蛟脊用句，嚬妝洗盡殘脂紅。暗香疏影呼欲出，直追魂魄遺貌額。乾坤清氣固有在，照耀顔色徒爲叢。絳跗緑萼總粗濁，豈獨桃李稱凡庸。願君永保此真色，莫以塗澤争鮮穠。

十一日　晴。卯刻，赴壩收海運米。

十二日　晴。提驗山東後幫漕糧二十票。

十三日　平旦大霧，午晴。驗東糧二十五票。日昳大風，至夜不止，凉甚。少青遣人來。

十四日　晴，凉甚。提驗東平衛漕糧二十票，擬完竣奏稿，欠米附片。晚，周鏡芙來。

十五日　晴。驗東昌衛漕糧十五票。晚，昆厚山兄招飲文昌閣。閣在南門城上，爲潞河游覽之勝。是晚，月色皎然，頗有高處不勝寒之意。

十六日　晴。驗東昌衛七票、濮州所十票。晚，英蓴田兄招飲。

十七日　晴。宋雪翁進京奏事，峻卿、蕙吟從。驗山東前幫二十二票。

十八日　陰。遞摺。驗臨東前二十二票。下晡微雨。

十九日　晴。驗臨東前二十票，擬覆命並保舉二摺一片稿。凡登啓事皆堂上酌定，筱翁自書官階姓名，交付秉筆者奉行而已。

二十日　晴。早至石壩，午刻倉場祖帳，在王恕園。

二十一日 晴。所驗之米均斛收。過壩訖，至各處辭行，倉帥以下均來送。

二十二日 晴。卯刻回京。

二十三日 晴。入内謁見各堂，飯後到署。星使覆命保奏出力人員，覲元蒙恩賞四品銜補缺，後以本部郎中遇缺即補。晚，雪岑招飲，毓興、劉子迎來。

謹按：乙丑日記，自六月二十四日以下佚。丙寅、丁卯〔一〕日記兩年全佚。

〔一〕丙寅、丁卯：即同治五年（一八六六）、六年（一八六七）。

同治七年（據上海圖書館藏《弓齋日記》抄本整理）

弓齋日記卷之三　戊辰　供職農曹

正　月

同治七年正月元旦　風日清美，盆梅欲笑。坐涵秋閣大川淀寓齋，意適甚。

初十日　接塘報，聞賊已至開州，德雲以辦兵差留宿京兆署。

十一日　偕杏耘游火神廟，購得《隋書》一部、《水經注》一部、鍾進士一小軸、舊端硯一方。

十二日　同邑蔣彪來。彪，雙林鎮蔣家埭人。父曰守志，以軍功積官至副將，署山東膠州協。同治五年，坐事失職，遣其妾及二子歸。至臺兒莊，遇捻匪張總愚，妾投水死，彪被獲，隸總愚妻劉三姑娘帳下。三姑娘，故角妓，率馬賊五百人，驍勇善戰，總愚憚之。六年十二月，至西安，彪乘間逃，爲官軍所執，遞解至宣府。幕客李君，同郡人也，白太守省釋，乃走京師，趙稼軒武部憐而收之。聞守志在濟寧，遂爲醵金遣歸焉。彪陷於賊者二年，年十七矣。李幼蘭孝廉知其人。

十四日 偕子俊、京士、吉人、鵠山游廠肆，購得官窑瓷碟十一枚、畫蘭碗二隻。得左瑞九信，聞賊踰保陽，有竄涿鹿之信。

十五日 游廠甸，購得《湖州詩録》二函、《續録》一函、宣德銅盂一枚。聞賊有西竄信。

十六日 聞捻匪仍在保定迆南，曰定興、曰涿州、曰易州者，蓋張曜、宋慶之勇繞出賊前，見者誤以爲賊，怖而却走，遂傳聞致誤耳。

十七日 傍晚至德研香太守處暢談，二鼓始歸。見示坡公墨蹟書《江上愁心千叠山》一首，精妙絶倫，與余家手札相類。

二十一日 研香來談，出石濤白描羅漢見示，甚佳。

二十五日 訪雪老。復過研香，觀所臨青藤册三十六頁，奇縱恣肆，妙不可言。又覃溪先生響拓《蘭亭》落水本，則左規右矩，不失累黍，皆傳作也。

二十六日 過博古齋，觀鮮于伯璣、康里夔夔手札，精妙之至。購得端硯一方。

二十八日 涵秋閣宴客，至者鍾筱巖侍郎、丁濂甫太僕、許涑文侍講、楊雁湖考功、鵠山民部。觀研香作畫，樂甚。

二　月

二月初十日　袁小午鴻臚招飲，觀松雪翁手書《大洞經》，筆筆沈著，真山陰嫡嗣。有明吴太學名印，當是其所藏。曾入《石渠寶笈》，不知何時流落人間，誠希世珍也。

二十一日　堂派天津驗米差。

二十三日　徐祖姑丈七十初度，循俗例作冥壽，在廣濟寺。寺歷金、元、明，有戒壇、鐵樹、方鋼。鐵樹已枯，僧静涵斵爲琴十二，見麟文瑞師碑記。

三　月

三月初五日　入内辭堂。

初九日　到通。

十四日　到北倉。

《道書》載有二鬼，一曰語忘，一曰敬遺，能使人難産，知其名而書之紙則去《灤陽消夏録》卷五。

題《陳抱潛司馬元禄受研圖》

君住泉唐上，吾家霅水東。論交三代久，同學卅年中余與抱潛同受業於胡硜齋先生。薄宦嗟分轍，微生類轉蓬。析津重握手，相對已成翁。

一片端溪石，先公手澤留。烟雲驚幻化研已失，故作是圖，圖畫賴傳流。劇喜清芬誦，何勞故笏求。期君同努力，各保舊箕裘。

讀《荀子·成相篇》，苦不得解，又苦於句讀。嘉善謝氏墉曰：『「成相」之義，非謂「成功在相」也。篇内但以國君之愚闇爲戒耳。《禮記》「治亂以相」，相乃樂器，所謂春牘。又古者瞽必有相。審此篇音節，即後世彈詞之祖，篇首即稱「如瞽無相，何悵悵」，義已明矣。首句「請成相」，言請奏此曲也。《漢·藝文志》：「成相雜辭十一篇。」惜不傳。大約托於瞽矇諷誦之詞，亦古詩之流也。《逸周書·周祝解》亦此體。』又曰：『此篇通例：兩三字〔二〕句，一七字句，一四字句，又一七字句，如此五句爲一章也。』謝氏本精工之極，蓋乾隆五十一年金圃先生督學江南時所刻也。

四　月

聞賊由東昌竄茌平，德州告警。崇侍郎檄道員余承恩迎頭截剿，承恩時在泊頭鎮也。

四月初二日　聞賊竄東光，南皮告警。

初四日　聞賊竄滄州，諸君布置城守。聞賊蹤已踰滄州，邊馬至静海縣屬之唐官屯。小梅前輩來，云蘇局員紳頗惶遽。

初五日　辰刻出城驗米，令沙船將防海器械整頓，停泊東岸，自相聯絡，以備非常。賊自靜海直趨天津郡，副將鄧起元等擊敗之，遂屯稍直口，而遣其黨四出擄掠。亥刻〔二〕，馳奏保護米石情形，陳濟清、鄧起元等皆至。潘鼎新、郭松林、善慶、楊鼎勳、王心安、溫德勒克西亦率師來會。

初六日　由土圍至海光寺，謁地山侍郎。土圍，周三十六里，河缺處以炮艇守之。登陴之士，市人耳，而行列甚肅，以爲守可矣。賊大隊趨東南地，翁遣陳濟清、余承恩、鄧起元追剿。南望數里，村落中烟火蓬勃，隱隱有旗幟、甲馬。或曰賊也，蓋疑兵，冀牽制我軍耳。亥刻，星使奏軍情緊迫，請飭各路官合力夾擊，由六百里馳遞。

初七日　潘鼎新勇入市市物，俶裝詭異，邦人大恐。自初五至此，賊游騎時薄海河，均經寧沙船擊之而退。是晚，風鶴之警特甚，一以鎮靜處之。

初九日　東軍在蕭莊小屯迤北，與賊接仗，獲勝。賊向東南海下等處竄逸。是夜，望火光，離縣境四五十里。

初十日　聞賊竄鹽山。

十二日　得北山、蓮槎信，聞賊竄樂陵。是日，始篆《孝經·開宗明義章第一》《天子章第二》。

十五日　篆《孝經·諸侯章第三》《卿大夫章第四》。

十六日　篆《孝經·士章第五》《庶人章第六》《三才章第七》。

十八日　聞賊爲武定鄉團所擊，有回竄之信。獲奸細，云賊黨薙髮，來者數十人。邦人大恐，始辦保甲。是日，篆《孝經·孝治章第八》。

十九日　聞獲奸細，有僞作女裝者。若然，則真長髮無疑矣。篆《孝經·聖治章第九》。聞賊竄齊河。

二十一日　聞賊竄滄州，夜半官軍擊走之。次日，左恪靖之軍亦至。

海光寺謁崇地山侍郎兼呈司農公寺在天津南門外，咸豐八年，余從大學士桂文端公經理四國和約，每議事，必集兹寺，時侍郎方任清河道，同與斯役。

獵獵旌旗棨戟開，望中猶此舊樓臺。十年我尚羈郎署，百戰公今列上台侍郎佐僧邸最久。已向洛陽求劇孟時津門寇警，司農公令紳士張錦文舉辦民團，漫從馬邑憶王恢和議時，曾伏兵此寺，以備非常。晋公他日登臨處，諸吏還應載酒陪謂司農公，用昌黎女凡山語。

二十七日　爲夢巖隸書便面，系以小詩。

論書我亦遼東豕，識字誰知白下羊。爲問夢巖老居士，世人若箇似中郎。

閏四月

閏月初六日　張叔憲來，晚飯後去。陳抱潛兄贈汲古閣許氏《説文解字》，紙版未精，上有朱筆校勘，不著姓氏。

初八日　聞賊回竄滄州，距城二十里。星使會崇少馬，奏請撥兵扼守減河。

十一日　周仲阮鐵崖令郎、高萊堂同年賜孝、譚癖雲石門灣人三孝廉來。癖雲携魏履厚積甫同來。積甫，石門人，明經，月潭乙酉副貢之同祖弟。咸豐十年，年九歲，避兵德清鄉曲，爲粵匪擄至蘇州。蘇城克復，依秀才尤某，宛轉而至京師，爲歌者陸巧福所得，號之曰亦秋。於是月潭死矣，其別兄曰端甫，癖雲友也，將求之京師，顧莫得其居處與所謂亦秋者也。會吴興沈鎔經雲谷成進士，觴客，召酒佐，積甫與焉。與之語，禾人也，異而詰之，即癖雲之所求也，乃大驚喜，以告海鹽朱申庵太守，約禾人之居京師者，醵金贖之，交癖雲，携以歸。

竹素園記

豫峰曹長，截竹爲甬，以儲不律，屬爲題識，戲作此篇。

竹素園者，中書君之所居也。君性圓和，而志剛鋭。凡朝廷詔令、官司簡牘、私家著述，下至閭巷瑣屑質劑之事，皆非君不辦。君之友翰林先生，將造五鳳樓，謀諸君。君曰：『是我職也。』迺奮身振袂，晝夜擘畫，凡先生所指授，皆一一如其意之欲出。閱若干日，工畢，而君亦倦矣。於是先生擇管城中地之大者，爲闢斯園。君來輒居之，名曰竹素，紀其實也。園既成，乃歌以落之。歌曰：『昔昌黎之傳毛穎兮，實系出於中山。君豈其苗裔耶，何管城之多賢！唯兹園之初闢兮，非規方而削圓。硯山峙其左兮，玉蟾蜍水出其前。君休浴其來處兮，與衆君子而盤桓。亂曰：矯矯君子，體鋭用圓。豪端視相，節操挺然。功垂竹帛，身隱林泉。優哉游哉，於萬斯年。』

題申錫之大令畫《山水結隱圖》

芙蓉蒽蒨波蟬娟，天然圖畫開湖山。韜光靈隱足幽勝，白波青嶂非人間。使君夙抱烟霞癖，吏隱乃在湖山邊。文章吏治兩臻極，餘事更以丹青傳。湖山到處皆粉本，公餘拄笏開心顔。興酣落筆似神助，蹴蹋文董凌荆關。生平蠟著屐幾兩，邱壑往往胸中填。意之所至筆亦到，欲住不必更買田。我家亦在山水窟，峴椒弁巖常躋攀。劫來滄桑幾更變，峰巒無恙青依然。披君此圖三太息，買山有志囊無錢。願君作守吴興郡，他年重結山水緣。

輓張芸軒秉鐸副戎伯母之喪聯，曰：

荻畫共貽謀，猶子從容能殺賊；

萱枝偏厄閏，女中解脱即昇仙。

二十日 陳小蕃約同吉人觀畫。米顛、大癡二卷，未確；董書畫一卷，蓋晚年筆也。

五　月

五月初二日 赴紫竹林驗米。

題陳句山先生遺像

天目之英，苕水之靈。含苞啓閟，太僕挺生。巍巍詞科，國之鉅典。弓旌所招，公實無忝。珥筆簪毫，詞林冠冕。帝心簡在，遂躋通顯。正色立朝，誾誾侃侃。歸兮歸兮，小子狂簡。經師人師，紀綱明備。訓詁既通，兼及經義。至於六書，乃其餘事。惟公之德，温恭且儉。中丞繩武，匪躬蹇蹇。宫詹太史，清華遞踐。繼世郎史，循良競選。懿歟我公，澤長流衍。

初八日　驗米事竣，辭行登舟。

代大農作《安一事齋詩集序》

詩者，聖人之教，凡以言志而已。不見夫《三百篇》乎？游歌之作，燕喜之章，何其鏘然如韶鈞，蔚然如虎豹也。而伯奇行邁，箇子憂心，又何其悠然而思，悄然而悲也。蓋其遇不同，故其志不同，而發爲詩歌亦不同，如此非有作意於期間也。後世爲詩者，狃於窮而後工之説，幾於無病而呻。往往達官鉅卿少不如意，輒自同於末僚之屈抑；一官半刺，偶涉遐方，即自比於逐臣遷客。夫達官鉅卿而□末僚，則末僚之屈抑將何如？一官半刺而比遷逐，則逐臣遷客又將何如？此大蔽也。南海譚大令石甫，早歲以文章名世，及壯始領鄉解。又不得志於有司，出佐鄜州，稍遷略陽宰。未竟其治，復移吴堡，卒於官。舉不過乙科，仕不過百里，且宦游之地又率皆土瘠民貧，無富庶豐盈之樂，其所遇可謂窮矣。乃讀其詩，夷然曠然，所謂悠然而思者，無有也；恬然涣然，所謂悄然而悲者，無有也。使石甫登金門，上玉堂，而作游歌，賡燕喜，意必有鏘然如韶鈞、蔚然如虎豹者，惜乎所遇僅止於是也。所遇如是而作詩如彼，是可以觀石甫志矣。吾粵多詩人，若石甫者，其諸得聖人之教歟？ 年月日□□□序。

曩余篆《孝經・至聖治章》，置之久矣。水窗無事，乃續録之，篆《紀孝行章第十》至《感應章第十六》，凡七章。《感應章》『鬼神著矣』，《説文》未有，余意『表著』與『著作』意相近。『著作』今假借作『箸』，則『表著』字似亦可從。質諸蘉巖，以爲未安。行笈無書可檢，姑闕疑，以俟歸而求之耳。

十三日 得邸抄，海運事竣，某蒙恩交部從優議叙。篆《孝經》畢。考《秦碣石頌》『垂箸儀巨』，『箸』即『著』也，然則以『箸』爲『著』，固無疑矣。又《喪親章第十八》『哭不偯』，陸德明《音義》：『偯，於豈反，俗作「哀」，非。《説文》作『怒』，云痛聲也，音同。』考《繫傳》二十『心部』：『㥋，痛聲也，从心依聲。《孝經》曰：「哭不㥋。」臣鍇曰：「聲之曲引也。」今《孝經》作『偯』。」殷豈反。』『㥋』與『偯』字形相似，蓋唐以前已有錯誤，故陸氏引《説文》證之，而刊注疏者又因『㥋』與『怒』字形相似，譌『㥋』爲『怒』，皆傳寫之過，校者未察耳。

十五日[三] 東河、雪帆兩侍郎召飲文昌閣，閣在城東南隅，依雉堞作樓觀，可以眺遠潞河之勝境也。憶四年轉漕事畢，昆厚山、朱俊卿太守曾於此祖帳，今忽忽四年矣。余頻年行轍元年恭送顯皇帝梓宮，四年葬定陵，隨扈。是年冬從戎奉天，五年自奉天回京，六、七年轉漕天津，胥在是州，亦奇事耳。

謹按：戊辰日記，原本已佚，兹於抄本過録，悉仍其舊，未嘗有所增損也。其己巳、庚午〔四〕兩年日記則已全佚矣。

〔一〕按：原文脱『字』字，今據乾隆間謝墉刻本補。又，此皆盧文弨按語，非謝氏。
〔二〕按：原作『刻亥』，今據上下文意改正。
〔三〕『日』，抄本原無，今徑補。
〔四〕己巳、庚午：即同治八年（一八六九）、九年（一八七〇）。

同治十年（據上海圖書館藏《弓齋日記》抄本整理）

弓齋日記卷之四　辛未　供職農曹

正月

同治十年正月朔　晴。巳初初刻，雨水。日麗風微，而氣特凛洌，然較之除夕，則已和矣。早起祠天地、先祖，午刻出門拜年，酉刻甫歸。

偶讀《山左金石志》，録吉羊於後。

樂我父兄飲飤訶『歌』字舞楚良臣余義鐘

長宜子孫漢銅鈎漢鏡

大富貴昌宜長樂羊鐙

宜子孫□宜子大吉漢撒帳鈴

長宜子孫漢雙魚洗

宜子孫大吉利漢鐸

日利千金漢鼎

長保二親樂無已漢十言鏡

長保二親樂富貴漢尚方十二辰鏡

作吏高遷車生耳漢許氏四神鏡

君宜高官漢鏡

長宜孫子漢白圭鏡

壽如金石佳且好兮漢長宜子孫鏡

延年益壽漢鏡

增年益壽服者侯王大吉羊漢衆神鏡

位至三公漢鏡

日有憙宜酒食長貴富樂無事漢日有憙銘

日有憙月有向樂無事常得意萬人亨芌瑟侍賈市程万物平老復丁仝上

辟除不祥宜吉市長保二親利孫子爲吏高官壽命久漢青蓋鏡

君宜官位漢宜君鏡

子孫衆多賀君家受大福位至公卿脩禄食幸得時年獲嘉德傳之後世樂無極大吉漢樂無極鏡

張尹作竟宜侯王家當大富樂未□子孫備具居中央長保二親世世昌晋張尹鏡

初二日　晴。巳刻到署視事。未初至文昌館内閣團拜，兼赴錫厚安、穆容舫、成竹銘、沈鑪青、張吉人、沈再青之招。酉刻至安徽館，赴樞直諸君約，丙夜方歸。故事，樞直團拜皆在才盛館，今年始移於此。

初三日　俗所謂小年朝也。風日晴和可喜，遣皂兒出門拜年。竟日在家，爲胡雲楣比部作篆四大幅。明窗凈几，意殊適然。

《山東金石志》卷十第二十六頁：

小鐵山摩崖殘字八種，阮跋一，『刻實性男子菩薩』一行，凡七字，在『佛善』二字之右。『薩』字，六朝、唐人皆不從産。孫觀察星衍云：『薩』即『薛』字異文，故《一切經音義》作『扶薛』，蓋聲之轉耳。

又卷十第二十四頁：

水牛山佛經摩崖，阮云：首曰舍利弗，凡五十二字。『弗』即『佛』字。

初五日　晴，頗暄暖。冶如來。飯後到署，與鵠山商榷覆吴玉臣侍御加增捐項奏稿，申刻同散。獨游廠甸，購得銅鐙、玉翁仲、陳渌晴山水小軸各一。

初六日　晴。獨游廠肆，購得宋板《後漢書》、曹刻《集韻》各一部，緒笏心、陳東之對各一聯。

《後漢書・許劭傳》：『邑人李逵，壯直，有高氣。』

初八日　晴。早入内白事，晚同郡消寒第八集，飲陳雲裳銓部寓齋。

初九日　晴。鵠山、次典約觀梨花，未往。偕厚安昆仲、子雋共游廠甸，購得林文忠對一聯。

初十日　晴，大風。獨游廠肆，購得張得天楹榜一聯。晚，鵠山招飲寓齋。

十一日　晴。午刻到署，飯後游廠，購得漢玉翁仲一枚、揚州倪燦畫一軸、吴讓之對一聯。倪，嘉道時人，吴則上年甫作古人也。

十二日　晴。早起入内白事，飯後游廠肆，購得明拓曹全碑一本、漢印二十方。閱《後漢書》，中多譌字，且有明板羼入，還之。

十四日　晴。鵠山招同泉孫、杏耘、次典在猗香館作竟日談。先游火神廟，購得舊玉杯一、漢軍假司馬銅印一。

十六日　晴。未刻，次典招飲，臨春結綺。先游火神廟，購得李復堂芍藥一軸、左田先生山水一軸。晚，餘慶堂同鄉公祝鑪青。

十七日　晴。到署。晚，消寒第六叙集，子森寓齋。另有同郡消寒局，以體中不適而歸，未及赴。

二十日　晴。入内白事，飯罷，偕厚安共游廠肆，購得漢銅印牛繒之印一方，甚佳。

二十二日　晴。早起，治如來，客絡繹不絶。爲容舫篆書團扇，字小而多，未刻而畢。

二十五日 晴。早起，入内白事。送恩竹樵方伯之官江蘇。午刻至文昌館捐銅局團拜，並偕鵠山、次典、雅堂、壽甫、少虞、文伯、讓卿、辛鋤，九人公請同署友人。

二十七日 晴。到署，判八十餘牘，以數日未視事也。

二十九日 晴。到署，購得漢關中侯、部曲督銅印各一，又李春子母印，皆精好。晚，同郡消寒末集，在咏華家。

二月

二月朔 入内白事。到署。晚，消寒第七集，在伯華寓齋。

初五日 晴。入内白事。得漢銅印四：别部司馬、軍假司馬二、董泰印信，皆完好。

初七日 晴。到署。申刻至江右鄉祠赴飯，銀處諸君子之招。年例祭庫神即觴客，凡曾充是差者，皆與焉。

十三日 晴。幼亭、鵠山、鑪青、梅笙、詩龕來。骨董雷生持魏黑女碑求售，覆刻也，尚有神采。購得漢銅十方。

二十四日 陰。竟日黄沙迷漫，不睹日色。晚，大風，天黑如墨。到署，未刻至才盛館，赴徐季和宫允之招。

二十九日 晴，大風。杏耘游極樂寺，甫駕車，茂文至，談久之久之方去。出城，已未正

城，至五星聯珠室，呼酒不至，遂赴雪翁、石華墨妙之約。夜雨，兼有雪。
矣。寺在西直門外，海棠最盛，惜風狂如虎，闔户而飲，殊少佳趣。酉刻偕泉孫、鵠山連騎入

三　月

三月初五日　晴，大風。到署，葉子固兄來，以少裳奉檄權石壩州判事，約爲指示也。

初八日　陰，大風，未申快雨，晚晴。午刻，雁湖、鵠山約同泉孫花之寺看海棠，賓主四人，竟日歡甚。

十三日　晴。赴鼓樓查工，樓爲京城最高處，窗户洞豁，巷陌街衢，歷歷在目，大觀也。自辰至午方訖事，腹餒甚，足亦疲矣。未刻，偕鵠山出城，聚奎亭共飯。於樓東大街玉森堂書肆購得抄本《水龍經》一、先文僖書朱文正墓銘墨本一。

十四日　晴。到署，判牘畢，天尚早，鵠山忽動飲興，遂同文伯、吉人至如松，馳使約雁湖，而子森適至，相與共醉而散。晚，月色皎然。

十七日　朝陰，午後微雨，晚晴。早至蔣申甫、郭鹿泉暨蓮槎兄處，晤蓮槎，復至鵠山處少坐而歸。午後與家人同游龍樹寺，茗飲甚適。

謹按：辛未日記，自三月十八日以下佚。又壬申、癸酉[一]兩年日記均佚。

[一]壬申、癸酉：即同治十一（一八七二）、十二年（一八七三）。

同治十三年（據上海圖書館藏《弓齋日記》稿本整理並用抄本校）

弓齋日記　甲戌（弓齋日記卷之五　甲戌　分巡山東）

正月

同治十三年，歲在甲戌，乙巳正月朔　陰。五鼓朝賀、行香，賀同城各官畢，回署。祖先神像前行禮，各同寅皆來。故事：凡慶賀皆投謁不見，惟元旦則隨謁入。重慶守以下，次第行禮。畢，各官先退，府、廳、縣延坐，待茶而出。維時重慶守爲瑞蘊謙亨，江北廳爲葆芝舫符，權巴縣事則候補直牧王個山鱗飛也。周養恬觀察來晤。申刻，有蝙蝠止於皂保書室之簾，馴甚，拂之不去。

丙午初二日　陰，申後小雨，竟夜不止。聯星階總戎、琦聞庭游戎、徐琴舫太史、延小顏刺史來，皆晤。瑞蘊謙進省拜年，桂次園撤任回省來辭，亦均晤。巳刻出門，至蘊謙、星階、聞庭、琴舫、小顏並中營劉雲從處，少坐而归，以年例必須登堂也。晚約王子範汝礪、陳庚九星垣、比部張藥農鴻績、施壽峰毓齡便飯。子範，京華舊雨也。得子湘及徐龍伯信。

丁未初三日　丑正一刻十四分雨水。陰，微雨，時作時止。竟日未見客。

戊申初四日　早晴，始見日，申後陰。辰起過江北拜年，出太平門，至朝天門，行沙堤中，甚適。芝舫新築室十餘楹，尚精潔，强名曰園，實無邱壑、林泉之勝，惟小閣中望江景尚[一]佳耳。周鼎銘赴江津來辭。謝慶恩來，聞新用熊姓差役與未用張姓皆爲迴龍石之蠹，令斥去之。王個山來。巴縣舉人官箴偕計吏入都來辭，其人素稱好事，然貌頗文雅，因以微語告誡之。

己酉初五日　陰，微雨。從葆芝舫索得龔旭齋冬季束脩十金，即付之。申刻，個山招飲，觀劇，此春酒之始也。

庚戌初六日　陰，微雨。勞鷺卿從夔關來。

辛亥初七日　陰，微雨，午初一刻見日，即隱。擬游老君洞，未果。飯後爲胡元廷軍門作篆四大幅。王子範來辭行，明日走。得曹恬波信。晚約鷺卿便飯。

壬子初八日　早陰，巳刻微晴，已復陰，晚雨。送子範還京，未遇。至鷺卿舟中談半時歸。申刻，湖寧會館團拜，浙人皆至，不限以兩府也。作會館二廳對，廳即團拜及宴會觀劇處。

苕霅集同人，且共將巴里笙歌，消除旅况。

枌榆聯舊社，更莫把鏡湖風月，牽惹鄉情。

癸丑初九日　陰。署奉節熊令來。鷺卿來談。晚，聯星階六兄招飲署彭水莊令定械範邨來，帶到王咏卿信物。

甲寅初十日　陰。任長壽廷贊、田綦江秀粟均來。晚，約熊燮臣、任文卿諸君便飯。

乙卯十一日　微晴，午刻見日。約幕僚諸君子游江東山寺。辰刻渡江，先至龍門浩禹王宮，次至覺林寺，再上至真武殿，折而左，至老君洞，皆塗山也。禹王宮、真武殿無足觀覽，覺林寺山泉處處皆是，境頗幽勝，惜結構不佳。老君洞爲諸蘭若之冠，然較之江南則有殊矣。是日同游者，上元李希鄴仙根、□□曹勵成蓮生、善化馬沅莘廬、陽湖余恩鴻雲墀、石門胡坤子賢、華陽曾光禧仁甫、兒子慰祖也。晚施壽峰、田子實來。得枚生書，知代覓先世父塋地已立券。又得子韓書，云内子即欲歸來，屬派勇往接。味荃遣趙安來，以本有來渝之約，因本州閱灌口灘，不果也。

丙辰十二日　晴。王個山、喬壽泉、丁伯度來，以個山決三原會館案未協輿論，與子實前問官，且關中人亦有齟齬，屬壽泉、伯度爲之和會也。汪生世芳、宋生枬來辭，入都朝考。晚芝舫招飲。孔勛丞面白教堂得信，常保禄、梁樂益已於初六日隨同劉巡檢由水路赴黔，濮牧亦於初八日由陸路前往。

丁巳十三日　暢晴。署永川令陳堉敬持來，邀同城文武公宴。

戊午十四日　晴。爲芝舫書扁。夜，月色皎然。

己未十五日　晴。早起至文昌宮、吕祖祠行香。未刻，延幕僚及府廳縣幕友春宴，年例也。丙夜方散。

庚申十六日 晴。暖甚，换穿補褂。午刻，約徐琴舫、吴子權、明鵬南暨各學校官春宴。得子湘暨李少蓮親家書，知頤女有歸寧之信，爲之喜而不寐。子湘寄到漢印四方。

辛酉十七日 陰。未刻，約紳士春宴。寄味荃信，交趙安帶。錢翰如榮瀚來，叔父之戚也。

壬戌十八日 子正三刻十二分驚蟄。薄晴。作家書並子韓信，遣軍功白雲高、張友升率親勇黨超群、楊國治、陳占魁、夏玉春至宜昌接内子，令白雲高先往漢口探信，附寄子韓藏香一匣，雲茶二餅方塊，貴州皮印箱、珠合、翎筒各一，茶船十。皂保入學。晚宴翰夫先生，延幕府諸君作陪。巴縣禀知换聽差家人吴春。

癸亥十九日 陰，午微晴。奉大府書。

甲子二十日 陰。考東川書院生童。生題：里仁爲美，擇不處，焉得知。詩：稍聞决决留冰谷，得冰字。童題：里仁爲美，擇不處仁，焉得智，詩：盡放青青没燒痕。二語，坡公句也。

乙丑二十一日 陰。聞有在外招摇生事嫁名皂保所使者，查係杜瑞之重臺羅升，即發差管押。請孔勛臣、余雲墀、錢清臣來署，同曹蓮生、童翰夫閲書院卷。出示驅逐倡伎。得藴謙書，知十二日到省。

丙寅二十二日 陰。渠縣招解徒犯王高升過堂。提訊羅升，笞責發縣懲辦。出門拜客，晤吴子權、琦聞庭。聞庭〔二〕言，有著名痞棍李輝亭、廖輝亭，最爲閭閻之害，即日飭縣密拿。子實辭回縣。

丁卯二十三日　陰，微寒。子實復來，擬嚴拏飛石稿會鎮台出示。購得《夢溪筆談》《清江貝先生詩文集》《古詩源》各一部。得袁小午宫詹書，爲祖母太夫人百齡徵詩。夜微雨。

戊辰二十四日　微雨，寒甚。寄南院壽禮，託蘧庵送。巴縣禀拿獲李輝亭、廖輝亭，即飭令嚴辦。晚，保甲局紳公請。得吴枚生兄書，知比部公塋地已買成立券，慰甚。不言地在何處，想券交内子耳。夜微雪。

己巳二十五日　微雨。堂期接見各官，派江北同知葆芝舫、候補通判孔勛丞、候補知縣徐子臨訊三原會館控案，即日擬結。晚，中軍游擊劉雲從、右營都習葉清臣公請。得子韓信，云内子有正月初二日自蘇起身之説，海珊同來。

邸抄：順天舉人徐景春，文理荒謬，考官全協揆、胡總憲、童少宰、潘少農均降二級調用，同考官革職。刑尚崇實授左都，賀壽慈升吏左，殷兆鏞補户左，宋晋授刑左，劉有銘升鄂撫，吴元炳升湘藩，涂宗瀛升湘臬，崇福補省抄，王子堅陛見，英豪卿署藩司，傅哲生署臬司，黄翔雲署鹽茶道，寶玉堂署建昌道。

得惲君碩十一月初八日自常州來信，内附家書一件，託轉遞。獲痞棍龔福。

庚午二十六日　陰。得鮑蓉生禀，知余克林案已覆驗，一傷不符，即日轉禀大府。

辛未二十七日　陰，微雨。得徐葆芝信。晚左營琦聞庭招飲。是日縣試。

壬申二十八日　陰，微雨，午見日。壽泉、百度〔三〕、勛丞、仲清、小泉、潤之、少傳約游清水溪，飯至善堂。巳刻，出太平門，渡渝水，從龍門浩登岸，渡小石梁，其下即瀑布也。由覺林寺折而東南，有小聚落。聚落〔四〕盡處有茶亭，從亭旁石磴透迤〔五〕至山半，循山腹行，徑甚仄，約六七里，得澗水，蓋已入深山矣。復循澗水曲折行，澗絶處，豁然開朗，即清水溪也。至善堂者，渝之巨商大賈公建，以贍窮乏及旅殯之無歸者，在棋盤山下。中爲神堂，堂後即山，山上有亭二，可以瞻眺。亭左右皆修竹，間以雜木。桃李始花，梅已落，有二柏極夭矯。堂之側爲圃，亦樹桃李之屬。有梅一株，頗巨，似數十年物。其中聽事三楹，蓋歌舞地，鄙陋無足觀。聽事外有臺，有榭，有池，亦鄙陋無足觀。山靈有知，能無齒冷？歸，復渡渝水，自東水門入，已薄暮矣。夜大雨。

癸酉二十九日 陰雨。奉督府劄：内務府奏，候選知府李光昭，廣東嘉應州人，呈請報捐修理圓明園木植，由四川等省運京，飭查所管産木地方有無李姓客商購存木料。擬陳管見，商諸仙根，以爲然。得廉甫、龍伯書。

二　月

二月甲戌朔 陰雨。早起至龍神、火神、城隍廟行香。得范若瑟〔六〕書，言黔江所買之屋有拆毁痕，又欲留人看守余克林等屍棺，遣孔倅、丁丞前往理諭之。瑞蘊謙回郡。寄叔父、子湘、少蓮、迪甫信，交蔚豐。又寄子韓書，託轉寄稚川信，交胡萬昌。賀子權夫人壽。

乙亥初二日　陰雨。蘊謙來。稟大府：李光昭捐運木植，流弊滋多，請奏明分撥湖南、湖北、四川、貴州、福建、廣東自行籌款，委員辦理，限三年運京。以李光昭所稱，有購留木植直十萬金在此六省，限十年運畢也。寄惲伯方信，内附君碩家書，交顔委員振源帶至彭水，交莊大令專差送涪州。稟覆驗余克林等屍身情形。

丙子初三日　陰雨。五鼓，祠文昌。重慶守乞假未至。仙根出示静山書，云文相還朝以後，黔事大章，公道有不可遷就之語，爲黔民慶幸，並爲天下之民慶幸矣。

丁丑初四日　丑正一刻一分春分，陰雨。五鼓，詣府學，祠至聖先師。蔚豐送來一條，係恬波刺，去年匯款，於十二月初三日收到。曹仁甫回省，巳刻冒雨行，爲弟娶婦也。贈京靴一，綫縐袍、袿料各一。

戊寅初五日　早晴，未後陰，夜微雨。黎明出城，祭社稷壇。覆黔江信，交專差，内附傅石君家書，託轉寄。稟覆制府合州孫天壽案。得茂文信，附小顔家書，即轉交。是日縣試。初覆川東地方木植經由及聚集處所：

小河木筏由綏定城口廳出保寧、巴州界，在渠河、三溪河聚集發賣，路過合州，分發保寧、叙寧〔七〕、重慶。

大河木筏由嘉定、永寧、瀘州到渝，内多楠木，又有貴州仁懷杉木，由合江、江津到渝。下河涪州柏木係貴州邑梅、梅潭等地所出，聚積涪州江口楊泗廟分販，上至渝城，下至酆、忠、夔、巫等處。

叙州經歷德麟，號惠泉，係琦聞庭長子。

己卯初六日 陰雨。張文光來，奉大府書，抄示總署寄件。墨緣專差寓書，爲滇中館事也。晚接小山嘉平廿八日蘇州來信，又接内子人日信，以待頤女行期中止。送山長春夏季脩二百金，交薛校官。

庚辰初七日 陰。覆墨緣書，勸其静待巴縣發審館。並附寄蓮塘書，贈《隋金輪寺舍利塔銘》及《唐田公墓志銘》墨本各一分。塔銘在奉節，墓銘在彭水，皆上年新出土者。聞巴縣隸卒庇匪縱凶，嚴飭之。得子韓書。

辛巳初八日 薄晴，夜雨，雷始發聲。奉督府函。晚約藴謙、小顔、子臨、小蝶便飯。祭昭忠祠，並祀吕祖。縣試二覆。

壬午初九日 陰。得子湘書，方剌史德堃惠田帶來。又得汪泉孫書，知顧祠捐款及炭金均收到，並悉鵠山保送直牧。

癸未初十日 薄晴。發東川書院收録榜。祭文昌廟。周養翁、徐琴舫來。

甲申十一日 暢晴。晚，月色皎然。寄書卿、均僊、小山信，並子韓書。小池種藕。

乙酉十二日 薄晴。發大府稟函並酉陽、黔江札。又致蓉生一書。晚藴謙招飲，孫霽帆來。

丙戌十三日　早陰，午後晴。出門拜客。送霽帆歸貴陽。换白袖頭。

丁亥十四日　晴，夜大風。縣試末覆。

戊子十五日　陰。平旦，文武廟行香。覆徐保之二兄信。縣試發榜，案首徐承平。

己丑十六日　陰雨。五鼓，祭武廟，禮畢，復祠火神。製造禮器，開局在府學，督辦候補令余恩鴻，會辦訓導薛啓材，監造坐補南充縣典史王圻、候補州吏目顔振源、候補從九品陳泳。得枚生正月廿三日上海書。

庚寅十七日　陰。星翁來。委試用府經歷德慎、張峻藩，縣丞徐桐、許慶鑾，巡檢羅瑞雲，未入流吴清臣，至巴縣等三十四廳州縣，送黔捐照。

辛卯十八日　巳午晴，已而復陰。鮑令稟，洋人於十一日赴酉。德慎請假辭札，蓋避府試巡捕差也。改委從九沈松齡。縣試武童馬箭，王令有疾，府委經歷周兆慶監射。

壬辰十九日　卯正二刻十四分清明。晴。新選酆都令劉樹義來。辰刻禮普門大士，遂祀先祖。訊結趙蔚泰等控告四大鹽號趙春元等案。〔八〕縣試看馬箭畢，得羅惺四稟，大致與鮑同。

癸巳二十日　薄晴。平旦，祭龍神祠。覆蓉生信。晚，約蕭農部、劉酆都及同鄉吴岑帆便飯。蕭，名湘，號文波；劉，號寅生，皆雲南人。吴，名錫壬，改園先生之孫也。再得蓉生信，贈墨三種。朱海門來，未上岸，次日即行。

甲午二十一日　晴。午後出門，訪吴子權，未遇。至周養丈及星階、聞廷處，少坐而歸。

問案。

覆惺四信。奉大府函札。又得子湘暨叔父家書，並吉人、迪甫信，各家謝信。委孔倅赴江北

乙未二十二日　晴。接籌餉報銷局來文，奉大府札，准黔撫來咨，保奏川省籌餉各員，覲元蒙恩賞二品頂帶。換穿棉衣。

丙申二十三日　晴。添委從九周鼎銘至江北查案，從孔倅請也。晚，鹾綱公讌。齊安公所觀劇，年例也，重慶守不到。寄惲伯方信，交朱升。沙益山回籍，來辭。

丁酉二十四日　晴。辰刻，祠后土，以修四賞亭、築君子館也。徐子臨來，言昨晚儲奇坊差至朝天門外瞿鴻發棧房捕賊，彼此口角，經本廂勸散，鴻發轉邀武童將本廂團防打毁，並毆傷操丁。恐其中另有别情，即飭其確查回報。前歸安令雷君來，名兆常，號樂山，行弟一，成都人。得味荃十四日信。暖甚，换穿袷衣，督家人抖晾皮裘。請壽泉致書易春卿，薦曹蓮生閲府試卷。顔皂保書室曰福履堂，題曰：『同治甲戌元旦，有蝙蝠來止斯堂。蝠者，福也，履端而受福。人以爲余賀，余滋懼矣，書此紀事兼以自警焉。』

戊戌二十五日　晴，暖甚。堂期，接見屬僚，飭查瞿鴻發事。又查得縣差徇私疏縱，荷校痞匪廖輝亭等，令一并枷示。瑞重慶言，擬派歲試巡捕三人：鍾濂、楊傑、金毓松。得恬波信，内附經老及各家謝函。祇領到同治十一年十月初九日覃恩誥命三軸：先大父、先考皆贈通奉大夫，先妣贈夫人，先世父母亦皆貤贈如例。又祇領到同治十二年二月初十日覃恩本身妻室

誥身一道。稠疊天恩，至優極渥，真捐糜頂踵莫能報也。得鮑令禀，查覆教案起釁緣由。未刻，出太平門，祭孫太恭人，雷歸安母也。湖籍到者四人：趙司馬權徐州判世潢、徐縣丞桐、姚未入鈞、羅未入瑞雲也。出差未到二人：沈典史邦榮、吴未入清臣。病而未到者一人：朱府經權。非湖籍而到者一人：李大令光烈。晚，大風，夜半大雷雨。

己亥二十六日　陰，夜雨。平旦，祠先農，遂行耕耤禮。隴畝春水瀧瀧，禾苗已茁，豆麥秀實，皆欣欣有向榮意。還過臨江賓館小憩，牡丹三叢，皆紫色，已謝，無足觀，惟杜鵑正盛耳。

庚子二十七日　陰。辰刻，至東川書院送肄業生童入學，綵服，先至文昌前行禮，次拜山長，主人揖，賓三頓首，復揖，賓答拜，亦如之。諸生序立階下，拜山長，以次拜道、府、縣、監院，皆立受二禮，答以長揖，免二禮，三揖，退。是時山長爲酆都徐太史昌緒琴舫，監院則重慶府學訓導□□薛啓材西□也。得惺四覆書。巳刻，禀大府黔江教案情形。未刻，卓庵來，相度君子館地勢。芝舫約賞牡丹，星翁未到。送雷歸安回成都。

辛丑二十八日　陰，早微雨，午後薄晴。接蘇州寄來香稻米、南棗、藥梅、茶膏，吴心宇送來。雲南提督馬如龍進京過此，未來拜雲峰，行一。

壬寅二十九日　晴。領餉委員饒憲章浦雲，行三、陳鴻恩來，委李檀代鍾濂查漏釐，李廷模代金毓松查保甲。馬軍門來，贈茯苓四枚。徐琴舫來談，書院齋長禀請添派學長魯承周、王國琬，即批准牌示，並札知監院。寄叔父、子湘各一書，並銀五十兩。晚，得内子初六日自蘇來信，附子固、子湘函，云頤女准于正月廿一日自京起程。

三月

三月〔九〕**癸卯朔** 陰。平旦，文昌、吕祖廟行香，答拜馬軍門，送陸馥軒赴成都。接子韓二月望信，言頤女出京，與蘇信同。又言李光昭向在漢口貿易，不甚安分，去年曾因築堤一事，妄控漢陽地方官於都察院，此案已發武昌讞局訊辦。李光昭未經到案，正初忽在漢陽設一公館，門首懸銜牌，有『奉旨辦運四省圓明園木料』等字樣，經漢陽令禀知督院，並言即京控案中之人。督院諭以案歸案辦，漢陽令即行票傳，李光昭亦即赴武昌投到，遣家人遞清供，儼然以官自居。武昌守必欲本人到案，李光昭潛由漢口乘輪船東下，聞已赴香港，當道不知，以爲赴沔陽之新堤辦木料也。内務府另咨派湖北辦大木三十枝，有長十二丈圍圓一丈二尺者三枝〔一〇〕，業已撥銀三萬兩，委伍守繼勛會同湖南采辦矣。李光昭辦運木料一事，當道亦無如之何，惟聞擬派員跟蹤察看〔一一〕，並飭各釐卡嚴查而已以上子韓信。奉大府札，轉行内府派辦木植，令察看情形，丈尺由藩司轉行，尚未到。吴子權來。覆子韓信。又寄墨緣信，並帖四張。又致傳哲生，問加銜應否，呈請代奏謝恩。白雲高等禀來，已到漢。子韓假以錢十四千，令唤其儕輩一並至漢。江南舉人楊楫常州人磨勘斥革，考官劉有銘、黄自元均降二級調用，胡小蘧以互參案降五級調用，劉撫部降三品頂戴，黄孝侯升刑侍，沈彦徵補陝西道御史，潘司農以有革留處分，降調，應革任，賞編修，仍在南書房行走。見邸抄。

甲辰初二日　早陰，午後晴。蘊謙來見，稟明日府試開棚，即晚鎖院。錢倅賓鈔襄閱試卷。明晉煜自石砫春查回銷差，言田忠普尚在酆都。奉大府批答，飭密查能否向就近商人采買木植起運。李光昭事，俟此事略有端倪，再行入告。即日委喬壽泉辦理。覆余雲卿、王小香信。聞會垣泉粟爲妖，斗米至二千八百文，錢法日敝，銀一兩可易二千八九百文。竊盜賊滋多，王咏清被竊一空。豐年也而如此，異哉！　夜，真武山燈火燦若繁星〔一二〕，云〔一三〕年例上巳有會。

乙巳初三日　陰，晚薄晴。得子湘、子固元宵信，頤女准於正月廿一日出京，翁馥卿夫人同行，子固、廉甫送。渠縣典史陸鴻稟，揭署令汪立鏞縱家丁非刑搕索軍犯，飭立鏞明白稟覆。寄味荃信。邸抄：童華仍在上書房行走，編修張英麟、檢討王慶祺均弘德殿行走。文瑞攖病，請開缺賞假兩月。正月十二三。

得楊葆初孝廉信，屬爲向蔚豐代那三百金。聞吳筱翁言，外間傳説有拿獲燈花教之事，又言江津有民教交爭事。東川書院齋長梅樹南稟出外就館，請另派人充齋長，即日批准，以考録弟三名文生李塏承其乏。

丙午初四日　陰。薛校官來繳齋長牌示，云李塏近日爲人不足當諸生領袖，又言見温千總云拿獲燈花教。余堃、周鼎銘來，云江北教案已令各紳糧爲之調處。王個山來，言燈花教首陳合順已會營，在中興場拿獲，供認傳教並無聚衆情事，不知各場何以紛紛搬移中興場、公平場、彭家場、六角場、跳石河、魚洞溪、龍崗場，飭其迅速出示安民。　王子堅方伯來，赴都展覲也，索去黔江教案節略一紙。

初三日府試。　榮昌正場，已冠題：子曰齊一變章；未冠：動容貌；次題：養也共。　定遠，已冠：子曰晉文公譎而不正章；未冠：出辭氣；次題：射也共。　江津，已冠：子曰魯衛之政，兄弟也；未冠：正顔色；次題：教也共。　詩題：三月三日天氣新得新字。

丁未初五日　未正一刻十分穀雨，陰。　免衙參，送王方伯入都。　巴縣婦人黄江氏稟伊夫萬騫被押，服毒身死，批縣訊驗。　藩司移送内府采辦木材尺寸清册至。　致陳香池信，索刻字匠雙流人王紹文。〔一四〕　得子韓二月廿一日信，云頤女已到蘇，内子定十七八起程，約廿一日可到滬。

戊申初六日　早暢晴，午後陰。　王個山來，言教匪已懲辦。　喬壽泉言大木無人敢辦，渝關所報圍圓之木料乃建昌板，向以其寬之尺寸作徑，一圍三計，故時時有之，非真大木也。　又言黄萬騫實是在家病故。　前工部郎王君丙號葉軒來，言在筱塢處保三品銜知府，進京分發有西、秀、黔、彭鹺務，來此清理。　鄒宗灝轉餉赴貴州，派徐咏虞代管庫務，兼收呈詞。

己酉初七日　陰。　許慶鑾送照回。　温千總來，言燈花教餘黨尚多，請飭各屬一體訪拿。　金含章來，言萬騫事與喬同，惟伯度所云反是，未知孰信。　巳刻，得惺四稟，言梁樂益等不肯對質，遣勛臣等問范若瑟。申刻，後山小閣上梁，經始君子館。田令稟，周渭臣率衛隊老營於二月廿七日由黔入川，即刻轉陳大府，並飛致田令挽留所部駐綦。巴縣稟，黄萬騫案牽涉差役，請委鄰封相驗，黄江氏亦懇改委鄰封，即刻批重慶府照例辦理。夜子刻，奉大府覆函，云總署來函，懃使重在僞示，已將現辦情形詳致總署。

府試初覆題：江津：爲能盡其性，能盡其性；經題：與天地合其德。定遠：則能盡人之性，能盡人之性；經題：與日月合其明。榮昌：則能盡物之性，能盡物之性；經題：與四時合其序。詩題：春入山村處處花，得春字。

庚戌初八日　陰，午刻微晴，已復陰，夜雨。勛臣言，范若瑟現在鄉間，已飭仝龢章將各語轉述。〔一五〕申刻，至桂香閣觀新製禮器，模範已成，尚可觀，特未能工緻耳。夜，奉大府札，據范若瑟函稱，黔案受哄，江北有迭劫之案，東道漠然不理，飭查明秉公究辦。

辛亥初九日　陰，早雨。孔勛臣〔一六〕言，黄萬騫實係服毒身死。陸鴻稟，軍犯□□卡毙，即日札綏定府委員查辦。得味荃信，送鷺卿之弁勇歸。邸抄：童華補副憲，袁保恒升閣學。

壬子初十日　晴。堂期。葆芝舫言，相驗黄萬騫係服鴉片毒身死，並無別傷。酉陽招解謀殺胞弟絞犯吴大幫過堂。署左營守備吉貴來辭回省。稟大府黔案原告不肯在酉陽聽質，並江北民教鬥毆情形。接范若瑟函，欲遣人復往黔江。沈未入密稟，船户在卡申訴，有痞匪梁申巴縣人，住臨江門外會地、賴善生住朝天門外，慣在城外冒充局卡差役，阻撓包攬偷漏釐金，並有搕詐船户、毆打扯毀釐票情事，當飭密拿。

府試二覆。通場題：孟子曰『仁之實，事親是也』一章；『敬一人而千萬人悅』論。榮昌詩題：烟花三月下揚州，得花字；定遠：詞必己出，得詞字；江津：漁舟逐水愛山春，得山字。

爲仙根致徐椿壽及鄒秋帆書，託辦黔捐。

癸丑十一日　晴。琴舫來，接子韓二月廿七日信，附叔來二月十八日書，頤女二月望到蘇，廉甫因乃翁病，仍回京，內子定廿一日起程。田令禀，渭臣於初九日到綦，已將所部挽留，駐綦邑之城外各庵觀寺院。即日轉陳大府，委翁在玥、彭蘊遂分赴江津、酆都清理捐務。夜，巡行街衢，獲犯禁者，撲二人，笞四人臀。子賢得家書，有喪明之痛，大泣辭去。

甲寅十二日　晴。周渭臣軍門暨其營務處黄觀察湖南寧鄉縣人，丁卯舉人，名沛翹，號綬芙來。勛臣、伯度自教堂回，言范若瑟刁狡狀，難以理喻，令再婉圖之。

府試二棚，正場。銅梁，已冠題：達而已矣；未冠：子謂子貢曰；次：孔子在陳。安居鄉，已冠：詐而已矣；未冠：子謂子夏曰；次：孟子之滕。長壽，已冠：恕而已矣；未冠：子謂仲弓曰；次：孟子去齊。璧山，已冠：質而已矣；未冠：子謂顔淵曰；次：魯君之宋。詩題：霜止出秧，得秧字。

乙卯十三日　晴，午後薄陰。渭臣武字營管理洋槍炮英人麥士尼姓爲能來，自言號問皋，十二歲入中國，在漢口住六年，各海口都到過，惟未至天津牛莊。今三十二歲，同治六年至貴州。娶有妻室，今同來。家有父母，欲歸省視，有弟現在江漢關管稅務。又言聞張司鐸言，上年有敝同鄉金華陀來，不知中國禮儀，多有得罪云云。語極清晰，貌亦不似洋人。未刻，假湖甯公所，公讌渭臣及綬芙，邀吴子權、陳蔚如、延小顔作陪。

丙辰十四日　晴。渭臣借撥軍餉銀八千兩，以鹽釐無款，於貨釐項下補足平色支給，即咨省局，於撥餉時扣還。勛臣、伯度來，言范若瑟堅執不肯赴質，意蓋欲拖累，遂其貪惏〔一七〕之計也。令擬稿陳明大府。聯星翁來，云有信署提督尚未見照會。送渭臣赴成都，渭臣贈詩扇一柄，詩與書皆斐然可觀。邇日諸將帥多游心六藝，有輕裘緩帶風，詩書變化氣質，誠中興之景象也，可勝欣幸。託渭臣葆初事。

十三日府試，榮昌、定遠、江津終覆題：安之、信之、懷之，各作一小講；三月春陰正養花，五言八韻一首；河鯉化龍賦，以題爲韻；秧馬、竹馬，七律各一首，不限韻。

江津案首鍾祖芬，定遠案首盧文炳，榮昌案首喻嵩齡。

得徐少青信。又得子湘、少蓮書，通知頤女起程日期，子湘信即送别後所發也。子固保案已到。又得雪岑信。寄子湘書，附覆楊葆初一函。

丁巳十五日　早陰，晚晴。城隍、龍神、火神廟行香。奉到二品頂帶恩旨，望闕叩頭謝恩。蹇子和令弟來。夜半，天大雷電以風，巨霆隆隆然，若擊物而未中者，雨下如注水，雞鳴方止。星階得照會，署理提督軍門。

戊午十六日 晴。禀大府范若瑟刁難情形，請示遵辦。致惺四、蓉生信，附轉行黔江札。得伯方三月五日沿河司來信，爲關捉逸匪，與惺四齟齬，即日附致惺四。

府試二棚初覆，文題：安居鄉：有諸乎？孟子曰：否。銅梁：有諸？孟子曰：否割烹節。長壽：有諸？孟子曰：否堯以天下節。璧山〔一八〕：有諸？孟子曰：否至禹德衰節。經題：德惟善政。詩題：一枝國豔得丹字。

夜，護月經歷以代本府行禮，不能到，派伯度、勛臣、壽泉、雲墀隨班行禮。

己未十七日 晴。月有食之四川行省食八分九秒：初虧，十六日亥初二刻八分；食甚，夜子初一刻一分；復圓，十七日子正三刻八分。得子韓上巳前一日書，內子尚未到楚。星翁來談。夜半雨，至曉方止。

聯星翁八字：庚辰　辛巳　壬寅　癸卯

庚申十八日 陰。奉到大府書。晚約星翁、仙根便飯，乙夜方散。得龍伯信。蘊謙來。趙念劬寄釣魚城摩崖拓本，翁午棻寄逍遥山會仙友拓本，氈蠟不精，翁本尤謬。

辛酉十九日 早雨，午後晴。翁復卿自江津回署，江津令國璋子達京口駐防來。致豪翁書，接徐保之信。

府試二棚二覆題：其爲氣也，至大至剛兩節。進思盡忠、退思補過論。詩題，安居：竹報平安得安字；銅梁：銅柱旌功得波字；長壽：長門獻賦得捐字；璧山：日月合璧得明字。

壬戌二十日　早雨，陰。堂期。接見僚屬，驗看俸滿。石硅西界沱巡檢丁逢熙同年，雲南呈貢令丁逢吉，心葵之胞弟也。答拜國江津。至星翁許少坐，歸。星翁來辭行。范主教書來，請提甯卜榮等。星翁贈錦雞二、猿二。周兆慶丁母憂。

癸亥二十一日　丑初初刻七分立夏。陰，晚晴。换戴凉帽。申刻，約子達、勛臣、個山、伯度、雲墀便飯。子達尊人慶雲公，壬午舉人，戊戌進士，江西知縣，升甯都州，捐升道員，補鹽法道，被議，號書五，京口駐防。先建昌公之官豫章時，書五先生方任南昌令，又與季父風裳先生壬午同年，故覲元稔聞之，不知子達即其嗣也。雲墀以新鑄簠簋來觀，工不精而度亦譌，飭令改鑄。

渝關書役陳其宗、唐才。渝城老木商余懷孟，年九十餘，自云采辦木植已閲三世。

甲子二十二日　晴，夜雨。勛臣五十初度，往祝未見。至星翁處送行。爲子達、鎔九諸君作書，筆墨與紙皆不能如人意，塞責而已。

府試二棚終覆題：公則説，操則存，明則動以上均作小講；樱桃賦以『紫禁朱樱出上闌』爲韻，賦得萬國衣冠拜冕旒得冠字；無絃琴、無腔笛七律二首，不拘韻。

廿一日府試三棚題：大足，已冠：子曰聖人；未冠：闇闇如也；次則：天下之士。綦江，已冠：子曰善人爲邦章；未冠：行行如也；次則：天下之商。涪州，已冠：子曰南人；未冠：侃侃如也侍側章；次則：天下之農。賦得蘭池清夏氣得清字。

乙丑二十三日　陰雨。五鼓，恭詣會府，祝嘏禮畢，少坐即出城，至兩路口送星翁之官成都。

丙寅二十四日　陰雨。仙根北行登舟，仍回署，應良日也。晚，爲仙根祖帳。

丁卯二十五日　晴。堂期。接見僚屬，奉大府函，飭提黔案來渝，發委審局研訊。得子韓十二日信，知内子於月朔方自蘇解維，初八日方到上海，十二日尚未到漢口。致蔡雲玺、朱雪岑、何子森書，交仙根帶。

府試三棚初覆題：涪州：樂則不得其正；綦江：懼則不得其正；大足[一九]：患則不得其正。經題：蠶事既登。詩題：賦得日長如小年得長字。

戊辰二十六日　陰雨。徐琴舫來談。送仙根謁選入都。山閣告成。

己巳二十七日　陰，早雨。過江北，賀芝舫嫁女。雲南鶴麗鎮楊總戎玉科到渝，遣人來候，適芝舫饋席酒，即以遺之。札提黔案，交伯度專勇去，江北留養。[二〇]

庚午二十八日　陰雨，夜大雨。楊總戎來，號雲階，無飛揚跋扈態，惟粗率耳。貌不魁梧，右手有白點風，佩帶翡翠至多。子權云迤西精華皆在其橐中，信不誣也。上大府禀，請提黔案。下午子權來談。曾叙五自省奉差來，秉燭見之。得吴熙臺書，屬爲仲瑾薦王介卿太守館。候補知府楊守福、萃小泉來，同雲階入都也。

府試三棚二覆題：大足：人皆有之，恭敬之心；綦江：人皆有之，是非之心；涪州：人皆有之，惻隱之心。天之生物，爲賦一性論。賦得江送巴南水得江字。

辛未二十九日 陰。送楊雲階入覲，復過養翁、子權處小坐。得子湘及京中各友信，李聽齋帶省寄來，内附定子寄子權一書，即日交去。購得《金石廣例》《説文辨字正俗》《畫史彙傳》《履園叢話》各一部。〔二〕

壬申三十日 晴。得子韓書，内子十四日到漢口，十八日解維，由沙市换船至宜昌，何處起旱尚未定。寄叔父、子湘書，並銀九十兩祖姑母、叔父、子湘各卅。楊柳坊紳士、候選知府段鳳瀾等公禀保正宋萬發不法情事，並將娼家田蹕子、田家四所拐女子江秀送轅。據秀供：年十二歲，遂寧縣魚箭壩人，有祖母及父母兄弟，父名江從柯，在縣參房及教書度日，乳名明娃子。同治十一年，不記月日，是扯胡豆時母親回娘家去，我在鄉間玩耍，田蹕子哄我，説是母親叫他來接我，遂被他拐來。他是開門户人家，先在磁溪口一帶住，後來城内租大梁子段家院内住，因時常有客來往，又見將我時時打駡，不與飯喫，段家問明情由，不依，同鄰佑將我送交戴委員處，今又將我送至此地云云。

邸抄：寶鋆著以吏部尚書、協辦大學士三月初四，龔自閎補授閣學，周壽昌補授詹事。

會試正考官萬青藜，副考官崇實、李鴻藻、魁齡，同考官黄毓恩、鍾駿聲、陳振瀛、胡聘之、李汝霖、張鴻遠、王先謙、鈕玉庚、梁仲衡、葉大焯、陳啓泰、崑岡、夏獻馨、郭從矩、劉瑞祺、沈源深、吴廷芬、陸光祖。

府試四棚正場題：合州，已冠：子曰回也違仁章；未冠：由也果；次：其庶乎。江北，已冠：子曰回也庶乎章；未冠：求也藝；次：其天乎。永川已冠：子曰回也助我章；未冠：賜也達；次：其恕乎。詩：賦得雨餘天氣初清潤得初字。

四　月

四月癸酉朔　晴。早至文武廟行香。書《佛圖關銘》，自廿八日起至此日方畢。府試三棚終覆題：其餘慎言、違仁、驕吝各作小講；麥秋賦，以『是月也農乃登麥』爲韻；賦得一簾烟雨琴書潤得簾字；櫻桃宴、櫻桃夢，七律不限韻。

甲戌初二日　晴。祝勛臣太翁壽，聞太翁有疾，贈家藏先大夫自製再造丸一粒。得鮑春霆書，教民宋學勝、梁明洪、雷爾谷呈控秀山縣紳譚再鵬等拆毁教堂，叩請另行委員提究，以前委員劉兆亨解黔案來渝也。定遠坊委員李丕基禀，操丁田光明即田雙發，違示開燈，親提責革。

乙亥初三日　晴。石柱絞犯向谷資、忠州斬犯鄧星奎過堂，星奎翻供，發巴縣覆訊。聞聽齋回任，甚慰。得周叙卿信，言華商冒充洋商事。復卿言，信和管事丁澄江説，實訪得公泰管事艾維垣在渝城包攬子口税單，其已辦者，現有西廣順、長盛通、仁和長、世茂公、源興長五家，仁和長現爲夔關搜出底簿云云，令再確切訪之。

丙子初四日　晴。文静軒副戎升攝重慶鎮到渝，出城迓，向例也。得蘧庵信。

府試四棚初覆題：江北：此之謂絜矩之道；《詩》云：樂只君子。合州：而後可以教國人；《詩》云：其儀不忒。永川：而後可以教國人；《詩》云：宜兄宜弟。經題：四月秀葽。賦得緑樹陰濃夏日長得濃字。

丁丑初五日　陰雨。堂期。接見屬僚。祝静軒太夫人壽。静軒來。復卿又訪得冒充洋商西幫魁盛隆、誠意豐、元興長、同生義四家，連前共八家。〔一二〕信和遞禀，語頗近情，允爲查辦。得聽齋信，送墨緣關聘，即日交革廬專人送往龍安。

戊寅初六日　未正二刻四分小滿。陰雨。奉大府函覆並札，準提黔江教案，並添委同知吕烈嘉、典史祝俊棻前來，隨同經理。金卓庵來，餝辦子口事。寄子韓信，内附條幅一張，交胡萬昌。

己卯初七日　晴。得蘧庵書。静軒、聞庭來。

府試四棚二覆題：合州：聖人既竭目力焉，繼之以規矩準繩；永川：既竭耳力焉，繼之以六律，正五音；江北：既竭心思焉，繼之以不忍人之政。德義可尊作事可法論。賦得芭蕉分緑上窗紗得分字。

庚辰初八日　晴。答拜静軒、聞廷。王介卿家眷來，帶到蔡雲壑武部信一函内附鵠山一紙、《律例便覽》廿一部。至保甲局看繅絲。湖種每繭一斤得絲一兩〔一三〕四五錢，比川種收成倍之，色亦純净有寶光，蓋至是巴民始漸識蠶桑之利矣。局紳言種桑需腴地，其瘠土以棉花爲宜，巴人未有種者，即日飭其購種散導。

辛巳初九日　晴。文静軒贈藏香四匣。提審開縣脱逃斬犯之長解李學等。程丞寅清來，號贊堂，行一，宜興人。迴避改捐湖北，博齊保之之妹夫也，携有季茳表叔書。又貴州候補令曾忠，號履廷，行二，仁甫本家，自京引見回。又前任銅梁令楊君利川，號東之，引疾回湖北本籍，均來見。寄子實書。

府試五棚正場題：巴縣，已冠：君子人與；未冠：辨惑子張問章；次：誦堯之言；賦得巴山夜雨得山字。南川，已冠：君子人也；未冠：辨惑樊遲從遊章；次：行堯之行；賦得南浦朝雲得南字。

壬午初十日　晴。堂期。接見屬僚。接子韓三月廿六日書，云十八日上海因法人欲築四明公所義冢地爲馬路，滋生事端，槍斃華民六人，受傷五人，燒毁洋房三間、洋人租住之民房十餘間，延燒民房四十餘間，經地方官彈壓，幸即罷息。現議定不准法人在四明公所界内開築馬路，准寧波人自造圍墻以清界限，案尚未結。昨聞日本人忽欲以三千兵赴臺灣，不知意欲何爲。應敏齊是經手换約之人，須彼到滬再説。又三月廿四日漢口有俄兵酗酒，殺傷一老婦云云，並寄天青地片金五尺。又接味荃信，購得道光庚寅錢塘振綺堂汪氏仿宋本重雕《咸淳臨安志》一部，其直五金。又接仲清三月十四日自蘇來信，匯去蔚豐厚銀六十九兩，内子在上海所用，合英洋百元也。寄鍾蘧庵書。

甲戌會試題：子曰：君子坦蕩蕩；自誠明，謂之性；孟子曰：君仁莫不仁，君義莫不義。賦得無逸圖，得勤字。

遣武泰至萬縣接内子，帶去衣包一個。晚，月色皎然。

府試四棚終覆題：一一貫章、二盍徹章、三孟敬子章，各作小講。鳥能歌舞花能言賦以題爲韻；賦得鄉村四月閒人少得村字；養心亭、悟真洞，七律，不限韻。

癸未十一日　晴。得枚生自京來信。

甲申十二日　陰。委趙仲清合州鹽卡差。得戴海珊弟三月晦信，知内子於四月朔自沙市換舟入蜀。巴縣禀鄧星奎供，死者鄧星副，乃其功服堂兄。罪名出入攸關，即日札查忠州。

乙酉十三日　晴。遣承差李明赴萬縣，促武泰由水程迎接内子，帶家信一函。覆味荃信，帶去《律例便覽》一部。

府試五棚初覆題：巴縣：悠久，所以成物也博厚；南川：淵泉，而時出之溥博。經題：滕侯、薛侯來朝。詩題：静吟斜倚老松身得斜字。

丙戌十四日　晴。早至吕祖祠行香，俗云仙初度也。前雲南普洱守何君澤春湛園來，得墨緣信二件。

丁亥十五日　晴。早起至文昌宫、吕祖祠行香。戌刻，響水橋不戒于火，延燒二十五家。

戊子十六日 晴。儀保生日。徐琴舫、吴子權來。委未入陳嘉澍辨禮器款識。江北留養忠州、酉陽招犯過堂。

府試五棚二覆題：巴縣：孟子曰：天下之言性也全章；南川：孟子曰：人之所不學而能者全章。生民之道以教爲本論。賦得良苗亦懷新得新字。

己丑十七日 晴。得周渭臣軍門公牘，蒙恩交部從優議叙。徐秋生力求薦館，即屬仲清延之。

同治十三年三月十九日内閣奉上諭，片奏請將征兵籌餉、保境援鄰之司道等奬勵等語，四川布政使王德固、按察使英祥、鹽茶道傅慶貽、川東道姚覲元、建昌道黄雲鵠、永寧道延祜均著交部從優議叙。試用道黄澐仍以道員遇缺儘先補用，並賞加布政使銜，補用知府。即補直隸州知州田秀栗著准候補缺後，以道員用，以昭激勸。餘著照所議辨理，該部知道，片二件併發，欽此。

庚寅十八日 晴。得羅惺四信。又得惲伯方信，並銀一千五百兩，託匯京。又匯費三十兩，又還上次欠款十五兩，集義生鹽號匯來，即令蔚豐厚自取，並信二件一係莊范邨專足帶回，即日寄京交君碩。

府試五棚終覆題：善哉樊遲從遊，又齊景公問政，又齊宣王問，均作小講。不知流麥賦以題爲韻。平生志不在温飽得生字。招賢館、懷清臺，七律，不限韻。

鄒秋帆回渝，知仙根捐事已成，共用銀九百五十餘兩，可謂便益。徐椿壽覆書，謂實已省之無可再省，誠非虛語。即令秋帆尋鮑庸五算賬，並以所存開縣鄭柯亭餽項三十金交庸五，屬其彙寄仙根，因專咨未到，便少遲專人，即日先用郵筒遞書雲陽通知仙根。

辛卯十九日　晴。重慶守考試畢來見。經武中營邵鎮率所部來渝，奉調赴叙永也，即日支給餉銀一月，促其拔隊前進。未刻，得味荃十八日辰刻專差來信，云合江紳士吴敬之大鏞面稟，昨晚伊本家出一搶案，盗有數十人，搶劫後下船放槍，揚帆東下等因。伏思該匪等必自一往直到下游，若俟勘驗後再爲查拿，必已遠走，不揣冒昧，先派幹差到渝，如有消息，伏乞飭知縣中，准其帶回云云。問知補差尚未到，即刻密飭個山踊緝，並責成蕭貴、皮成專辦，許以重賞。酉刻，覆味荃信，交專足。又覆伯方書，交集義生。鄒秋生交來仙根新照一張、舊照□張、清賬一紙，椿壽信一函，暫存，俟專咨到，再一併專送。

壬辰二十日　晴。堂期。接見寮屬。王個山言，合江案已拿獲本地匪犯二名：王文州並其妻周斐氏；李松山，即李福望，並松山所狎妓張王氏。又於廣泰棧獲犯七名：賀紹其、蔣洪順、伍文魁、劉萬元、王春林，以上五名皆往行劫；又吴元興、馮玉山二名，未去，起有贓物，專待合江文到辦理。即刻飛致味荃已刻發五百里排單。此事可謂神速，實蕭貴、皮成之力，其報口則王平山也。

癸巳二十一日　晴。壽泉接渠縣汪令信，實訪得該縣管卡家丁姚炳於敲揸軍犯斃命後，即潛逃渝城，現匿豪奴夏□家，飭縣協拏，未獲。奉大府函諭，是日有江津武生至貨釐局，以十年所給舊票換新票，不聽，將用武，有司以告。乃召校官使理諭之，而以勇丁隨其後，遂大懾服，以其人屬校官。重慶陋習，凡武試輒恃其衆，横行街衢間，莫敢攖其鋒，自官長以至于庶民，無有不被其害者，至是稍戢焉。接周叙卿信，即日覆，交胡萬昌。

甲午二十二日　晴。卯正初刻七分芒種。考試東川書院生童，不俟點名輒先入。遣監院諭之，不從，乃自部勒之，始就約束。生題：德潤身，心廣體胖。奇文共欣賞，得移字。童題：吾無隱乎爾，吾無行而不與二三子者。疑義相與析，得居字。天久不雨，炎熱如三伏時，終日躑躅，不知所爲。因思各州縣外監所繫多非極惡之人，其苦必更有仟佰〔二四〕於我者，致書各令長省恤之。

乙未二十三日　晴。令巴縣祈雨。味荃書來，並寄到二百金，即日賞之。是日姚炳亦就獲。夜大風，懼祝融之肆虐，傳諭各坊廂委員巡行街衢以警衆，復自出督之。委員大率不至，其至者徐令溥、何令寶桀、縣丞徐元亮、未入流范壽昌而已。府試武童起。

丙申二十四日　晴。熱愈盛，聞苗有枯槁者，真憂心如痗矣。酉刻，酉陽委員從九品吴輔元解黔江案犯謝裁縫等至，陳悰發中途服毒自盡。據羅牧稟，係服生蔥、蜂蜜相反之物，因而致死。然乎？否乎？接武泰來稟，十五到萬，十六日即赴下游迎接内子，尚未知行抵何處。

丁酉二十五日　晴。堂期。接見寮屬。發大府稟，派勇四十名護解合江人犯。得熙臺、悟安信，囑薦仲瑾館事，或龍安，或伯度，云伯度輪委首屈一指矣。

戊戌二十六日　晴。在城隍設壇祈雨，禁止屠宰。寅刻，偕静軒上香。申刻，復詣上香。徐琴舫贈《紀慎齋祈雨法》一卷，即八卦壇也。蜀中自徐梅橋先生頒爲令甲，至今遵行，特道士輩奉行不盡如法，乃按書整齊之，令重慶府經歷曾鷭董其事。得蘧庵信，云聽齋初三日出省，十三日接印。

己亥二十七日　晴。仍在城隍廟祈雨，早晚行香。聞榮昌譚令丁内艱。

庚子二十八日　微陰。遣重慶府經歷曾鷭至龍門浩取水。仍在城隍廟祈雨，早晚行香。得徐椿壽信，寄到仙根部咨一分，誤以户爲吏，無用也，非更换不可。覆聽齋數語。瑞蘊謙來，云譚榮昌丁艱，擬委永川兼攝。

辛丑二十九日　陰，微雨數點。天忽凉，聞四鄉有雨，大小河一時並漲，小河至三丈有奇，是上游得大雨矣。由城隍廟步至龍神祠祈雨，早晚同。寄椿壽信，爲仙根换咨文，交鄒秋帆專差。又寄子湘信，附少蓮、庭芒各一函，廉甫保舉行知一件，直督文一件，在少蓮函内。得墨緣書，即日作覆，並寄王蓮塘一函。又得周叙卿專差來信。又得海珊四月初十日信，知内子於是日由宜昌登陸。

五月

五月壬寅朔　早陰，午後晴。仍自城隍廟步至龍神祠祈雨，早晚同。祈雨法有以虎頭骨繫鐵綆下放龍潭或井中者，蓋取相激之意，曾目覩其驗。詢之父老，此地亦嘗行之。先於龍神祠井中，不應，然後至清涼山龍潭，遣知縣徐溥試行之，不應而轉日出，豈禱者之不誠耶？憂心如焚，不可言説矣。管理鹽釐局曾守傳道因病出缺，委試令余恩鴻代理。得李篁仙農部信，壽蓉已捐升道，分發湖北。其令弟壽芝荇仙行六現在成都，由雙月主事擬改直牧，作集腋計，託爲招呼。

癸卯初二日　晴，晚陰，夜微雨，數點即止。早晚步禱如前，不應。琦聞庭言，曾在綏定行除旱魃法，以紙作旱魃形，置之叢塚間，使軍士百許人合圍，以槍環擊之，然後繫縶城隍廟，令道士禱之，如雨則酬以牲醴焚送，不雨則斬以徇。黄深如云，瀘州亦嘗行之，皆有驗，令姑試之。仍派通判陳溥至清涼山取水，約初六日重設禱壇。復卿云得丁澄江信，海珊等行李船已於廿三日下午到夔州。

甲辰初三日　晴，晚陰。得味荃信，云劫案内尚有楊春山未獲，係巴縣魚洞溪人，仍令蕭、皮物色之。又得迪甫萬縣、墊江二次信，知内子廿六日自萬起程，廿七日到墊江，准初四日可到。未刻，王個山得差信，萬縣起程日期同。戌刻，得長壽信，知初二日到彼，遣子賢、陳福往迎。

乙巳初四日　早晴，晚陰，微雨。内子率大女於未刻到署，迪甫同來。

丙午初五日　早晴，晚陰。出門祝琦聞庭壽，宴幕僚諸君。

丁未初六日　陳倅自清凉山取水回，辰刻在城隍廟設壇祈禱，即行除旱魃法。午刻雨，未刻大雷雹，雨下如注水。

戊申初七日　陰雨。出門謝客。晚大雨。寄蘇信。

己酉初八日　陰雨。幕僚諸君子醵金演劇作賀，却之不得，乙夜方散。

庚戌初九日　陰雨。張松崖來。秦濤安欲乞假回省，交代豐豫倉穀，允以一月爲期。范若瑟遣人具呈，謂江北民教交争事審斷不實。蓋教民争寵，自相讒構，謂仝轀章受團民賂也。仝非君子，而此事則誣，真歧之中又有歧也。壽泉、百度、雲墀、潤之、勛丞、小泉、念劬亦醵酒作賀，即邀幕府諸君子同飲。

辛亥初十日　陰雨。置酒答諸君子。覆李仙根兄信，交雲陽來差，内附椿壽、庸五各一函。得味荃信。

壬子十一日　陰，午晴，復陰。周養翁來。

癸丑十二日　早晴，旋陰，夜大雨。延小顔、琦聞庭來。見會試題名録。

甲寅十三日　晴，夜雨。得味荃信。又得書卿及仲清信。

乙卯十四日　晴。李聽齋來。得叔父、子湘信，又廉甫信。寄叔父、子湘書，交蔚豐。又寄少蓮書，並銀六十兩内大女家用五十，柳順十兩，交日昇昌。出門拜客，還養翁上年捐項並廉甫辦行知銀八十四兩。

丙辰十五日 陰雨。寄子韓信，並蝦鬚椅披八個，面盆二個，又蘇信一件、蝦鬚簾六卷、杜仲十斤，託新選餘姚中邨巡檢傅紹弼帶鄂，交子韓。奉大府批，查黔江縣有無勒派事。

丁巳十六日 晴。到保甲局，飭取疋頭幫華商冒充洋商，結。夜大雨。

戊午十七日 陰，午晴，晚雨。

己未十八日 晴，夜雨。君子軒告成，擬於改换屏門，刻完白山人謙卦於上，屬雲墀鈎摹。得談静山信，委孔倅赴黔江。

庚申十九日 晴。發大府禀。府試武童畢。

辛酉二十日 晴。接見寮屬。得子韓書，附散館名單，林篤甫一等弟四，又附廷試前十名單。夜雨，初昏有彗星見於北方。

狀元陸潤庠元和　榜眼譚宗浚南海

探花黄貽楫晋江　傳臚華金壽天津

劉傳福吴縣　檀璣望江　馮光遹陽湖

翟伯恒泰興　張百熙長沙　何崇光順德

壬戌二十一日 朝晴，未申大雨，晚晴。戴海珊弟到渝。省委吕丞烈嘉、祝典史俊棻來。

呂，旌德人，文節公之族，同年九霞太史之侄也。祝，會稽人，培棠大令之胞弟，曾在渝郡聽差。晚約海珊、迪甫便飯，適静甫呂丞字贈鮮荔，即共啖之。

癸亥二十二日　晴。疋頭幫來具結，壽泉辭赴合州。

甲子二十三日　朝晴，未刻天大雷電以風，雨下如注水。丁憂令楊奂章來見，號雲舫，湖北舉人。得叙卿書。

乙丑二十四日　申正三刻小暑。陰。奉大府札，奏參疎防陳悰發自盡之印委各員，又批駁梁樂益等誣控署黔江鮑令毒斃陳悰發呈詞。晚約静甫、聽齋、個山、君懷施倅、伯度便飯。勛丞赴黔江。得徐椿壽信，專咨不能辦。

丙寅二十五日　陰。接見僚屬。飯後出門唁中營劉雲龍丁内艱。寄李仙根信，並原捐監生照二、布理聞照一、新捐分先知州照一。又鮑庸五交謙吉昇匯票一張，計三百兩。又貴州寄回專咨費八兩八錢，交聽齋專人送。

丁卯二十六日　陰。得樹南倉帥謝信，知鵠山已爲致唁。

戊辰二十七日　陰雨。味荃遣人送鮮荔。

己巳二十八日　乍陰乍晴，晚雨。君子軒告成。復味荃信。

庚午二十九日　晴。爲迪甫致哲生、麓生各一書。

辛未三十日　陰，未刻大雨。得李廉甫信。静甫、聽齋來談。

六月

六月壬申朔 晴。早至文昌廟、吕祖祠行香。爲迪甫致漱芳、味荃各一書。

癸酉初二日 陰，午後大雨。迪甫赴瀘州。

甲戌初三日 陰雨。味荃專人送鮮荔，出合江紳士胡氏園，味甘實厚，洵與他處不同，惜未熟耳。

乙亥初四日 陰雨。寅刻，白龍池治平坊不戒於火，延燒二十家。火起莫信成香店今租與謝姓。凡信成之被災者三次矣，意其製香或有不絜。與瑞藴謙云，渝城官長履任，必有祝融之虐，數之歷歷不爽。意陰陽必有説與？疑莫能明。寄蘧庵信，託送西方壽佛，附銀一百三十兩，交蔚豐。

丙子初五日 晴。堂期。接見寮屬。文静軒來。吴子權來。

丁丑初六日 晴。喬壽泉來，云合州之案原告狡獪，已赴省上控，一時未能傳訊。胡慶押行李舟到渝。忠州酉陽招犯過堂。

戊寅初七日 晴。早出門拜客。得子韓書。

己卯初八日 晴。

庚辰初九日 晴。保甲局設壇禳祝融，諺所謂平安醮也。辰刻詣壇行香。薛校官送金榜録來觀，以子韓抄寄邸報對之，吾湖二人：李宗蓮二甲，朱寶書三甲，皆知縣。近來科名寥落，自己未胥瑞鎔以後無入翰林者，其飛英未修之故與？晚，得周叙卿專足書。

辛巳初十日　巳正初刻十分大暑。晴。堂期。接見寮屬。覆叙卿信。

壬午十一日　晴。得叙卿信。署君子軒扁。

癸未十二日　晴。得迪甫信。

甲申十三日　晴，熱甚。得味荃書，致佛手、鮮荔。同人以内子初度來饋物，皆却之。

乙酉十四日　晴。幕府諸君置酒作賀，却之不得，丙夜方散。

丙戌十五日　晴。内子初度，設筵款幕府諸君子及姻戚，寮屬來，皆謝之。得叙卿信。

丁亥十六日　晴。同鄉及世好戚誼諸君以不受賀，醵金置酒，援幕府諸君爲例，固辭不可，愧而領之。書富貴磚室榜。夜雨。

戊子十七日　早大雨，巳刻晴。出門謝客。陳敬持來。得子韓書。覆叙卿信。

己丑十八日　晴。得子湘書。覆味荃信，並寄去蘭薰二肘、筍脯四簍、芽茶四瓶、紈扇四握。又帶來棕箱一只，託辦《太平御覽》一百廿本，計十二篋。又復叙卿信。

庚寅十九日　晴。省委鹽釐局通判姚建寅來，昏暮乞見，辭之。得許蘭伯書。

辛卯二十日　晴，熱甚。免寮屬衙參。曝舊藏書畫，得甲寅年所畫行看子，因題一絶於上：

薄宦遷移類轉蓬，燕山遼海余乙丑、丙寅間曾從軍瀋陽又川東。本來面目猶存此，二十年來一晌中。

壬辰二十一日　早晴，巳後陰，晚微雨數點。姚通判來白接管鹽釐局事。紳士金含章稟，監修長安寺大殿，於寶頂内拆出木榜三，蓋康熙四十五年重修時題名紀事，自文武官長以及黨正、鄉約、住持僧皆具，頗合古碑陰例，惜出庸俗之手。凡官長皆姓而不名，結銜依公牘法，極可鄙弥。其武職全書者，或當時皆出錢之人，未可知耳。金紳請添一榜，記新修歲月。余令添二榜，同舊三榜，仍安寶頂内，凡不與是役者，皆不書。

舊榜一　正面一行　皇清康熙四十五年孟冬月吉旦

背面六行　重慶府巴縣正堂孔

重慶分防黔江軍民府莊

川東道按察使司副使董

重慶府正堂加三級陳

重慶糧捕府許

重慶府經歷司塗　督工

舊榜二　正面一行　同上

背面八行　重鎮右營守府倪

缺六字

重鎮中營守府韓
重鎮右營副府趙
重□□副府杜
□鎮四川□□都督韓
重鎮左營副府劉
重鎮左營副府陳
重鎮右營千廳席　　督工

舊榜三　正面一行　同上
背面七行　木匠程湑美　陳坤珍
缺二字
朝天黨總黨正袁晋公楊秀□
出奇坊鄉約陳禹謨張時□
朝天黨鄉約周世忞黄文星
出奇黨總黨正游璉鄧桂芳
助工書辦徐仲仙明玉輝
住持僧超雲

新榜一　正面一行　大清同治十三年六月吉日重修

背面五行　分巡川東兵備道姚覲元

重慶府知府瑞亨

巴縣知縣李玉宣

重慶府經歷曾鷚

巴縣典史吴鑑

新榜二　正面一行　同上

背面七行　督工委員

候補同知直隸州知州丁壽臻

候補知州喬世清

監修紳士

雲南候補直隸州知州金含章

同知職銜鮑崇禮

候選同知涂柏

癸巳二十二日　晴。奉大府函。得琳粟書。

甲午二十三日　晴。委喬壽泉赴永川，以山長曾袒庇子孫，辱官長也。

乙未二十四日　晴。得魏上尊號碑一本，其直三金。

丙申二十五日 晴。閲邸抄，一甲三名進士皆召對，異數也。少青五月十八日已引見，次日亦召對。堂期。接見寮屬。

丁酉二十六日 丑正二刻一分立秋。晴。刻張文敏楹帖，榜諸君子軒西廊。

戊戌二十七日 晴。得味荃信，贈鮮荔，云出南鄉，肉厚，味甘，核小，真佳品也。又贈甘雨塲水梨，味無甚異，或尚未熟耳。

己亥二十八日 晴。初更風雷，雨數點即霽。復味荃信。辰出門拜客。童芹初贈漢《樊敏碑》，並《陰百石卒史碑》，雖新搨，皆至精。又《爨龍顔》《寶子》二碑，氊蠟尤精。又馮焕、李業、楊休三闕，吴《谷朗碑》則尋常拓本也。細檢《上尊號碑》，只前段，其『陛下即位』以下十行之在碑陰者，則亡之矣。

庚子二十九日 晴。復叙卿信，交來差。晚復得叙卿信。寄叔父、子湘信，附枚生信，各銀三十兩，交蔚豐。又上寶相稟，復林篤信，寄鵠山書，又少蓮一函，均由乾裕交恬波轉送。晚接叔父信，内附徐蕖生甥一函，又李廉甫、楊葆初各一函。

七　月

七月辛丑朔 晴。文武廟行香。奉文相覆函。又接傅懋垣信，内附石生家信一件。得枚生信。

壬寅初二日 晴。奉大府札，行知奏參解犯不慎之印委各官奉到硃批由。復叙卿信。偶於故書中檢得存京書板目録，録於此，以備遺忘。

《方伯公年譜》 板廿四塊

《方伯公家傳》 板十四塊

《邃雅堂集》 板全

又《續編》 板卅五塊

又《學古録》 板一百九十四塊

《夜雨軒小題文》 板八十四塊

《求是齋自訂稿》 板一百一塊

《古音諧》 板一百六十九塊

《爾雅》 板廿四塊

《東巡恭紀詩》 板十七塊

《姚馥堂稿》 板十一塊

《馥堂文稿》 板十一塊

《賦法》 板廿四塊

《説文聲系》

《廣陵事略》
《四聲易知録》
《唐人近體詩鈔》
《歷代世系紀年編》
《試帖舉法》　板七十五塊
《課士瑣言》　板十七塊
《河南試牘》　板五十一塊
《江蘇試牘》　板一百三塊
《偏旁舉略》　板八塊
《己酉齒録》　板廿四塊
《三國志裴氏音》　板二塊
《易京氏建積算》　板四塊
《三十五舉》　板六塊
《入粤行記》　板五塊
《銅人圖》　板十二塊

癸卯初三日　晴。點卯，派鄒縣丞宗灝至巴東密查事件，送李水部華赴成都。

甲辰初四日　晴。江從柯姓姜也，名存科來投狀，與伊女供詞同。

乙巳初五日　晴。堂期。接見僚屬。據姜存科供，伊女係由伊妻抱與苟公館，苟在貴州局當差，與田家四同院居住云云。查貴州局委員，有游擊苟耀先，不知是其人否，飭從九品李廷模密查。據李廷模禀稱，遵查姜存科實係遂寧縣人，因同治十一年避荒，携眷來渝，住居臨江坊，嗣因清理家務，於五月回縣，其妻女留寓渝城，至八月回渝，探知伊妻改嫁永川縣謝正文。姜存科曾赴永川縣呈控有案，惟時伊女秀姑即被張吹吹串賣與田家四爲女，得身價錢七千五佰文，姜存科因永川縣控案不直，旋即回縣。兹于本年六月經遂寧縣差傳，始知伊女被人串賣，現已因案查獲，飭令來渝認領。姜存科因慮縣差勒索，未敢赴縣，徑行來渝投案。卑職復查遂寧縣貢生黃光澤向在渝城開設花行，刻值收賬來渝，卑職因素識黃光澤爲遂邑糧户，隨即往問。據稱，向與姜存科同里居住，其妻女被人嫁賣情由，在家時曾向里中述及。卑職復再三研詰。據述，各情核與姜存科所供符合，且黃光澤甘願赴轅具保，則姜存科委非假冒可知等因。當飭知，准其保領，仍令黃光澤取具候保備案。夜大雨。

丙午初六日　陰，午後微雨。得孔勛丞禀，知於黔案被告提到八人，並據鮑令申稱，定於初三日起解。

丁未初七日　陰，微見日。孔勛丞回渝。禀大府獲解被告人數。得何子森信，並寄到珊瑚披掛桃核朝珠一挂，其直百五十金，廣聚王聲齊名增，行二，紹興人從省寄來。購得書業堂翻刻汲古閣《十七史》《弘簡録》《明史稿》各一部，其直六十五金。

戊申初八日　晴。

己酉〔二五〕**初九日**　薄陰。孔勛丞來。寄蘧庵書，並銀三百卅兩，交蔚豐。

庚戌初十日　晴，薄陰。得鄒德雲及惲少薇信，知餘杭張吉人農部於四月感時疾暴卒。十載同曹，交如水乳，遽聞噩耗，殊難爲情。少薇又言，周伯蓀編修感寒疾，爲陸殿撰治以石膏四劑而卒。舊交零落，能無惘然？又言制府木植一疏，中外傳誦，惟隴西之木已有運到者，恐不免更有文章。京官助工漢堂人千金，兩書房及選部人五百餘，同曹合計，以千金爲準。外省聞亦派有定數，自百數十萬至數十萬不等，想不久定有明文矣。寄書卿、仲清各一信，並銀二百兩，外附夢波一函，完天甯疏簿廿四金。又爲張九弟致浙江方伯、糧道各一函，亦託仲清交張九弟自投。晚轎夫朱順與夏公茂鬥毆，即刻交縣查辦。調署綦江令敖立榜來號蕊生，湖北竹山，己酉拔貢，昭化令。

辛亥〔二六〕**十一日**　晴。聞梁樂益、張紫藺於初八日偕行，初九日范若瑟呼之歸〔二七〕，初十日復行，號稱進京，實因被告將至，支之使匿也。遣孔勛丞告知教堂，提到被告，聽候傳質。得敘卿文並書。飭巴縣押解魁盛隆七家商夥赴夔。艾維垣來遞禀，批令自赴夔清理。

商夥姓名開後：

魁盛隆李福河　同茂仁陳嘉猷

義茂和李玉齋　元興長仇郁文
仁和長李愷中　長順通崔黨揚
西廣順賈凝禄

壬子十二日　申正三刻十四分處暑。晴。五鼓至會府恭賀慈安端裕康慶皇太后萬壽。

癸丑十三日　晴。黄綬芙自綦江來借餉，允以三千金。綬芙言，擬拔綦江兩營移紮渝城，答以應紮何處自有奏案，不便參贊一詞。晚約敖蕊生、彭玉岑運，湖北人，候補令、姚亮臣、孔勛丞、喬綬權便飯。

甲寅十四日　晴。接田子實禀，力言武字營勇丁飢困索餉情形，適綬芙來請益，復允以四千，促其迅速回防，拊循士卒，並責以不應以左寧南故智相挾，遣彭令傳語。得大府檄，遣鍾蘧庵來渝，會同傳六家商號押令赴夔，蘧庵亦赴夔查辦子口事此十三日事，補記於此。

附録

余掃軌林間，不知衰老，節物遷變，花鳥泉石，領會無餘。每適意時，相羊小圃，殆覺風景與人爲一。間引客携觴，或幅巾曳杖，嘯歌往來，澹然忘歸。因排比十有二月燕集次序，名之曰《四並集》，非有他故，當力行之。昔賢有云：不爲俗情所染，方能説法爲人。蓋光明藏中，孰非遊戲？若心常清净，離諸取著，於有差别境中而能常入無差别定，則淫坊酒肆，遍歷道場，鼓樂音聲，皆談般若。倘情知物隔，境逐源移，如鳥黏黐，動傷軀命，又烏知所謂説法度人者哉？聖朝中興七十餘載，故家流風，淪落幾盡，有聞前輩典型，識南湖之清狂者，必長哦曰：『人生不滿百，常懷千載憂。晝短苦夜長，何不秉燭遊。』一旦相逢，不爲生客。嘉泰元年歲辛酉十有二月約齋居士書。

正月　歲節家宴。立春日春盤。人日煎餅會。玉照堂賞梅。天街觀燈。諸館賞燈。叢奎閣山茶。湖山尋梅。攬月橋看新柳。安閒堂掃雪。

二月　現樂堂瑞香。社日社節。玉照堂西湘梅、堂東紅梅。南湖挑菜。餐霞軒櫻桃花。杏花莊杏花。群仙繪幅樓前打球。南湖泛舟。馬塍看花。

三月　生朝家宴。寒食郊遊。蒼寒堂西緋碧桃。滿霜亭北棠棣。碧宇觀筍。芳草亭觀草。鬬春堂牡丹芍藥。宜雨亭千葉海棠。豔香館林檎。宜雨亭北黄薔薇。花院賞煮酒。經寮鬬茶。

四月　初八日亦庵早齋。南湖放生。食糕糜。芳草亭鬬草。芙蓉池新荷。蕊珠洞荼蘼。玉照堂青梅。豔香館長春花。安閒堂紫笑。群仙繪幅樓前玫瑰。餐霞軒櫻桃。南湖雜花。鷗渚亭五色鶯粟花。

五月　清夏堂觀魚。聽鶯亭摘瓜。安閒堂解粽。烟波觀看蘆。夏至日鵜鸞。南湖萱花。水北書院采蘋。鷗渚亭五色蜀葵。清夏堂楊梅。叢奎閣前榴花。摘星軒枇杷。

六月　現樂堂南白酒。蒼寒堂後碧蓮。碧宇竹林避暑。芙蓉池賞荷花。約齋夏菊。

七月　叢奎閣前乞巧。餐霞軒五色鳳仙花。立秋日秋葉。玉照堂玉簪。應弦齋東葡萄。霞川水葒。珍林剥棗。

八月　湖山尋桂。社日糕會。霞川野菊。浙江觀潮。群仙繪幅樓觀月。杏花莊雞冠黄葵。

九月　重九登城把萸。把菊亭采菊。蘇堤看芙蓉。景泉軒金橘。芙蓉池三色拒霜。杏花莊篘新酒。

十月　現樂堂暖鑪。滿霜亭蜜橘。烟波館買市。杏花莊挑薺。詩禪堂試香。

十一月　摘星軒枇杷花。冬至節餛飩。蒼寒堂水仙。群仙繪幅樓觀雪。

十二月　綺互亭檀香蠟梅。天街閲市。安閒堂試燈。花院蘭花。二十四夜餳果食。玉照堂看早梅。除夜守歲。

張鎡功甫，號約齋，循忠烈王諸孫。《宋稗類鈔》

十一月十九日，寄蔣迪甫信一函，銀一百九十八兩四錢李泌園寄來二百，滇平合京平除兑費，得此數。又寄沈仲復信，並浣花絹、寧綢、書籍等，託吴心宇。

又廿日寄石鹿苹信，並浣花絹袍料一、蝦鬚簾二、巴緞袄料二、面四、盆洋四，託吴竹君。

壽碩寄徐椿壽信一封，兆平紋銀四百兩，寄黔省福德街總辦善後局文案委員留黔即補縣正堂徐錫蕃。

鎮台託致書各處：合州、銅梁、綦江、永川、榮昌、長壽原單十二月初六交李聽齋。

舉人吴金鏞請以知縣分發省分，歸軍功班補用，五月廿八日託子權。

徐椿壽寄壽碩信一、執照一、實收一、咨文十一，送省城西御河沿交成都府讞局刑席八月廿七日黔省寄，九月初十日寄省，交巴縣差。

壽碩覆椿壽信一、箱一、空箱一、篾包一，寄貴州省城福德街留黔補用知縣徐公館九月廿四日成都發，十月廿三日託黔局解餉，便信同執照實收。

十一月十二日，託候補守李蔭堂春培，南昌人，送眷回籍帶許星叔學使寄存各物，又送浣花絹、書帖等，共箱一只、信一函。

此蓋歸安姚覲元先生所書也。先生字彦侍，晚年寓蕭家巷，在川東時曾刻『三匀』，在粤又刻《咫進齋叢書》。寓蘇日記中多宋元名畫及蕘圃題跋，京友中多提仲復，乃沈秉成也。楊壽祺記。

〔一〕尚，抄本作『爲』。
〔二〕抄本『聞庭』下有『來』字。
〔三〕抄本作『伯度』。
〔四〕聚落，抄本無。
〔五〕逶迤，抄本作『迤邐』。
〔六〕抄本『范若瑟』上有『法教士』三字。
〔七〕原文下有小字：『叙寧』似是『遂寧』之訛。
〔八〕『訊結』一條，抄本放入此月十六日日記。
〔九〕三月，原作『二月』，抄本併作『二月』，據上下文改。
〔一〇〕抄本作『有長十二丈二尺者三枝』。
〔一一〕察看，抄本作『查看』。
〔一二〕抄本『夜真武』句上有『吴筱翁來，外、言傳聞江津有民教交争事』。
〔一三〕抄本『云』下有『是』字。
〔一四〕『藩司』至『王紹文』，抄本歸入初六日日記。
〔一五〕仝，抄本作『同』；各，抄本作『國』。
〔一六〕勛臣，抄本作『勛丞』，下同。
〔一七〕貪啉，原作『貪琳』，據抄本改。

〔一八〕璧山：原無，文義不暢，疑脱去一地名，據辛酉十九日條補。
〔一九〕大足：原無，文義不暢，疑脱去一地名，據甲子二十二日、庚午二十八日條補。
〔二〇〕『札提黔案』事，抄本歸入本月二十五日日記。
〔二一〕『購得』一句，抄本歸入本月二十五日日記。
〔二二〕八家，乙亥初三日條云已辦者五家，此條云又訪得四家，『八家』疑爲『九家』之誤。
〔二三〕兩，抄本作『百』。
〔二四〕佰，原作『陌』，蓋形近而誤。
〔二五〕原稿誤作『戊申』，今徑改。
〔二六〕原稿誤作『庚戌』，今徑改。
〔二七〕歸，抄本作『來』。

光緒元年（據浙江圖書館藏《姚覲元日記》稿本整理並用抄本校）

（弓齋日記卷之六　乙亥　分巡山東）

正　月

同治十四年，歲在乙亥。正月己亥朔〔一〕　早陰，巳後晴。風日清美，具見承平氣象。五鼓，朝賀畢，拜年，接見寮屬，如年例。

庚子初二日　晴。出門拜年，午刻回署。客至絡繹不絕，跪拜甚苦。得左六表妹信。

辛丑初三日　晴。孔勛丞來，出示余雲墀信，墊江鹽案及上控案已結。得子韓信，知仲復於上年十一月廿五日授河南按察使，上海道放馮焌光，號焯如，廣東人也。又云江漢關於十二月十五日接是月初六日部文，蓋用藍印，不知何故。爲之驚疑不定。

壬寅初四日　晴。李聽齋來，亦云得省信，大府於嘉平廿六日接户部文，亦是藍印。未刻，至江北葆芝舫許，同星翁少坐，傍晚歸。准藩司移上年三月十九日黔撫奏保交部從優議叙之案。吏部題覆於九月十五日，奉旨著加一級，紀録三次等因，欽此。夜小雨。

癸卯初五日　陰雨。至多木庵、徐琴舫處拜年。

甲辰初六日　陰。寄蘇州及子韓信。

乙巳初七日　陰。申刻，接臬司移奉准部文，大行皇帝於上年十二月初五日龍馭上賓，即傳府縣查照成案預備。

丙午初八日　陰。府縣恭查成案，不待詔至，即於奉文後成服。因係雙日，定於初九日舉行。得子韓信，内附仲清書。渠縣令杜義輔來。

丁未初九日　陰。早至會府，率同僚屬、紳士、耆老，成服舉哀，撤去轅門鼓吹並署内燈彩，屏儀從，輿前用涼繖一，輿、繖皆用青，拜墊亦然。除門神對聯，鋪墊皆換素色。發大府稟。接初五日批稟。

禮部恭鐫謄黄頒發天下：直省文武各官，於詔書到日，率紳士耆老，摘纓素服，出郊跪迎，至公署安設，行三跪九叩禮，跪聽宣讀畢，立舉哀，復行三跪九叩禮。文武官均成服，朝夕舉哀凡三日，至二十七日除服。命婦等亦穿素服二十七日。直省官百日不嫁娶，期年内不作樂。官員軍民人等，以宫中大事之日爲始，均百日不薙髮。督撫提鎮等進香均行停免。《會典》卷三百七十二，第十七頁。

王公文武大臣官員二十七日内俱服縞素，二十七日外、百日内穿青長袍褂，帽綴纓，夏季戴兩纓帽。《會典》，同上，第廿八頁。萬壽聖節正日、二十七月内元旦，王公大臣官員俱穿蟒袍補褂，掛朝珠。前三日、後三日俱常服、朝珠。

百日内遇中祀、群祀，遣官致祭。承祭執事各官俱素服行禮，樂設而不作。百日外二十七月内，常服齋戒，祭日朝服作樂。此條在元旦前。二十七日内遇開印日期，各衙門堂官酌派一員前往拜印，穿青長袍褂，帽綴纓。百日外二十七月内開封印信，俱穿補褂，掛朝珠。遇朔望，穿常服，不掛朝珠。《會典》，同上，第廿九頁。

百日内，雨衣、雨帽、氊褂，不論品級，俱用青色。百日外，帽套各按品級，雨衣、氊褂仍用青色。二十七月内，各衙門開封印信，告條仍舊黏貼。其王公大臣官員私宅對聯門神至廿七月後張挂。《會典》，同上，第卅頁。

邸抄：李雨亭大中丞告病開缺，江西撫劉坤一署江督，江藩劉秉璋署江撫。

戊申初十日 早晴，午後陰。朝夕至會府舉哀。南川令黄鶴樵來。

己酉十一日 陰，午微晴。朝夕至會府舉哀。得周少傳信，云奉文建元光緒。星翁得大府照會，奉上諭：御名上一字毋庸迴避，下一字缺末筆，書作『湉』。

庚戌十二日 陰。黄深如解犯官赴省來辭，託帶凡民二十金。

辛亥十三日 陰，晚晴。黄昏，月色皎然，旋隱。

壬子十四日 陰，得朴莽信。

癸丑十五日 暢晴。寄朴莽信。託聽齋專足送交奉節熊大令轉交。得徐椿壽信，知壽碩所寄四百金已收到。覆壽碩一函，即日加封。准藩司移光緒元年正月初八日奉總督部堂吳札開，光緒元年正月初五日准兵部火票遞到禮部儀制司案呈，准内閣交出本月初九日軍機大臣奉硃筆圈出建元年號用『光緒』二字，欽此。

甲寅十六日　暢晴。接繆仲英信，云伊戚候補知縣潘貽薪奉兩院札來渝，隨同辦理黔江教案。潘令亦自有稟至。發兩院稟。星翁送閲兵部文，恭録於後：

同治十三年十二月十二日内閣抄出禮親王等奏：同治十三年十二月初五日欽奉慈安端裕康慶皇太后、慈禧端佑康頤皇太后懿旨，皇帝龍馭上賓，未有儲貳，不得已，以醇親王之子承繼文宗顯皇帝爲子，入承大統，爲嗣皇帝，俟嗣皇帝生有皇子，即承繼大行皇帝爲嗣，特諭，欽此。臣等跪讀之下，哀痛莫名，竊思大行皇帝御極十有三年，敬天法祖，勤政愛民，簡任賢良，削平寇亂，無不仰承慈訓，用躋昇平，詎意偶嬰微疾，奄棄臣民，内外驚聞，同深悲戀。玆欽奉皇太后懿旨，命嗣皇帝入承大統，並欽奉大行皇帝遺詔。以嗣皇帝仁孝聰明，必能欽承付託，仰見大行皇帝在天之靈，猶以國計民生爲念。伏思嗣皇帝尚在冲齡，一切應辦事宜，惟賴皇太后親加裁決，庶臣下有所禀承，俟奉有諭旨，臣等再將垂簾章程，悉心妥議具奏，不勝迫切待命之至，所有合詞籲懇緣由，謹奏。同治十三年十二月初七日奉上諭：本日據王公、大學士、六部、九卿等奏，請籲懇兩宫皇太后垂簾聽政一摺，朕恭呈慈覽，欽奉慈安端裕康慶皇太后、慈禧端佑康頤皇太后懿旨，覽王大臣等所奏，更覺悲痛莫釋。垂簾之舉，本屬一時權宜，惟念嗣皇帝此時尚在冲齡，且時事多難，王大臣不能無所稟承，不得已，姑如所請，一俟嗣皇帝典學有成，即行歸政，欽此。祗承懿訓，寅感實深，因思朕以薄德藐躬，欽承兩宫皇太后懿旨，入承大統，誕膺景命，仰荷大行皇帝付託之重，遺大投艱，煢煢在疚，幸賴兩宫皇太后保護朕躬，親裁大政，尔王大臣暨中外大小臣工，惟當翼爲黽勉，各矢公忠，共襄郅治，以上慰大行皇帝在天之靈，下孚薄海臣民之望，朕實有厚幸焉。所有垂簾一切事宜，著該王公大臣等妥議章程，詳細具奏，將此通諭中外知之，欽此。同治十三年十二月十九日兵部劄，光緒元年正月十六日到重慶鎮。

乙卯十七日　陰。種碧桃二樹、蔔桃四株。〔二〕晚晴，月色皎然。

丙辰十八日　暢晴，暖甚。種竹於君子軒外東墻下。〔三〕

丁巳十九日　陰。午刻開印，遵照《會典》所載嘉慶四年成案，青長袍褂拜印，不行堂規，不作賀。得子賢嘉平廿日信。夜雨。

戊午二十日　陰雨。頤女患咽痛，延余雲墀診視。雲墀薦吴玉常自代，喉科專門也。云是濕熱，服藥少愈。

己未二十一日　早陰，晡後晴。頤女疾少瘳，仍延吴玉常診視。接吴枚生、何子森、李少蓮信，少蓮附寄王藎臣一函，即日加封郵遞成都。晚多木庵來，云黔事范亟欲議結，一切從輕。因延李聽齋、孔勖臣、丁伯度來共議之。

庚申二十二日　陰，晚晴。木庵約至存心堂與范會晤，范語多狡譎，以正言折之，議未决而散。頤女喉症漸愈，遍身發見沙疹，仍延胡玉常診視，云客邪已發於外，中無憂矣。得味荃信。又得子韓信，附廣扣十八副。

辛酉二十三日　陰。種竹于君子軒之後及愚谷左右。鄒縣丞來銷差。未刻，法人赫、白至。復味荃信。趙福乞假行，交帶子韓一書，並蘷麪五十斤。

壬戌二十四日　陰雨。法人白藻泰、華人成碩來見。

癸亥二十五日　陰，哺後晴。統領湖廣督標水師健捷新副中營賀副戎縉紳，號笏臣，湖南人，遣炮船護送法人來，致書云：孫稼生所託炮船可以做樣，但不能久留，遣熟悉造船駕駛之劉、李二弁同至。聽齋來，云奉星使札，調黄江氏案卷並家屬一人。

甲子二十六日　晴。同府縣答拜成、白，遂晤赫。發大府稟。得子固書，内附履歷、文底二件。

乙丑二十七日　暢晴。赫、白偕成來談。得子韓書。又得楊葆初書。種垂柳一株於池上。

丙寅二十八日　暢晴。江北廳稟，鹽匪江大烟桿等在廳屬魚嘴沱出賣私鹽，聚衆滋事。

丁卯二十九日　暢晴。葆芝舫來，云鹽匪拒捕，勢甚猖獗。即飭巴縣會營選派兵役，前往會捕，並派精勇二百名，飭副將程扶鼎統帶前往助剿。得薛覲翁書。

戊辰三十日　早陰，午後晴，夜雨。得子湘書。何福生於鄉間折得垂柳數枝，插於池上。

購得龔晴皋畫石巨幅，其直五金。

二月

二月己巳朔 陰雨。得蘧翁及黃深如書。

庚午初二日 陰，夜雨。奉兩院批迴，准添委知縣張維權隨同辦理黔江教案。

辛未初三日 早陰，午後晴。五鼓，祠文昌，素服行禮，樂設而不作。得壽碩書。江巴稟，鹽匪遁往下游，追捕不及，飭調精勇回渝。

壬申初四日 微晴。巴縣、江北兩汛千總、管帶、精勇、副將程扶鼎均回渝銷差。吕静甫來。戌刻，大雷雨。購得《赤水玄珠》、《昌黎詩注》、仿武英殿聚珍板《大清會典》、《六部處分則例》、《對山印稿》各一部。〔四〕

癸酉初五日 晴。詣會府，釋服。周渭臣來辭行。訪多木庵，談少頃。歸接兩院批稟。何世兄來小宋中丞之子。

甲戌初六日 晴，夜大雷雨。未刻，至愛德與法人茶話，約初八日在存心堂議事。出城送周渭臣軍門並祭何年伯母。周養翁、徐琴舫、琦聞廷均來。得黃深如書。

丁亥初七日 陰。酉刻雨。

丙子初八日 陰雨。

丁丑初九日　陰雨。五鼓，祭先師孔子，質明而退，素服行禮，大雨，幸無隕越。

戊寅初十日　陰雨。祭社稷壇，朝服行禮。事畢，至佛圖關觀所刻碑銘。晡後，多木庵、吕静甫來萬壽宫祭張佑之方伯，其嗣君於是日受吊也。

己卯十一日　陰雨。拜答諸客，發兩院稟函。

庚辰十二日　晴，申刻後陰。祭龍神祠，素服行禮。賈小樵侍御來，帶到譚文卿信一函、誥軸二分，囑寄雲陽縣幕譚紹亭錫奎。得厚安信。

辛巳十三日　微晴。祠吕祖並祭昭忠祠，素服行禮。接枚生、少蓮信，又得蘧翁書，附錢南陂一椷。答拜小樵。

壬午十四日　暢晴。寄叔父、子湘、枚生、少蓮信。寄趙甥二百金，交枚生。小樵來談，晚飯後去。夜夢乘舟於巨浪中，布颿方張，駛若奔馬，甫近岸，未泊，悸而寤。

癸未十五日　暢晴。祠文昌，素服行禮。接制府函，附京致赫使一信。又接迪甫阜康信。宜昌水師哨弁李榮發辭回防次，勞以二十金。

甲申十六日　暢晴。祠關帝、火神，素服行禮。質明回署，倦甚，復卧，夢一犬，頭繫朱組，伏地作猙獰狀，亟收得其組，登高而呼，遂寤。得子韓書。又許星叔光禄書，知李太守寄物已收到。王太史邦璽來。江西安福人，乙丑館選，號爾玉，癸卯同年，王青埜同升之侄孫也。

乙酉十七日　暢晴。遣吕丞、李令至愛德議事。姚倅惲大使稟，有梟匪聚魚嘴沱不散，遣人視之，信，飭局遴選勁勇聽候調遣。夜，月色如血，團團然，紅而無光，視之可悕。

丙戌十八日 晴，午後薄陰。出門答拜諸客。木庵來。同静甫往愛德議事。夜大雷雨，静甫復來，述所議事不合，使人髮上指。

丁亥十九日 早陰，午後晴，夜雷雨。考東川院，文題，生：『君子思不出其位』、童：『樹墻下以桑，匹婦蠶之』；詩題，生：『元首明哉』、童：『天子萬年』，得『元』『年』字。人定回署。得子韓專差信，並蠶種一箱，計六十九張，枇杷葉膏二匣，絲綿二包。〔五〕

戊子二十日 陰。奉兩院信函，送胡聘元赴邛州防所。還至星階、木庵處少坐。訪小樵，未遇。延勛臣、雲墀閱書院卷。黄深如來。

己丑二十一日 陰，午後微晴。寄子韓信，並玄青江綢袿料一件，託沈子安帶。

庚寅二十二日 陰。存心堂議事，以正言折之，彼此各書議單四條存案，議不决，各散。小樵、周養翁來。

辛卯二十三日 薄晴。寄子韓回信，附《佛圖關銘》一、《咽喉脈證通論》八。又蘇信一、《關銘》一、《通論》十、黄連一包、普濟丹一匣，交來足。答拜春農丈，未遇。又拜養翁、琴舫，均見。送張藥農之官陝西。

壬辰二十四日 暢晴。木庵屬暫緩發兩院稟。發書院收羅榜。星階、蘊謙來，聞聽齋有升邛州信。種栟櫚四樹、棕竹六株、枇杷二、櫻桃一於小園，名其園曰潔，有文紀其事。張藥農

贈《隸韻》一部、黔刊仿岳板《五經》一部。購得《清河書畫舫》十二卷。〔六〕

癸巳二十五日　暢晴。皂兒病，憎熱惡寒，似有出疹之意，又病足不能步履。延胡幼桑、余雲墀治之。得蘧翁書，云朱修伯於正月四日作古。又得枚生、少蓮信，知李仲宣夫人於正月七日作古。有寄王藎臣、姚□二信，即日轉寄。晚，大行皇帝遺詔到渝。

甲午二十六日　暢晴。飭府縣查宣詔禮節，发兩院會稟。皂兒病少瘳，疹已見，仍延胡、余二君診視。東川書院齋長唐棣華、龔綵來見。

乙未二十七日　微晴，午後陰。辰刻至會府接詔。南城人蔡君少泉以書來售。夜雨。

丙申二十八日　早雨，旋止，陰。法人來別，云將赴成都，遣鄰縣丞護之行，並令文冠卿偕往。〔七〕

丁酉二十九日　陰雨。送法人之成都，冠卿別登舟。

三　月

三月戊戌朔　密陰。日有食之初虧，未初三刻五分；食甚，未正三刻十四分；復圓，申正初刻三分。救護如禮，不作樂。小樵來辭行，云初三日走。法人午刻解維。蔡君送書畫來觀，皆贗鼎也，惟陳眉公、祝枝山二卷尚可。夜大雨，法人解維。

己亥初二日　陰。祭先農壇，行耕耤禮，皆素服。還至桂花園小坐，園新築，水亭尚軒敞。

皂兒病仍未愈，膚痛不可轉折，仍請胡幼桑、余雲墀看。

庚子初三日 陰。送東川書院肄業生入學。先謁文昌，賓主同拜；次主人拜賓，賓答拜；次諸生謁師，謁道、府、縣監院，皆四拜，立受二，免二，答以揖。發兩院禀。

辛丑初四日 陰，微晴。府縣奉星使札，發還黄江氏卷，係二月廿八日發。得省城知，即於是日午刻開門。蔡君送書來看，舊本都不全，有《文選》甚佳，卷四十後題：『此蜀郡廣都縣裴氏善本，今重雕于一行汝郡袁氏之嘉趣堂，嘉靖丙午春日二行。』『國朝改廣都縣爲雙流縣，屬一行成都府二行。』右前二行在『卷第』之後，後二行在前二行之後，空一行，低一格，皆行書。卷五十二後題：『毋昭裔貧時嘗借《文選》不得，發一行憤曰：「異日若貴，當板鏤之，以遺學二行者。」後至宰相，遂踐其言。出《揮慶録》。「慶」字疑誤。三行。』右三行亦在『卷第』之後，行書。卷五十六後題：『戊申孟夏十三日李清雕。』右一行亦在『卷第』之後，行書。皂兒病仍未痊，服胡幼桑秦艽湯，汗出，惡風，胸壅隔不通。復延沈子雄、蔡潤之治之，云疹後餘邪未盡。子雄治以小柴胡湯加減，潤之以爲然。服之，竟夕安卧。

壬寅初五日 晴。皂兒病漸愈，仍延子雄、潤之診視。從蔡君購得《五經文字》《九經字樣》一函、《韻會小補》一部，又《九經古義》《群經補義》《周禮疑義舉要》《方言疏證》各一種，其直十二金八錢。蔡君更贈所刻《蔡氏九儒書》，以《説文校議》答之。〔八〕多木庵、吕静甫、李聽齋、余雲墀來觀書畫，晚飯後去。聽齋携所購《汝帖》來，翻刻木板也，不足觀。王子蕃太守來，在京曾識之，乙酉世交也。

癸卯初六日　陰。出門答拜王子蕃、鄭小軒兩太守。王名元晋，曾官駕部，晋人。鄭名安仁，閩人，三十二年前曾以通判權江北同知，真老吏也。皂兒病又見好，仍延子雄診治。夜雨，署涪州牧文令康晋三來。

甲辰初七日　早雨，旋止，未刻晴，已復陰。奉兩院覆函。

乙巳初八日　早陰雨，午後晴，晚月色皎然，夜半雨。復從蔡君購《古周禮》明陳明卿重校一函、《三禮圖》日本翻刻本一函。《禮圖》，高麗紙印，甚精好，其直四金八錢。〔九〕吕静甫辭赴省。

丙午初九日　早陰雨，午後晴。送木庵回成都。新選榮昌令許振祥來，江西彭澤人，戊辰庶常，號啓山，歐陽石甫滇司同事之婿也，吴子實太史之同年，亦有書來託。《讀書偶筆》，新安太史董桂新柳江著，其孫錫圭耕石大令刻於南昌。巴縣進士鄒大令嶧魯山贈重刻《宋名臣言行録》《胡文忠公集》各一部。

丁未初十日　微晴。皂兒病愈，惟足指潰處未收口，不能步履。王子蕃來辭行。

戊申十一日　晴。送子蕃回成都。得阜康京報並各家回信，知潘蔚如兄告病，閩藩放葆芝岑，臬放郭筠仙。與星階酌定十七日换戴凉帽，懸牌示諭。

己酉十二日　晴。奉兩院回信，促木庵回省，即日加函交聽齋送交木庵。

庚戌十三日　晴，夜雨。聽齋送《通志堂經解》來看。一缺五十八種，一缺十二種，皆蔡少泉物也。書不全而價又昂，一九十六金，一百六十金，還之。購得舊玉勒子一枚、壓須二枚，其值二金。

辛亥十四日　陰雨。寄京信：叔父一函，銀四十兩，交枚生轉達；枚生一函；少蓮一函，銀四十兩，内附仲宣一函；荆南一函，奠分卅兩；頤珠一函，寄荆南夫人，銀六兩；子湘一函，銀四十兩，内附祖姑母三十兩，何氏義姊四兩，均託蔚豐厚便帶。晚接迪甫信並荆南訃信。聽齋來，言得省信，藩司上詳，伊已升邛州，遺缺以文令康補。

壬子十五日　晴。范摶九太守鵬運自皖來隆昌人，以鳳陽守乞養歸，京華舊雨也。携與軒書，内附少枚一械，即日加封轉寄。購得《佩文齋咏物詩》一部，其直十金。〔一〇〕

癸丑十六日　晴。國服百日，剃髮。發兩院稟。

甲寅十七日　晴。恭迎登極恩詔，係鎮臣接到部頒謄黄。由藩司頒行者，尚未到也。换戴凉帽。江蘭皋辭回璧山。

乙卯十八日　晴。午刻至文廟恭視禮器，頗完備，可喜。至校官衙齋少坐，商收藏處所，未定。周春翁辭往涪州，即赴滇南。

丙辰十九日　晴。送春翁赴滇南。秦濤安回省。摹刻秦泰山刻石廿九字，頗肖。〔一一〕

丁巳二十日　早陰，午晴，已復陰。堂期。接見寮屬。蘊謙送大府札來看，爲京控海棠溪義渡事，委王子蕃太守會同府縣審訊。

戊午二十一日　陰，早微雨。接徐季鴻表叔信，屬代購洋軍火。子權送邸抄來看，喬鶴儕河帥因病出缺，贈太子少保，照例賜恤。京華老友稀若晨星，又弱一個矣，爲之酸鼻。〔一二〕得多木庵回信，望日資州發。夜大雨，種紅躑躅於小山及長廊左右。

邸抄：陝撫邵汴生中丞乞病，放曾沅圃中丞。廷户部彦子俊授廣西思恩府，東河帥調曾沅翁，陝撫放譚文卿方伯。

己未二十二日　陰雨。接子韓書，轉寄蘇州信書卿一，仲清、季文各一並繡物一包。又接徐季鴻表叔信，屬代購洋槍洋炮，當屬黄深如爲之代購。

庚申二十三日　陰，午後薄晴。深如來，言覓洋槍不得，聞有販者，須四月底方來。

辛酉二十四日　陰，小雨時作時止。劉令辭回永川。覆徐季鴻表叔信，内附捐照一張係深如交來，保之令郎皖捐縣丞，交來勇回叙州。又寄鍾蘧庵、繆小山各一信，郵遞。准藩司移。驚悉大行嘉順皇后於二月二十日寅時崩逝。博承山之嗣子榮華舫，名恩，刑部筆帖式，來。

壬戌二十五日　陰雨，寒甚。卯刻，至會府，成服。申刻，復往行禮。得子湘、枚生、少蓮信。

癸亥二十六日　陰，微雨時作時止。早晚至會府行禮。寄徐子静表叔信並京韡大綢。於熊長泰藥店合珠黄散，内硼沙一味，誤增十倍，無意中察核及之。幸非急劑，否則殆矣，可不慎哉！熊長泰爲渝城第一好藥店，而荒謬如此，豈不可恨，亦可見盜虛聲者之不可恃也。

甲子二十七日 早陰，午後晴。早晚至會府行禮。接阜康邸抄，二月二十日止，無信。臨海陳君桂一山送詩本，贈以六金。復爲方華甫英送詩本，並甘泉山漢石拓本，酬以四金。方，定遠人也。

乙丑二十八日 暢晴。寄仲清信並珠黄散。又寄穎侄衣十一件。又寄亭兄信，並藤鐲四只，均託吴濟川大令際昌帶，交子韓轉寄。得文冠卿信，知十三日到叙州，十七日行，信即十七日發，宜賓令於廿三日方加封馬遞，故今日方到也。

聖治丸：治霍亂轉筋。入夏，如遇疫癘時行，痧暑並觸，或感穢氣，或入病家，心懷疑慮，胸覺痞悶，即以一丸入口，藉以解穢却邪，輕者可解散，重者可化輕。

仙居术烘燥，勿令焦黑二兩，川厚朴二兩，檀香弍兩，降真香一兩，新會皮鹽水炒二兩，共研極細末，以廣藿香六兩煎濃湯，泛丸如大黄豆大。每服二三丸，細嚼和津咽下。

乙夜，奉兩院覆函，云侯赫使到省，仍令回渝議事。又奉李爵相札，派署天津海防同知宋寶華，伴送英國官員，由湖北川東一帶前往雲南，飭沿途地方官妥爲保護，係三月初六日午時從天津發，用藍印。

丙寅二十九日 早晴，旋陰，晚雨。川東天氣，凡早晨大霧，至巳刻方出日，是日必大晴。若一早即見日色，是日必雨，歷歷不爽。宋人所謂『日出早，雨淋腦；日出晏，曬煞雁』者，信不誣也。胡太史魯笙喬年來，湖北天門人，戊辰進士，携有許蘭伯書。

四　月

四月丁卯朔　陰雨。濮涪州交卸來渝，將往署峨邊通判也。晚，胡子賢携眷自揚州來。陳泰同來，帶到京、蘇私信物，並子韓代購書籍、季文代購書二種。《隸釋》《隸續》極精，乃同治十年皖南洪氏晦木齋集貲摹刻樓松書屋汪氏本。又鮑氏刻本《太平御覽》，亦完好，然非初印，較之余舊藏贈人本相去遠矣。

戊辰初二日　晴。購得《梅氏叢書》宋字本，其直五金。按：此板舊在吴門。咸豐己未歲，余于役吴門，有持以求售者，貧不能得，勸南城梅小素刺史體萱購之，板微有損蝕，重修後曾以印本十部見貽，今俱散去矣。回憶舊遊，恍然如夢，因並記之。得周少傳信，即覆。

己巳初三日　晴。得潘幼蒓信，委黄深如接管合州鹽釐。

庚午初四日　晴。暖甚，似初伏，解衣旁薄，猶揮汗不止。夜大風，雷雨。丙夜渝關之右不戒於火，初起勢烈甚，天爲之絳。亟命輿行，出門始知在江北。登朝天門埤堄[一三]望，歷兩時許火熄，乃歸。巴縣汛千總沈占標從，餘官未至。聞巴縣令在臨江門，亦未見。據報，火始于余均安家炙肉，由庖廚而屋而鄰，凡燒屋二十一楹。得子韓信。

初五日　晴。

壬申〔一四〕**初六日**　陰，微晴，時見日。得章碩卿信，寄觀新刻星伯先生集釋《漢地理志》，借余所藏本刊也。屬署面頁，並贈秦刻《九經》一部。瑞藴謙來，無理取鬧，使人厭聞。寄子韓信，内附覆玉階一函。

癸酉初七日　陰雨。訪聞府街涂順昌廣貨店，有孀婦黄氏守節已數年，上年爲母家接去，因惑於媒人之説，强嫁於江北吴玉章。黄氏矢志不從，吴復送回，旋服洋藥殉節。

甲戌初八日　陰，早雨，旋止。黄深如辭赴合州，派嵇福同去，函致周養翁訪查涂黄氏殉節狀。夜大雨。

乙亥初九日　陰雨。購得《皇清職貢圖》八卷，其直二金，惜少續刻。〔一五〕

丙子初十日　陰雨。童芹初來，辭回寧波，贈《蜚雲閣凌氏叢書》，凡六種：《四書典故覈》《公羊禮疏》《公羊禮説》《公羊問答》《春秋繁露注》《禮論》。凌氏者，江都凌曙也。又《毛詩序傳》，乃巴縣王氏晚晴樓刻本，板尚精，而紙札惡劣，至不堪寓目。蜀書賈印書，專爲牟利起見，往往如此，殊可恨也。得章碩卿信，贈秦板《九經》，又寄示新刻《新斠注地理志集釋》樣本。

丁丑十一日　陰，午刻微見日。得少蓮、子湘、枚生信，又得王堅翁、葛味荃信。法人於初六日到省。薛覲翁自湖北來。

戊寅十二日　陰雨。覲翁贈鄂刻《樂府詩集》一函。復味荃信，專勇送省。

己卯十三日　微晴，午刻見日，已復陰，夜雨。得省信，准禮部咨，京城於三月十五日釋縞素，穿藍灰袍青褂，戴緯帽。得漱芳信。

庚辰十四日　早雨，巳刻後晴。復繆筱珊、章碩卿信，並寄筱珊《説文校議》一部，《咽喉脈證通論》六本，《觀世音象》〔一六〕《佛圖銘》各一分；碩卿《校議》一部，《通論》二本，《觀世音象》《石鼓文》《佛圖銘》各一分，交大幫。又寄還《地理志》樣本一册。

辛巳十五日　晴。覆漱芳信，交蔡潤之，内附皖局請奬單：直牧蔡霞知府銜，同知趙權知府銜直牧用，知縣葛起鵬補直州後以知府用，府經陳凱補缺後知縣用，知縣翁在玥補缺後直牧用，知府用知縣田秀栗知府用後加運使銜。

壬午十六日　晴。寄書卿信，送季文完姻賀儀一百兩，費振之修十兩，下人賞八兩。又寄悦卿大侄信，大嫂銀二十兩，楊侶梅十二兩，附叔詞寄書卿三十兩，崔姑奶奶廿兩，均交蔚豐厚匯。又寄子韓信一函，附楊葆初一函、曹恬波一函、楊鵲山一函，托轉寄，均交胡萬昌。又寄還子韓書價銀四十兩，又寄揚州馬衍福銀十兩，均交蔚豐匯。

癸未十七日　晴。王子蕃太守來，委審巴縣海棠溪義渡案也，帶來張荔園太守信一函。荔園，貴陽人，曉瞻中丞之子。中丞，嘉慶丁丑會試先文僖公所得士也。李聽齋來，云題升邛州司已上詳。藴謙來，知周渭臣所保運使銜已准，覲元亦蒙恩交部從優議叙。奉大府札，洪光化函稱合州有人造《戎膺録》《新訂勤王録》，在順慶黏貼，飭轉行地方官密查禁止，毋使藉口，以弭釁端。又得鄒縣丞禀，内附味荃、冠卿、赫使、成實庵各一函。

甲申十八日 晴。委未入流謝慶恩赴省領皖局未入照。錢通守來，云有戚某之妹在省，爲人拐逃，兹物色得之，已易姓。即屬其告之巴縣，窮治其獄，勿稍貸。得周少傳信。

乙酉十九日 晴，大熱。李聽齋、喬壽泉來，云查勘城工方向不利，須九月内方能動工。得秦濤安書。皂兒又患咽痛，延雲墀診治。

丙戌二十日 晴。熱甚，如三伏。至會府釋服。照省城例，釋服後，公案、圍桌、大堂帳幔均换紅色，署内鋪墊仍用藍色，穿藍灰袍青褂，出門用執事，不鳴鑼喝道，不打二鼓，不鳴炮。

丁亥二十一日 晴。周養翁、徐琴舫、琦聞庭均來。

戊子二十二日 晴。出門拜客。唁劉通守錫齡。得子韓信。督江北葆丞喬牧世清提問〔一七〕巴縣夫馬案據，羅德山呈出印簿一本。

己丑二十三日 陰雨。過琴舫、聞庭許小坐，遇雨而歸。羅德山復呈交流水簿一本。得阜康京報。

庚寅二十四日 陰雨，午刻微晴。趙仲卿來銷合州鹽卡差。沈子巖之子，名汝霖，號典哉，來，舉動乖謬，無怪其見絶於父。其子如此，其母之教可知，亦無怪子巖之絶之也。送胡太史魯山名喬年，湖北人回湖北。徐直刺春漪名傳善赴忠州問案，來謁。

辛卯二十五日 陰雨。堂期。接見僚屬。得枚生信，又得味荃、冠卿信。即日作覆，並覆靜山信一，幼蘊信一，《佛圖關銘》二，交冠卿專差屈貴帶省。另寄味荃一函並銀貳百兩，交蔚豐厚滙寄，乃冠卿薪水，托味荃轉交也。

壬辰二十六日　陰雨。談問渠起清自永寧來，回京户曹舊友，鎮江原籍；李苻僊壽芝自省來，篁仙之弟，回長沙，均見。得何子森信，附黔局解部飯照費批迴二張、賬一紙，計代墊欠平銀卅一兩五錢、費用十二兩六錢，投文抽批二兩八錢，共四十六兩九錢。得田子實信。

癸巳二十七日　陰雨。王子蕃來談。得阜康京報。寄復吴熙臺一信，交曉翁。又復張荔園太守一函，書一部《説文校議》、字一卷，交子蕃。又寄謝岑中丞一禀，交子權。

甲午二十八日　晴。聯星翁來談。〔一八〕會銜出示禁止烟館。〔一九〕復田子實信並扇一柄乃子實乞好者，交趙差員明經。得鍾蘧翁信。

乙未二十九日　晴。得葛味荃信，專勇帶回。覆訊巴縣夫馬案，並吊取保甲局及三河會首支發簿核對。〔二〇〕

丙申三十日　晴。送談問渠入都、王子蕃回省。過星翁許少坐。晚，接味荃、冠卿信，專勇周吉安送來，云法人擬廿七日仍坐原船東歸。

五　月

五月丁酉朔　晴。仍停止行香，免衙參。

戊戌初二日 晴。得鍾蘧庵信、石子韓信，並寄玄青芝紗袿料一件。聞英使威妥瑪到漢，五日即回上海，赴滇之洋人須威回上海再派。又聞宋寶華有由印度前往、不到楚蜀之説，不知信否。

己亥初三日 晴。得味荃信，知黔案已在省定議，給銀四萬兩，不辦桂令餘罪。得黄深如禀。

庚子初四日 晴。奉大府札，爲夔關事，又飭知法人回渝事。又奉將軍諭函。覆蘧庵信，郵遞。覆黄深如信，郵遞。

庚戌初五日 晴。不賀節。奉兩院札，飭知黔案議定四條。得冠卿信二十九夜發，專足逾期，不加賞，以序臨重午，薄給酒資。又得多木庵信。

壬寅初六日 晴。得吕静甫信。又得冠卿信，初四日叙州所發。范酋回渝，知法人明日可到。巴縣汛千總沈占標清查城内違例開設烟館，獲烟具三石，飭於轅門外焚燬，其人亦即時分别笞責決訖。金沙坊保正馬甲以賄干發巴縣懲治。晚，管帶衛隊守備羅國安禀，有勇張德勝及趙裁縫，在府廟開燈賣烟，屢〔二〕戒不悛，禀請懲治。當將張德勝勇丁斥革，同趙裁縫一併交縣辦理。

癸卯初七日 晴。文冠卿來，護送法人委員。巡檢楊端杭州人，號冕卿、守備譚文秀長沙人，號隆昌，均來見。雲陽葉誠齋大令寄贈所刻《大學衍義》並《補》二部，刻手尚可，惜是明陳明卿批點本耳。夜大雨。

甲辰初八日　晴。白藻賓同成碩來，言赫病，准初十日開船。潘幼蒓到渝。派文冠卿、沈少泉伴送法人出境。

乙巳初九日　陰雨。夔州協副將吉北屏兄恒來，携有穆蓉舫恩、石仙書。石仙，至戚也。法人來談，即留便飯，補畫省〔二二〕立合同。I五月初九日重慶補押。

丙午初十日　晴。答拜吉北屏，即送之任夔州。又答拜法人。未刻法人來辭，申刻解維，遣人送之。瑞藴謙來白事。寄子韓信。

丁未十一日　晴。接味荃、木庵信，均云初六日起身。味荃有收銀二百兩條一紙，當交聽齋存查。午刻發兩院稟，附致静山一椷，及幼蒓致静一件。寄蘧庵信並銀百二十兩西壽，又許蘭伯信，銀百金鍾蒔山幫分，均交蔚豐。得錢蘭坡、家壽碩信，即作覆。又覆繆小山一函，亦交蔚豐便帶。得蘇州信書卿、仲清各一。

戊申十二日　陰雨。吴子權送葉子固兄離營。文書來，院司費廿四金，又前給行知廿四金，小費二金，共五十金，即日付訖初十日事，補此。覆馬子貽同年信，並完渝平足銀二百兩，交李聽齋轉寄。

己酉十三日　早陰雨，午後晴。雞鳴，祠關帝，質明禮成。以未奉文，仍素服。申刻，吕静甫來。

庚戌十四日　晴。巳刻，多木庵到渝。未刻，葛味荃來。寄叔父、子湘信，並寄子碩順姑嫁資百金，交子湘。又寄葉子固信，附離營部科文各一，批各一，滇撫札文一道，銀六十金，托蔚豐寄京，送郭定軒轉交。又寄枚生信、少蓮信，均交蔚豐。得惲少薇書，言近事頗詳，即日覆之。又得蘧庵信，内附孫渭伯昆仲謝信。

辛亥十五日　微晴。多木庵來談，語語諉過於人，且多不倫，可詫也。寄繆小山信，並《韓詩外傳》寫本一、《説文檢字》樣本一。又鍾蘧翁信，均交大幫脚子。得蔡静生信並扇畫四十副。

壬子十六日　陰雨。答拜多木庵、静甫、味荃。接子湘、枚生、少蓮信。又惲君碩信，内附伯方家書。又楊葆初信，内附吴子權一函即送交。又得阜康京報，附敏生諸君復書。

聯星翁見示畫一軸：

大德二年夏四月八日畫於松雪齋，子昂『趙氏子印』，朱文方印。

八尺龍駒應上臺，追風逐電四蹄開。何人得此如神筆，勝是黄金市郭隗。有貞題『東海徐元玉父』，朱文方印。行楷，在畫心。

松雪聰明冰雪姿，尤欽畫馬稱當時。以其餘力墨痕埽，電掣星馳曷過之。許生何幸得品隲，牝牡驪黄具真識。大梁市肆雜風塵，一時相顧驚物色。知間每嘆知音稀，千載雲龍躓欲飛。韓性『容菴』，朱文〔一三〕方印。行書，在斗方。

永樂三年歲在一行乙酉五月二十二行八日三行，使臣頒到四行御高一格書誥誡一道，又五行賜臣棡真德秀六行《大學衍義》一部七行、趙孟頫《畫馬》一八行軸。臣棡對九行使三肅，望十行闕叩十一行恩，敬謹祗領訖十二行。仰見十三行皇上高一格親親之誼，有加無已，謹識歲月，俾子孫世守『晉府圖書』，朱文大方印，在字之後。大楷，在上方綾邊上。

唐代曹將軍霸善於寫馬，繼其宋之李龍眠，然傳世絶少，不易得見一行。此幀乃趙榮禄真跡，可與前賢並駕，鑒者寶之。吳郡張渥『叔厚』，朱文方印。行書，在右側綾邊上。

神駿飄飄得自間，天池飛〔二四〕躍下塵寰。青絲絡首誰收得，留與春風十二閑。蕭蕭霧鬣與一行風騣，撲面征塵一洗空。相顧倍增神駿氣，恍疑初在渥佳當作『洼』中。翠鬣朱纓骨相奇，貢二行來名出峰筆於。唐韓宋李都休論，且看吳興進馬圖。梅道人吳鎮題『梅華盦』，朱文方印。『嘉興吳鎮仲圭書畫記』，白文方印。草書，在左側綾邊。

天游生陸廣一行拜觀『陸廣私印』，細白文方印。行楷。

至正十二年秋一行七月袁桷『袁氏伯長』，朱文方印。行楷。

正德一行二年二行夏五三行月十四行有一日五行延陵六行吳寬七行觀『匏菴』，八行，朱文方印。大行楷。

嘉靖癸丑春一行日三橋文彭二行。『文彭之印』，白文方印；『文壽承氏』，白文方印。三行。草書。

以上四段在下方綾邊。

畫馬黑質白章，奚人三：一緑衣控勒，一朱衣負鞍，均在馬首前；一青衣在馬後之在露半面及足，若洗刷狀。

癸丑十七日 早晴，旋陰，申後雨，夜大雨。寄蔡静生信並銀二十兩，交金子平轉寄常德。送完星翁趙畫。葛味荃贈銅印四方，内漢印二甚佳。

甲寅十八日 乍陰，乍晴，乍雨。奉兩院覆函。得章碩卿書，寄贈金石拓本八種。又假到《古今韻會》《類篇》《禮部韻略》三種。聯星翁來談。

乙卯十九日 早陰，旋晴，午後復陰，微雨。復章碩卿信，答以墨二合、詩扇一柄，交鄧井關來差。徐春漪來。發兩院禀。未刻，出門拜客。

丙辰二十日 晴。考東川書院决科，生題：見利思義，見危授命，久要不忘平生之言；詩題：風含翠篠娟娟静，得風字。童題：豈好辯哉，予不得已也；詩題：雨裛紅葉冉冉香，得香字。〔二五〕寄子韓信。夜雨。

丁巳二十一日 陰雨。爲潘幼蓀事致兩司信。味荃來查案。贈静甫《晋書》《南齊書》《北史》各一，汲古本也。得史琴孫覆信，云雷波猓夷已歸巢。〔二六〕

戊午二十二日 早大雨，旋止，微晴。寄惲伯方信，内附君碩家書，托周養翁便帶。得周叙卿書。

己未二十三日 早陰，旋晴。恭迎大行嘉順皇后升遐勑諭。覆史琴孫信。

庚申廿四日　暢晴。

辛酉廿五日　陰雨，夜大雨。閱邸抄：王介卿、國子達降調三臺選，翟本初廣西舉，梁山王恩沛直隸舉。聞王個山革職，部文尚未至也。諸君誠有罪，然較之馬如龍，固有間矣，爲之一嘅。

壬戌廿六日　陰雨。得冠卿、少泉信，知於十四日即抵夔府。昨蔚豐厚送來子湘從京寄到布一匹，厚不及一寸，高不過一尺。云過夔局爲所拆，搜剔至此，即同宦一方者亦都不免，而商賈可知，亦毋怪外人之饒舌矣。寄書卿、仲清信，交蔚豐。李丞圃索致新選長壽林令書，薦其兄刑幕，即書與之，令自投。

李春煦，號和軒，行一，浙江會稽人。

癸亥廿七日　陰雨。成都守許蘭伯委員范令憩南來催主考程儀，此從來未有之事，作書覆之。

甲子廿八日　陰雨。味荃等來稟，黔江案今日在〔二七〕巴縣過堂。

乙丑廿九日　暢晴。味荃、靜甫同金含章、郭懷仁、麥忠廷來，領付真原堂渝平票色銀壹萬兩，取有洋字洋圖記收條存案。

六月

六月丙寅朔 暢晴。大熱，始行香，常服，不挂朝珠。味荃來。查酉陽舊卷銀數。丙夜金沙坊木匠街不戒於火，延燒九十餘户，率僚屬救護，雞鳴始熄。

丁卯初二日 晴。發大府稟。劉生宇泰辭赴省鄉試，即回京供職，贈以四十金。何北卿辭赴貴州。

戊辰初三日 晴。早至琴舫、養翁處小坐。聯星翁來談。發决科榜，自超等一名至一等一百名，各贈以卷資有差。

己巳初四日 晴，晚陰。川東主教范若瑟來，與之正言辯論，尚無不情之請。得冠卿、少泉稟，知於五月十四日即至夔門，法人力辭，遂自巫山而返。讀邸抄：王堅翁勒令休致，文式岩調川藩，嚴渭春先生坐升粤藩，豪卿調廣西臬，仲復調川臬，傅壽彤升河南臬。大考翰、詹，一等四員，二等六十一員，三等九十員，四等四員。一等：編修吴寶恕、瞿鴻禨升講學，鈕玉庚升庶子講學，孫詒經升詹事。二等：講學徐郙升少詹，編修張登瀛、張佩綸升侍講，廖壽豐升洗馬，王先謙、修撰鍾駿聲升中允，編修陳翌、葉大倬、張楷升贊善，編修潘衍桐，侍講歐陽保極，編修唐景崇、惲彦彬、崔國因、陳寶琛，侍講吴仁傑記在遇缺題奏，並賞大卷緞袍料一疋，小卷緞袍、褂料各一件，編修朱琛、許有麟，侍讀楊紹和，編修曾培基、畢保釐、張清華、逢潤古，讀學錫珍，編修劉恩溥、廖壽豐各賞大卷紬袍料一疋。三等：左中允劉桂森降編修，侍讀宗室寶廷、侍講聯元均降中允，編修洪良品、劉治平罰俸半年，贊善黄師誾降編修，吕紹端、彭世昌罰俸半年，中允恩承降編修，編修蕭晋卿、陳振瀛、孫欽昂罰俸半年，李端罰俸一年，講學宗室松森降庶子，仍罰俸半年。編修周德潤、歐陽芳、易子彬均罰俸一年，李培元罰俸二年，侍講張鵬翌降中允，仍罰俸半年，編修胡聘之、熊景釗罰俸二年，李肇錫罰俸三年。四等：編修謝元福罰俸四年，雷鍾德、周崇傅改閣中，仍罰俸一年，贊善寶瑛改主事，仍罰俸一年。繙繹：一等贊善銓林升講學；二等洗馬崇勳升庶子，中允興廉升洗馬；三等侍讀慶麟降贊善。餘俱照舊供職。

題：擬進善旌賦、悔善爲寶論、五風十雨歲豐穰。

擬題：恭王；閲卷：黄倬、黄鈺、翁同龢、景其濬、夏同善、徐桐、殷兆鏞、何廷謙；繙繹：廣壽、長叙、愛廉、桂全。考試：四月二十七日。

庚午初五日　平旦大雷雨，晡後晴。堂期，接見僚屬。得蘧翁書。寄鍾蘧翁信並銀百廿金，交蔚豐厚。

辛未初六日　晴。得周少傅信。豪卿留權藩篆，哲生權臬，鈞卿署鹽道，寶玉堂署成綿道。味荃回省。發兩院會禀，請銷黔江控案。又招解黔江命案人犯，咨臬司照例核轉，派巡檢劉兆亨照料。

壬申初七日　晴。出門拜客。巴縣稟知黔案人犯起解。寄繆小山信，並《中州金石目》《蘇齋唐碑選》一本、抄《學古編》一本，交仁甫。

癸酉初八日　晴。得傅懋元信，寄所刻字書三種。范若瑟，號子安，曾於其扇頭見之。

甲戌初九日　晴。長安寺行香，清平醮壇在彼也。送多木庵回成都，以手書扇及劉文清書册計四開半見貽，答以筆墨、茶脯。

乙亥初十日　晴，丙夜大雷雨。堂期，接見僚屬。徐琴舫來，云合州廖署牧以票差傳蔣太史。又書院後山人家曬臺太高，俯臨全院，夏日乘涼，蚊烟燈火時有飛落凉棚上者，宜防火燭。曾由齋長稟縣，已八十日，未經批發，屬爲主持云云。當告知瑞蘊謙爲料理之。

丙子十一日　晴。蔣太史來。管帶達字營散勇記名提督江忠誥，樸堂，行一過渝約百許人，遣人持帖來，亦遣人以帖答之。得繆小山信並《學古編》一本，托薦其尊人仲英先生仲復處筆墨館。

丁丑十二日　晴。代理巫山縣徐令兆霖虹橋，行一來。有周復瀊者，温江人也，窩娼開賭，買良爲賤，引誘良家子弟，多行不義者十余年矣。以其饒以貲，交結牙役、兵丁，故官司屢捕不獲。至是，予訪之確，乃飭巴縣掩而獲之，合郡以爲快〔二八〕。奉大府批發銀一萬兩稟。

戊寅十三日　晴。得子湘、枚生、少蓮信。又接阜康京報。子韓無信久矣，恐有别故，甚爲懸之。得左六表妹書，屬爲次甥薦仲復館地。

己卯十四日　晴。署銅梁邵令坤，蔭南，一、黄深如均來見。出示曉諭，周復灑起解後，倘敢潛回渝城，准軍民人等捆送懲辦。

十二時：日中午王、食時辰公、平旦寅卿、雞鳴丑士、夜半子皂、人定亥輿、黄昏戌隸、日入酉僚、晡時申僕、日昳未臺、隅中巳、日入卯，闕不在第。按：『入』當作『出』。《左傳》曰：『日之數十，故有十時，亦當十位，自王以下，其二爲公，其三爲卿。日上其中，食日爲二，旦日爲三。』又曰：『天有十日，人有十等。』右見王伯厚《小學紺珠》。

夜半子、雞鳴丑、平旦寅、日出卯、食時辰、隅中巳、日中午、日昳未、晡時申、日入酉、黄昏戌、人定亥

庚辰十五日　晴。文昌宫、吕祖祠行香。權奉節王令鍾湑，靈川，一來。内子誕辰，以國制不受賀。奉大府批回黔江銷案禀。

辛巳十六日　晴。早出門拜客。邵令辭回銅梁。王令辭赴任。發兩院禀，爲味荃諸君申説不願得奬緣由。接拔貢新令姚夢華兆元，揚州人禀，内附仲宣、荆南函，當是去年所發者。收到子韓轉寄悦卿寄來絲綿等物，已半年矣。夜半，奉大府函，飭將合同寄省，以總署來索也。

壬午十七日　晴。覆大府禀，將合同檢送，由五百里驛遞。得叔父、子湘、少蓮信。

癸未十八日　晴。唁盧雪堂比部。接子韓信，知兩湖制府奉命赴滇辦馬加里案，翁中丞兼署督篆。又接悦卿信，知伯父及周臣大兄新塋已畢工二月初六日破土，初十日登科，王太孺人暨

九叔母柩已到湖，今年安葬方向利否，尚須請人看視，從此又了一心事，快慰之至。又接小山致皂兒信。子韓贈名人年譜一函，烏木箸卌雙。得古殘甎硯一方，存『嘉廿三』三字，考歷代以『嘉』紀年者[二九]，惟劉宋文帝『元嘉』爲最久，起甲子，訖癸巳，凡卅年，餘無有至廿三年者，定爲劉宋元嘉殘甎。

甲申十九日 晴。得子實信，餉瓜百枚，其地所產也，作書答之。閱京報，工部門神庫、刑部、山東等司均不戒於火，以大旱故也。

乙酉二十日 晴。免衙參。髂生一癤，四日矣，頗腫痛。吴子權來談。接滇撫岑中丞函，托詢馬加里事，即日以所聞作覆，仍交子權轉寄。寄子韓信。得阜康京報。

丙戌二十一日 晴。仁甫送閱江津張校官致周校官書，云白沙場地方現有嘓匪聚衆滋擾，約望日分水、陸兩路攻劫場市，因機洩未行，而羊石盤街已爲匪踞，明目張膽排列劈山等炮云云。即日遣勇往探。

四川考官潘斯濂、温忠翰，御史余上華劾户部郎中啓續，命寶相國、毛太宰查辦。

丁亥二十二日 晴。李聽齋送閱萬縣差信，有李制軍赴滇取道川境之説。

戊子二十三日 晴，晚陰，欲雨未雨，風來，頗凉爽。徐琴舫早來，辭以疾。已送書來，則以巴縣訟案内有牽涉語，謂是李令及其門丁所爲，此未必然，而門丁田姓，一曰田琴堂，則稔惡奸奴也。曾面告聽齋驅逐，而仍未去，無怪人之多言矣。當婉詞答之，而令瑞藴謙爲窮其獄。

下午蘊謙來，力疾見之。

己丑二十四日　晴。李聽齋來，面告之，復令其驅逐田奴。據蘊謙云，巴縣案皆此奴一手把定，無論委員，即本官亦須聽其指揮，不敢違拗，若然，則罪勝誅耶。得鍾蘧翁書。熱甚，瘍痛，百事俱廢，惟閉門學小乘定而已。下午聯星翁來談。

庚寅二十五日　晴。不能見客，免衙參。

辛卯二十六日　晴，晚雨。張貽山來，病不能見。得許雲生書。

壬辰二十七日　晴，晡時大雷雨，夜復雨。奉大府覆信，屬追取合同。得子韓信，云李制軍於六月十一日交卸，約七月望後起節，並無取道蜀境之説。龍超得沈嘉瑜書，云仲復須秋間方入都。

癸巳二十八日　晴。瘍未愈，又以天驟凉，夜卧感冒，憊甚。張文光以書來覷。得繆小山信。

甲午二十九日　晴。廖合州來，扶疾見之。得周叙卿、王藎臣信。寄子韓書。

七　月

七月乙未朔　晴。委重慶府經歷行香。寄京信枚生一；叔父一，銀四十兩；子湘一，銀八十，内附祖姑母卅，戴四嫂十兩；少蓮一，銀一百，内附頤寄五十，柳順十。

丙申初二日　晴。

丁酉初三日　晴。覆周叙卿書。晡時，復得叙卿書，專足，書並附大府函。

戊戌初四日　晴。覆叙卿信，交原差帶回。得阜康京報。

己亥初五日　晴。寄書卿信，並仲清昆仲元卷五十金。又張穉秀六金，戴譜生四金。又寄悦卿信，托查明族中鄉試幾人，每人各贈元卷四番。

庚子初六日　晴。得少蓮、枚生信。又得子韓書。手瘍結痂。得味荃、幼蓴信。

辛丑初七日　晴。寄蘇信，並阿穎小衣箱一只，托鄭均齋帶漢，交子韓轉寄。

壬寅初八日　晴。喬壽泉回渝，骽瘍漸愈，左足又腫，時出黄水，大有潰意，頗不良於行。

癸卯初九日　晴。寄大府禀，爲覆合同事，又夔局事。另一禀，爲籌款彌補黔案用款事。得幼蓴信，並刻絲畫一軸。又寄蘧庵書並銀三百八十兩。

甲辰初十日　晴。免衙參。晚奉大府函。〔三〇〕

酉陽教案用款教堂收據：

丁卯三月初三日起，至己巳三月廿五日止，計收票二十張，銀十萬兩。上注有『酉陽和案』字樣，錫任。

十一年五月初三日收票一張，計銀一萬二千兩注明『李中堂在漢口斷，由川東道〔三一〕飭追賠還酉陽教案』字樣，鍾署任。

乙巳十一日　晴。接大府諭函，催合同事。又接幼蒓信，屠太史帶來，並綢一包。又接味荃信，爲黔案籌款事，屬致書鈞卿。夜半雷雨，旋止。

丙午十二日　早雨，午後晴。五鼓，至會府行禮，並接毅皇帝尊謚詔書。雨後新凉，歸署即卧，巳刻睡起，頭岑岑然如巨鼇戴石，身拘拘如束巨組，困憊萬分，亟延沈子雄治之。

丁未十三日　晴。竟日夜昏昏沈沈，似睡非睡，身重不可轉側。子雄云：『全是濕氣迷漫，加以外感，故如此。』服疏散兼理濕氣藥，覺少瘳。

戊申十四日　晴。神氣少清，仍服子雄藥。

己酉十五日　晴。下床少坐，而體憊不支。髀瘍又因十二日行禮掣傷，至是復痛。本家少峰來。

庚戌十六日　晴。病少愈，仍請子雄診治。

辛亥十七日　晴。左足腫潰，亦熱氣也。

壬子十八日　晴。子雄云：『外感漸愈，惟須理濕兼治。』停飲。

癸丑十九日　晴。奉大府覆函。肝氣張甚，至不可轉側。

甲寅二十日　陰雨。免衙參。李聽齋來。

乙卯二十一日　陰雨。各疾漸愈，惟左足加甚。醫者云：『是濕熱，須令出盡，不可壅遏。』仲秋祭祀在即，因發稟，乞假一月。

丙辰二十二日　陰雨，晚晴。子賢生日，遣皂兒往拜壽。蘊謙來。

丁巳二十三日　晴。得子韓信。

戊午二十四日　晴。服子雄清補藥，精神稍健，惟肝氣未舒。

己未二十五日　晴。得子湘、枚生、少蓮信。又得仲清信。聞滇匪滋事，逼近敘永，遣勇偵探。〔三二〕

庚申二十六日　晴。子權送閲邸抄，仲復引疾，川臬放杜瑞聯，辰沅道升也。

辛酉二十七日　晴。肝氣少平。

壬戌二十八日　晴。

癸亥二十九日　晴。

甲子三十日　晴。以上皆養疴，無事。

八　月

八月乙丑朔　晴。委經歷代行香。

丙寅初二日　晴。奉大府批回，准給假一月，安心調理。周叙卿來，下榻寒香半舫。

丁卯初三日　晴。與叙卿論夔局事，勸其迅速赴漢，不從。

戊辰初四日 晴。叙卿必欲代謀，允委翁令在玥往漢試辦。

己巳初五日 晴。叙卿回省。

庚午初六日 晴。得阜康京報。

辛未初七日 晴。琦聞庭來談，勸移卧室。

壬申初八日 晴。喬壽泉來，以交代期迫窘甚，假以二百金。得少蓮、子湘、枚生信。

癸酉初九日 晴。委巴縣代勘□□招犯。

甲戌初十日 陰，晚晴。合江慶令以滇匪信緊，整飭團練，請借撥軍火。撥給抬槍二十桿，鳥槍〔三三〕八十桿，委未入流吴清臣解往。

乙亥十一日 晴。得子韓信，内附蘇信，並祩料、對牋。

丙子十二日 陰，夜大雨。叙永探回，滇匪洪鈞柏等，由雲南鎮雄州聚黨二百餘人，與邵姓械鬥，竄至故壩，盤踞易姓寨内，分股在清水河、落木河木廠一帶焚燒擄略。

丁丑十三日 陰雨，寒甚。得蘧庵信。

戊寅十四日 陰，晚晴。寄叔父、子湘、少蓮、枚生。

己卯十五日 晴。委經歷行香，不作賀。秀山縣稟，拿獲聚衆滋事之楊才二，就地正法。〔三四〕

庚辰十六日 晴。得子韓信。

辛巳十七日 晴。病漸愈，可以散步。

壬午十八日 晴。得江津王令禀，與叙永探報大致皆同。即日作覆，飭其整頓團練，嚴密巡防。

癸未十九日 晴。王江津來，屬其速歸。葆丞、喬牧同來，云交代已了。范若瑟書來，爲石硁廳民教交争事，請委員前往，詞尚恭順。令伯度告知，昨有該處教民具呈，已批廳查辦。

甲申二十日 晴。校《急就章》八頁。〔三五〕星翁來談，换戴暖帽。

乙酉二十一日 晴。瑞藴謙、李聽齋來白事。得少蓮信，内附王藎臣書，即寄省。晚得鍾蘧翁信，云叙永以滇邊匪徒竄入告急，已調李子政前往統領，日來尚無警信，此十四日之説也。又云鄉試三場，點名均於午初完事，爲從來所未有。闈中亦極平安，惟金含章之子於頭場題目後大書其父之罪，以曾害其友連臣自殺之故，約二百餘言，起句曰『自古有仇未有不報者也』云云。此老隱惡固多，而使子揚其父惡於萬人之前，報亦虐矣。竊意其子縱有憾於父，何至如斯？有憑之者矣。連臣者，保甲局士文生涂柏也〔三六〕。柏爲人素强，同治十三年秋，忽鬱鬱不自得，若負重疚者。一旦，狂奔出郭門，至木洞，夜宿旅店，有伍伯隔屋語，柏聞之，大恐，以爲將縛己也，遂仰藥死。當時以爲遇祟，豈期迫於金耶？據李聽齋云，省單被貼者乃金承惠。其人乃貴州已到省候補知縣，本年奉劄來川催餉，自省回渝，十四日尚見之，無入闈理，疑是羅德山挾嫌，使其黨冒名作此狡獪，以衆辱之，是又不可知矣。

丙戌二十二日 晴。李聽齋云，聞有自永寧來者，言滇邊之匪皆叙永紳糧，本爲械鬥而起，現赴叙永投誠，有縛獻渠魁之説，不知信否。丁伯度稟知承造炮船，本日寅刻開工。安吉人施□□自湖來，云將赴[三七]黔訪其戚，需次知縣蔣令尹，以疾未愈，未延見。

丁亥二十三日　平旦大雷雨，禺中止，日昳，晴。復卿送來加級紀録單，銓部所查也，似尚有失載，附録於後。四川之東道姚□□，任内有□仍帶，隨帶加四級户部員外任，陵差二級，郎中任内捐二級。又軍功加三級員外任内同治三年克復金陵捷報。又紀録七次京官加級改。又黔撫保辦理糧餉出力，從優叙議，加一級，紀録三次同治十三年九月十五日奉旨。又同治十二年正月二十六日恩詔加一級。又光緒元年正月二十日恩詔加一級。

戊子二十四日　晴。胡若川書來，云已從灌口覓得嘉石，可作磬材，重五百餘斤，交藥材船帶渝，由巫德順棧房轉送，迄今三月，尚未見到，當令巫德順清查。據稱：查問嘉定船幫板主，云見此石，放在嘉定府迎春門河壩。因石太大，站了倉口，船不肯裝，且灌縣來貨均託嘉定幫過載，棧房非本號可比，是以不大經理。目今只有求飭嘉定府封船裝運，或由府交貨船搭運，庶板主不致推諉云云。查此石本爲製造重慶府學禮器而購，今禮器已成，而石尚遲遲未至，材大難爲用，可勝慨哉。

己丑二十五日　晴。寄蘧翁、漱芳信。得少蓮書。

庚寅二十六日　晴，晚小雨。得周叙卿信。稟大府銷假。

辛卯二十七日　晴，夜雨，即止。委丁伯度至石砫辦理教案。

壬辰二十八日　陰。驗看綦江雷校官大壯，宜賓人。覆周叙卿信。日入，雨竟夕滴瀝不止，惜不大耳。

癸巳二十九日　陰，早雨旋止，夜復雨。

九　月

九月甲午朔　晴。得子韓書，聞滇事有允准開路通商及懲辦文武，並撫恤馬加利〔三八〕家四萬金之説。邸抄：兩廣總督英翰罷，以江西巡撫劉坤一督兩廣，以江西布政使劉秉璋巡撫江西，升按察使李文敏布政使，以河南開歸陳許道任道鎔爲江西按察使，福建按察使郭嵩燾開缺，以侍郎候補簡張岳齡爲福建按察使，命湖北布政使林之望、江蘇按察應寶時開缺來京，另候簡用。寄鍾蘧翁信。

乙未初二日　晴。國子達來。

丙申初三日　陰雨。接蘇州信。

丁酉初四日　陰雨。忠州牧羅鞠坡來。

戊戌初五日　陰雨。寄子湘、少蓮、茗笙、鑪青信物，托文冠卿帶。又寄孫稼生信物，交翁復卿。

己亥初六日　陰雨。移卧室於左畔。寄書卿信，交蔚豐厚。候鞠坡、琦聞庭來談。

庚子初七日　陰雨。寄書卿信並對聯、縐紬及季文衣料、韡子等物。又寄存慈錫器等物十七件，又子韓信並絹被，均交復卿帶。得田子實書。

辛丑初八日　陰，晚薄晴。送文冠卿晉京，翁復卿赴漢上。宣少甫贈殘碑二屆，又一小角，兩面皆有字，蓋唐人所刻佛經也。本年二月灌縣土人掘地得之，筆意絶似吾鄉天寧寺石幢，殆亦經生書耳。蔣紹琬於光緒元年二月廿六日在部呈請扣獎，批准。晚接養翁札，知黔撫曾樞元先生於八月廿六日卒於位。夜雨。

壬寅初九日　陰雨。永川紳士黄培元言，梟匪任韋馱復回永川之四明場聚衆滋事，以致大磨場、張家場、何家埂、松溉鎮等處居民紛紛逃避。當即密函飭令劉令派撥兵役，督飭團練，前往掩捕。得阜康所寄邸抄，鄂藩孫衣言，皖臬衛榮光，蘇臬勒方錡，開歸道德馨，江安糧道劉傳祺，江西南昌府遺缺孫鳳翔，安徽安慶府遺缺高崇基，河南歸德府蔡賡良，順天正考官毛昶熙，副考官崇綺、殷兆鏞、徐桐，同考官張家驤、慶錫榮、洪鈞、龍湛霖，李鴻逵、陳寶琛、許景澄、徐文迴、李郁華、魯琪光、曹秉哲、施之博、趙汝臣、潘衍鋆、李殿林、曾培祺、貴恒、黄槐森。

癸卯初十日　陰雨。覆田子實信，交趙緯卿。張貽山、侯鞠坡、李聽齋、余雲墀、何小泉來，鞠坡辭回忠州。

甲辰十一日　陰雨。彭鴻川辭赴省。購得《史通削繁》初印本，其直千二百。聯星翁來談。

乙巳十二日　陰雨。調署東鄉縣事慶符縣令定揚，號少堂來。爲綏權致書熙臺，托交代事。

丙午十三日　晴。申刻至星翁處，回過聽齋，未遇。在蘊謙處小坐，復與星翁遇，各散回署。蓋自七月十二日至今，已兩月未出門矣。得養翁書，知皂兒黔省保舉已奉部覆准。

丁未十四日　早陰，午後晴。得子韓書致海珊，附順天及江浙等省鄉試題目後另彙記。八月八日邸抄：候補侍郎郭嵩燾、二品頂戴直隸候補道許鈐身派使英國欽差大臣。會星翁稟，兩院請設炮船十號，以資巡防。

戊申十五日　晴。平旦詣文昌宫、吕祖祠行香，還至朝天門外江干，送星翁赴太平巫山會哨。得蘧翁書附漱翁一函。派喬壽泉赴永川會拿鹽匪。

己酉十六日　陰。永川劉令由六百里稟，占踞朝陽寨之匪楊姓，係另股，勢甚猖獗，請發兵勇勦捕。復派副將張廷秀率勁勇三百，同喬牧行，並札江津、榮昌，率團會合。周緒卿來。晚奉兩院札並函，飭催叙卿迅速赴漢。寄子韓信，又寄恬波信，托子韓交乾裕轉寄。得蘧翁書。

庚戌十七日　陰，晚晴。促喬牧、張副將行。巴縣探報，與永川稟同。瀘州探歸，亦有聞永川、榮昌之間另股滋事之説。晚，聽齋送江津信來看，云任韋駝一股已將舒璜家焚燬，並劫鹽店，往懸崖場一帶去訖。稟兩院調撥勁勇，赴永川防勦，並咨報銷籌餉局，附蘧翁一書。

辛亥十八日　陰。辰刻接永川劉令稟，云朝陽寨踞匪已攻克，拿獲匪首廖付全，餘衆解散。批令會同委員喬牧查明，有無餘匪，並瀘屬崇德寺匪蹤現在何處，應否將昨發勁勇留於該縣彈壓。且以前禀匪首係楊姓，此次又稱生擒匪首廖付全，飭令查明匪首究竟是何姓名。並札喬牧密查，此股賊匪究係從何而來，因何起事。由五百里飛遞。

壬子十九日 陰。送叙卿赴漢口，並假以二百金，還過周春翁、養翁、吴子權、徐琴舫處小坐。遣沈占春、高馭富各赴汛地，勸辦鄉團，並給以手諭。〔三九〕晚，委員李珍送閲貴州保案覆准册：

下遊肅清案内帶隊協剿擒渠平巢，候選主事姚慰祖請免選本班，以知州分發省分，歸候補班補用。同治十三年十二月十八日具奏，光緒元年正月十六日軍機大臣奉旨：著照所請，該部知道。欽此。七月十六日黔省接吏部咨准。

癸丑二十日 晴。堂期，接見僚屬。寄子韓、葆初、復卿信。接吕静甫〔四〇〕信，並寄《藝海珠塵》一部、《平津館叢書》一部、瓷〔四一〕花瓶一、漆帽架二。又制府吴公寄贈《文章軌範》《疊山注解章泉澗泉二先生選唐詩》《小學集解》《近思録》四種。訪聞忠州訟棍鄧仁瑞即虹橋，潛匿江北，密飭江、巴捕拿，獲之。

甲寅廿一日 陰，晚雨。得永川令禀，述前功而更正不倫，語大致與前相同，善則歸己，過則諉之於人，其心可惡。晚得委員喬牧禀，言攻克朝陽寨是團民之力，並論任韋駝情形，當批准將勁勇留於永川，仍將始末緣由具禀大府，請調裕字營謝思友一軍赴永駐札，以防任韋駝竄越，會合兜拿。得子韓信，知夔局事非叙卿不可當。致書叙卿，促其速行，飭縣飛遞。〔四二〕

乙卯二十二日 早晴，旋陰。發大府稟，並咨省局移重慶鎮，分别札行各屬。致蘧庵書。

丙辰二十三日 晴。接江津等縣稟報，任韋駝逃避無蹤。購得元人銅記五枚。〔四三〕

丁巳二十四日 陰雨，晚大雨，竟夕不止。奉大府批示，飭調重慶左營琦游擊所部精兵赴永防勦。以永防較鬆，請留於渝城彈壓，仍請調裕字右營至永川駐札，兼顧秀山，即日稟復，並咨省局移重慶鎮及左營，仍分别札行重慶府及永川、榮昌、江津三縣委員喬牧。

戊午二十五日 陰。堂期，接見僚屬，免佐雜官銜參。得子韓書，又接枚生、少蓮信，阜康京報。

邸抄：以京尹楊慶麟爲廣東布政使，天津道吴贊誠爲順天府尹，升正定知府劉秉琳天津道，八月分大選四川寧遠府知府王福保江南鹽道。

己未二十六日 晴。永川縣劉令、委員喬牧會稟，擒獲賊匪張序亭口供，請定罪名。批令通稟請示。又喬牧稟永、榮等處情形，飭令親赴各縣，會同地方官妥辦，兼發給告示，以安反側。

庚申二十七日 晴。謝益齋文來，云現札來鳳驛，請定以駐札之處。即飛移請其回札永、榮交界之處，以便策應。發各縣暨委員札並告示，以昨定稿今日方繕寫發行也。致綬權書，即附札内。復接永川縣委會稟，綬權帶百人西行，即批答准如所請辦理。得復卿夔州書。

董東亭《東皋雜鈔》：『慶青，姓張氏，潤州金壇田家婦也。工詩詞，不假師受，然不以村愚怨其匹。』似即《西青散記》中之雙卿。

辛酉二十八日 晴。新選長壽林令之燨來，號焕臣，安徽懷遠人，携繆鴻初同年自京寓書來，附六朝造象拓本八種、水筆三十枝。又葛味荃書，附李秋門詩稿一部。

壬戌二十九日 晴。榮昌縣禀，朝陽寨獲賊供内有趙海山已爲團練殺死之語，與永川縣訊取張序亭供不符，批令再行確訊通禀。得喬壽泉書。

癸亥三十日 晴。寄裕字右營謝協戎書。又寄黔江蓋署令書。〔四四〕

十　月

十月甲子朔 晴，夜雨。奉大府批，已有虎威寶營駐瀘州，仍令裕字右營、達字前營赴涪州駐紮，聽候調遣。另札飭會商永寧道李統領酌定緝匪章程，並准李子政來移前事等因。行香回署，有攔輿具禀者，列永川紳士五十餘人告官聚斂、養勇、縻費。其遞禀者訊名郭聯升，亦詞内有名，自稱糧户，家有八百石租穀，而狀殊頑梗，不類安分富民。乃委重慶府經歷曾鸛往按其事，而令永川拔貢宋生枏探其底藴。

乙丑初二日 陰雨。早發裕、達二營移文，請其移扎涪州，並以前二事札知永州及喬牧，附致喬牧一函。已刻宋生來，云永川人之在此者，皆不知其事。其郭聯升者，昨使人往視，即張事周，自云聞欲解往備質，見地方官，則不得了，恐將遁矣。亟使人往傳，則已遁。

晚得綬權書。

丙寅初三日 陰雨。恭迎孝哲毅皇后尊謚禮成寶詔。曾經歷辭赴永川。〔四五〕

丁卯初四日 陰。候補守宋少泉任輝丁内艱回江西萬載縣原籍，來見，即往答拜。達字前營何春臺、副戎榮貴率所部來。委雲墀赴夔郡照料英人。〔四六〕

戊辰初五日 晴。堂期，接見寮屬。裕字右營謝益齋、副戎思友率所部來。

己巳初六日 晴。裕、達二營赴涪州，稟兩院委員赴夔由。接子韓書，附江浙題名録，親串族友中無一中式者，爲之短氣。又接子湘書，附闈藝一篇，頗不佳。又接枚生書，附高麗参一斤；又費且泉書，均秀山典史方奎元帶來。奎元號子善，歙人，且泉京寓日居方略館供事也。晚接劉令、喬牧會稟，請撤勁勇回渝，以節靡費。

庚午初七日 陰。批答劉令等會稟，准其撤防，解武字副前營月餉。通判施德培因病請假，委候補巡檢沈清淦代之。宋生丁外艱，賻以十金。寄子韓書。

辛未初八日 晴。得翁復卿夔州信，云杜廉訪於九月晦可到夔州，由萬縣起旱赴省。又得范次典寄果脯、金餤，並虎臣通州信，均温味秋星使帶來，由華陽令吴地山寄，由巴縣轉送。

壬申初九日 薄陰。沈春波領餉赴雷波。丁伯度來，云昨晚生一女。

癸酉初十日 暢晴。雞鳴，至會府行禮。還至周養翁、延小顔處，均未見。得少蓮、枚生信。又得子韓致海珊書，内附順天題名録。徐咏虞之弟萊臣中式，湖郡中五人：顧雲衢，安吉；徐世颺即萊臣，歸安；王紹廉，歸安；馮文蔚，烏程；陳兆甲，歸安。

甲戌十一日　陰。曾經歷來，所按永川事皆子虛，置不議。〔四七〕前歸安令雷樂山來。得蘧翁書。邸抄：崇沛如大空卒官，以左都御史魁齡爲工部尚書，授景廉左都御史。

乙亥十二日　陰雨，晡後大風。喬壽泉率勁勇回渝。午刻送周春翁之官雲南，答拜雷樂山，唁胡琴仙太守，過江至葆芝舫牙齋少坐，歸。周養翁云：黔撫放黎簡棠，林楨伯升藩司，貴西道余思樞升臬司，新授貴西道聞係姓曾，而未得其詳。

丙子十三日　晴。胡琴仙來，言達字營事甚悉。李子政專勇送會禀來，請會印，即日作覆，仍交來勇賫回。

丁丑十四日　晴。體倦甚，是受寒之故。得錫厚庵兄書。又得豪卿書，爲遣散達字前營勇丁撥餉事。〔四八〕

池上夫容二株，種四年矣，今秋方見數花，詩以紀之：

池上花枝鬥綺霞，新栽楊柳亦棲鴉。夫容獨自能珍重，四載方開五六花。〔四九〕

戊寅十五日　晴。平旦，文武廟行香。禀大府勁勇回渝日期，附陳署銅梁令邵坤向日聲名平常，現值縣試，恐未孚衆志由。夜雨。

己卯十六日　晴。候補牧湝溥潯生來，瑞蘊謙之親家，送女到渝也。得子韓信。又得阜康京報並題名録，附録藩庫大使抄呈俸廉單：

川東道全年應食俸銀一百五兩，養廉二千兩八折，實銀一千六百兩，共一千七百五兩。

養廉内搭一成舊爐錢一百六十千文，内搭三成當十大錢四千八百文，實給錢一百十二千文。

扣賞番二成銀三百二十兩，照九九例，折給錢三百十六千八百文，内搭三成當十大錢九千五百四文，實給錢二百二十一千七百六十文。

原額公費二成銀四百兩，副銷二成銀三百二十兩。

各臺公費銀十六兩六錢。

俸廉内扣二兩平銀一百二兩三錢。

添扣六分平銀一百二兩三錢。

折放三成官票，核減銀一百五十三兩四錢五分。

四廳經費銀四百兩，預籌經費庫平銀九十六兩二錢。

窮員幫費銀四十兩連錢文。

共扣銀二千一百一十兩八錢五分。

除扣各款外不敷銀四百五兩八錢五分。

又補録：

小園鞠花盛開取酒對酌陶然有作

閒從老圃訪花叢，淺白深紅地數弓。遠岫依依朝舍北，疏籬短短在墻東。三秋細灑沾泥雨，九日平吹落帽風。恰喜白衣人送酒，陶然贏得醉顏紅。

夜巡行街衢，有犯宵禁者，鞭二人。月色佳甚。

庚辰十七日　晴。答拜淮潯生。過周養翁，小坐。候補知縣錫綸催巴縣交代來，自云伊祖乾隆癸卯舉人，内務府□□旗人。

辛巳十八日　陰，雨時作時〔五〇〕止。署雲陽縣事彰明令何慶恩愷堂來，桂林人，贈《太白集》，彰明所刻也。遣沈慶頤赴銅梁查案。

壬午十九日　陰雨。候補令翁植來。翁，長沙人，曾任達縣典史，頗潔修〔五一〕自好，故令清理巴縣積案，至是始至也。人定，五花洞不戒於火，亟往督救，夜半方歸。

癸未二十日　陰雨。免衙參。答拜何、翁二令。得少蓮書。晚，餞别曹蓮生廿一日。

甲申二十一日　陰雨。毛部郎來，名慶蕃，號實君，同治癸酉舉人，小梧先生之孫也。得阜慶京報，無事。

乙酉二十二日　晴。買得鱓魚八十斤，放之渝江。

丙戌二十三日　陰，微雨。鄭比部連壽介卿來，甲戌進士，貴州思南人，原籍浙江浦江縣，張藥農之甥也。

丁亥二十四日 晴，出門拜客。

戊子二十五日 陰。大女爲冰臣除服，借江南館地。是日堂期，接見僚屬，聞者俱往，惟巴縣僞爲不知，不去。徐琴舫來。得子韓信。又接仲清信，内附吕定子寄吴子權一函，並鹹崇一包。又接鵠山信，内附潘大理一函。少泉回渝，拿獲代人投送匿名揭帖人姚洪業，發巴縣。

己丑二十六日 陰。瑞蘊謙娶婦。發達字營軍餉，飭委員、知縣羅雲碧等，迅速解往涪州，限月内到。〔五二〕遣謝未入、慶蕃赴銅梁，提徐春亭案。

庚寅二十七日 陰，微雨。張藥農寄贈安邑幣、鏟幣各一；漢印二：一部曲將，一漫漶，惟『淳于』字尚可辨。又錫雁足鐙二，仿方緣仲所藏者造也。

辛卯二十八日 陰。出門拜客。種梅花，一枝於君子軒廊下、一枝於富貴磚室階下。〔五三〕

壬辰二十九日 晴。寄京信並各家炭金，共銀二千九百九十八兩，托蔚豐厚匯。又寄蔡研農一函並書價銀一百卅二兩。又寄子湘一信，並何姑太太銀六兩。

癸巳三十日 陰。

十一月

十一月甲午朔 晴。平旦，文昌、吕祖祠行香。接繆小山信，屬爲集腋，寄還代校《中州金石目》《説文檢字》二書，又寄贈景宋鈔《棠湖詩稿》一册甚精，成都府學宋元碑拓三種。又得候補通判陳順義宜之來稟，内附族侄學謙一書。據云，祖培淦遊幕至湖北，轉徙鄖陽，娶妻生子，即其父也，名經綸，已故，均葬鄖陽；五叔祖培興曾因索逋便至其地，始悉故里大概。壬申，有叔金元往漢中，舟過鄖陽，復悉桑梓。兵燹後，宗譜廢毁。甲戌，晤同鄉鈕大令福倍，因知賤子在此，故因其僚婿陳通判寓書，殷殷以譜牒爲問，而本身係何支何堂，未經叙及；寓鄖何業，亦未述及。附送金桂烟一包，云係家造，然則業烟與？

乙未初二日　晴。張文山自綦江查案回。得子韓信，知翁復卿已到漢口。

丙申初三日　晴。晚微雨。粥廠首事江宗源等來見。午後至保甲局，傳八省客長，令其籌捐粥廠經費，自捐銀五十兩爲倡，李聽齋亦捐五十兩。聽齋贈珊瑚頂，却之。

丁酉初四日　陰。署銅梁縣邵坤申送宋湯氏抹頸身死案卷二宗，略加批閲，謬譌不可勝數，可恨也。

戊戌初五日　陰雨。堂期，接見僚屬，瑞蘊謙謝而不答禮，可異也。得子韓、復卿信。又得子湘、枚生信。又接阜康京報。寄繆曉珊書，交大幫。又寄合州程五樓銓部書，並榮昌乾脩廿四金，交陝西街積成公綢緞店。銅梁紳士陳世五儀部昌來。傅鵬秋辭赴學使幕閲文。

己亥初六日　雨。接蘇州信。

庚子初七日　晴。寄子韓、復卿、葆初信。得阮彦明大令書，寄漢弩機拓本二。

辛丑初八日　晴。延小顏來談六吉事，有絶可笑者。委香國寺差：貨釐李廷模，鹽釐吴清臣，勸辦蠶桑羅瑞雲，城内保甲史旆悠，城外保甲彭藴遂。

壬寅初九日 陰。至柑子壩弔宋生柟。

癸卯初十日 晴。免衙參。得復卿信。

甲辰十一日 陰雨。謝未入提銅梁案犯徐春亭等回渝。〔五四〕邵令門丁廖大脱逃，即札令交出。

乙巳十二日 晴。吴曉翁生日，邀在來鶴軒喫麵。合州蔣太史、貴筑黄禮部來。禮部名毓崧，字春臺，號稚高，行三，癸酉拔貢，七品小京官，本科中式舉人。

丙午十三日 晴。周養翁、陳世五來。委張文山審榮昌羅士謤争繼案，一堂而結，健吏也。〔五五〕

丁未十四日 晴。羅士謤案内被告唐蘭芬，即唐毓楨，傖父之尤也。獰不服，乃親訊，而以屬吏。趙太史宗鼎來，號嵩丞，貴州人，曾居大吏幕府，老於世故者也。聞銅梁湯金玉爲邵令等〔五六〕所阻，以密札飭李丞查，催專勇送〔五七〕。

戊申十五日 平明大霧，禺中始霽，夜月色皎然。龍神、火神、城隍廟行香。日中，星翁歸自夔府，出朝天門迎之，遂至粥廠視吴子權太夫人壽。聽齋來謁，龍超暫回，仍宿試院。作《漢印偶存序》一篇。〔五八〕

己酉十六日 晴。寄子韓信。又寄鵠山、小山信，托子韓交乾裕轉寄。又寄潘大理函，並銀二百兩，託鵠山轉送。

晨起督園丁埽落葉，得小詩一首：

呼僮埽落葉，侵曉入花園。欲使此中潔，時時勿憚煩。

庚戌十七日　晴。琦聞廷、聯星翁來。星翁言，一路官聲，以張文山爲最好，沈德浩最不堪。合江紳士胡大令醴源麹臣來辭，赴湖南候補。

辛亥十八日　晴。答拜星階。寄王耕娛弟信，並江綢袍料二件，浣花錦被面二個，大藏香一匣，厚朴花二匣，《説文校議〔五九〕》一函，《咽喉脈證通論》二本，石鼓文一册，座右銘、佛圖關銘各一分。得余雲墀稟云，探聞英員於初二日自漢起程。又得侯鞠坡密稟云。

壬子十九日　晴。李蓉洲傳送銅梁原告湯金玉、宋遠發到案。〔六〇〕署梁山沈德浩卸事來渝，以其太劣，屏勿見。作《彙刻三十五舉序》一首。〔六一〕

癸丑二十日　晴。堂期，接見僚屬，免佐雜衙參。寄蘇州信並銀二百二十兩，又湖州信、銀一百廿兩，均交仲清。

甲寅二十一日　晴。提訊銅梁案，衆供〔六二〕確鑿，而本犯徐春亭堅不承認，添提見證宋天保等。接復卿信，知周叙卿於初三日到漢上。鍾蘧翁自省來渝，赴夔局釐差也。

乙卯二十二日　晴。蘧翁病，不能登岸，往舟中視之，言省垣近事甚悉。假得明人抄本元潘昂霄《金石例》二册。得鵠山信。〔六三〕

丙辰二十三日 晴。早賀周養翁遷居，遂至聞廷、小顔處。復訊銅梁案，徐春亭仍狡展不承。丁伯度辭赴老關口等處修工。

丁巳二十四日 晴。黄翔雲同年奉諱旋鄂，舟泊朝天門，往唁之。種梅花十六樹於潔園。〔六四〕

戊午二十五日 長至，晴。雞鳴，赴會府行禮，平旦而退。日昳，至翔雲舟祭黄年伯母。寄余雲墀信並銀百兩，交委員湯世蔭帶交。集大父、世父暨先府君手製印成册，作序一首。〔六五〕

己未二十六日 晴。縣試畢，龍超回署。復訊銅梁案，宋光品等供證鑿鑿，徐春亭仍不招。

庚申二十七日 晴。委沈清淦管唐家沱貨卡，湯世蔭鹽卡；徐世潢黄沙溪貨卡，黄景仕鹽卡。

辛酉二十八日 晴。星翁、聞廷來談，即共晚飯，丙夜方散。銅梁李令解徐春亭案内王海山至，亟訊之，供認不諱。

壬戌二十九日 晴。得子韓信，叙卿事尚無眉目。寄彭漱芳信，内附恬波函，交蔚豐厚記。黄按知繼香次農贈大梅樹二株，種之君子軒東窗下。〔六六〕

癸亥三十日 晴。巡撫貴州副都御史宫保曾樞元先生靈櫬自黔來，暫停廣東會館，偕寮屬出千厮門迓之。復訊銅梁案，徐春亭認供，飭令具結，聽候詳辦〔六七〕。

十二月

十二月甲子朔　晴。晨起，文武廟行香。午刻，公祭曾宫保。得李少蓮信。

乙丑初二日　晴。諸寮宷以賤辰來祝，均辭不見。晚，湯幼舲來，知英人明日可到。

丙寅初三日　晴。出門謝客。曾宫保靈櫬行，同人至兩路口候送，星翁以感冒未到。酉刻，余雲墀來，知英人已到，泊太平門。晚，親提銅梁案過堂，徐春亭畫供。得李玉階信，並轉寄英員信，即送交。

丁卯初四日　陰。伴送英人、署天津海防同知宋丞寶華來見，上虞人，同鄉也號吉堂。

戊辰初五日　陰。穆宗忌辰。余令禀英員欲來相晤，辭以不便見客〔六八〕。

己巳初六日　陰。酉刻，英員來，即往答拜。格維訥極老實，達文波亦和順，惟貝得禄口操京腔，狡猾已甚。雖只閒談，頗事舌戰，幸未爲所屈耳。伊云欲走屏山小徑，告以恐地方官及伴送之員不能擔承。問何以不能，答以中國行路若商賈及平民人等自相往來，則各聽其便；至關照地方官，則自有一定官塘驛站。即如此次薛大人赴滇，並官員來往，無一不走大路。諸君遠來是客，各州縣官均奉上憲札飭，照料保護。若任走小路，則大非優待之意。伊云此是我們自己願意，即顧而之他。又提及洋藥，問中國所吸外國與中國孰多，答以官長〔六九〕及軍士例不准吸，百姓之事不便預聞。問既不預聞，何以又收其税？中國豈不知此物之爲害乎？答云若言其害，正須要問貴國，若非貴國將此物傳來中國，何至流毒如此！既已開禁，則收税亦不爲過。相與一笑而罷。稟洛英員到渝日期。

庚午初七日 陰。申刻，英人解維。晚，與張文山話别。

辛未初八日 陰。擬稟覆平反銅梁案稿，即劾知縣邵坤。張文山辭回省。徐克齋來。

壬申初九日 陰。約徐克齋晚飯，酒三行。曹家巷不戒於火，即步往督救，丙夜方歸。〔七〇〕

癸酉初十日 陰。克齋辭赴叙郡省親，贈以二十金。示諭鞭炮鋪，概令挪往城外，以曹家巷鞭炮鋪叢集，被災時蔓延難救也。得子韓信，並《左傳》六本。〔七一〕

甲戌十一日 陰。繆小山來，即請校勘書籍。寄子韓信並北周造像精拓本。

乙亥十二日 陰。新選黔江令李文馥來，號古香，湖北宜城縣人。涪州鶴遊坪州同張春熙乞病，聞爲差役藉教滋事團衆不服故也。文牧稟府請代辦，府委候補從九品孔慶雲兼令候補知州宣紹賢往按其事。孔出身微，人所共知，而獨委彼，何哉？

丙子十三日 陰。閲視團練冬操，遂及衛隊，各賞罰有差。既畢事，復驗收炮船，自朝天門歸。署大足縣事名山令楊錫榮卒官，府委候補令李光烈往代理，亦非循良吏也。正告之，不聽。以此事應由府委取藩司進止，故聽之。人苦無知人之明耳。明知之而故昧之，其亦有道乎？不然，何知之昏也。嗟夫！秦濤安領餉來，談省事甚悉。雞鳴，有賊自山後來，擊柝者逐之，踰垣去。

丁丑十四日　陰。平明，鄰之失物者争來告。審賊去路，有梯一，倚於墻，墻以内客棧也。亟捕之，獲一賊，鄰之失物在焉。先是，巴縣段校官、經歷曾鷂皆夜失物，縣求之不得，至是亦並獲焉。陳金山者，賊之魁，其副何桂子，桂子既逮，金山尚作狎邪遊，伍佰至，縛而歸，乃以屬吏。黔江李令辭赴任。

戊寅十五日　陰。平明行香。雲陽令葉誠齋來。寄彭漱芳信並銀六百五十兩，交蔚豐。

己卯十六日　陰。聞星翁疾，遣使候之。

接少蓮、枚生信，又接稚川信，内附恬波致方芰函，即寄漱芳。

庚辰十七日　陰。委喬牧、丁丞充慶元軍水師炮船營務處，委千總何三級、守備白占勝等管帶師船。

辛巳十八日　陰。稟制府核算巴縣夫馬籌議情形並章程十四條。得子韓信。

壬午十九日　陰。卯刻，封印，穿補褂，掛朝珠。晚，同幕府諸君子小飲。

癸未二十日　微晴，午時見日。免衙參。聞江北長慶、保安二團首爲梟匪擄捉，使人視之，信。檄江巴會拿，並派知州喬世清會辦。作《中州金石表目後記》一首。

甲申二十一日　陰。江巴來見，與之語，多諉卸，遂決意親行，始允往捕，乃爲定期二十六日。札合州、璧山，屆期會合。仍令喬牧率炮船同往。得子韓信。晚作《説文檢字後記》一首。

乙酉二十二日 陰。寅刻，蜡祭百神。

丙戌二十三日 陰。江巴團紳具稟云，梟匪已被團丁擊散，落水死者無算，餘匪竄往上峽澄江口、二巖、温江峽等處，仍飭四廳州縣跟蹤搜捕。未刻，至星翁處，病已愈，尚憊，少談而歸。忠州稟，敦里八甲巡檢黄祖堅擅受逼釀命案，請撤參。

丁亥二十四日 陰。江巴暨委員稟辭，會剿梟匪。合州、璧山各稟知，如期會剿。撤黄祖堅任，委未入流謝慶恩代辦。八房十一弟麗生自河南來。〔七二〕

戊子二十五日 晴。唐家沱送來假冒公差搕索客商之犯人□□□一名，即枷責示衆。委余雲墀總查漏釐。趙明經接管老貨釐局，沈承烈勸辦蠶桑。〔七三〕

己丑二十六日 晴。得宋丞寶華瀘州來稟，云英人仍堅執屏山之説，語多謬妄，閲之使人不懽。吴吉人遣百種子書來，子韓所託帶也。

庚寅二十七日 陰雨，竟日夜不止。購得《皇清經解》《五禮通考》《全唐詩》《函海》各一部，其值四十四金。葆芝舫、李聽齋、喬綬權查鹽匪回渝銷差。

辛卯二十八日 陰雨。石砫廳照磨徐懋業稟報，同知王燕瓊因病出缺。

壬辰二十九日 陰雨，夜半晴，明星爛然。委丁伯度代辦石砫同知篆務，喬綬權坐辦委審局、吴子明保甲局差。託繆小山帶寄子湘信，並《咫進齋叢書》八部部計十種、《印譜》一分；錫厚安信並《説文校議》《叢書》各二部《印譜》一分送厚翁，石鼓、佛圖關銘各二分内文治庵一分，託厚翁送；陳培之信、書、帖同上内潘伯翁一分，託培之送。葉子固兄信並春茶二筩，楊葆初信並銀伍拾兩。又潘生清蔭銀四十兩原繳上年蒙館修金，仍還之，姜生子成、施生縉雲各銀八兩。晚，得葆初兄書。

附録

國朝經師經義目録　甘泉江藩纂

易

《易圖明辨》十卷胡渭，《易説》六卷惠士奇，《周易述》廿三卷、《易漢學》八卷、《易例》二卷、《周易本義辨證》五卷惠定宇，《易述贊》二卷洪榜，《周易虞氏義》九卷、《虞氏消息》二卷張惠言，《易音》三卷顧炎武。

書

《古文尚書疏證》八卷閻若璩，《禹貢錐指》廿卷《圖》一卷胡渭，《古文尚書考》二卷惠定宇，《尚書考辨》四卷宋鑒，《尚書後案》卅卷王鳴盛，《尚書集注音疏》十二卷《尚書經師系表》一卷江艮庭。

詩

《詩説》三卷惠周惕，《毛鄭詩考正》四卷戴震，《詩本音》十卷顧炎武，《詩音表》一卷錢坫。

禮

《周官禄田考》三卷沈彤、《禘祫説》二卷惠定宇，《周禮疑義舉要》七卷江永、《考工記圖》二卷戴震，《弁服釋例》十卷任大椿，《車制考》一卷錢坫。

《儀禮鄭注句讀》十七卷《監本正誤》一卷《石經正誤》一卷張爾岐，《儀禮小疏》一卷沈彤，《儀禮釋官譜增注》一卷江永，《儀禮管見》四卷褚寅亮，《儀禮正譌》十七卷金曰追，《儀禮圖》六卷張惠言，《禮經釋例》十三卷凌廷堪。

《深衣考》一卷黄宗羲，《明堂大道録》八卷惠定宇，《禮記訓義釋言》八卷《深衣考誤》一卷江永，《深衣釋例》三卷任大椿。

附三禮總義

《禮説》十四卷惠士奇，《禮經綱目》八十五卷江永，《禮箋》十卷金榜。

春秋

《左傳杜解補正》三卷顧炎武，《左傳事緯》十二卷《附録》八卷馬驌，《春秋長曆》十卷《春秋世族譜》一卷陳厚耀，《左傳補注》六卷惠定宇，《春秋左傳小疏》一卷沈彤，《春秋地理考實》四卷江永。

附三傳總義

《春秋説》十五卷惠士奇。

論語四書

《四書釋地》一卷《四書釋地續》一卷《四書釋地又續》二卷《四書釋地三續》二卷《四書釋地餘論》一卷閻若璩，《鄉黨圖考》十卷江永，《孟子字義疏證》三卷戴震，《論語後録》五卷錢坫，《論語駢枝》一卷刘台拱〔七四〕。

附經總義

《九經誤字》一卷顧炎武，《九經古義》十六卷惠定宇，《群經補義》五卷江永，《經義雜記》卅卷臧琳，《古經解鈎沈》卅卷余古農，《經讀考異義證》八卷武億，《經傳小記》三卷刘台拱〔七五〕。

爾雅小學

《爾雅正義》廿卷邵晋涵，《方言疏證》十三卷戴震，《釋名疏證》八卷《釋名補遺》一卷《續釋名》一卷江艮庭，《小學鈎沈》廿卷《字林考逸》八卷任大椿，《説文解字義證》五十卷桂馥，《别雅》五卷吴玉搢。

附音韻

《音論》三卷《唐韻正》廿卷《古音表》二卷《韻補正》一卷顧炎武，《古韻標準》四卷《四聲切韻表》四卷《音學辨微》一卷江永，《聲韻考》四卷《聲類表》十卷戴震，《四聲均和表》五卷《示兒切語》一卷洪榜。

樂

《律吕新論》二卷、《律吕闡微》十卷江永，《律吕考文》六卷錢塘，《燕樂考原》〔七六〕六卷凌廷堪。〔七七〕

〔一〕同治十四年歲在乙亥正月己亥朔，抄本作『光緒元年正月朔』。按：當時同治駕崩消息未傳至，故手稿本仍以『同治』紀年。

〔二〕『種碧桃』句，抄本繫於該月二十三日。

〔三〕『種竹』句，抄本繫於該月二十五日。

〔四〕『購得』數句，抄本繫於該月初二日。

〔五〕『得子韓』數句，抄本繫於該月十八日，且無『枇杷葉膏二匣』一句。

〔六〕『種栟櫚』數句，抄本繫於該月二十三日。

〔七〕該日内容抄本繫於前一日。

〔八〕『從蔡君購得』數句，抄本繫於該月初八日。

〔九〕『復從蔡君購』數句，抄本繫於該月初九日。

〔一〇〕『購得』句，抄本繫於該月十三日。

〔一一〕『摹刻』句，抄本繫於該月十八日。

〔一二〕『子權送邸抄』等數句，抄本繫於該月二十日。
〔一三〕垷，原作『俔』。『埤垷』城上有孔的矮墻。
〔一四〕原稿作『辛巳』，今徑改。其後至本月二十五日間有誤植者，併改。
〔一五〕『購得』數句，抄本繫於該月初六日。
〔一六〕抄本『《觀世音象》』下有『《石鼓文》』。
〔一七〕問，抄本無。
〔一八〕『聯星翁』句，抄本繫於本月三十日。
〔一九〕『會銜』句，抄本繫於本月三十日。
〔二〇〕該日内容抄本繫於本月二十四日。
〔二一〕屢，原作『婁』。
〔二二〕省，抄本無。
〔二三〕文，原作『方』。
〔二四〕飛，抄本作『一』。
〔二五〕此事抄本繫於本月十八日，且僅『考東川書院決科生』八字。
〔二六〕贈書與得信二事，抄本繫於本月十八日。
〔二七〕在，抄本作『已在』。
〔二八〕合郡以爲快，抄本作『合郡聞之』。
〔二九〕以嘉紀年者，抄本作『以來』。

〔三〇〕此句及下文收據，抄本繫於本月初九日。
〔三一〕川東道，抄本作『川東道庫』。
〔三二〕『聞滇匪』數句，抄本繫於本月十一日。
〔三三〕槍，原作『桿』，據抄本改。
〔三四〕得秀山縣稟事，抄本繫於本月十二日。
〔三五〕『校《急就章》』句，抄本繫於前一日。
〔三六〕抄本『保甲局』上有『係』字。
〔三七〕『赴』上衍一『將』字。
〔三八〕利，抄本作『里』。
〔三九〕『遣沈占春』句，抄本繫於前一日。
〔四〇〕吕静甫，原脱『甫』字。據抄本及上下文補。
〔四一〕瓷，原作『慈』，今改，下反同。
〔四二〕『得子韓信，知夔局事非叙卿不可當。致書叙卿，促其速行，飭縣飛遞』一段，稿本作『得子韓』，據抄本補。又，稿本乙卯二十二日條重出，首條作『乙卯二十二日，早雨，旋止。卿不可當，致書叙卿，促其速行，飭縣飛遞』，今删。
〔四三〕該日日記内容抄本繫於前一日。
〔四四〕該日日記内容抄本繫於前一日。
〔四五〕該句抄本繫於初二日。

〔四六〕『達字』數句，抄本繫於前一日。
〔四七〕此事抄本繫於本月初九日。
〔四八〕此事抄本繫於前一日。
〔四九〕此事抄本繫於前一日。
〔五〇〕稿本原作『昨』，據抄本改。
〔五一〕潔修，抄本作『修潔』。
〔五二〕發餉解送、遣人提案兩事，抄本繫於前一日。
〔五三〕『種梅花』句，抄本繫於前一日。
〔五四〕此事抄本繫於本月初七日。
〔五五〕審案事抄本繫於本月初七日。健，抄本作『能』。
〔五六〕等，抄本無。
〔五七〕送，抄本下有『渝』字。
〔五八〕此事抄本繫於前一日。
〔五九〕議，抄本作『字』。
〔六〇〕此事抄本繫於前一日。
〔六一〕此事抄本繫於前一日。
〔六二〕供，抄本作『證』。
〔六三〕假得抄本與得信二事，抄本繫於前一日。

〔六四〕此事抄本繫於前一日。
〔六五〕集印成册事，抄本繫於本月二十三日。
〔六六〕『黄按知』句，抄本繫於前一日。
〔六七〕『飭令具結，聽候詳辦』八字，抄本繫於十二月初三日，且『辦』作『解』。
〔六八〕此事抄本繫於前一日。
〔六九〕官長，抄本作『長官』。
〔七〇〕救火事抄本繫於本月初六日。
〔七一〕示諭、得信兩事，抄本繫於本月初八日。
〔七二〕此事抄本繫於前一日。
〔七三〕勸辦蠶桑事抄本繫於後一日。
〔七四〕日記天頭注曰：『《論語駢校》，查《劉氏遺書》，有。』
〔七五〕日記天頭注曰：『《劉氏遺書》只《論語駢枝》一種。《經傳小記》，查《劉氏遺書》，無。』
〔七六〕日記天頭注曰：『《燕樂考原》，《校礼堂文集》無。』
〔七七〕其後抄録《説文解字》，今略。

弓齋日記卷之七　丙子　分巡川東

光緒二年（據上海圖書館藏《弓齋日記》抄本整理）

正　月

光緒二年正月初二日　晴。送繆小山、熊安生計偕入都。孫刺史元超來，帶到悅卿信並蠶種一籃。又守梅信並縐紬一疋、《府志》一函。

初三日　晴。奉大府批，銅梁徐春亭案行司分別辦理。又奉批，巴縣夫馬案及新定章程，並請裁店縴，均照准。孫讓卿言，揚州摹印有程同壽，號六雲，杭州人，現當保甲局委員，住徐凝門大街。

初七日　陰。行知巴縣夫馬案，諭張文光，令揀選寫字人來渝。晚，綏定府稟東鄉縣刁民袁廷蛟聚衆滋事，即刻批令妥籌辦理，倘敢抗拒，即督率剿辦。購得讀畫[一]齋重刻《羣賢小集》殘本三十六種、任氏《述記》、《烏程縣志》一函。

《述記》二册，國朝震澤任兆麟摘抄，蓋供帖括之用，書塾中最善本也。録其目於後：

述記總目　遂古堂正本

上册之上

夏小正　鬻子　逸周書　周公謚法　武王踐阼　弟子職　管子　老子　晏子春秋　家語

上册之下

曾子　書序　詩序　孫武子　司馬法　周易乾鑿度

下册之上

尸子　荀卿子　莊子　楚辭　小爾雅　尚書大傳　大戴禮記

下册之下

河間樂記　賈子新書　春秋繁露　韓詩外紀　新序　説苑　列女傳　法言　白虎通德論　説文　漢紀

十一日　晴，午陰，小雨。覆子韓信，並寄洛陽六朝造象拓本九種。牌示巴縣夫馬案。省鈔：葛味荃署梁山令。

十五日　晴，風和日暖。寄葛味荃書。得東鄉縣禀，袁廷蛟集衆，勢甚猖獗，即爲轉陳大府，請派文武大員前往查辦。乙夜巡行街衢。

十七日　陰。提鹽委員唐丞來。省鈔：大府乞病，准開缺。兩湖李筱荃制軍調四川，未到任以前，文方伯護理。前遣往涪州之刻碑人歸。

十八日　陰，微雨。得宋丞寶華信，知英人於上年除夕行抵屏山，因見山高灘險，始由水路回至安邊，仍從高、珙、筠連而去。又接繆小山信，云在涪州訪得石魚題字七十九種，皆宋元刻石。即日寄書宣黼孫，令督工人搥拓。

二十日　陰。寄田子實書，託購唐人寫經。又寄胡若川書，託覓駐灌縣之成都水利同知衙門内唐刻佛經殘石此地當是唐之廢寺，故發地往往得之，皆兩面刻字，惜石粗頑，不得作硯。得英人已於初九日自安邊宜賓縣屬去訖。寄鍾蘧翁書。宣牧遣人送到石魚題刻一分，計八十五種。

二十二日　陰，小雨。涪州吏目沈芝茂松如送到石魚題刻一分，以拓手不精，且只二分，不敷分贈也。别遣程忠至涪，督劉匠搥拓。又致宣黼孫書，託長壽林令轉交，以昨送石魚文字者，長壽差也。

二十三日　陰。薛校官來，言禮器庫已一體畢工，現督諸生演習禮樂，遂往禮器庫觀諸生演習禮樂。

二十七日　晴。出門拜客。至星翁處，觀所刻磨崖『忠孝』二大字，在署左箭道山上。晚，虎威寶營李觀察光嶽，號仲恒來。

二十八日　晴。虎威寶營劉提督道宗，號子幹，行三來。回拜李仲恒，復親至江干送劉、李二君，即日開舟東下。東鄉探勇回，得孫小堂書，言袁廷蛟要約五條，請減錢糧。綏定易守已如所請出示，尚聚衆不散。

二十九日 早晴，旋陰。稟大府東鄉情形，請派大員會同前往查辦。寄張藥農書，並重摹石鼓文、觀世音造象、佛圖關銘各二分；又瞿經孳書，託藥農轉致，均交趙緯卿寄陜。

二月

二月朔 陰雨。李子政軍門來，議定從萬縣起旱，由開縣一路至東鄉。得子韓信並書四本。

初二日 陰。同星翁至府學演禮。接東鄉孫令稟，與前情略同，即刻批答，並致書告以虎威寶營過渝日期，並稟請親往情形。

初三日 晴。范若瑟來，言鴛鴦橋民教構釁，委巡檢劉兆亨往察之。得厚安書。

初四日 陰，夜雨。得督院批回，炮船招募成軍，會稟係護院銜。劉兆亨回，云民團已散，照磨勘驗，民教均有傷痕。

初五日 陰雨，午後微晴。行釋奠禮於先師孔子。初用禮器，覲元所造也。鷄鳴行事，平旦而退，執事有恪，蹡蹡蹌蹌，觀者太息，以爲鄒魯之盛復見於兹。得子湘、少蓮、鑪青書，寄子韓信，内宋丞一函附。

初六日 陰。祭社稷壇。禮成，至近郊觀穡事，遂至臨江公所小憩。小春甚茂暢，惟田水少歉耳。書賈趙、張二生自京師來。趙，同立堂夥；張，善成堂夥也。携有厚安書，將在此景刻《通鑑集覽》。又携來文貴魏生書，寄《知不足齋叢書》三十函。二生云，善成書肆已易主，係厚安、冶庵出貲，令同文貴共司其事。晚，張文光來。

古經解彙鍾謙鈞輯，馮端本，刻於廣州

《鄭氏周易注》孫氏廿一家注本　《陸氏周易述》同上

《周易集解》學津、雅雨合校　《周易口訣義》岱南閣本

《易緯八種》聚珍本　《尚書大傳》閩陳氏本

《韓詩外傳》通津草堂本，用學津本校　《毛詩草木疏》山陽丁氏本

《春秋繁露》凌氏注本　《春秋釋例》聚珍本

《春秋集傳纂例》經　《春秋微旨》同上

《春秋集傳辨證》龔氏玉玲瓏閣本　《論語義疏》知不足齋本

《論語筆解》藝海本　《鄭志》問經堂本

小學彙函

《方言》抱經本　《釋名》璜川書屋本

《廣雅》格致本，以《疏證》補　《匡謬正俗》雅雨本

《急就篇》岱南本　《説文解字》平津本

《説文繫傳》祁本　《説文篆均譜》函海本，以馮本校

《玉篇》澤存堂本　《廣韻》同上，又明内府本

《干禄字書》唐石刻本　《五經文字》同上

《九經字樣》同上，二種均馬氏玲瓏山館本

共三十七種，分八十本、十六函。

初七日　陰。接護院批稟，已令王守元普、周令瀚前往東鄉會辦，重慶地方緊要，未可出郡親往督辦等因。翁令云，本日有彼中人來，事已無甚緊要，特無以善其後，終恐了而不了耳。得鍾蘧庵書。范若瑟赴省，遣人來辭。

十一日　陰。得漱芳書。倩雲墀諸君録《石魚題名記》，並校修《説文解字》。有以銅器求售者，敦蓋一，文曰：叔角父作朕皇考宏公尊敦，其子孫永寶用之；漢鋗一，文曰：侯家銅鋗，重六斤二兩，容一斗一升，永初元年造。以今權較之，計重四十五兩。

十三日　微晴。得味荃書，並贈漢軍假侯銅章。又『朱文光』方印、『吴興』圓印各一方，皆元人物也。魚嘴沱鄉人以江灘沙中得舊麻柳木兩段，色赤墨如紫榆，蓋不知沈淪者幾何年矣。持以求售，以白金二兩五錢得之。文静山送到石魚題字二分。

十七日　陰雨。得劉文清行楷書一册，晚年筆也。爲劉雲從大篆二幅、屏六幅、對一聯。

二十日　早雨，即晴。寄子韓、復卿信。又寄書卿信。商皂兒完姻事。沈松如寄萬縣宋

碑黄涪翁書一紙，又鈎深書院門屏石彦恬書聖經一章，筆法頗遒勁，惜署款自稱山長，與功令不符，蓋乾隆三十年已改山長爲院長，擁臯比者不可不知耳。

二十三日　陰雨。涪州拓碑之劉匠歸。得護院行知具奏東鄉事摺稿。作篆六大幅，似微有所得。

二十七日　晴。得叙卿信，云聞李制軍有家書，滇事畢後尚須請假送太夫人回安慶，以蜀疆險遠難迎養也。

二十八日　晴。忽患腰痛，久坐輒不能轉側，行立則否，似是閃挫傷氣之故。有輯《皇清經解續編》之願。照小像，與内子、慰祖各一。照者，同姓，巴縣産，景教之徒也。

粤雅堂叢書　皇清經解

第四集：《易圖明辨》十卷胡渭、《四書逸牋》六卷程大中、《古韻標準》四卷江永、《四聲切韻〔二〕表》一卷江永、《緒言》三卷戴震、《聲類》錢大昕

第六集：《經義考補正》十二卷翁方綱、《詩書古訓》六卷阮元

第十一集：《十三經音略》十二卷周春、《説文聲系》十四卷姚

第十六集：《孫氏周易集解》十卷孫星衍、《春秋穀梁傳時月日書法釋例》一卷許桂林

第十七集：《九經補韻》一卷《考證》一卷《附録》錢侗、《國策地名考》二十卷程恩澤

第十八集：《儀禮石經校勘記》四卷阮元、《隸經文》四卷江藩

三十日　晴。得悦卿信，庶祖母、九叔母均已安葬，並爲叔父營就壽域。又十三叔祖父母、十叔父母亦已安葬，此心爲之稍慰。

三　月

三月朔　晴。七房公稟：遣雇工楊春山兑换公費銀兩，爲錢攤裴世禄私押搕去錢五千、銀飾二事。竊思吏役欺壓平民自古有之，吏役之人反爲平民欺壓，恐無此理。且果理直氣壯，又何甘心任其搕索乎？提訊，果是革吏鄭其申所爲，吏書鄭洪堂亦其兄也，乃分别責革，荷校有差。

初三日　晴。風和日麗，碧桃盛開，種垂柳一株於長廊之下。

素心蘭一盎，久置墻隅，今春忽開四花，葉則凋零盡矣

墻陰棄置已多時，歷盡冰霜茁幾枝。可惜此花開自好，更無緑葉與扶持。

邸抄：正月廿五日，奉上諭，吴棠奏知縣審斷謬妄，請旨革職一摺。四川署銅梁縣知縣邵坤，於該縣監生徐春亭被控逼娶孀婦一案，並不詳細嚴究，輒憑該監生誣揑供詞，擬杖詳結，致節婦宋湯氏憤激自盡，實屬審斷謬妄。且該員聲名平常，難期振作。邵坤著即行革職，永不叙用，以肅官方。節婦著照例旌表。餘著照所議辦理。該部知道。欽此。

初十日　陰。清明，祀先祖。得叙卿、子韓信，知英事已以萬二千了結，法事尚未議妥。

甄别東川書院生童。

十三日，晴。得吴春海書，云買得芝麻街張安甫農部舊居作會館，尚欠二千金，屬爲集腋。宣龢孫歸，拓得岑公洞等處舊碑，較繆小山所訪，所少尚多。又殘碑一方，高二寸，寬三寸餘，一面有『聲鍾缺末二筆重陽游缺水旁』五字，一面『大上缺，不知是「天」是「大」春』二字，似是詩。刻石粗而字惡，恐非古碣，云得諸萬縣流杯池。寄許雲生宫允信，乃黄南川託也。

十四日　晴。江北教民李蒸籠、薛玉亭、龔照等三十餘人，在梁沱地方，將鴛鴦橋案外平民鄧洪和、諶際唐、陳興發、黄壽喜兜央橋民教構釁涉訟，與此四人無干捉獲毆辱，掠取銀物，以致該處各團均懷不平。是日黎明來城，將教中醫館及薛玉亭等家打毁。當派喬綬權、李〔三〕聽齋前往彈壓解散。

十五日　江北民團聞風踵至者，絡繹不絶。遣瑞藴謙、丁伯度前往開導，已解散出城矣。夜有縱火者，獲而訊之，則教民也。於是城内外復大鬨，至曉方定。李聽齋病目，遣吴典史來禀，云教堂請進士石渠，舉人王廷璋、陳應經、李居仁，廪生牟希融及江北嘉陵院長楊德坤爲之排解。

十六日　晴。江北民團尚有至者，皆隨來隨去，蓋各團皆自有規約，聞風不到者有罰，道遠故後至者耳。禀兩院民教滋事大概情形。晚，石户部來。得子韓信，並寄到《洗冤録》《名法指掌》各一部。又《説文提要》一本，乃陳仲耦作，録部首之字而釋以今音，恐汶長之意不如是也。得蘧庵信。

十七日 陰。訛言頗多，遣丁伯度至江北察之。

十八日 陰。江北團民遠者各歸，城内自整團練，附近者尚屯而未散，幸不滋事。

十九日 晴。江北民陸森茂負巴縣民婦龍楊氏錢，索之急，陸呼曰：『教民也，將焚我屋。』衆察之，不信，縱之歸。此昔者事也。至是，陸渡河，爲楊所執。陸思脱，復用故智，於是訛言四起，人情洶洶。遣巴縣按之，得其顛末，乃移江北，俾釋衆疑焉。遣炮船四號至江津，迎護前制府吴仲宣先生眷船。接漱芳寄來《書目問答》，無信。作徐蕖生表甥唁函，並賻十六金。

二十三日 陰雨。得京中諸友信。潘大理索大足縣宋碑。錫厚安，元裔也，其子齡昌硃卷履歷後，記世族甚詳，附録於此：

謹按《八旗滿洲世族通譜》：元裔蒙古博爾濟吉特氏散處於西拉木楞、兀魯特、札魯特、克魯倫、把岳忒諸部落，國初次第以所部來歸。其兀魯特之族分隸滿洲鑲黄、正黄、正白、正紅、鑲紅、正藍、鑲藍七旗，凡十四人，授世爵有差，而入正藍者四焉。

二十五日 晴。送考録生童入書院肄業。宋吉堂自滇來，言騰越馬加理案過堂後，洋人即由緬歸去，絶未及議及他事，云須往總署言也。晚，奉兩院批禀，令轉飭江北廳，勘驗明確，持平辦理。得惲小山信。又得錢蘭坡信，並借到《龍龕手鑑》精校本。

四　月

四月初三日　得天津信，子楓大兄於二月十九日逝世，傷哉！　署涪州牧吴地山羹梅來，光州人。

初十日　早雨，旋晴。往江津接李制府。辰刻，太平門登舟，江北巴縣典史、經歷皆來送。繞城行，甚緩，未初方到黄沙溪。徐州黄縣丞來見。傍晚，抵大渡口泊。是日僅行三十里。樂天《忠州春至》詩云：『閒拈舊葉題詩詠，悶取藤枝引酒嘗。』蓋即今之咂酒。

十一日　陰。卯刻解維，過魚洞溪、落黄石、銅官驛，至泥璧沱泊，行一百里。自魚洞溪以上，遍山皆橘柚。未至落黄石二三里許，有小山兀峙中流，仿佛小孤，上有寺觀，已頽。擬爲修葺，而築亭其中，以坡公『楚頌』〔四〕名曰，聞者得毋有争墩之誚耳？

大渡口

一日三十里，方知行路難。雨餘風料峭，雲散月檀欒。橘柚連山種，桑麻遍地寬。殷勤問父老，常恐有飢寒。

即事

壯士挽脩綆，上水船不易。莫嫌此日遲，歸途自快意。

十二日　早微雨，日中晴。巳初到江津，校官周允新、典史吴春炘均未見。與星翁同泊河下，不登岸，恐其供頓之煩也。飯後入城，至縣署，晤右溪及其幕友吴鹿苹。城橢圓，東西約三里餘，南北僅一里。學宫在其南，泮池寬廣，云與江水相通，遠山一塔正對其門，門外蔬圃藥畦，頗饒野趣，惜氣象少狹耳。辰刻，得李聽齋十一日未刻所發書，内附護院文二，一奏東鄉事。酉刻作覆，馬遞，附家書一函。

《侯鯖録》：唐茶，東川有神泉昌明，白公詩使『緑昌明』是也。

十三日　早陰，旋晴。得瑞藴謙信。又得聽齋信，内附護院文，行知范函札也，當作覆。辰刻，賀笏臣來。飯後，至東嶽答拜笏臣，在縣城之西。沿路葡萄甚多，緑陰滿架，有長至半里者，殆其出産歟？然售者絶少，何也？寄聽齋書。

十五日　晴。移舟至東嶽廟。下午大府來談，半時許，已過江津縣城，辭出，先回重慶。戌初抵渝，可謂速矣。

十六日　晴。巳刻，大府抵渝。范若瑟謁大府，以州縣禮接見，氣沮而出。府廳縣及委員喬牧等均來。親訊户房藏匿夔府交代册，結案，將舞弊書吏李森山斥革，交縣審辦。

二十二日　晴。丙夜，大雷電以風，雨下如注水。金紫門船户黄興廣控告王福霸業，王福亦控黄興廣抗不應差，發縣審辦半年矣，迄今未結。每出門，黄興廣必至輿前哭訴。至是親提研訊，斷令黄興廣仍照舊章貼錢而不應差，王福收錢應差，均不得互相狡賴。兩造悦服，具結完案。是日，李泰時叔侄亦來，具結完案，各曉以大義而退。

二十三日　小雨，旋晴。接胡若川信，並寄到唐佛經殘石二塊、印泥一合、朱砂二兩。若川書云，唐代佛經殘石已訪得，在灌縣城外五里許竹林寺側，有經洞在焉，傳言唐時邱祖所刻藏經，後爲獻賊將廟焚毁，碑石燒殘。國初，經附近雲巖寺僧馬和尚檢藏洞内。每有土人竊砌田塍屋基，經縣封禁，已歷多年。内有巨蟒守之，曾經傷人。今圻親往查勘，洞内殘碑無算，大者堆壓於下，翻拓不易。取得小者二片，兩面皆字，拓視，洵屬銀鈎鐵畫，兹特寄呈云云。

二十五日　陰雨。裕濟通鹽店私設火器炮船，與梟匪江大烟桿争私銷不勝，遁至城下，匪舟及香國寺。遣炮船擊退匪舟，仍飭鹽店呈繳炮械。

二十一〔五〕**日**　陰雨。接叔父、子湘、迪甫、枚生信，又陳培之、潘大理二書。子湘言，有錢可廬先生手批《困學紀聞》，乃堪喜齋故物，需直十八金；《勝朝殉節録》乃吾家舊物，需直五金，均在寶名齋。又筆彩齋新到漢銅印甚夥，云是諸城劉氏故物。寄厚安信，並《咫進齋叢書》一函，更换篇頁一分。又篇頁一分，《務民義齋算學》《前徽録》各一本，託致鍼冶庵。又寄子湘信，並《前徽録》《算學》二本，更换叢書篇頁十八分，均託書賈善成夥郭生帶。又寄悦卿信，内附守梅一函，並廣仁堂捐銀八十兩。

五　月

五月初二日　晴。得子韓信，並周叙卿書，知夔事已結。子韓寄贈《國山碑》一本、《十二研齋金石〔六〕經眼録》一部。得文貴堂魏生信，託覆刻《金壺精萃》，約字五萬餘。

初四日 晴。購得漢叟邑長銅印一枚，已爲傖父磨治，幸刻畫尚在。兒子慰祖以爲銅色太新，又誤認龜紐土蝕處爲翻沙，已斥去矣。余見拓本，亟使人追求之，乃得。嗟乎，物之懷奇抱異者何限！如此印者，一誤於傖父，再誤於孺子，向非余之物色，其不摧毀也幾希，可勝慨哉！

初六日 晴。購得《經訓堂叢書》六函，其直二十金。徐琴舫來。飭重慶府督同委員提訊江北教案，實係教民平空欺壓平民，取李蒸籠等供詞備案。此事之應訊久矣，以蘊謙内怛遲緩，至是乃促成之。得護院信，日本書院生竹添進一、學生津田進一，請照游歷，於五月三日出都，取路直隸、河南、陝西，入成都，由水路下湖北，歷江蘇、安徽而歸上海，飭於經過時密派妥員隨時查察，勿任逗留。

初七日 晴，大熱。瑞蘊謙同委員來禀審案情，並呈閲供摺。

十二日 晴。接子韓信，並《經解彙函》八本。屬少泉刻『君子軒』印，屢作而不得法，自製一方示之。

十六日 晴。芝舫言，江北自分駐以來，歷歲請旌節孝婦女積至七百餘名。近年，三里紳民得地於距城二十餘里之石盤頭，募修節孝總坊，現已落成。紳士撰聯請書，將刻之石柱，以其言未雅馴，爲易數語歸之。如改初開筆學生文字，不能工也。

大節懍千秋，或慷慨，或從容，萃烈媛貞姬，樹之坊表。殊恩垂九陛，彌艱難，彌顯達，並忠臣義士，壯此江山。

二十二日　晴，夜雨。徐筱佃來，云見盧雪堂，言與教堂議，已有端倪。范酉忽自悔其説，皆董秉鈞之故。

二十三日　陰雨。早，李聽齋來，言查得朝天坊有糾約打教傳旗之事，飭保甲局一體密防。晡時，盧雪堂、石書舫來。得香濤信，寄到《説文考異序》，購得粤刻《古經解》《小學彙函》，凡六十六本，六函。弟一函十一本，弟二函十本，弟三函十一本，弟四函十本，弟五函十一本，弟六函十三本。

二十九日　陰雨。始摘録《玉篇》所引《説文》。接學使張香濤，談僞疏事。香濤云，是伊在湖北時人所僞造，允懸牌訪拿。又向索鄭子尹先生《説文新附考》，允囑伯庚録送。

閏五月

閏月朔　晴。得漢印一，龜紐精絶，文曰『李扶孫』，蓋表德印也。印之面，龜形下陷而虚其中，文在陷中，另作小方。以朱泥印之，僅見龜形而不見字，或以爲印有牝牡而失其牡，予以爲非。趙彦衛曰：『古印作白文，蓋用以印泥，紫泥封詔是也，與今倉敖相近。』然則此印正古人印泥之用，故虚其中而刻文在内耳。余考前人言，紫泥印多矣，而都莫詳其製。嘗見今西洋人封書，塗以火漆，而鈐印於火漆之上，其所用印亦正與此印相同。獨怪自來言漢印者從未論及，豈自余以前均未有見者耶？按：漢印譜中多有龍虎、芝菌等物，其文往往漏白，與此龜形相似，疑其中必有字，或爲土蝕所掩，未經剔洗，故人未見耳。

初二日 陰雨，晚晴。得子韓信，知筱帥入覲，已於五月十七日啓節到皖，並言夔事。羅酋回京，又向總署嘵瀆。總署録彼照會。咨院，行關已辦稿詳覆。洋商既具結領銀，斷無任彼反覆之理，不過多費筆墨脣舌云云。即日鈔原稿，函致漱芳，託其轉達當道，並告叙卿，緣叙卿在渝，未到省也。又寄到《經學彙函》八本。贈徐琴舫大小徐《説文》各一部。

初四日 陰雨。聞白市驛有打毁教民房屋情事。偵之，則以井中施毒故也，其人已爲鄉人縛送巴縣。徐曉甜言，范酋告彼，已赴京控告，固知其必如此，今竟明言矣。

初五日 大雨，日夜不止。李聽齋來，言白市驛縛送之人語言恍惚，姓名亦前後不符，鞭之亦若不知，狀似瘋癲，而未悉其誠僞，擬明日至東鄉一行，即日回城。查街差獲得使假銀羅幅一案，此令尹事也，以其牽涉人多，爲之分别訊斷，而以羅幅屬吏。

范石湖云：『巴蜀人好食生蒜，臭不可近。頃在嶺南，其人好喫檳榔，合蠣灰、扶留藤，食之輒昏，已而醒快，三物合和，唾如膿血，可厭。今來蜀道，又爲喫蒜者熏。』作詩云：『南飧灰薦蠣，巴蜀菜先葷。幸脱蔞藤醉，還遭胡蒜熏。』右見《茶餘客話》卷第九。僕日來亦大遭胡蒜之熏，偶讀至此，即録於右。是日，並讀徐元慶《説文段注匡謬》，『蒜』下按語亦有『真逐臭之夫』語，爲之一笑。

初八日　早陰，午後晴。覆味荃信，答問『戍』『伐』解。按：『戍』篆作『□』。《説文解字》云：『守邊也，从人持戈。』一曰敗也，亦斫也。段氏茂堂曰：『戈爲句兵，亦曰毄兵，《左傳》『擊之以戈』是也。戍者，守也，故从人在戈下，入戈部。伐者，外擊也，故从人杖戈，入人部。』晚得護院書，抄示總署函。有人持日本書來售，精絶。

偶閲通江李蕃錫徵《雪鴻堂文集》：

涪州江心石魚見〔七〕則年豐卷十三，《隨説雜記》卅六頁。

塗怕平聲，鄉音謂爛物爲塗，俗字作『畓』，此杜撰也。按《小雅·出車》篇：『昔我往矣，黍稷方華。今我來思，雨雪載塗。』正叶『華』音，而注謂凍釋泥塗者，其義正合。又《角弓》篇『如塗塗附』，則吾鄉謂爛泥爲塗泥，正本此。又《禹貢》『厥土惟塗泥』，謂地多雨澤，而泥土塗爛也。予官山左，見土人謂地爛爲塗，而讀出茶反，與『華』字亦叶。朱子時，山左已入金，未嘗至東海，故遷『華』就『塗』耳卷十四，十三頁，《鄉語》。

按：《廣韻》『塗』在九麻，與『華』本同一部。注云『塗：飾』，又音『徒』。然則此不音『徒』矣。《集韻》直加切，其音與『茶』相近，殆即『怕平聲』歟？

鷚音腰，雉之少子名鷚，老人稱少子曰暮鷚幺豚。

鸛，雁之少子也。雁飛必呼，其嘹嚦空際者，皆鷚聲，蓋呼其子也。

按：幺麽，細小之謂，今川楚人呼幺即昆弟亦然，不僅老人之稱少子，此説鑿矣。

十一日 晴。得味荃書，即作覆，並寄書二部。又得子韓書，並《小學彙函》九本。聞權石砫裕丞有縱放巨憝情事，以手札戒之。寄繆仲英、錢蘭陂各一函，並《説文繫傳》一、《偲進齋》一。又寄蘭陂《龍龕手鑑》三本，均交吳馥生大令汝謙。

十八日 晴。陳小蘭茂材來山陰人，帶到阮彦明信一函、扇一柄，錢蘭陂信一函、南宫鼎銘一軸。奉兩院札，日本書記生竹添進一等已抵成都，飭委員至所屬境内照料，毋令滋事。即日委候補未入董潮先往江津守候，並札行各屬。

二十日 陰雨。午刻，香濤來邀，同龍超、樸莽小飲，酉刻方散。黄昏，香濤書來，云綦江吹角壩之漢碑已輦至，邀作賞碑之會，丙夜始歸。碑方廣二尺餘，上下有榫，似是墓碣。首行『建安六年八月乙丑廿二』字尚明顯，餘多模糊不可識，前人指爲盧豐碑，不知何故。余嘗三次使人求之而不得，香濤一索而獲。蓋此碑相傳爲遵義鄭子尹先生取去，實則取至半途，爲鄉人所覺，棄之道左。子尹先生之子伯更在香濤幕中，言之甚詳，故往即得之，前索者均未知其處耳。得田子實書，寄成都重刻岳板《五經》一部。

二十八日 晴，大熱。考試東川書院，决科兼月課。得永川禀，日本書記生竹添進一經省，委新補江安縣陳錫鬯由陸路護送，於二十七日行抵該縣。即致書董未入，飭令迅速回渝。

二十九日 陰雨，晚晴。巴縣民周順豐控伊女爲楊吹吹拐賣與張曹氏爲娼。此本周養翁家婢女，三年前習聞之事也。縣於此等案，往往徇家丁請，偏袒娼妓，徒爲伍伯利藪。因親按之，皆信，飭拿楊吹吹到案再行斷結。竹添進一等到渝，發兩院禀。

六　月

六月初一日　晴。委員陳令來，云竹添進一等一路甚安静，到店後並未出門一步。董潮先回。

初二日　晴。竹添進一等搭坐鹽船艙面，即日解維，董潮先亦搭坐此船，泊唐家沱。審結周順豐控案，科張曹等罪有差。禀大府日本書記生舉動並去渝日期。

初五日　晴。巴縣民周澤溥控李元仕牽涉周四捐官撞騙。其人曾在署當火夫，久遣去矣，尚以此爲由愚其鄉里。然不曰官，不曰幕，不曰家丁書役，而惟以幕之徒爲繇，何與？屬黄深如鞫之，窮日之力而不吐實，亦狡矣。

初六日　晴。審結周澤溥案，笞責周四，以屢次扛訟之監生李元仕發學戒飭。得子韓信。寄漱芳書，並《西方壽佛啓事》一通。又覆子韓信，並《説文繫傳》一、吹角壩漢殘字碑拓本一。

初八日　早晴，晡後雨。徐琴舫來，言面試決科獎賞尚有短絀，助以五十金。童芹初贈《北魏滎陽太守元寧造象記》《唐道安禪師塔記》《堅行禪師塔銘》《汝南公主墓志》拓本各一通，合一册，李鐵橋所手貼也。又《開母》《少室》二闕，則蟲蛀如網，不可裝池矣。

初十日 晴。周雲崑自省來。赴楚招勇也，凡千五百人，名曰靖武軍。晚，大雷雨。寄錢蘭陂信，内附《國策》《國語》封面籤條合江胡紳。發決科榜，獎賞銀百兩，札交監院散給。

十三日 晴。寄張香濤信，並書箱一隻，内裝《説文繫傳》《校議》《引經考》《檢字》各廿部，交巴縣專差送潼州。得味荃書，即日作覆，並寄還抄本孫火東中丞《火器圖説》一本，又另寄《説文檢字》一本、觀音象八張。又寄王耕娛中丞信，並《説文解字繫傳》《卲進齋叢書》各一部，又《周易集解》《華陽國志》《廿一史感應録》各一部，石硂硯一方，共裝一棕箱。委謝未入慶恩至榮昌查案。

二十三日 陰雨。得李仙根書，並寄鄂刻《康熙字典》一部。得繆仲翁信，並《滂喜齋叢書》二函、銅墨合二，筱珊所寄也。

二十七日 陰，夜大雨。寄李仙根信，並竹根曼倩象一軀、筆廿枝、洋酒二剌、芽茶兩瓶，《説文解字》《檢字》各一部。又石印一方，附慰祖書，並款識拓本四軸。

二十八日 晴。沈子誼自酉陽查倉穀回。咨藩司署酉陽州馬玉堂與吏目余祖善對揭案。先是，二十五日接余祖善禀，揭馬玉堂違例演劇慶壽，並列多款，請轉禀咨提省訊辦。已批飭馬玉堂明白禀覆，並候據禀咨藩司委員查辦矣。正繕發間，復於二十七日，據馬玉堂詳參余祖善違例擅受，請撤任查辦，乃並咨藩司焉。二人者，一白禀，一詳册，皆寫六月而不注日期，余外封注六月十三日專差，馬外封注六月初四日鋪遞，而實亦專差來差云，不取回文。夫同一專差，豈有後發九日，轉先到二日之理？ 其爲馬之倒填日期，不問可知。且明明專差，而必揑寫鋪遞，其情弊尤屬顯然。封二件，發房附卷，附記於此，以備遺忘。

七　月

七月初二日　晴。奉兩院覆書。墊江袁令稟，家丁鄭甫、梁勤、蔣升串通兵書侵挪公項，並有藉案指撞情事，交差看押，乘間脱逃，請通緝究辦等情。恐其潛來渝城，飭伍伯密捕之。購得《小爾雅疏證》一部，凡四卷，附《逸文》一卷，都五卷，嘉定葛其仁元朓著，道光己亥刊於歙學署。前有阮文達序一首，稱曰葛君鐵生，蓋其自號焉。末署『男家向、家逵校字，徽城稽古堂刻字鋪刊』。

初六日　晴。酉陽州判何逢孫稟，伊因緝捕受傷，已獲凶犯，爲署州牧馬玉堂得贓賣放，咨藩司并案辦理。宣黼孫送王石谷小軸來看，不甚確。作《〈智永千文〉題後》一首。

擦牙方本是熬膏，嫌其不便，改爲末藥：

骨碎補弍兩，即毛薑，又名猴薑。　食鹽五錢　桑椹五錢

牙齒稀疏：

蘆甘石五錢　石膏五錢

以上二方合而爲一，用之甚妙，予試之八年矣，至今齒無落者。恐記憶不真，演爲歌括於後。

骨碎補二兩爲主，食鹽桑椹五錢輔。再加蘆甘與石膏，擦牙妙藥誰能伍。

初八日 晴。梁山譚校官來，帶到味荃書，云有錢辛楣先生《經典文字考異》一卷，係錢小廬先生可廬先生子，味荃之外舅二十歲時所手抄，曾記其跋語有云『此書原稿散佚，是册前五十年從手稿，別無副本，缺佚處重爲校補一二，即爲成備之書，可補全書經部所未備』云云，『書分天、地、人、物，共部居一百，已屬其令弟抄寄』云云。此亦秘笈，香濤之所未知者，惟經典異文甚多，既分天、地、人、物，部居一百，何以只有一卷？不可解也。新購《小爾雅疏證》爲貓爪而污之，恨甚。覆黄鶴樵信，托購廣州新刻陳昌治一篆一行本《説文解字》。

十四日 晴。得漢袁氏鏡，文曰：袁氏乍竟真大玡。東王公，西王母。青龍在左，白虎居右。山人子高赤誦，子子孫孫，萬歲不知老。渴飲玉湶飢食棗。』按：赤誦，當即赤松。又梵字唐鏡一，其直二金。

二十三日 晴。委員何薛如來見瑄，小宋同年中丞之弟也。得張孝達學使回書，云建安六年刻石，本擬庋置重慶府學，繼思不如移置省會，方爲一省公器，輒已運至省城敝署。此石用夫數十，方能輦行，決無移歸私據之理，如土人致疑，幸爲譬曉。又云此碑即劉燕庭所云嚴季男刻石，前人指此以當《字源》『《盧豐》』，誤也。録先公《小學述聞》畢，復於手澤之散者裒録之。

二十八日 晴。接鄭柯亭帶來迪甫所寄粵刻《經學》《小學》八函、《積古齋鐘鼎款識》一函，又孫晉江吏部篆書横軸。聞鄞水民教滋事。

八　月

八月朔　陰。得錢南陂書，並寄新刻剡川姚氏本《國策》《國語》。蔡潤之贈漢銅錠一、銅印二，皆真品；玉印三，一明人物，二僞造。

曲成家銅錠，重一斤三兩，第六釋文

按：『成』『城』古通。《漢・地理志》：曲城屬東萊郡。《郡國志》同，云侯國。《後漢・寒朗傳》：永平中，有曲成侯劉建。又漢永壽二年韓勑碑陰，有曲成侯王暠。『江柯、江兄』『牛疾印、牛子長』二印，皆穿帶兩面，下一印兩面『牛』字皆自爲一行，朱文。『元孺』，朱文，此明人印。『日利、千万』穿帶而不得其制，中作一小孔朱文，此僞造，不佳。『司空之印』，白文，亦僞造。

得味荃信，並寄來《經典文字考異》一本、硯匣一枚。書言，前詢著《小爾雅疏證》之鐵生先生乃伊族祖，先文僖公歲科兩試均取第一，後舉己卯江南鄉試，官歙縣教諭按：己卯，疑辛卯之誤，所著尚有《求是堂文集》，均已刊成，而板毁於洪楊之難。

十六日　晴。得黄鶴樵信，鶴樵幕友徐心渠乃謝山先生曾孫，來詢《説文段注匡謬》已否收到刊刻。購得帶皮玉子印一枚，文曰『師古』，尚不俗。

十七日　陰。覆鶴樵信。潤之贈玉印一，文曰『子孫保之』，印質頗舊，文則明人所刻，

『保』字『人』旁誤作『=』，殆從剥蝕舊文摹勒，致成此錯耳。丙夜，奉護院札，具奏東鄉逆匪袁廷蛟、王作三等仍未弋獲，現設法緝拏。附片：八月初九日，准兵部火票遞到原片，内開軍機大臣奉旨：覽奏均悉。袁廷蛟業經拏交刑部審訊，着懔遵前旨，將該犯所供各節確查具奏；王作三一犯仍着飭緝到案，訊明辦理。欽此。

二十日 陰雨。購得《唐詩别裁》一部。

光緒二年七月十五日内閣奉上諭：前據文格、譚鍾麟先後奏報，四川東鄉縣匪徒滋事，首犯袁廷蛟在逃未獲。嗣據御史吴鎮奏，知府易蔭芝辦理不善，提督李有恒妄殺無辜，當經諭令文格查明究辦。兹據巡視北城御史奎光等奏，袁廷蛟潛逃來京，現經拏獲訊。據供稱，上年因該縣官紳苛斂難堪，率衆赴局算帳，該縣遂以民變稟請剿辦。李有恒殺戮無辜，擄掠婦女，懇請代訴等情。袁廷蛟着即交刑部審訊，暫行監禁。其所供各節，着李瀚章、文格一并確切查明，據實具奏，不得稍涉迴護。欽此。

二十九日 陰，夜雨。接萬縣稟，知筱帥甫於廿七日自宜昌起節，須九月望後方入川境。寄兩主試、兩院、兩司、兩道首府彭漱芳、田子實、沈吟樵《説文繫傳》《説文校議》《咫進齋叢書》各一部，吴熙臺《叢書》三部内怡庵一，又農一；張孝達學使漢湯壺一，新刻《公羊問答》《銷毁書目》《三十五舉》，又懇作禮器碑碑式宣素一。

九　月

九月初二日　早陰，旋晴。定果之、瑞藴謙、李聽齋來。盧錫堂來，云江北事已談大略，須地方官會紳士面商，交來紳士銜名一紙，即請芝舫、壽泉來，令照辦。

初六日　晴。日入，有呼冤者，控田海濃冒充本署家丁，以賤物貴售，估索銀兩。急捕而親訊之，蓋諺所謂盤銀哇哇也。被騙之譚保元，石砫富室之子也，年十有五，其侄譚日升、中表劉枚明皆賈人。海濃爲購徐方清之衣十一件，表、搬指、眼鏡各一，價百八兩，僅予保元衣三、眼鏡一，餘俱入己，而强保元書券二百。又索日升、枚明書券百八兩，易保元券。爲追原物給售主，焚其券，笞海濃，俾荷校以懲之。兩曹皆頓首，願具結完案，二鼓而畢。

初十日　陰。得萬縣稟，知筱帥二十左右可入川境，定十三日由水程前往迎迓。

十四日　晴。辰刻，至木洞鎮，微服訪察地方情形，尚安静，巡檢趙國源尚不多事。巳正歸舟，頗飢，索食不得，至未正始從榜人覓得硬飯一盂、萊菔湯一碗，食之。晡後，至長壽縣林之燨署。作家書，附致茂文、書卿兩函，包封，交長壽縣送署。

十五日　晴。卯刻解維，未初至涪州，知州吴羹梅已往萬縣，學正、訓導、吏目、把總均來見。少憩，復行，酉刻至珍溪泊，酆都令劉樹義來見。發二號包封，内移鹽道文一件、應補押縫三顆，附原詞二紙、原信一函。又諭皂兒一紙，附《笠澤叢書》寫本三張。傅鵬秋來，出示宋搨

《嶽麓寺碑》，吾鄉邵氏明萬曆年間重模本也，贈以《説文繫傳》《校議》《恖進齋叢書》各一部。

十六日 晴。寅刻解維，打頭風勁，水不敵風力，行不能迅。辰正，抵酆都。酆都舊城從平都山落脈，山體圓秀，金星也。其上爲鹿鳴寺，最上爲天子殿，用俗説祠閻羅王。陰王洞在其間，蓋陰長生、王方平修道處，故曰陰王洞。世俗誤以陰王爲閻摩，於是遂以酆都爲鬼國，可弞也。已未至忠州，九十里過羊肚溪、小坡陀，三皆有廬舍，溪澗夾之，蓋酆都、忠州、石砫三廳州縣交界處也。忠州亦依山爲城，有白公祠在城東，陸忠宣墓在南岸，皆望見之。黄學正桐生云，州學文廟有二，在城内外，春祭及單月行香在城外，秋祭及耦月行香在城内，不知始於何時。或云明季，莫得而詳也。

十七日 陰。辰刻解維，午正至武陵溪，風雨，不可行，遂泊。是日寫《笠澤叢書補遺》訖。

武陵溪阻風

一日三百里，輕舟快向東。順流吾正懼，多謝石尤風。

丙子九月行部酆都舟中望平都山作補録

仙人已乘白雲去，尚有仙人古洞留。一自陰王訛鬼魅陰王洞，蓋陰長生、王方平修道處，不知何時訛作閻羅天子，遂教福地作閻浮。長松翠柏參天秀，修竹黄花夾路幽。如此江山佳麗處，登臨何日快重游。

忠州

十幅蒲帆喜正懸，忠州薄暮且停船。驚濤拍岸孤城撼，落日銜峰一塔圓。長慶詩人白太傅，中興内相陸忠宣。我來正值重陽後，手把秋英薦昔賢。

阻風再作

屯雲冒高嶺，遥天匿圓規。急雨灑不止，顛風忽倒吹。驚波激巨石，白浪高崔嵬。長年愕無語，篙檝噤不施。繫纜且暫避，一避二十時。賈舶從東來，張帆疾如馳。高歌氣傲岸，頗笑去者疲〔八〕。僕夫相顧〔九〕怒，罵詈以報之。笑語戒僕夫，慎勿答言詞。行行會須到，何論速與遲。

十九日　陰雨止，而風未息。辰刻解維，至白沙溪小泊。飯後復行，未刻抵萬縣。未至數里，味荃來迎。是日，作第三號包封，内附景鈔《笠澤叢書》七葉。

上諭：前據御史吴鎮奏，四川東鄉匪徒滋事，地方官辦理不善，並請將各州縣支應局裁撤，當經諭令文格一并查奏。嗣因袁廷蛟潛逃來京，經北城御史拏獲，供係赴京呈訴，當將袁廷蛟交刑部審訊，暫行監禁，令李翰章、文格查明此案，據實具奏。兹據文格奏，稱袁廷蛟在東鄉聚衆搶掠，提督李有恒曾出示曉諭，祇令捆獻首惡，並未遽加攻剿。袁廷蛟輒敢率衆撲營，閉寨抗拒，竪旗鳴炮，甘爲叛逆，並非有激而成。迨官軍攻破寨硐，該匪逃逸，散布謡言，希冀撤兵倖免。既據查明李有恒實無奸擄婦女、縱勇報復及搜殺寨民等情事，着毋庸議。綏定府知府易蔭芝，於袁廷蛟上年圍城未加懲辦，意圖解散了事。此次袁廷蛟要挾減糧，由縣禀報，非該府通禀請剿，並無操切激變之處，惟才欠開展，辦事顢頇，着降爲通判，歸部銓選。署東鄉縣知縣孫定揚，因袁廷蛟勾匪入境，具禀請兵，係爲慎重地方起見，并非因徵糧激變，尚無不合。該員是否任聽局紳等把持浮派，仍着李翰章、文格提案訊辦。至各州縣設立支應局，易滋弊竇，自應一律裁撤，着李翰章、文格飭屬查禁，不准陽奉陰違，致干咎戾。袁廷蛟一犯，現在刑部監禁，着該部録取供詞，即將該犯解回四川，仍着李翰章、文格懔遵七月十六日諭旨，秉公審訊，以成信讞。欽此。

二十一日 晴。獨游岑公洞。岑公，名道願，江陵人，隋末隱士，避地隱居於此。洞寬廣，飛泉散落如雨，石壁多宋人題名，上有祠宇，尼居之，卑陋無足觀。還過流杯池，亭榭無一存者，亦多宋人題刻，涪翁之題記亦在焉。其上有青陽宫，故宋勒封院也，道士居之，亦湫溢無足觀。有造象，甚奇古，似是唐物，惜無年月，莫得而詳焉。得本署十九日包封，公文八件，皂兒禀《漢魏叢書》一本。即刻批判作復，交巴縣來差。購得舊玉手串，凡翁仲一、虎一、貝一、圓勒子一、蓍草瓶勒子二、花勒子三、素勒子三，都十二事。

二十二日 曉雨，旋晴。邀葛味荃、崔玉侯兩大令同游太白巖，距青陽宫尚六十餘丈，門徑極幽，而屋宇結構不佳。山壁多近人題刻，以道州何太史紹基詩爲致佳，餘不足觀。道士請留題，允爲□記，補書寄刻。還過流杯池，續訪得摩崖五種。青羊宫左一方，字跡爲苔蘚所翳，碑匠劉姓云是唐人書，不知信否。仍至青羊宫小憩，携造象歸。酉刻，海珊來。十九日登舟，泊唐家沱。次日早行，到此僅二日半，可謂速矣。欲留一日，共尋西山諸勝，以舟人不能待，晚飯後即去。接鶴巢稟，筱帥廿五日准可到縣。

二十四日　晴。辰刻，與象乾共登天生城，觀覽形勢。凡東西寨門二，皆一丸泥可封，真一夫當關，萬夫莫敵處也。還至山下杜氏園亭小飲。

二十六日　早晴，旋陰。巳刻，崔玉侯回，云大府今日准到。申刻，大府來，隨至行臺謁見大府詢川東事甚備，皆一一具對。傍晚，諭皂兒書，内附《笠澤叢書》四張。

二十八日　陰。大府發交紅呈四十二張，令核覆。酉刻，大府傳見，同子範上院，示以展緩停止川鹽運楚稿，面交紅呈二張，回明回署後再覆。

十　月

十月朔　上院，與子範、子蕃同見。大府定初四日啓節。

初三日　晴。上院，見即送别。飯後至西山訪碑，於青羊宫左方得三處，流杯池之右磐石上得一處，又『增西山花木記』之右得一處，又『西山』二大字之旁得三處，皆刓苔剔癬而出之。又魯池畔得四處，皆掘去淤泥丈許，然後畢露。於淤泥中獲斷碑一片，三角，長六寸許，闊四寸許，似是宋人題詩，惜無年月可考，書仿柳誠懸，賢於夢英遠矣。午刻，寄家信，並發回包封，内附《笠澤叢書》四張。晚得皂兒三十日稟，並致李聽齋信，知護院調山東撫部。

魏源《聖武記》卷九《嘉慶川湖陝靖寇記一》：『初，四川有嘓匪而無教匪。嘓匪者，金川之役官兵潰於木果木，其逃卒之無歸者。與失業夫役、無賴悍民散匿川東北，剽掠爲生，及官捕急，則以白蓮教爲逋逃藪。』

初四日　晴。辰刻至西關送大府，巳刻回寓，未刻至魯池觀工匠拓碑，又於池之東岸獲宋人題名一。

《聖武記》卷十一《武事餘記》：『四川提督舊駐雅州，控制邊陲，其暫駐成都，自乾隆中岳鍾琪始，後遂沿以爲例。』

初五日　陰。宗人覲昌來，香塍之次子也，號用芝，入籍萬縣，爲諸生矣。碑匠拓工告竣，凡魯池大小二十六張，岑公洞大小二十八張。

初六日　晴。辰刻起程。四十里，胡子鋪尖；二十五里，三敦鋪茶尖；二十五里，分水嶺宿。自三敦鋪以西，田塍山角，處處皆桑樹，修翦得法，可喜也。

初七日　陰。辰刻出門，即下嶺，行山溝中。三十里，葫盧壩尖；六十里，梁山縣宿。分水嶺下之山溝，境甚隘，至葫蘆壩，始豁然開朗。過□山，瀑布數十丈，直注澗中，聲如雷。其巔有白兔亭、飛雪禪林，再上則松杉萬本，紅樹間之，更多幽勝，惜日暮，不暇游覽，作小詩二首。

初八日　平旦雨，旋晴。出梁山西門，一路皆平坦。遠郵近郭，頗有燕趙光景；水田漠漠，則又似江南矣。三十里，沙河鋪尖；六十里，迴龍場宿，得詩一首。傍晚，得皂兒稟並包封，知筱帥調湖廣，邸鈔録後。

邸鈔：閩浙督何璟補，山東撫文格調，雲南撫潘鼎新升，湖廣督李翰章調，四川督丁寶楨升，雲南藩司杜瑞聯，四川臬司方濬頤授，山西藩司林壽圖補。

初九日　陰。十八里，沙平關尖；三十里，新場茶尖；二十二里，墊江縣宿。蔣氏園亭，屋舍精潔，亭宇寬敞，主人蔣連三，故鹽商，徐琴舫之戚也。得詩一首。

十一日　晴，寒甚。卯刻即行。三十里，葛蘭橋尖；七十五里，長壽縣宿。一路皆修竹柏樹，凌寒蒼翠，亭亭可愛。進北門，即胡□家，稍南爲其祠堂，再南爲韓□□司空家，石坊峙立，門庭頗壯，惜兩家後人皆不振耳。

十二日　陰。三十里，沙谿場尖。出場，過小橋，即江北廳境。葆芝舫遣人來迎，云晚宿在梅谿，明日住石柱場，須後日方能到。飯後，過張關小憩，山高險而陡，頗不易行。六十五里，梅谿宿。得詩一首。

十三日　雨。三十里，關口茶尖；又三十里，土沱尖；又三十里，石硿場宿。江北同知葆符等來。得詩一首。

十四日　陰雨。辰刻行，午正到重慶，僚屬皆在城外迎候，復至署見，皆謝之。是日，放各營兵餉。

十九日 晴。録萬縣往返途中所作詩，共得四十首，名曰《朐忍紀行草》。萬縣，漢朐忍地也。

二十一日 晴。委冬查差使各員來見。奉兩院函諭，内附總署咨送各件。聞涪州有打毁教堂事，遣黄深如往察之。

二十七日 薄晴。接黄深如禀、涪州吴牧禀，即日作覆。

十一月

十一月初二日 晴。拏獲包攬漏釐之賴習生等，令聽齋、雲墀鞫之。飯後至保甲局勸諭粥廠捐輸。

初四日 晴。接涪州禀清溪場事，又接委員黄倅會禀。寄軍督並護院禀。接張孝達書，並贈漢魚洗一枚、嚴季男碑拓本二十紙，又寄還《漢隷字原》一函。即日作覆，附書二大包，交天成亨專送。

初七日 晴。接子湘信，季弟子實於八月十八日卒於鹽山舊縣巡檢官舍。又弱一個矣，能不悲哉？奉大府札，會同重慶鎮遣散駐防秀山之右營團勇。晡時，至象乾許議散勇事。

初十日 晴。寄錢蘭陂信，代撰《蠶神》，附吴子儁託寄字幅一包。丙夜，巡行街衢，兩時許方歸。

十一日　晴。奉兩院札二件，爲英人派貝德禄駐寓察看洋商事，即邀府縣會議。權酆都孔令拓寄平都山鹿鳴寺觀音象，上題唐吴道子筆，無刻者姓名及年月，與予重摹刻置重因者同出一本。又段文昌《重修仙都觀記》，乃後人重書，殊不足觀。又黔刻《相臺五經》，頗勝成都重刻者。亥刻，發大府稟三分。

十七日　晴。盧雪堂來，言江北事已議有端倪，只須范若瑟遣人同送教民前去，便可相安無事。范初謂欲加撫恤，繼又欲撤换葆丞，皆正言拒之。約三日覆信，豈知逾期不至，遣人往問，則已於十四進省。又丁伯度來，言范赴省是爲涪州事尋筱帥，未知孰是。即日作稟，轉陳兩院並筱帥。葉達夫來，假得《天發神讖碑》全本，惜已翦斷。擬雙鈎一本，重摹刻石。接總署五百里夾板一件，係方右民諸君奉堂諭通知貝德禄來渝事。

二十一日　陰雨。寄大府稟。涪州稟，拏獲痞匪廿一人。丙夜，巡行街衢，各團房大率高卧，呼起，扑責之，斥其最惰者委員宋洪基，餘記過有差。

二十四日　晴。至佛圖關勘虉神祠地，繪圖畀之，還至象乾處暢談。乙夜，赴保甲局，復與象乾會。

二十六日　早晴，旋雨。寄大府稟。爲周養翁篆墓志銘額。酉初，至保甲局，籤掣八省首事，經理保甲、老釐兩局銀錢名次。見省抄，知新任譚學使十七日接印，孝達廿一日北行。

晚，讀宋張淏《雲谷雜記》，摘録於左，以備遺忘。

《能改齋漫録》：劉偉明《贈熊本》詩云：『西清寓直荷爲橐，左蜀宣風繡作衣。』卷一，廿二頁。

唐天寶中，孫愐因隋陸法言《切韻》作《唐韻》五卷。後又有《廣唐韻》五卷，不知撰人名氏。《崇文總目》但云後人博采附見，故多叢冗。本朝太平興國中，嘗詔句中正等詳定，書成，號《雍熙廣韻》。景德中，又詔陳彭年以《廣唐韻》等重行校定。大中祥符元年，改爲《大宋重修廣韻》，蓋今所存者。淳熙中，道山諸公作《館閣書目》，云：『《廣韻》五卷，不知作者。《崇文總目》云：「蓋後人博采附見，故多叢冗。」』夫《崇文目》云叢冗者，蓋指《廣唐韻》耳。當時既不知爲陳彭年所定，且誤認《廣唐韻》爲今之《廣韻》，其疎甚矣。《館閣目》大抵多舛妄，蓋不特此也。

古者字未有反切，故訓釋者但曰讀如某字而已。至魏孫炎始作反切，其實本出於西域梵學也。自後聲韻日盛，周顒始作《四聲切韻》，行於時。梁沈約又撰《四聲譜》，以爲在昔詞人累千載而不悟，而獨得於胸襟，窮其妙旨，自謂入神之作。繼是，若夏侯該《四聲韻略》之類，紛然各自名家。至唐孫愐始集爲《唐韻》，諸書遂爲之廢。本朝真宗時，陳彭年與晁迥、戚綸條貢舉事，取《字林》《韻集略》《字統》及《三蒼》《爾雅》爲《禮部韻》，凡科場儀範，悉著爲格。又景祐四年，詔國子監以翰林學士丁度修《禮部韻略》頒行。初，崇政殿説書賈昌朝言，舊《韻略》

多無訓解，又疑渾聲與重叠字不顯義理，致舉人詩賦或誤用之，遂詔度等以唐諸家韻本刊定。其韻窄者凡十三處，許令附近通用，疑渾聲及叠出字，皆於字下注解之。此蓋今所行《禮部韻略》也。吴曾《漫録》嘗論景祐修《韻略》事，既不得其始，徒屑屑於張希文、鄭天休〔一〇〕修書先後之辨爾。予因歎近時小學幾至於廢絶，遂摭聲韻之本末，備論於此。卷二，廿三、廿一頁。

十二月

十二月初二日　陰雨。瑞藴謙禀請交卸，爲轉咨藩司，並加函請慎選署印人員，催令速來。午刻，發總署信，即禀大府。

初七日　晴。接聞庭信，云李筱帥於初三日奉寄諭命，赴湖廣新任，東鄉事交丁宫保查辦。又李聽齋信，云筱帥定十一日由省起岸，至眉州乘舟東下。聽齋又送閱萬縣信，知鍾蘧庵〔一一〕上月廿五日過萬，由水路來渝。

初八日　晴。接子實信，言筱帥事，與昨書同，蓋東鄉事式公已先檢舉，故交稺公耳。鍾蘧庵到渝。胡生壽彭言，伊鄉人滇人也有南園先生楷書程子四箴屏幅，在成都自問堂求售。是耶？非耶？會當使人覘之。

十二日　陰。郵遞，得李筱帥書，云准於十二日乘舟東下。葉誠齋寄贈《藝文類聚》，明刻本也。又得繆仲英信，附文冶庵寄《永樂大典》二函，靈石楊氏所刊《連筠簃叢書》中之一種也，沈叔眉帶來。叔眉，吟樵同年之子也。吟樵贈銅洗一，無款識，似匜而圓，無柄；又『長生未央』瓦硯一。覆誠齋書，附《校議》《説文解字繫傳》《集韻》《類篇》《禮部韻略》《咫進齋叢書》各二部。又寄味荃書，附《通鑑》一部，《小爾雅疏證》《蠶桑易知録》各一本。又爲江北事寄傅哲生書。

十六日 陰。大閲練卒，終日而畢，不戮一人，各賞賚有差。寄吴棣珊信。查夜，至象乾處，丙夜方歸。捕得違禁開烟館者八人，笞責而逐之，以所獲烟具、烟膏焚諸大門之外。黄深如自涪州回。奉大府函。

二十日 晴。夏參將率督標右營團勇來渝，即至象乾處商散勇事。寄仙根信，並新刊《集韻》《類篇》《禮部韻略》全分，永安宫磚硯一方。

二十一日 春朝，陰。巳刻，象乾來，與夏參將共議散勇事。聽齋言，江水甚小，薛校官之子從叙郡來，小舟尚行七日，是小筱未必即至矣。寄李玉階書，交胡萬昌。碑匠劉季從涪州來，拓得石魚二分，云魚下題字上年未拓者，今亦漸露。致書吴棣珊，託爲槌拓，即令劉季賫往。新造石盆成，蓋第三也，題詩於其上，命工刻之。寄長壽令林煥臣書，並桑秧一千四百七株、《蠶桑易知録》七百本。提江北京控曾令邦莑來。

二十四日 陰。收回團勇右營軍械，放給十二月分大建餉銀作爲路費，即日遣散。據佛圖關千總温仁厚禀，該勇頗不安静，象乾派精兵二百名前往彈壓。予亦命守備羅國安率親勇四十名前往佐之，復會銜出示曉諭，不准逗留滋事，仍令城鄉各團分段稽查驅逐。

二十五日　陰。散團勇訖，會同田鎮軍具稟大府。得傅哲生信，云江北委員已行，屬到時給予回文銷差，即日送交芝舫，令轉送曾令閲之。署萬縣事候補同知劉丞廷植來，湖北人，號瑶齋，曾權石砫廳及新寧縣事，蓋爲屬寮者三次矣。云護送筱帥至嘉定始先行，筱帥在宜賓薛侍郎家度歲，稟辭時面取進止如此也。又云護院爲東鄉事檢舉摺已回，李有恒、劉道宗皆褫職，文護院交部議處，請陛見，命來京，杜方伯命即赴新任，丁宫保十一月望自濟南晋京。又云有辜雲麓大令葬其戚陸於灌縣，發地得銅造象、銅印若干，瓷器無算，朱棺已朽，不知何代物。又云子實近得書畫，皆精妙，有鄧先生篆書屏及隸字對，尤善。又云潼州白塔中唐人寫經王介卿所藏尚多，蓋任三台時所得，贈舊拓《乙瑛碑》一本，以新刻全分報之。

二十七日　陰。查夜勇已散訖，尚有二十八人，乃夏參將及三哨伴檔。得子實書，並小曆日一本。酉刻封庫。江水日減，命宣鰰孫物色雍熙碑。有夏如松者，邑人也，云正在朝天門外石坎下，坎盡有崖，碑刻崖側，上有畫象，俗呼『老媽碑』，自康熙以後只道光□年微露其頂，父老相傳，謂當時江窄而深，故刻字在下，今日淤日淺，故不恒見，不知信否。愚以爲日淤日淺之説容或有之，然見不見亦視乎人，苟無物色之者，雖年年出水，亦孰顧而問邪？

二十九日　晴。聞丁宫保有乞假二月回籍之説。得大府信。

三十日　晴。稟覆大府，以江北傅春亭京控陳子春案，臬司之意欲移道提訊，勢有未能也。又飭查署涪州吳牧有無袒護教民激衆怒、退避重慶之事，實係未有，亦據實禀覆。

謹按：丙子日記，全年無缺。

〔一〕原作『書』，此顧修讀畫齋刻叢書，徑改。

〔二〕原作『音』，据原書改。

〔三〕原誤作『季』，徑改。

〔四〕楚頌：原作『楚項』，今改。按蘇軾有《楚頌帖》，言其好栽橘，當買一園作一亭，仿屈原《橘頌》，名曰『楚頌』。

〔五〕原文即作『二十一』。

〔六〕原文作『金金』，天頭批語：『金字疑衍。』今據原書書名改。

〔七〕原無『見』字，據李氏原書補。

〔八〕抄本原作『愚』，出韻。據中國社會科學院圖書館藏姚氏《大疊山房詩存》改。

〔九〕『顧』字抄本原脱，據《大疊山房詩存》補。

〔一〇〕抄本原脱『休』字，據《雲谷雜記》補。

〔一一〕『鍾遷庵』下原衍『知』字，删。

光緒三年（據上海圖書館藏《弓齋日記》抄本整理）

弓齋日記卷之八　丁丑　分巡川東

正月

正月初六日　晴。平旦起程，由陸路至江津，迎李制軍。至靈神祠審視，殿宇已成，門庭甫結構，庭不及二丈，制度亦謬甚。呼匠者，告以作法，良久始行。日入，至江津，即登舟宿。凡一百二十里，風日妍麗，春意盎然，輿行甚適。道旁處處皆菜花，黄雲已老，香猶襲人，蠶豆已吐花，麥苗蓬勃，殆將秀矣。晾風埡，巴縣境也，未至之里許，有開山爲田者，於土中鋤石而棄之。其石柔膩，色如豬肝，似可爲硯，行當取而視之。

初七日　晴，大風。辰起放舟，至冬嶽廟下三里許。未正，筱帥至，過舟謁見，即解維東歸，過青草背，東風大競，舟行不得速，四十五里，至江口泊。

《侯鯖録》卷一，十二頁知不足齋本：歐陽文忠公謫滁州，令幕中謝判官幽谷種花，謝請要東，公批紙尾云：『淺紅深白宜相間，先後仍須次第栽。我欲四時携酒去，莫教一日不花開。』

《侯鯖録》卷五有《元微之崔鶯鶯商調蝶戀花詞》十齣，是此事宋人以〔一〕演爲歌曲，至元人《西廂記》始以脚色配合耳。

又卷七〔二〕，九頁：王立之云：『老杜家諱「閑」，而詩中有「翩翩戲蝶過閑幔」，或云恐傳者謬。又「泛愛憐霜鬢，留歡卜夜閑」。余以爲皆當以「閑」爲正，臨文恐不自諱也。』迂叟李國老云：『余讀《新唐書》，方知杜甫父名閑，檢杜詩，果無「閑」字，唯蜀本舊《杜詩》二十卷内《寒食》詩云：「鄰家閑不違」，後見王琪作「問不違」；又云「曾閃朱旗北斗閑」，後見趙仁約説薛向家本作「北斗殷」。由是言之，甫之不用「閑」字明矣。』

初八日 晴。平旦解維，日中到渝，晡時筱帥亦至，泊舟朝天門，不登岸，即往謁之，呈送新刻書籍，極蒙許可。

初十日 晴。已刻至唐家沱，送筱帥出峽。飯罷，與象乾、芝舫共游大佛寺，倬雲、皀兒侍行。寺距城十五里，凡前後大佛四，皆石巖造象也，有永樂、天順題字，意彼時所造，無古碑刻。門外近左，有畫象一，甚奇古，似武梁祠，惜無年月耳。屋宇不甚整潔，而古藤壽木隨處有之，大梅樹百許，皆虬枝夭矯，似百餘年物，其尤勝者也。

十二日 陰，微雨。同鄉孫讓卿刺史從成都爲購《天發神讖碑》來，亦整張張未翦禠者，賈昂而拓手較好，直三十二兩。購得《天發神讖碑》整張未翦禠本。

十四日 晴。趙清魁回京。寄厚安、培之、筱珊、子湘信，並新刻書籍。又購《天發神讖碑》一分，亦整張未剪褾者。物聚於所好，然何其多也。

十九日　晴。奉大府札，抄示總署來件。范若瑟控予八款，信如所云，予可無愧古人矣，尚愧未能耳。是日，課東川書院生童。

二十三日　偕象乾閲視佛關隘口並蠶神祠工程，會食桂花園。辛夷未落，桃李盛開，蓋已若江鄉三月光景矣。

二十七日　寄味荃信，並《集韻》《類篇》《韻略》各一部，《蠶桑易知録》一千本。又寄吴地山信，爲拓石魚事也。購得縮摹《漢碑全形》一册，計三十四種，非全本也；又鄭文公、高遷碑各一種，魏僧洪寶造象一張，太室、少室、開母石闕一分，張雪鴻畫直幅一軸。

二　月

二月初三日　奉丁宫保函，開正初出京，約二月中旬可到，所有沿途夫馬、口食均係自備。又川、黔相距較近，恐有匪徒假名指撞，飭地方官隨時查拏云云。即日轉致各屬遵行。教堂請領黔案銀一萬兩，即日發交羅元義手收，所有洋圖記、收條備案。得丁芥帆信，催涪州教案。即爲作書，轉催地山。

十二日　陰雨。得翁復卿禀，知英員於初七日到夔，即日轉陳兩院。寒甚，可御重裘。得味荃信。晚大雪，到此六年，此爲僅見。

二十三日　晴。接復卿稟，知英員廿一日過涪州，一路安静，指日可到。

初八日　晴。得總署書，論貝德禄察看通商事，與上年之書不同。前書謂宜先事預籌，此書又謂非旦夕所能定。即日轉陳大府。覆丁芥帆書。是日，送東川書院，送肄業諸生入學。

十七日　晴。覆長壽令林焕臣書，託購孔廟及濟寧漢魏六朝碑、《玉函山房輯要佚書》。

十八日　晴。編次先府君《寒秀草堂筆記》成。得繆仲翁信，並曹刻《玉篇》一函、《校勘記》一本，乃小山所寄。《校勘記》則錢笣仙儀部之子恂筆也。奉兩院信，催涪州案。石砫廳乾隆二十七年改土歸流，以馬宗大之孫馬佑昭襲土通判世職，道光二十五年佑昭卒，子駕嗣。

二十六日　陰雨。貝德禄來見，面遞總署札文。發兩院稟。寄味荃阮刻《十三經注疏》一部。晡時，復卿伴送英人到渝。

三　月

三月初三日　陰。本年蠶種於去臘寄至漢上，屬子韓專差，竟不肯聽，交公泰洋商子口店帶來，直至上月晦方到。是日散竣，均已出蟻，不可救藥矣。可恨，可恨！

十一日　晴。得林長壽書，寄鄒縣重摹《嶧山碑》拓本一分。

廿三日　晴。得聞庭、子實書，知丁宫保定廿日進省，廿六接印。童芹初送陸懋蓮《春夜宴桃李園》來看，畫尚佳，惜絹本太破碎耳。懋蓮，字香遠，國初上海人，善工細人物，見《畫史》。聽齋贈五鳳殘甎小研一方，字不必真，而雕琢古雅可喜。以紫榆作底蓋，刻字極精。有張叔未題字，亦真，或他處摹入，底之下有『梅庵』二篆字，殆即藏硯之人歟？

廿八日　晴。戌初二刻，天大雷雹以風，屋瓦震震有聲，大木斯拔，逾半時許乃定。查得通遠門空心炮臺爲風吹倒，城墻亦倒坍十餘丈，城内外吹倒房屋無數，大樹吹折拔起者比比皆是；文廟正殿微損，宫墻坍塌二十餘丈，考棚吹折旗杆一枝，壓壞頭門二間，且園茅屋全數傾倒，而背後倉厫無恙；吹折佛圖關蠶神廟新造外殿三楹，掀起復落，木石俱碎；江北廳吹倒金沙門城樓一座，其屋宇之傾頹、樹木之拔起亦往往而是。凡風所過之處，雷亦隨之，若驅物然，或謂是神之除妖，理或有之。河下船隻傷損無數，漂没者十餘隻，真非常災異也。爲象乾作篆四大幅，尚可觀。

四　月

四月初八日　晴。唐鄂生來，贈以新刻書全分。文冠卿來，邀顔宜之重叠東園新添假山。巴縣婦吴李氏訟執刑差彭芳霸佔伊女，即日親訊，子虚烏有也，終朝而畢，並完巴縣宿案。

十九日　晴。發大府禀，詳陳川東教案情形，兼陳鹽釐公費提扣原委。午後，問香國寺漏釐案，决罰有差。又訊藍洪順控承差藍榮案，終日而畢。

二十四日 晴。至佛圖關勘風灾，兼視竈神廟工程，與黼廷會食桂華園，還過象乾處議事，歸已薄暮矣。

崔櫓《蓮花》詩曰：『無人解把無塵袖，盛取殘香盡日憐。』

五　月

五月初三日 晴。問結江北易元榜案。黄璧臣寄來永川縣學殘碑二種，八分書，大徑寸餘，一《太極圖説》，一《西銘》，皆首尾不全。《縣志》謂是前明内閣大學士巴縣王應熊所書，乾隆三十六年重修文廟，掘地所得。書蹟純乎明人習氣，不足珍也。

初四日 晴。奉大府札，又手書，知江北教案已委前巴縣令陝西候補守張秉堃前來隨同辦理，殆恐團民固執。又賠修醫館一節，官民均難出口，故使張來轉圜耳。張，字子敏，貴州人。

初五日 奉大府批稟，頗見采納。宣黼孫稟，知前月廿八日英人麥家的自滇來渝，寓鴻恩店内，曾往貝德禄寓所三次，旋於初二日起身晋省，約吉爲理同往西藏，貝德禄新到箱籠二十餘口，未知何物云云。即日致書丁芥帆，屬爲回明大府。

初六日 陰。芝舫、聽齋、綬權均來，爲江大烟桿事也。通判王峨峰梁山提案回，來見。遣勇至黄葛樹捕江大烟桿。

初八日　晴。探勇回，云江匪盤踞東陽鎮，勢將抗拒，勁勇已紥土圪，炮船尚未到。

初九日　晴。未刻，探勇回，云炮船亦泊土圪，江匪益招集亡命，抗拒之形已成。即日函商象乾，派撥精兵前往，並令炮船進扎觀音峽口，遏賊下竄之路。奉院裁撤安西營勇三百名，留二百名。

初十日　晴。辰刻，探勇回，云江匪負嵎抗拒，初九日巳午之交，我軍直抵匪巢，慶元水師哨官歐陽捷先登，副將張廷秀率師繼之，匪衆不支，紛紛潰散，江大烟桿倉卒逃竄，聞向北碚一路而去。當令跟蹤搜捕，仍嚴禁勇丁差使，不准騷擾民間，如違，軍法從事，並懸賞格出示，一併曉諭。是役也，計受傷哨弁一人、歐陽捷水勇三名，内一名眇目、滅鼻，皆迎面頭等，各分别賞恤有差。發大府禀。

十六日　陰雨。探報江大烟桿潛匿無蹤，恐兵勇在外滋事，即日撤回。晚，聽齋、壽泉自北碚歸，江匪仍捕不得。

二十日　晴。接仲復信，並吴門新刻《春秋穀梁經傳補注》《校刊詞律》《焦山志》凡三種，韓瓶一枚。韓瓶者，蓋仲復分巡常鎮時得於金山土中，相傳韓蘄王軍中所用器。陶質古朴，真數百年外物，所傳當不虚也。

二十三日　晴。禀復大府，重屬已裁撤夫馬各廳州縣情形。晡時，張子敏來談，屬將大概情形致書芥帆。情形者，蓋甫尋紳士一二人出來，願爲效力，尚無把握也。

二十六日 晴。貝德禄辭赴成都，云定廿八日起程。即日稟知兩院，並委候補鹽茶大使李廷謨護送，暨札飭沿途各州縣一體照料。幫辦江北教案。李牧承鄴自省來見。奉大府札，統裁全省夫馬，只留自省至廣元一路。

六　月

六月初二日 早晴，旋陰，晡時大風雨。張子敏至江北文昌宫，與在城及附紳糧議教案，令其開導各鄉團民，寶軒同往。

初七日 晴。遣李牧歸。張子敏、喬綬泉至江北，下午歸。團紳到者百餘人，皆恭順聽命，令速自定章，由官給票，遣無聊之教民歸。李牧委署酉陽。子敏請以綬權幫辦，即日爲轉陳大府。

十一日 晴。申初起程進省，至兩路口佛圖關小憩，旋止白市驛。一路良苗勃勃，而水田乾涸，恐將槁死。奈何，奈何！

十四日 晴。辰初至燒酒坊，宋都司寅來領餉。得唐鄂生書，贈《黔詩略》一部。未初一刻，到隆昌縣，宿行館。權縣事崔晋綬、前署令吴鏡源、查夫馬積案委員韓令宗斗均未見。問教案，云已以六千五百了之。田禾已得透雨，高下霑足，均可喜也。奉大府批，查明老貨釐局局用，分别裁留稟。

二十日　陰。巳初入城，僑寓東玉沙街，漱芳、蘧庵諸君均來。未初上院拜四司道，晤方子箴前輩、丁芥帆兄，與程立翁、蔡硯農兄彼此相左。還至唐鄂生兄處，觀《黔邊鹽務章程》。

二十五日　早晴，晡後陣雨，旋晴。約錢圖山、藺陂二大令朝餐，屬撰《涪州石魚題記考證》。未正上院，大府屬緩回渝。晚赴子箴前輩之約，出示米元章、黄山谷、鮮于伯幾字卷各一，黄子久畫卷一，皆無上妙品。宣少黼贈唐人寫經殘石一片、沈石田花果小卷一件。購得六朝、唐鏡，共五面，大印池一。得家書，並《漢隸字原》樣本一分。

二十七日　晴。未刻，至課吏局，與芥帆議子口票事。購得舊袈裟圈一、晉歸義羌侯印一、爛銅印二、小鏡一，其直六金二星。又舊印池三，二金四星。過子箴前輩，觀尉遲乙僧《天王畫像》、巨然《長江萬里圖》卷，又唐宋元人畫册、吴墨井畫册，皆極精。

七　月

七月朔　晴。箴翁約觀書畫，自唐宋以至本朝，無美不備，可謂富矣。是日始晤許曉東。丙夜奉院札，改委審局爲洋務局，命賤子與芥帆總辦，仍飭會議章程，並籌畫出口、子口票。箴翁贈《夢園叢説》一部。

初五日　小雨送寒，竟日不止，風颸颸然，如長安道上，頗有羈旅之感。飯後至芥帆許，議洋務。訪立齋、方伯、聞庭、協戎，均見。

初六日　陰雨，寒甚，可著棉衣。巳刻，到洋務局。先至芥帆許，同往局，在駱公祠洗馬池上。提調易守崇階，號石生，湖北京山人，老吏也。

初七日　晴。飯後至子箴處少坐，旋往課吏局，與芥帆同擬洋務禀稿，芥帆秉筆。薛雲階到省，六年不見，皤然老矣。談京華舊事，相與感慨久之。晡時，奉傳上院，散已將暝矣。

十二日　晴。宫保公命撰奏草，辰刻回寓，振筆疾書，半時即脱稿。巳刻，赴繆丈仲英文殊院之招，伊蒲饌頗精潔。院有藏經，規模宏廠，脩竹拂雲，蕭森可愛，惜少邱壑耳。晡後回寓，復至芥帆許。唐鄂生出示褚臨黄素本《蘭亭》，筆意沈著深厚，與石刻迥然不同。又東坡馬券、黄筌花鳥竹兔，亦佳。又曹弗興山水長卷，真贋不可知，恐款是後人强署耳。

十三日　晴。偕繆丈同至草堂寺，赴漱芳之招，聞木樨香，頗饒幽趣。登藏經樓，閱視藏經，蓋北藏本。尋《龍龕手鑑》，不得半，已糜泡矣。寺僧云，當藍大順擾蜀時嘗窖諸地，故至此。萬佛樓在其東，未畢工，從寺之東南折而入，喬木脩篁，環以流水小橋，門徑頗幽勝，惜佛樓未稱耳。鄂生言服魚鰾法，用上好魚鰾，洗净切成小塊，同老米炒成珠，去米，研極細末，以瓷〔三〕瓶收儲，每日清晨用水調服三分，治虚損神效。又言治便血方，用豆腐渣入銅鍋或沙鍋内忌鐵焙乾，服時用水沖成濃汁，澄清去渣，加紫沙餹少許，温服，不拘早晚，隨便代茶，大有奇驗。

購得玉袈裟圈一，殆六朝或唐代物，白如截肪，血沁處縷縷若丹沙，可珍也，其直二金。又六朝鏡一，其直六星。

十四日 晴。上院稟辭，兼至軍門及司道處話别，均晤。程立齋情意殷殷，頗有惜别之感。購得初拓《戲鴻堂帖》，其直廿二金，海寧查氏敬業堂舊物也。

十五日 晴。早起檢點行裝，巳初起身，避闤闠之囂，循城隅，迤邐出東門而後行。簡州吏目申耀堂郊迎，云本年收成，自北而南因旱致歉，西路尚稔，東路次之，統計收成約在六七分光景。

二十一日 晴，午後大風。黎明始行，辰刻李市鎮小憩，王藎臣大令偕典史鮑昌勳來迎，同至燒酒坊。未刻至榮昌縣，即昌州，所謂海棠香國也。署把總世職李世相郊迎，問農事，可得八九分收成，慰甚。

二十四日 陰雨。夜半即行，黎明至白市驛，巳刻至浮圖關，雨益甚。八省客長來迎，周旋刻許，到署已未初矣。浮圖關民請立竈市，即日批准。

八　月

八月初四日 晴。札巴縣，裁革執刑班差役。

初八日 陰雨。考東川書院月課生童。取巴縣執刑班差房牌額，坐堂皇，劈而焚之，衆大悦。

十三日 發大府稟二件，一覆涪州鹽釐委員並無其事，一稟裁巴縣執刑班善後章程。夜半奉院札，委孫丞會辦涪州教案。吴丞之桐來。

十六日 晴。吴君辭赴銅梁，告以大府意，即令起程。午後，發大府稟。

十九日 陰雨。婁大令樾鳴之來，請領黔邊鹽局夔鹽稅撥項也，以文未到，令姑待之。沈大令全修來，領黔邊鹽局本庫撥餉也。接吴又山棣珊會稟銅梁差役案，即日轉陳大府，兼寄芥帆書。

二十五日 晴。親訊斷結洋藥偷漏釐金案。

二十六日 陰雨。申刻，接田子實稟，請發渝勇會剿任韋駝匪黨，即日派管帶副將陳扶鼎統領中、左二哨前往永川，會同知縣韓清桂同往搜山，限廿九日與江津、合江、瀘州會於胡漕。飭局放給口糧並軍火器械，明日黎明拔隊，仍先發札函通知永川、瀘州，並札重慶府暨江津等縣知照，稟知大府移永寧道，半日而畢事。發黔邊鹽務局撥銀五萬兩，交沈令全修。

二十七日 晴。吴丞、吴牧、韓令辭往涪州，遣羅國安催勁勇起程。寄子實書並黔局捐照，專勇同沈令偕行。訪宣少黼，少黼言，馮緄墓在達縣馮家壩，子孫尚聚族而居，漢碑尚在墓旁，已半埋土中。又言八蒙山張桓侯題字亦尚可尋，不知信否。

九月

九月初二日 陰，晡後小雨。閱視行臺工程。奉大府批回，裁革巴縣執刑班一案，飭轉行巴縣刊碑，永遠遵行。祝培棠來，偕盛西川赴黔采辦鉛斤也。聽齋、伯度呈送保甲章程及門牌式樣，有不合格者，令速改之。

初四日 晴。張子敏來，聞巴縣執刑班仍留廿四人供役，改曰皂班，公然備手本，於朔望至子敏處請安，是革猶不革矣。即日嚴札申飭巴縣。得莊範邨信，行臺掘地，得淳祐錢數枚，土花珠翠，堆積甚厚，似是宋時所埋者。又於鼓樓得甎二方，其側有字，皆楷書横列。一曰『淳佑乙巳建』，『祐』誤作『佑』，殆工匠無知者所爲；一年月磨滅，僅存『重建』二字，又直書小字一行，曰『甎匠楊萬順』，尚隱隱可辨。甎質皆粗，後甎字尤拙惡，殆近人所製，皆不足取。獨是楊萬順以甎匠之微，尚能留其姓氏，以待後人傳述，亦有心人哉。

按：淳祐是宋理宗紀元，理宗接位，以乙酉歲爲寶應元年，凡五改而爲淳祐，乙巳乃淳祐五年，即位之二十一年也，樓蓋始建於是年。『祐』作『佑』，殆匠人製甎時譌書，不足異也。

初五日 晴。又於行臺地中得淳祐錢六枚，甎三塊。一曰『淳祐乙巳東窑城甎』，正書作二行，陰文直寫，是宋物；其二正書『順德』二大字，亦陰文直寫，是近代，殆重修時所造，磚埴與書法迥殊矣。

初七日 陰，夜雨。唐鄂生遣同知于德楷來領餉。知縣李德馨來提江北京控案。

初九日 早陰，午後晴。家人至新築翠微精舍登高。

十二日 早晴，旋陰。得張小鶴書，譙樓下復得宋甎三，一陽文在腦，一陽文、一陰文在左側，皆正書，行文曰『淳祐乙巳西窑城甎』。

十三日 陰雨。接吴丞等禀，知墊江差役輪底契約已全數追繳。

四川總督例貢内有藏香一種，蓋取喇嘛香枝重加配合，以中軍副將董其事，其貢房即在督署頭門内衙神祠。丁丑七月，從吾友琦聞庭乞得其方，録之於此。

配造黄藏香一料，内用：

黄藏香底五斤　檀香三斤八兩　廣木香六兩　丁香六兩　沈香六兩　芸香二兩　白蔻二兩　石決明二兩　砂仁二兩　橄欖二兩　吉吉香一斤八兩　榆皮一斤八兩以上俱研極細末

冰片一兩　麝香三兩五錢　潮片五錢　潮腦五錢　火硝三錢以上俱化水用

唵叭香一斤八兩熬水用

甜酒八兩　紅糖四兩調水用　藏紅花一兩

配造紅藏香一料，内用：

紅藏香底五斤、降香六兩，餘與黄藏香同，不用藏紅花。

十七日 陰雨。宣少黼言，張桓侯題字在渠縣、大竹交界過河處，道光初尚有拓本，是其石尚在可知也。

十九日　晴。星階太守來，赴夔局收鹽稅也，留其暫住，辦理借款事。撰鄭子尹先生墓表一篇。見省抄，知沈鑪青兄放重慶府。

二十一日　陰。寄沈鑪青書。戌刻，得李笏山信，欲借洋槍，已無存矣，即刻作覆。又得吴地山幼珊稟，送閱墊江革除差輪章程，亦即刻作覆。乙夜，奉大府札並信，内附子敏等批回。

二十三日　陰，夜雨。寄子韓信，並自刻書全分二分，又仲清《説文繫傳》《三韻》各二十部。晚與壽泉、聽齋論江北並借款事，均無頭緒，使人悶損。

二十五日　陰雨。得盧雪堂比部信，寄京師新刻《瀛海論》三篇，出使外洋劉光禄錫鴻所著也。首篇言地理及其國之建立始末，中篇言洋務，下篇設爲問答，以推闡其意。雖其不無强詞，而持論明通，足以破蚩蚩者之惑，或亦洋務者之一助焉。

二十六日　陰，小雨。邀票號、鹽號及花幫、疋頭等幫諸巨賈至署商借餉銀，款以酒食。諸賈無言，獨票商狡譎可恨，論終口，迄未决，限令三日後回話。

二十七日　晴。邀在城紳商借款，窮一日之力，至乙夜始議定，凑借九千七百五十兩。窺各紳商之意，總疑是捐非借，告以不但要還，而且加利奉還，又嫌子息太微，加至八釐而後可，可爲難矣。

漢上庸長殘碑久隱而不見。光緒二年冬，南皮張太史之洞督學四川，訪得之。碑在德陽縣東北五十里黄畜鎮原名黄虎鎮之左郵一小神祠神座後，嵌置壁中。碑爲神座所蔽，人不可得見；又地窄，僅容一人施拓，故拓者絶少，碑之獲存未必不由於此。以此類推，或者昔存今亡之碑尚有未盡毁者，未可知也。

二十八日 陰。公讌譚叔裕學使於牙齋。叔裕，蓋玉生先生之子，學問淵博，蜀士之幸也。劉光禄，號雲生，己酉舉人，刑部候補郎中，郭筠仙少馬推薦，故同出使。叔裕與同鄉里言之如此。

二十九日 陰雨，竟日淋漓不止。邀城鄉各紳富商借款，尚能體會是借非捐之意，惜數不多耳。得唐鄂生信。

十　月

十月朔 陰雨。各巨商來，鹽幫言各家信尚未齊，請展至初六日；花幫亦援以爲請，皆許之；票幫於人未到時先來，一行旋即遁去，云至縣中回話；惟疋頭、藥幫各允假二千金。得蘧庵信，知省城將有捐助山西等振務之舉。又得叙卿信，云大府將於浙江會館添建金龍四大王神殿，殆以侯家林一役神實相之故，報以馨香也歟。神，浙人，宋謝太后侄，館中故有位，非創舉也。得子湘書，並銅印七方。

初四日 陰。奉大府函，飭會同唐鄂生議合州鹽釐事。寄鄂生書。

初六日　晴。署鄰水令李星圃來，談鄰水事甚悉。鹽幫、花幫來議借款，仍未决，請限兩日，許。聞時若將軍明日可到。

初七日　晴。巳刻，至黄沙溪登舟，迎時若將軍，遇於九龍浦，過船謁見。

十二日　晴。送時若將軍回荆州。惲伯初自湖北乘水師炮船來。

十三日　晴。偕象乾、寶軒、果之、聽齋至佛圖關，以蠶市場新開，從士民請，徇俗踩場也。小飲蠶神廟，城内外赴者甚衆，薄暮始歸，得詩一首。

光緒丁丑，余於佛圖關創建蠶神廟，鄉父老大悦，具牒請於廟旁作場市，且請名，余命之曰蠶市。蜀俗，凡場市新開，必先請長官循行，號曰踩場。十月十三日，蠶市場始開，余偕田象乾總戎、慶寶軒太守、定果之遊戎、李聽齋大令徇士民意，共赴踩場之會。小飲蠶神廟，歸途賦此。

省耕省斂年年事，今日游觀眼倍明。楓葉半林霜未冷，菊花滿地雨初晴。繭絲合住新祠宇是日百貨圞聚，惟貿絲者獨在廟廊，場市還增舊驛程。扶得醉人歸去也，熙熙皞皞太平民。

十七日　陰。遣人送會稿至唐鄂生處。接子湘信，内附鑪青書，云十月杪出都，由上海回里，明年燈節後泝江而上，然則到任當在夏初矣。

十九日　陰。山陝捐振開局。未刻，至長安寺，兼令八省首事籌粥廠經費。

二十六日　陰。得唐鄂生信並會稿，又得子實信。繕發合州鹽局章程會稟，送笏山會印轉遞。得子韓信，並贈宜都楊守敬新刊雙鈎古碑廿八種。

十一月

十一月初二日 奉大府手函，代象乾擬會稟請撥兵餉稿。

初五日 晴。張荔園帶到藩司借款票據，即會印轉發。

初六日 晴。權奉節令吴銘齋來，即辭赴任。疇昔之夜，重慶左營兵丁傅雲龍等聚衆滋事，打毁城内良賤十二家，親率小隊逐散之。

初九日 陰。寫蠶神廟過廳屏間刻書，用北碑法《蠶論》一篇，凡十二幅，似尚不惡。得子韓書，並偉如新刻《洗冤録》。

十四日 早晴，午後陰。江北廳小園中海棠盛開，静齋、仁甫折得數枝，以膽瓶供養，與陽春時無二。陽不潛藏，恐非庥徵。

十八日 陰。張令濤來，云其鄉人王興齋秋間有人誣其漏税，予爲平反，感此意，願爲代借銀兩，以濟藩庫之急。

二十一日 早晴，旋陰，微雪數點。蠶神廟告成，與僚及是邦大夫士共落之，盡歡而散，回城已張燈矣。

二十二日 陰。綏定府志伯碩來，農曹舊雨也。收王興齋代借銀三萬兩，發大府稟，並致程立齋方伯書。

二十五日 陰。解藩司借款銀一萬兩。

二十八日 陰。奉大府手諭，云接總署函，法公使告堂官，范酋謂羅馬教王，川省官員留伊辦未了各案，問有無其事，即刻傳李聽齋確查。晚張子敏來。

二十九日 陰雨。午刻稟覆大府書，確查此地官員，並無留范若瑟之事。

十二月

十二月朔 陰雨。王大使永言來，珊舟兄内侄也，帶到錢圖山鐵江手函，並抄本《天一閣碑目》二册。一爲徐克勤天石校本，止上册，佚其半，多張芑堂一跋；一不知何人抄本。與新得阮刻本校之，碑目無一同者，阮刻最多，然與錢序亦不合，要當以阮刻爲定。

阮刻《天一閣碑目》：

周一　秦二　漢廿九　魏三　吴三　晋二　梁二　北魏六　北齊四　後周二　隋五

唐二百四十四　後唐一　後晋二　周二　宋二百二　金四十一　元二百五十六　無時代二

共七百九

續增：

夏一　周二　漢九　魏一　北齊一　梁一　唐四十三　宋廿三　金三　元十　共九

十四

初十日 陰。大閲練卒，終日而畢，各賞罰有差。寄大府稟。接藩信，借款作罷論。

十三日 早晴，旋陰。奉大府批回合州鹽釐章程。得子湘信，並銅印六方、《勝朝殉節録》一函，繆小山帶交，孔勛丞携來。

二十一日 晴。程馥齋卿太守來，爲查何令寶榮鹽釐事也。

閬中縣治有地名桓侯嶺，又名張飛嶺，俗傳桓侯破張郃處，八濛碑當在此。

謹按：丁丑日記，全年無缺。

〔一〕抄本天頭校語：『以疑已』。

〔二〕抄本原作『卷五』，據知不足齋叢書本《侯鯖録》改。

〔三〕瓷，原作『慈』，今改，下文同。

光緒四年（據上海圖書館藏《弓齋日記》稿本整理）

戊寅日記

光緒四年，歲在戊寅。

正　月

正月辛亥朔　早陰，巳刻薄晴，未刻大晴，申後復陰。平旦至會府朝賀，禮畢坐班，班退换蟒袍貂褂團拜，仍與鎮軍往還茶坐。黎明至文武廟行香，仍遍拜同城文武。回署，僚屬來賀，三辭而後出見，禮畢即行，惟府、廳、縣留坐，款以茗果而後退，此向例也。自光緒改元停止，至是復行之。飯後仍出門拜客，晤徐琴舫。未刻徐輔廷、琴舫來，均見。

初二日壬子　暢晴。飯後出門拜年，晤象乾、輔廷。黄昏象乾來。

初三日癸丑　卯初二刻十三分立春，陰。聞象乾進省拜年，定初六日起程。得海珊信。

初四日甲寅　陰。得蘇州信並阜康邸抄。

邸抄：勒方錡升廣西藩司，龔易圖升江蘇臬司，方汝翼授登萊青道。

初五日乙卯　陰。得英樸庵稟，寄到年庚丁酉、丙午、戊子、癸丑，懇爲做冰上人，求葆芝舫長女作繼配。寄聯星翁信，並蘭熏二肘、蝦子二罐、筍乾二簍、蝦子鯗廿包，託象乾帶省。

初六日丙辰　陰。象乾赴省，偕府縣及諸同僚於蠶神廟餞之。申初回城，爲樸庵執柯，送男庚至芝舫處，約十二日送女庚來，即日作書覆樸庵。

初七日丁巳　晴。風日妍麗，定卜人口平安，可勝欣喜。得錢圖山鐵江信並《漢隸分韻》二本。

初八日戊午　陰。酉刻奉大府函札，飭借撥各屬倉穀三萬石，運往閬中，接濟川北饑民。

初九日己未　陰，夜雨。覆大府稟戌刻專勇。王榮昌元培、祥長壽麟、黄南川際飛來。

初十日庚申　陰。出門拜客，晚約鶴樵、藎臣、石庵諸公便飯。夜雨，吴地山、孫讓卿來。

十一日辛酉　陰雨。錦芝生觀察錦瑞來，係魁時若將軍之婿，赴夔郡抽釐也。得子韓信並蠶種二簍。

十二日壬戌　陰雨。浙江會館團拜。答拜錦觀察。地山辭歸涪州，讓卿同行，以本任濮牧將回任也。侯忠州若源、陳石砫昺來。覆子韓書，交專足帶回，找付力錢三千。

十三日癸亥　陰，巳刻見日，即隱。候補通判徐倅彦赴酉陽提京控案來見。鶴樵、藎臣、石庵辭回任。晚約鞠坡、懋齋、芝舫、蓬閣、聽齋、伯度便飯。

十四日甲子　陰，晡後見日，一炊時復陰，夜雨。鞠坡、懋齋辭回任，張海槎來。

十五日乙丑　陰，午後薄晴，晚見月。發大府稟，並咨藩司移川北道，爲借撥倉穀事也，均專勇送。石司馬光熙小瀾、國大令璋子達來。賦燈詞十首。夔州守放黄毓恩，湖北人，壬戌翰林。

十六日丙寅　早陰，未後微晴，月有食之，申正二刻四分初虧，酉正初刻一分食甚，戌初一刻十三分復圓，救護如例。得子韓書。

十七日丁卯　陰，早雨即止。約小瀾、子達、海槎晚飯。

邸抄：李元華開缺來京，另候簡用。余思樞授山東布政使，吴德溥授貴州按察使，松長授貴州糧道，勒方錡調江蘇布政使，范梁授廣西布政使，黎兆棠授直隸按察使。官軍收復喀喇沙爾、庫車、阿克蘇、烏什四城。西寧道劉錦堂開缺，以三品京堂候補。

十八日戊辰　陰。稟大府核減鹽釐局費章程，委員候補令趙湘來，催借撥穀石也。安徽人，號漢卿，曾任秀山縣典史。夜雨。

十九日己巳　陰。辰刻開印，張守等稟江北教案情形，即爲轉陳將軍、大府，並陳大府江北平糶管見。夜晚例宴幕僚。接李仙書並蘄蛇、蘄艾。

二十日庚午　陰。送吴仲庚遊幕綏定，又送文冠卿回成都，惲伯初回武昌。寄潘偉如、吴子權、惲莘農、菘耘、石子韓書，並書籍等物。又寄洪彦哲銀二十兩，均交伯初帶。又覆仙根書，内附偉如一函。得子韓信，附《更生齋詩文集》八本，又海珊書。

二十一日辛未　陰。開倉斛米。葆芝舫辭赴城口。

二十二日壬申　陰。得枚生、少蓮書，又得周叙卿書。

二十三日癸酉　陰，晡後微晴。作《潔園十咏》。

二十四日甲戌　晴。頭批借撥穀石開運，禀報大府，並咨藩司移川北道合州釐局，札沿途州縣。又致順慶守蔣鞠潭、南充令鳴牧亭書，交委員李廷模帶往。出門拜客，送芝舫之官城口。

二十五日乙亥　陰。堂期接見寮屬。徐琴舫來談。二批借撥倉穀開斛。

二十六日丙子　陰。李聽齋有鼓盆之戚。覆讓卿書。得琦聞廷信，知象乾於元宵到省。夜雨，枕上聞之，喜而不寐矣。

二十七日丁丑　陰雨。吊董海門少尉母喪，遂慰聽齋鼓盆之戚。蔡潤之辭赴合州。李刺史傳駿來，同年小馨學士之侄也，帶到徐保之書並《六壬直指》。

二十八日戊寅　陰。二批米船開行。得象乾書。

二十九日己卯　陰雨，夜大風寒。

三十日庚辰　晴。准藩司移委員代辦銅梁縣篆務，即日札委喬牧世清前往。寄蔡潤之信，交合州便差。

二　月

二月辛巳朔　陰。早起行香。川北差勇回，得小樓覆書及保寧慶守稟，請將巴州南江、通江借撥穀石徑由渠河運往，屬伯度及安生等籌之。

初二日壬午　晴。考東川書院收録，生題：『五畝之宅，樹之以桑』至『可以無饑矣』；『花鬚柳眼各無賴』，得山字。童題：『五畝之宅，樹墻下以桑』至『可以無饑矣』；『紫蝶黄蜂俱有情』，得谿字。晡時至縣署祭聽齋夫人。

初三日癸未　晴。祠文昌。遣候補府經歷陳凱赴渠河查看轉運情形。致潤之書。種梧桐四株於潔園，或謂此陰陽家之所忌。余曰：『陰陽家誠有此説，然爲此説者，恐非讀書人。不然，何《卷阿》之詩亦忘之歟？』濮刺史蕖生來。

初四日甲申　陰，小雨。出門拜客。正月九日專勇回，奉大府回書，蓋十八日所發。據云半途而病，故至此真欲速反遲矣。得方緣仲信，吕曼叔觀察之三子懋彰只園帶來，蓋從其外舅魯養亭司馬回廣安贅姻也。晚約張子敏太守，蕭柏丞、濮蕖生、喬綬權三刺史，李承圃大令便飯。

初五日乙酉　陰。堂期，免實屬銜參。渠生辭赴任。魯養亭來，名學浩，紹興人。趙漢卿自涪州回，來見。

初六日丙戌　晴，午後微陰。至文廟演禮。張文山來。

初七日丁亥　晴。釋奠於先師孔子。

初八日戊子　朝陰，旋晴。祭社稷壇。晚奉大府函札，專弁盧興堂送來。文山辭赴任。

初九日己丑　晴。祭吕祖暨昭忠祠。田象乾鎮軍回渝，申刻至太平門迎接。委管合州大河壩鹽釐熊倓然太守來，即辭赴局。陳凱回渝。

初十日庚寅　陰。免僚屬衙參。復遣陳凱赴合，並致札幼鶴、潤之，議渠河轉運事。夜雨。

十一日辛卯　晴，夜雨。稟覆大府，遣盧弁回省。

十二日壬辰　晴。祭龍神祠。午後出門拜客，至象乾許談良久，薄暮始歸。夜大雨，得山陝捐賑局司道信，辦塔捐。

十三日癸巳　早晴，午後陰，夜雨。

十四日甲午　陰，午後薄晴，夜大雨。接喬壽泉稟並手函，即作覆。

十五日乙未　陰。祠文昌，質明文武廟行香。天驟暖，换穿小毛白袖頭，晡後濃陰，又有寒意。寄大府函，内附子敏稟。

十六日丙申　陰。接潤之信，即作覆。祠關帝、火神。

十七日丁酉　晴。婁銘之辭回瀘州，託帶石小南信並銀陸拾兩。德世兄慎來，楊雲巖鎮軍來。

十八日戊戌 晴。出門拜客。晤雲巖。訪琴舫，未遇。

十九日己亥 陰。黄麓生自夔郡釐局回省來訪，飯後答拜麓生。委員孫令秉璋禮卿、焦令毓璋漪園來。得樸庵信，即作覆。

二十日庚子 陰，曉微雨，旋止，夜晴。審蕭維舉漏釐案，各決罰有差。

二十一日辛丑 晴。辰刻送東川書院録取諸生、童入院肄業，穿蟒袍補褂。黄綬芙沛翹自本籍長沙來，到省候補也。得巴州金牧回信。

二十二日壬寅 晴。答拜綬芙，未遇。綬芙書來，借銀二百兩，即交其家人陳升帶回。還同慶豐銀一萬五千兩，外加利銀四百三十五兩，均交天順祥王興齋手收。

二十三日癸卯 晴，夜雨，雷始聲。卯刻奉大府函，内附范若瑟信一件，法國白使所寄也。即日交巴縣送去，有洋圖記收條一紙。戌刻稟覆大府，仍交成都縣來差，收條附呈。楊春樵觀察來。

二十四日甲辰 晴。答拜春樵，並至果之、綬芙處少坐歸，答喻智亭，未遇。楊櫺階總戎玉科送蘭譜來。

二十五日乙巳 陰雨。堂期，接見寮屬。綬芙辭赴成都。遣人答楊櫺階，並送蘭譜。

二十六日丙午 陰，晡後雨。核定保甲局支款。

二十七日丁未　陰，早雨，旋止。辰刻賀檉階續姻，並至春翁處道喜，還至保甲局挑選團首東西二團，闃無人焉，遂歸。未刻在署當堂挑選，派李雲鶚充西團團首，何占魁充東團團首。是日，川東卅六屬公所立旗桿，委王經歷行禮。夜雨。范若瑟遣人來辭行，云廿九日走。

二十八日戊申　晴。委試用未入流楊壎伴送范若瑟出境。梁鳳書太守來。晡時楊壎來，云伊前往教堂，據彼中人云，范主教患病未起，由水、由陸及何日起程均尚未定，即起程之後，沿途亦尚有擔閣，或一兩月，或四五月，未定，委員伴送不敢當云云。然則彼固無去志耳。

二十九日己酉　陰。答拜梁鳳書丈，還過輔廷小坐。發大府禀。葉誠齋大令寄贈蕭梁天監十三年鄱陽王過境題名石刻石在今雲陽縣大江南岸沙際，又孟蜀廣政中郡邑守宰行春題名石刻石亦在大江之南，與梁天監刻石比附拓本。誠齋令兄達夫部郎有《書梁鄱陽王題名石刻後》一篇，甚精核。

三十日庚戌　陰，晚晴。邀伯度、漢卿、安生議渠河轉運事。寄英樸庵並塔捐二本，交來人。又寄潤之、幼鶴書，專勇送。

三　月

三月辛亥朔　陰雨。早起行香，還過縣署，聽齋妻喪受吊也。熊倓然太守自合州來，奉札查案也。發大府禀。

初二日壬子　陰雨。楊櫺階來辭行，即送其回湖南。發巴南通並渠縣、合州札。得京信。

初三日癸丑　陰雨。清明望祭先祖。寄繆仲英丈、方杜洲、法基和尚篆各一分，錢緒香、張稺華對二副，均交王冬生。又託蕭柏丞轉寄景湘泉對一副。

初四日甲寅　陰雨。熊倓然辭回大河壩。

初五日乙卯　早晴，旋陰，夜雨。堂期，接見寮屬。文冠卿來。

初六日丙辰　晴。聞范若瑟於昨晚登舟，今早行矣。云雇陳啓順船，價錢二十八千，到沙市，由沙到上海，不知信否。寄子韓書，託轉寄鵠山信。

初七日丁巳　陰雨。寄蔡潤之信。寶玉堂觀察來，即送其入都。邸抄：二月初五日王耕娱親家奉旨署兵部左侍郎，在軍機大臣上學習行走。又大府以奏調李耀南未聲明永不叙用，原案部議降三級調用，加恩改革職留任。湖南巡撫衛榮光、浙江藩司任道鎔補授，江西臬司國英調補，廣東臬司成孚補授，廣東運司何兆瀛補授，杭嘉湖道方鼎鋭調補，温處道温忠翰補授。

初八日戊午　陰雨。覆喬綬權書，並致何曉林信。

初九日己未　晴。發兩院稟。徐輔翁招飲。蠶神廟西園花事闌珊，牡丹已謝矣，得詩一首。得周道生信，即作覆。

初十日庚申　陰。堂期，接見寮屬。得潤之信。寄周叙卿書。夜雨。

十一日辛酉 陰，未後薄晴。寄子韓信，内附鑪青書，交胡萬昌。

十二日壬戌 陰，午後微晴。秀山令楊振鈞秉卿來。

邸抄：左宗棠等奏克復南路西四城，回疆一律肅清。二月十三日奉上諭，左宗棠由一等伯晋爲二等侯，劉錦棠由騎都尉世職晋爲二等男，遇有三品京堂缺出，開列在前，諸將士各升賞有差。夜大雨。

十三日癸亥 陰雨。祀先農，遂行耕藉禮。得蘇州信。答潤之、樸庵信。又寄唐鄂生、熊倓然書。

十四日甲子 陰雨，夜大雨，雷隆隆然。得叙卿信，即作覆，並致道生書，即交來差送叙郡。晚約秉卿暨同鄉趙大令鴻疇，號菊泉共飯，邀漢卿、冠卿作陪。

十五日乙丑 陰雨。早起行香，即歸。午後薄晴。曾叙五參軍辭赴木洞，云木洞正街慈光寺有宋淳化經幢，已剥蝕，屬覓良工精拓之。

十六日丙寅 陰。寄子湘、桂侄信。卸署黔江孫令景元來。夜雨。

十七日丁卯 陰，夜大雷，陣雨，即止。接繆小山信，並精校《集韻》十册，又抄序五頁、《佩觿》一册、伯寅侍郎寄書一包。

十八日戊辰 晴。前署萬縣令劉丞廷植來。趙三侄洪彦來，吴蓬閣之婿，赴江北就姻也。

十九日己巳 早晴，午後陰。爲桂侄報捐縣丞，捐分直隸試用。託徐輔翁辦理原捐鹽大使銜照一張，並交輔翁繳銷。

二十日庚午　陰。堂期，接見寮屬。約聽齋諸君午餐。接味荃信。换戴凉帽。

二十一日辛未　薄晴，晚陰。輔翁送桂侄捐照來。出門拜客。蔡潤之自合州回。得川北道文。發大府稟。

二十二日壬申　陰。委丁伯度携銀至渠縣會辦巴南通借撥穀石事。發大府稟。

二十三日癸酉　晴。權墊江縣事清溪令唐彝銘松軒來。涪州濮牧江津問案，試用令羅度巴縣問案，均來見。法國教士白德哩來見。得錢鐵江信，並《石魚題記》一本、搨本九十九張，同鄉江大令學海帶來。

二十四日甲戌　晴，夜雨。

二十五日乙亥　陰。奉大府手札二函。堂期，免寮屬衙參。寄耕娱信並壽禮，專勇送漢口。

二十六日丙子　晴。賀趙琴軒贅姻喜，遂渡江至蓬閣處，還過子敏小坐。答拜白德哩。

二十七日丁丑　晴。李笏山來。散勇當假，給銀二千四百兩。得子韓書並阜康所寄邸抄，知李玉階升福建藩司，薛雲階升山西臬司，成綿道放崇綱。夜出門巡查，至象乾許，歸已四鼓矣。

二十八日戊寅　朝雨，旋晴，晚陰。伯度赴渠縣轉運川北穀石。

二十九日己卯 陰。寄鍾遽庵信並銀壹佰卅兩，交蔚豐厚匯。

四月

四月庚辰朔 陰雨。早起行香。李聽齋銷假來見。賀田子實娶婦。專勇送信並對聯等四事。

初二日辛巳 陰雨。聽齋得省信，云彭倅兆衡隨馬觀察來川東查辦事件，宫保有十日後方能起節之説。喻智亭來。徐琴舫送還塔捐册並捐項。

初三日壬午 薄晴。地山、蓬閣約存心堂小飲，同坐象乾、輔廷、深如，傍晚始歸。

初四日癸未 薄陰。得聯星翁書。

初五日甲申 陰雨。堂期，接見寮屬。寄味荃信，郵遞。又寄叙卿信，内附蔣梓村一函，交大幫脚子帶。

初六日乙酉 陰，晚晴。寄繆小山信，並《漢隸字原》《小爾疋疏證》《棠湖詩稿》《古今均考》《春草堂遺稿》各一部，重模《桓侯破張郃銘》一分。又寄錢鐵江《小爾疋疏證》等四種及《破張郃銘》一分，缺頁三張：，錢圖山銘一分，均有書，託趙漢卿帶交。得叙卿書。

初七日丙戌 晴。趙漢卿回成都。水保甲密報馬伯凱微服來渝。彭倅泊江北。

初八日丁亥 晴。二批押運委員金毓松自閬中回。

初九日戊子　晴。委沈子誼解運費至渠縣。于丞德楷來。夜雨。

初十日己丑　陰，旋晴。堂期，接見寮屬。聞沈鑪青已於三月十一日自上海起程入川。夜雨。奉大府札。

十一日庚寅　陰雨，晚晴。奉大府手函。又接周叙卿信。

十二日辛卯　晴。得彭漱芳書。

十三日壬辰　陰。

十四日癸巳　晴。平旦祠吕祖，還祝輔廷夫人壽。得伯度信，並渠縣會禀，請改撥倉穀，即日於渝城積穀並巴縣倉儲撥給，委未入流婁棟押運，並禀大府，移洛川北道藩司。

十五日甲午　陰雨。早起行香。賀輔廷令郎訂姻喜。張子敏來，云次日約白德哩説話。

十六日乙未　晴。儀珠生日，不受賀。得鑪青信。

十七日丙申　陰。奉札，知大府巡閲，准於望日啓節。發大府禀。致伯度書並銀一百八十三兩。

十八日丁酉　早雨，旋晴。象乾赴江津候迎大府。

十九日戊戌　晴。祭張箬農。

二十日己亥　堂期，接見寮屬。張子敏、喬綬權辭赴江津接差，婁棟辭赴渠縣運交穀石。得省抄，叙卿委署建昌道。劉玉田觀察嶽曙來。

二十一日庚子　晴，熱甚，夜大雨。得子湘書並銅印五方，惟『趙齊』一方尚好，餘俱不精。答拜玉田，未晤。李少仙舍人來，名春芳，瀘州人，丁丑進士。

二十二日辛丑　晴。得子韓信，知范若瑟於三月廿七日晚到漢上，次日即行。邸抄：順慶府放景子乾聞，亦農曹舊友也。爲署綦江縣事題補綿竹令英溥朴庵作伐，聘攝城口廳事江北丞葆符芝舫長女繼室。寶軒辭赴江津接差。

二十三日壬寅　晴。未刻徐輔翁招飲，同坐劉雨田觀察、吴虔甫太守、蓬閬司馬、地山大令，傍晚始歸。

二十四日癸卯　晴，熱甚，夜陣雨，旋止。聽齋來，云得省信，大府已於十五日啓節，計程將至，請即出迎。

二十五日甲辰　早陰，急雨一陣即止。巳刻晴。夜陰雨數點，仍止。赴江津接差，卯初起程，至兩路口，廳縣與諸寮屬皆候送，小憩即行。巳正白市驛尖，遇張大令槎。飯罷，行至九龍場，復小憩太虚寺。酉刻抵江津，知縣事王右溪同年郊迎，即住舟中，教諭周允新、權訓導劉華巘、典史李承蓮均來見。

二十六日乙巳　晴。炎歊，殊不可耐。昨沿途審視，插秧只三分之二。田疇缺水，高處已有開折者，何更堪此耶？不勝杞人之憂矣。右溪赴朱家沱，陳香池同年來。午刻聽齋家人岳元從嘉定來，云大府於廿二日晚到嘉定，廿三日閱兵，約昨日可到瀘州。接象乾朱家沱來信，其弁目所探亦同，然則至遲廿八日可到此矣。作函致聽齋，並家書數語，交岳元帶。

二十七日丙午　陰。昨夜亥刻得寶軒白沙來信，云府差自瀘州來，宫保已於廿五日辰刻到瀘，移入行臺。即刻作覆，交原差帶回。辰刻浮圖汛謝千總來，所云與寶軒同。得劉瑶齋書，贈磚硯一方，左側有『甲寅歲』三字，無紀年，不知爲何代物。右側有『次山』小印，蓋陸次山舊蓄也。又襄陽張氏各墓碑拓本一册，作書答之。午刻香池來談。夜小雨。

二十八日丁未　早微雨，旋止，晡後晴，晚復陰。得聽齋魚洞溪舟中書。四鼓，小雨。

二十九日戊申　夜卧聽雨，甚適。曉起推窗，望四山雲氣尚濕。辰刻晴。顧倅德謙、袁郢村侍御來。得丁伯度、李聽齋信，均手覆，交來人帶回，並附寄家書。亥刻，驟雨一陣，然一彈指頃即止。巴縣家人萬全自瀘州來，云大府今日啓節與否尚未定。

三十日己酉　晴。得聽齋信，内附子實書，即作覆。定果之來，喻智亭亦至，因病未見。夜半，復得聽齋書。

五　月

五月庚戌朔　曉微雨，即晴。覆聽齋書。申刻移泊東嶽廟下，遇象乾，舟行不得語，送一書來，知大府昨宿石巴沱，行將至矣。已而張子敏、喬壽泉、慶寶軒均來，次第過舟談。戌初大府至，即登舟謁見，至馬頭始别，復同往龍王廟行香。歸舟，寶軒又來，欲遣人通知聽齋，適聽齋又遣人至，遂作數語答之。事畢始飯，已亥刻矣。

宋聊復翁趙德麟《侯鯖録》卷一：『又見一鏡，背花妙麗，又有「貞字飛霜」四篆字，鏡名或人名耶？不可得而辨。』案：阮文達有《貞子飛霜鏡考》。又：『余嘗和劉景文詩云：「我識之無常縮舌，君能競病且低顔。」』又：『歐公閒居汝陰時，一妓甚韻文，公歌詞盡記之。筵上戲約，他年當來作守。後數年，公自維揚果移汝陰，其人已不復見矣。視事之明日，飲同官湖上，種黄楊樹子，有詩留纈芳亭云：「柳絮已將春去遠，海棠應恨我來遲。」後三十年，東坡作守，見詩笑曰：「杜牧之緑葉成蔭之句耶！」』又：『東坡在徐州，送鄭彦能還都下，問其所游，因作詞云：「十五年前我是風流帥，花枝缺處留名字。」記坐中人語，嘗題於壁。後秦少游薄游京師，見此詞，遂和之，其中有「我曾從事風流府」，公聞而笑之。』

初二日辛亥　晴。卯刻解維，未正到渝，各寮屬皆來迎，即同至太平門馬頭官廳，徐輔廷、劉雨田、吴虔甫皆在坐。酉刻大府至，登舟叩謁，後復至行館起居，回署已甲夜矣。

初三日壬子　晴。辰刻往行館衙參，陳懋齋、侯鞠坡、英朴庵、祥石庵、陸雨岑及委員諸君均來見。馬伯凱來。亥刻寄易星階書，内附院札一通，交保甲局專勇送。

初四日癸丑　早晴，旋陰，午刻大雨，竟日夜不止。辰刻衙參後，宫保至校場大閲，午餐罷，各歸，爲雨所阻，未及看弁兵馬箭。

初五日甲寅　陰雨淋漓，至夜方止。四野霑足，曷勝欣幸。辰刻賀節投謁，未見。還至象乾處祝壽，亦未見。晡後子敏、寶軒、聽齋、蓬閣來，言江北教案已議結。

初六日乙卯　薄晴。大府閱官兵步箭，上院見。

初七日丙辰　陰雨。詳結江北教案，上院見。晚約馬伯凱諸君便飯。

初八日丁巳　陰雨。准臬司鹽道移拿獲江大烟桿案，内李令保補知府後以道員儘先補用，並加運使銜；覲元督辦有方，請交部從優議叙。堂期，上院見。飭慶守會辦涪州教案。白德哩狡焉思逞，慶急持之，孫牧爲之和會，至丙夜涪案亦結。詳將軍江北教案議結，並致芥帆書，專勇張慶安送。

初九日戊午　晴。宫保大閲渝城練卒並水師技藝，各賞賚有差。詳結涪州教案，上院及校場均見。章碩卿來。寄鑪青書，交張福帶省。

初十日己未　晴。大府啓節。卯刻至佛圖關蠶神廟，辰刻大府來，周視廟廷，題額曰『衣被千秋』，榜諸正殿之楣。巳刻會食東園，食罷復循行桑林間，久之方行，日已中矣。熱甚，與輔廷、雨田、象乾復在東園小憩，日晡方歸。發涪州教案議結將軍詳文，並致芥帆書，專勇周國良送。

十一日庚申　晴。客來不絶，日昃方餐，苦不可言。劉雨翁辭赴成都，李笏山來，晚約碩卿、壽泉諸君便飯。夜雨，寶軒送差歸。

十二日辛酉　朝陰，旋晴。出門拜客。得張荔園書。

十三日壬戌　晴。祠武帝。晚約子敏、竇軒、地山、蓬閣、聽齋便飯。
十四日癸亥　早晴，旋陰，日入大雨。寄鍾蘧庵書並銀一百七十五兩。又復荔園及杜義甫書。讓卿辭赴銅梁。
十五日甲子　陰雨。早起行香，客來不絶，憊甚。晚晴。
十六日乙丑　晴。送張子敏回成都，唁阮彦明，遣蕭勤忠赴忠州捕盗。易星階來。
十七日丙寅　陰雨。得子韓信。寄荔園、味荃書。喬綬權辭赴酆都，委吴清臣等赴各屬提津貼銀兩。丙夜大雷電以風，雨下如注水。
十八日丁卯　陰雨。聞鑪青眷船將到，遣施惠迎之。致海珊及施菡香信。
十九日戊辰　陰雨。鹺商例設公讌，却之。
二十日己巳　陰。吴地山辭回省。枚臣夫人自省來。
二十一日庚午　陰雨。得芥帆回信，又得京信，閲邸抄。耕娱乞假兩月迎親。馬伯凱爲勘估南岸新堤報銷事，奏調回東。
二十二日辛未　晴。蓬閣來。鑪青家眷到渝，即日登岸，遣王鏞爲料理之。晚赴竇軒之約。
二十三日壬申　陰雨。二次專勇回，復得芥帆信。碩卿辭往鄧井關，伯度辭赴忠州。
二十四日癸酉　陰。

二十五日甲戌　晴。考東川書院生童月課。生題：『我亦欲正人心，息邪説詖行，放淫辭』；賦得『瑞芝』，得芝字。童題：『廛無夫里之布』；賦得『新荔』，得新字。書巴縣鄉學培元書院額，又大楷書《南川縣金竹寺傳戒碑記》一通。

二十六日乙亥　陰。得子韓信。又得書卿及仲清書，復卿交來。

二十七日丙子　陰雨。保甲局設太平醮壇，辰刻前往行香。得枚生、少蓮書。

二十八日丁丑　陰。彙解塔捐銀三千一百兩有奇，交天順祥匯省。

二十九日戊寅　陰。付江北涪案撫恤銀二萬九千兩，交羅元義手收。寄鑪青信。

六　月

六月己卯朔　陰。早起行香。

初二日庚辰　晴。得子韓信，並阜康邸報：全小汀先生復參知政事，倉少坪乞病，李蓼生升滇臬。夜大雷雨，寄丁伯度信。

初三日辛巳　陰雨。獲漏鼇案累累，皆决罰有差。

初四日壬午　晴，午後大雨一陣，旋覆出日。寄丁芥帆信，並河南賑捐三百兩，交蔚豐厚匯省。

初五日癸未　早晴，旋陰，夜大雷雨。堂期，接見寮屬。聞藩司已於上月廿八日懸牌，飭沈守赴任。

初六日甲申 早雨，旋止，午後暢晴。陳香池來。

初七日乙酉 晴，晡後大風，雷雨，旋止。發大府禀，交巴縣專差送。得鑪青書。

初八日丙戌 晴，大熱，黄昏大風，雷雨，下如注水。孫讓卿自銅梁來。

初九日丁亥 晴，夜大雨。祥石庵辭回長壽。寄葉誠齋《笠澤叢書》一部。

初十日戊子 雨，至曉不止。卯刻即起，雨太猛，遂免寮屬衙參。得漢口報。

光緒四年五月初七日内閣奉上諭：丁寶楨奏拿獲梟匪出力各員請奬等語，四川重慶、瀘州一帶梟匪江大烟桿等勾結滋事，經丁寶楨派員會拿，先後捕獲巨梟多名，匪黨亦俱殄滅，川東一律肅清，在事各員尚屬著有微勞，自應量予奬勵。直隸州知州田秀栗著賞加鹽運使銜；知縣楊作霖著候補缺後以直隸州知州補用，並賞換花翎；白賡棣著候補同知、直隸州知州後以知府儘先題補；李玉宣著候補知府，復以道員儘先補用，並賞加鹽運使銜；知府林士班著以道員遇缺題奏，並賞戴花翎〔二〕；知州徐德懷著以直隸州知州儘先前補用；川東道姚覲元、永寧道延祐均著交部從優議叙，該部知道，欽此。

十一日己丑 晴，夜大雨。繆小山太史來。

十二日庚寅 陰，微雨。詳覆兩院，申送江、涪案内合同甘結。孫讓卿辭赴合州。

十三日辛卯 陰。發大府禀並詳文，爲銅梁差輪事也。同鄉周稼年、琴舫來。

十四日壬辰　陰，微雨，日加酉大雨。署銅梁縣事沈牧恩培、墊江令袁令績震來。出門拜客。接周叙卿信，由永聚公布號交來，内附其家信一封，即日交胡萬昌轉寄。

十五日癸巳　陰雨。早起行香。内子生日，避不見客。覆叙卿信，内附蔣梓村一函，仍交永聚公寄。潮生贈宋淳熙己酉大暑日晁子順元龜題名墨本，此亦前人所未著録者。問之，在墊江，距城十許里西山峽口摩崖刻鄧姓新得山業内，字徑寸餘，有山谷筆意，可珍也。

十六日甲午　陰雨。自昨至今，淋漓不止，頗切田畝之憂，飭府縣設壇祈晴，先齋戒默禱。雨甚，不得出門謝客。沈銅梁辭回任，袁墊江亦辭赴墊江算交代。晚晴，見月。

十七日乙未　乍陰乍晴，晡時微雨，即止。設壇祈晴，率寮屬於辰、申二時至府城隍廟拈香叩禱。

十八日丙申　微晴。率僚屬行禮如初。禺中至字水書院祭，院長李孝廉居仁静山。夜雨，聞淋漓聲，徹夜不能安枕。得黄鶴樵信。

十九日丁酉　陰雨。率僚屬行禮。覆鶴樵書。晚晴，月色皎然。作《金石苑目録叙》一首。

二十日戊戌　晴。寫《金石苑目録》成。聽齋、楓尹辭往白市驛接新太守。

二十一日己亥　晴。至城隍廟行報謝禮，撤壇。梁鳳翁來。

二十二日庚子　陰，午刻薄晴，旋復陰，夜雨。沈鑪青兄到渝。

二十三日辛丑　陰雨。鑪青來，飯後出門拜客。

二十四日壬寅　晴。鑪青來。寄蘧庵信，並西方壽禮一百二十六兩三錢，交蔚豐厚。晚約寶軒、鑪青、星階、聽齋便飯。

江北所轄大河下游地名水藏，距魚嘴沱里許，又名大沙壩，又名象鼻石，上有摩崖刻『大士岩』三大字，其旁隱隱刻字尚多，戊寅四月訪得，囑曾叙五參軍覆審之。因江水已漲，刻石半没水中，不能施工，儘拓得一紙來，文三行，曰：淳熙一行，十二日二行，州[二]齋三行。乃宋人題名，其下半在洪波巨浸中，非殘缺也，當於水落時再覓之。

二十五日癸卯　晴。免僚屬衙參。鑪青接印視事。飯後出門拜客，先至鑪青許少坐，復過象乾，均見。訪寶軒，未遇而歸。

二十六日甲辰　陰。寅刻至會府行慶賀禮，晚約梁鳳書五丈暨輔廷、象乾便飯。

二十七日乙巳　晴，熱甚。寶軒來。

二十八日丙午　晴。寶軒辭回成都。晡時出門拜客，至寶軒許，未遇。彭芝亭來。

二十九日丁未　晴。寶軒回省。

三十日戊申　晴。聽齋、楓尹送寶軒至白市驛回，聽齋乞病假三日。得芥帆信。

七月

七月己酉朔　晴。早起行香。寄丁芥帆書。孫讓卿辭回省。彭芝亭辭回省。

初二日庚戌　晴。鑪青來。

初三日辛亥　晴。鳳書來。覆味荃書，交來差帶回，内附薇柏芥信。

初四日壬子　晴，熱甚。新推右營都司開泰來，携到閩廷一書，以其不遵制度，拒不見。

初五日癸丑　晴。出門拜客，鑪青假去《府志》一函。

初六日甲寅　晴。曾叙五選鳳翔縣來見。得少蓮書。夜雨。

初七日乙卯　晴。聽齋送來巴縣舊志二十本，草稿四本，續采訪稿四本，又志稿十五本，《節孝紀録》一篇，共一篋。略一繙閲，無一是者，姑存之而已。

初八日丙辰　晴。出門拜客，兼祝鑪青夫人壽。

初九日丁巳　晴。

初十日戊午　早晴，旋陰。午雨，即止。漢口勇回，得耕娱世兄覆書，兼寄洋表、湖縐、荆緞、水烟筒四物。又接子韓並寄惠《金石屑》四册，嘉興鮑昌熙所著，模刻精工，與《金石契》相伯仲。鮑蓋張叔未解元高弟也。又叔未詩四册、《説文辨疑》一册。石泉差同來，即作書致味荃，令其速歸。

十一日己未　，陰，天氣稍凉。寄叔父禀，銀四十兩，託迪甫轉交。子湘銀六十兩，又印價二兩，何姑太太八兩，老姑太太四十兩，少蓮四十兩，又頤珠、荆南夫人連頭定親三十兩，池貴八兩，又寄芍亭京兆書，均托蔚豐厚帶。

十二日庚申　晴。雞鳴至會府祝嘏。發大府禀，轉陳鹽課歸丁事。

十三日辛酉　晴。鑪青移牙署，晡時往賀，即歸。

十四日壬戌　晴。趙少枚署白市驛縣丞禀到，見。吴蓬閣來。從小山假得影宋本《相臺書塾九經三傳沿革例》一册，吴枚庵舊藏也擬校於鄂刻之上，尚未暇涉筆。

十五日癸亥　晴。早起行香。張大令濤來。

十六日甲子　晴，夜大風。得少蓮書。吉北坪來。

十七日乙丑　晴。得枚生書，得錢圖山信並書三册《禁書總目》抄本。

十八日丙寅　晴。答拜北坪，還過果之小坐。

十九日丁卯　晴。小山太史回省。寄錢圖山信並叢書五種《小爾疋疏證》《鳳墅殘帖釋》《古今韻考》《棠湖詩稿》《春草堂遺稿》、《漢隸字原》一部。又寄叙卿信，内附叙卿家信本日胡萬昌到，並致英悟庵書，交永聚公布店。

二十日戊辰　晴。堂期，接見寮屬。吴紫瀾來，委署長壽到任也。邸抄：沈壽榕送部引見。雲南鹽法道放鍾念祖，本省候補道也。記名御史汪仲珣、白桓、胡隆洵、徐克剛、光熙、萬培因、孫紀雲、蔣鎮嵩、鍾孟鴻、葉蔭昉、馮光勛、章乃畬、李士彬、謝謙亨、陳錦、蕭韶、丁鶴年、王憲曾。

二十一日己巳　晴。婁銘之來，得胡若川信並遂寧碑本。

二十二日庚午　晴。出門拜客，晚約紫瀾及于仲方、劉子蕃、婁銘之、官竹農便飯。

二十三日辛未　晴。熱甚，已三夜不安枕席矣。鑪青來談。讀邸抄，知漱芳以洋務奏調，赴山東差遣委用，鶴巢亦分發山東矣。江蘇臬司放德馨。

二十四日壬申　質明大雷雨，竟日陰，新凉可喜。

二十五日癸酉　陰。免寮屬衙參。覆若川信，並《笠澤叢書》一部，交巫德順寄。

二十六日甲戌　早雨，旋止。李叔佩辭回省。

二十七日乙亥　薄晴。馬養齋來，購得金承安銅鏡一面，文曰：『承安四年上元日，陝西東運司官造，監造録事任□，提控運使高□。』凡廿六字，内兩押不可識。按：承安乃金章宗明昌改元，俟詳考之。又漢印一，白文四，僅識『楊』『印』，字已斷爛矣。

二十八日丙子　陰雨。李聽齋來。

二十九日丁丑　陰雨。接子湘、仲清、惠卿信。

八月

八月戊寅朔 早陰，旋晴。早起行香。於别駕啓麟來談近事甚悉。

初二日己卯 晴。得子韓信，知偉如真除巡撫，曉蓮坐升藩司。孔勛臣來。邸抄：伯音升太僕寺卿，厚安補内閣侍讀學士。

初三日庚辰 晴。寄鍾蘧翁信，並銀三百五兩，中秋例用也。

初四日辛巳 晴。於别駕辭回省。彭水令白楣來，號子恒，通州人，小山年祖之孫也。劉叔裴來，未得見。鑪青來談。

初五日壬午 大雨竟日。平旦祭吕祖暨昭忠祠，劉丞、白令均來。吴子明辭赴京。

初六日癸未 晴。撰《集韻校正會編》卷之一成。晚約子恒、叙五、勛臣、子明、養齋、伯度便飯。子恒辭赴任。

初七日甲申 晴。得慶賓軒信。

初八日乙酉 晴，夜雨。奉大府手函。文廟演禮。

初九日丙戌 陰雨。得少蓮、枚生信。讀邸抄。七月初四日覲元蒙恩授湖北按察使，丁士彬調補川東道。賀者踵至，皆以未奉行知却之，然愧于向敏中多矣。

初十日丁亥 晴。祭先師孔子，雞鳴而始行事，質明而退，幸無隕越。寄蘧安、讓卿信，托問摺件事，交縣專送。

十一日戊子　晴，夜大雨。祭社稷壇。專勇迎鄭伯更。寄信一函，盤費銀十兩。又午節分款，大小各十五包。接子韓信，即復。

十二日己丑　陰。苗令回渝。

十三日庚寅　晴。出門拜客。

十四日辛卯　晴。酉刻接芥帆專差來信，云部文已於初七日夜到院。又得子韓信。

十五日壬辰　晴。黎明祭龍神祠，即詣文武廟行香。得叔父、子湘、迪甫、小山信，復芥帆書。

十六日癸巳　晴。祭文昌宫。宣黼孫回渝，云有晋碑，未知信否。書禮器碑。

十七日甲午　晴。午刻奉大府函。亥刻奉到行知，升授湖北臬司，並奉另札，此缺委唐鄂生觀察署。

十八日乙未　乍陰乍晴，晡時微雨數點。覆大府禀，内附摺稿。又寄芥帆、蘧庵、聞廷書，專勇送，限廿三日到。是日祭關帝廟、火神祠。

十九日丙申　晴。得蘇州信，又得鵠山信。發湖北督撫司道首府禀信，託子韓送。

二十日丁酉　晴。得龍伯信。晚鑪青招飲。

二十一日戊戌　晴。得子韓信。

二十二日己亥 晴。象乾招飲。

二十三日庚子 晴。寄仲清信，交謙吉鼎。

二十四日辛丑 晴。果之招飲。

二十五日壬寅 晴。免僚屬衙參。得蘧莽、讓卿信。

二十六日癸卯 晴。得子韓信並仲清信物。黄綬芙來。

二十七日甲辰 晴。答拜綬芙。

二十八日乙巳 晴。

二十九日丙午 晴。收拾書籍，而客來不止，殊覺應接不暇。

九月

九月丁未朔 晴。早起行香。寄仲清信，交德盛昶海珊經手。得鄭伯更書。

初二日戊申 晴。得叙卿信。巳刻出門，賀徐琴舫遷居喜。

初三日己酉 陰，夜雨。省城專勇回，得芥帆書，知謝恩摺已由南院幕府代辦，索黄紙、水印、油印、印花。即刻戌刻作覆，專勇送往，限初八日到。蓋大府月摺定初十日拜發，此摺即附便呈遞也。江北紳士、民團來送匾額，皆依依不捨，有零涕者，亦爲之黯然。

初四日庚戌 陰。巴縣闔邑紳商士民公請，在卅六屬公所，盡歡而散。諸父老情意真摯，返躬益滋愧矣。

初五日辛亥　陰。免僚屬衙參。鑪青赴江津接鄂生，權巴縣陸令葆德到渝。

初六日壬子　晴。内子移寓行館。

初七日癸丑　晴。聽齋餞别，仍在卅六屬公所。晚鑪青回渝。

初八日甲寅　晴。

初九日乙卯　晴。巳刻至太平門馬頭接鄂生，良久方至。申刻鄂生來談。

初十日丙辰　陰。早至鄂生處，酉刻送印與鄂生。是日巴縣交替，陸以貞亦於酉刻接印。

十一日丁巳　陰，小雨。辰刻移入行館，鄂生午刻接印，未刻至署賀鄂生，還過鑪青小坐。

十二日戊午　陰雨。出門拜客。黄夔州來。得子韓信。

十三日己未　陰雨。諸同寅公餞，丙夜方散。得蘇州信二函，又得少蓮信。

十四日庚申　陰雨。客來不絶，未刻方出門辭行，回寓已黄昏矣。

十五日辛酉　早雨，午見日，晚晴，月色皎然。午正起程進省，先過鑪青、象乾少坐，過兩路口，鎮道以下諸同寅皆候送，小憩復行。申初至佛圖關，宿蠶神廟。易星階太守、丁伯度、蔡潤之、李聽齋、沈子誼、少泉、吴才伯、婁子材皆在，八紳首士及張金門，又宋松岑、董海門、戴海珊、胡子賢、葉静齋、劉味學亦皆來送，與諸君瞻眺頗適。晚飯後即卧。路餞者已先期辭謝，告以赴省，尚將回渝，方由水程東下。其辭而仍至者，凡十有二處，亦可感矣。

十六日壬戌　陰雨。寅刻即起，與諸君别。卯初冒雨行，巳初至白市驛，與趙少枚共坐。適遣往成都之勇丁張慶安回，得芥帆書。飯罷復冒雨行，申初至來鳳驛宿，寄家書，交張慶安。

十七日癸亥　陰雨。卯刻起身，江蘭皋來。巳刻馬坊橋尖，蘭皋辭歸。申刻永川縣宿，以考試仍住衙齋，即去夏所宿之二堂，而上開天窗，光明透露，無須秉燭矣。劉孟仙與校官、典史並委員于煦均來見。

十八日甲子　大雨竟日，夜卧聞簷溜聲，頗有羈旅之感。卯刻即起，辰初始行，午刻至郵亭鋪，炊尚未熟，恐天晚路遥，買不托食之而行。盛西棠、王藎臣皆迎至此，申正抵榮昌縣宿。周梓常來。

十九日乙丑　平旦雨止，禺中薄晴，晡後晴。日出甫行，禺中燒酒坊尖，與藎臣、西棠共飯，二君即别去。晡時隆昌縣宿，縣令國君歡、典史吴厚餘均郊迎，復來見。

二十日丙寅　陰。連日寒甚，竟御羔裘，至日晡始有暖意。卯刻起程，一路泥濘特甚，蓋石徑爲載重之馬騾所糜，未修復也。午初雙鳳驛尖，飯罷即行。未正椑木鎮渡河。申正内江縣宿。縣令陸爲棨相驗赴鄉未歸，署典史□□、千總袁福萃均郊迎，復來見。夜雨。

二十一日丁卯　陰，曉大風雨。役夫憚雨行，匿而不出，日加卯始起程。日中雨止，金帶鋪尖，日晡薄晴。權資州吕静甫司馬渡河來逆，遂同至州小憩，復同静甫游君子泉，泉在北門外里許，迤東一石巖下，巖壁造象與題名參錯迨滿，而造象新者頗多，恐古刻之亡者不少矣。

瞻眺良久，歸行館，天尚未暝。飯後静甫復來談。

二十二日戊辰　晴。卯刻行。巳刻銀山鎮尖，静甫别去。未刻南津驛小憩。資陽令金韶生來，粤人，丙子庶常，甫履任而官聲甚好，遂同行。申正渡河至資陽縣宿，體忽不適，嘔吐，而中氣上下隔絶不通，憊極而卧，至五鼓始得汗而愈。周雅堂太史來，不能見，遣人答之。

二十三日己巳　陰。天明始行。巳初臨江寺尖。申正簡州宿。晤余刺史，知馬叔度今晚丑刻接印。苟副將耀先、徐咏虞、李叔佩、謝丹墀均自省來見。劉巡檢兆亨自石橋鋪來，已人定矣。得沈吉田書，另有公牘，爲挐劉生輝大有當夥事，仍封固，令其遞署。

二十四日庚午　陰。待馬不至，天明始行。巳初石盤鋪尖，婁典史鈞來。申刻龍泉驛宿，途遇趙大令湘，劉巡檢子實、孫讓卿、黄深如、吴地山、費冰如、劉瑶齋、周實生、秦濤安均來。右目之上忽腫起如小核，頗不便。作家書，擬於明日過東門時交大幫便帶，恐進城酬應無暇也。

二十五日辛未　陰。卯刻起程，一路迎者踵相接，各與周旋，至巳刻方得入城。寓純陽觀，俗名三倒拐，張夢紱之屋，讓卿從之借也。客來不斷，未刻方得出門謁大府，並拜四司道。至立翁處，歸已張燈矣。晚顧復初、繆小山、吴幼農來談。徐季鴻表叔來。

二十六日壬申　陰。甫欲出門而客又至，未刻方至西院，又至南院，均見。還訪蘧翁，並至枚臣夫人處。晚張貽山同年、吴地山丈來。

二十七日癸酉　陰。出門拜客，午刻至聯星階六兄處暢談，即赴吴熙臺、悟安、柚農之招。

晚蘧翁招飲。

二十八日甲戌 陰。早至琦聞庭六兄處，即赴西院，並拜諸同寅，晤劉玉田、勞鷺卿。歸寓午餐，復出門拜客，兼唁周雲崑觀察。晚赴方子箴前輩之約，同坐立齋方伯、研農、芥帆、蘧莽、貽山，丙夜方散。黄翰仙來，談都門事甚悉。寄周叙卿信。

二十九日乙亥 晴。約讓卿、徐山、鐵江午餐，即同往蘧莽處，貽山亦至，同游骨董肆，比比數十家，無一可看之物。興盡，復同至蘧翁寓齋會食而散。聞少泉委署秀山典史。

三十日丙子 陰。上院，未見。晚立齋方伯招飲，同坐子箴、研農、芥帆、蘧庵、貽山，大醉而歸。唐鄂生專勇李廷超至省送公牘，遇之塗。云伊於廿二日在行台，知一切安好，廿三日出差，半夜甫得信，黎明即行，故不及索書。

十　月

十月丁丑朔 陰。寄家信，交李廷超帶。又寄象乾、果之、鑪青書，交劉得勝賫回。晚伍崧生、張貽山、沈吟樵、鶴樵同年、繆仲英丈招飲沈氏□園，同坐子箴前輩。

初二日戊寅 晴。謁稚潢宫保，詢北上之資，以予在川東未嘗苟取，欲以公費内撥二千金爲贈，力辭始允。還過何北卿，並答拜莫摺卿軍門組紳。晚赴蔡研農六兄之招，同坐立齋方伯、子箴前輩、芥帆、蘧莽、貽山觀察，人定即散。得李聽齋信，知初三日方得起身。

初三日己卯　晴。子箴前輩約觀書畫，宋拓《大觀帖》三册、《閣帖》二册、趙文敏《臨黄庭》真跡卷、張僧繇《掃象圖》卷、趙子固《水仙》卷皆致佳。蘇文忠爲釋契順書《歸去來辭》卷，恐是雙鈎填廓。箴翁收藏宏富，有《夢園書畫録》刊行，惜晷短客多，不及遍覽。同坐九人，脱略形跡，一掃外官積習，然終不如春明之灑落耳。寄家信，交大幫帶。得味荃信。

初四日庚辰　陰。早至立翁、芥翁處。午刻二錢大令來。黄景周刺史贈漢印三枚。沈吟樵同年昆仲贈所藏金石拓本廿種、藏香二種、鶴樵令嗣和子篆書四幅、畫佛小屏一坐。沈子雄送令弟鶴農贈張有《復古編》一函、《説文疑疑》二册。《疑疑》乃余家舊物，謙中同里人，余欲重刻其書，故從鶴農索之，慨然相贈，可感也。晚赴勞鷺卿觀察之招，同座莫摺卿、尹殷儒、許曉東、李潤之、黄翰仙。

初五日辛巳　晴。何北卿約午飯，同座子箴、研農、玉田。還過星階小坐，晚復赴翰仙之召，觀機器，並試所造馬的尼鎗，然後知天地之用，不外水火，一切轉輪，特法天之運耳。同坐莫摺卿、曉東、玉田、鷺卿，又翰仙族人□廖仁黼，湘人，其尊甫鄂之老吏，現候補知府。

初六日壬午　晴。上院謝步並拜客。晚赴芥帆之招，同坐立翁、子箴、研農、殷儒、蘧庵。

初七日癸未　晴。袁潮生來。巳刻出南門，至曾仁甫家，見左六表妹。所居在浣花溪上，種竹蒔花，引水爲沼，境頗勝。有水榭二，尤宜於夏日，惜門庭稍隘耳。午刻赴青羊宫踐諸同寮之約，賓主二十餘人，尚有未得與會者。論者謂外道升遷祖帳，久無此盛，返躬殊多愧矣。

青羊宫似是明時舊刹，庭中鐵香爐尚存『成化四年』字，若舊碑，則無可考矣。殿宇規模宏敞，方重修未竟，後有高閣，祀唐玄宗，與太真妃並坐。道士云，是幸蜀時所留像。然則何以在成都，又何以有太真耶？左右隙地頗多，亦有喬木脩竹，惟屋宇不稱，爲可惜也。聞二月花市在此。殿上有銅羊二，左者一角，蓋神羊焉，相傳遂寧張文端得於京師，携置于此。以鐵香爐考之，廟蓋明鎮守太監所造，閹宦無知，故所祠多不經。文端之置銅羊事或有之，見《船山詩集》，而謂以是得名，恐未必然也。飯罷同遊二仙庵，有小坐落，無足觀覽，惟竹徑、荷亭尚堪消暑。亭有坐具八，皆巨木根柢，殆棟梁之所裁棄，穩重而人不能竊，築室者可法也。酉刻入城，過聞廷小坐而歸。寄家書，交便勇周文斌帶。

初八日甲申　陰。早起，客來不絶。巳刻出門至趙宅，復過蘧庵，談少頃即歸。晚大府賜飯，同坐鷺卿、曉東。寄家書，交大幫脚帶。雇定四艙艕子船一號，價六十金，船户鄭鳴盛。夜雨。

初九日乙酉　陰。午刻出門至研農處，未晤。訪何北卿、李潤芝，皆見。浙江館同鄉公餞，甲夜始散。館新脩舞臺，大厦庇之，略似春明，微嫌市氣，不若我重慶卅六屬公所之大方也。

初十日丙戌　晴。詁亭將軍來。晚赴劉玉田三兄之招，同坐搢卿、曉東、蘧安、伯凱、貽山。

十一日丁亥　陰。巳初上院，適芥帆亦至，遂同見。未初始退，即賀研農初度，遂出南門，赴三楚同人之約，會食少陵草堂。聞次翁舊友陳杏川尚在鄂省，又臬署後山有陳友諒墓，禁呼其名，皆蕭大令銘壽說。晚，李潤之招飯，同坐搢卿、蘧庵、曉東、翰仙、鷺卿，乙夜方散。鷺卿贈鼻烟，一小剌鍋巴，酸味。

十二日戊子　陰，夜雨。巳刻子箴前輩來，遂同赴詁亭將軍之約，殷儒繼至。未刻散席，至芥帆、幼畊處少坐，即歸。晚貽山、蘧庵招飲，同坐四司道。得味荃、叙卿書。

十三日己丑　陰。巳刻至少城唁吉蘋洲協領，並拜色石友都護。李聽齋來。稚潢宮保巡閲川北，定十八日啓節。研農來。吴成章自茂州來。

十四日庚寅　陰，夜雨。上院，還過貽山小坐。飯後至研農、鷺卿處，未晤。訪翰仙，與立翁遇，縱談良久，復至聞廷許話別，歸寓已張燈矣。寄家書，内附少泉委札，交蔚豐附帶。又復叙卿、味荃書，均交來差。

十五日辛卯　陰雨。貽山來訂盟，時加午，會食於貽山寓齋，同坐子箴、蘧葊、仲英丈。酒闌，研農至，飯畢各散。晚赴星階六兄之約。

十六日壬辰　晴。出門辭行。晚徐季鴻表叔招飲，同座聽齋、深如。

十七日癸巳　晴。辰刻上院稟辭，並叩送大府，與司道同見，日仄始退。晡後復行舉主禮，黄昏歸寓。客來不絶，甲夜始整行裝，四鼓方卧。崇扶山到省。

十八日甲午 陰。早起見客。巳刻至方伯處話別，復過扶山，未遇。即出城，至歡喜庵阿文成祠堂。未正大府來，與司道公送大府啓節，司道復送余至東門真武祠，堅辭而後返。諸寮屬更送余登舟，少與周旋，而天已暝矣。即解維，行五里，泊薛濤井下。憊極，黄昏即卧。

十九日乙未 陰。平旦解維。趙大令湘、漢卿、鴻疇、菊泉、林君拱辰、曾甥光岷皆買舟相送，至中興場，堅謝，林、曾始去。晡時至傅家壩，舟人堅不肯行，遂泊。夜小雨。

二十日丙申 陰。雞鳴即解維。日未中至江口，李大令珍、謝未入慶恩來送。北岸有市鎮，瓦屋鱗比，約長五里餘，其南有支河通温江，蓋亦都江堰之尾閭也。舟人整橈具畢，復行。過彭山，縣尹張琭壁山甘肅人、典史胡壽銘新予，湘人、署把總鄭溱清泉，江西人均來見。作書致吴成章並熊潤齋，託漢卿轉致，爲成章館事也。兩趙君、李君、謝君均別去。日加酉抵眉州泊，權州事徐傳善春漪，題補酉陽牧，係川東屬，且舊識也。將謁三蘇祠，遲徐君不至，日暮始來，遂不果往。問蟇頤山老泉，尚在隔河十餘里外，鞅掌羈人，登臨未暇，悵望而已。吏目張同焕通甫，桐城人；州判程元昌曉川，江西德化副貢己未；把總周天錫豐山，新都人，均來見。

二十一日丁酉 陰。平旦解維。巳正過青神縣，未泊。知縣事郭世棻遣人棹舟，以手版來迓，以一刺答之。水小而風未利，至觀音峽已日暮，遂泊。

二十二日戊戌 陰。平明開舟，半時許出峽，過荔子灣，禺中至嘉定府城，泊東門。太守玉崑潤齋，權樂山縣徐樹錦次鶴先後來。飯罷入城拜客，進東門，樓額曰覲陽。路極平坦，府署嚮明，麗譙在左，顔曰海棠香國，其右則龍首山在焉。二堂之東曰憩園，地不甚廣，有小池，荷蓋已枯，翼以長廊，有橋，有樓，有臺。園之左則大池環之，惜無花木之勝耳。縣廨後亦有山，曰鳳皇，皆不高。街市半在城外，以外郭衛之，其不臨河者則否。聞胡聘元駐防於此，居萬壽宫，因往訪之，則聘元已先至余舟，不遇而返矣。相見握手甚歡，欲留住一日，却之。歸舟，苗令立勛來，少談别去，即解維。聘元復至，已放乎中流，不及延接矣。過大佛巖，丈六金身外，造象甚多，惜山石不堅，大半摩滅，水涸無灘，然尚洶湧可畏。道士冠亦然。日入至鐵蛇壩宿。

二十三日己亥　晴。平旦解維。食時下茶漁子灘，駭浪驚濤，炫人心目。過犍爲縣，地勢平坦，城郭完固，頗見繁富氣象。至鹽關小泊即行。權縣事廖葆恒益生，舊屬吏也，未來，亦未使人通謁，日仄舟抵泥谿，始遣僕追而餽𥂁，却之。東風勁，舟行頗遲，宿槳脚谿，已黄昏後矣。

二十四日庚子　晴。日加卯始開行，以宿霧籠江舟人呼曰罩子故也。禺中至叙州府，知宜賓縣張振聲子家來。太守史崧秀琴孫，都門舊雨，以考試未出。經歷德麟惠泉，聞廷之子也，亦以病未出，遣人來，小泊即行。城郭完固，富庶勝於嘉定，金沙江水自南來，合流處清濁判然。其上有樓，曰夾鏡，過此則水勢較深矣。晡時至南溪縣，以前途無宿處，遂泊東門青龍閣下。令尹雷爾卿乙垣，秦之甲科，富人也，未至，亦無有過問者。

二十五日辛丑　晴。夜半即行，天未曙即過江安，越納溪，至瀘州，日尚未仄。知州事田秀栗子實，舊屬也，州試是日甫出長榜，聞信即來，云遣人至嘉定坐探，尚未歸，不虞公來之速。作家信，託子實專送。已而文比部天駿雲衢、王太守元晋子蕃、施别駕德培君懷、婁大令樾銘之暨吏目厲志，均來。晡時登岸拜客，入東門，先訪延少山觀察，覆至州屬，出門南，至黔邊鹽局，復入城，出東門而歸。城中街道高下崎嶇，與渝城等而狹隘過之。道署甚逼窄，而轅門内折字、貨藥攤累累，幾無隙地。州署在高坡，其門繚而曲。鹽局則曾姓之屋，面少鶴而臨大江，氣勢甚壯，惟屋宇不多，其旁少有竹木，强呼之曰園而已。黄昏，少山來答，君懷、銘之復先後來談。知少泉已由富順回渝。子實堅留遊忠山，情不可却，適巴縣有家丁來迎，即告之，令其先行回郡。

按《志》：明初改拓蒲家莊犀牛寨而居之，即今治所，漢江陽舊治也，然則今州城非宋神臂巖之舊矣。

又寶山在州城西關外，即城後枕山，一名堡子。《勝覽》云：寶山初名堡子，爲巡檢廨，慶元間州帥陳損之移廨山西，建堂其上，安撫制置使袁説友榜其堂，曰『江山平遠』，易名寶山。下瞰城郭，萬瓦鱗集，兩江合流。又名得功山，漢諸葛武侯嘗駐節於此，上有武侯祠。明崇禎時提學副使何閎中更名大忠山。

二十六日壬寅 晴。子實堅留，勉住一日。禺中婁涵若來，已而子實、子蕃、君懷、銘之皆至。成丞學懋我湖，貴州人，蘭生先生之孫，生於苕上，故字曰我湖，亦來見。日仄雲衢來送，晡時會食於忠山，同坐雲衢、子蕃、少山，子實作主人。武侯祠之旁復營吕祖祠，地不廣，頗有竹木之勝。魁星閣峙於南，乃新建，近來科名之盛以此。少山云，始建時，掘地得斷碑，本明時舊基。堪輿之事，信有之矣。黄昏回舟，君懷、子蕃、子實均先後來送。

二十七日癸卯 陰。黎明解維。午初過老瀘州，即神臂巖，宋故城址尚隱約可見。稍下即灌口，石梁重疊，横亘江畔，外昂内迤，大水時最險，今石骨呈露，波浪不驚矣。抵合江，日尚未晡，舟子皆縣人，堅不肯行，遂泊。署縣事楊大令作霖□□、仁岸分局委員夏太守源□□、申大令祥□□、典史□□均來見，即登岸答之。夜雨。

二十八日甲辰 陰，微雨。平旦解維。巳刻過羊石盤，入川東界。晡時至油溪，知江津縣王右溪同年拏舟來迎，談少頃，别去。日入抵江津縣城泊，右溪復來。署訓導鄭煓、典史李承蓮、把總馬楞均來見。試知縣官政竹農來，府委在此審案也。

二十九日乙巳 晴。平旦開船。午初至大渡口，巴縣令陸葆德以貞來迎，易太守履泰暨同僚諸君子亦以次來舟。未刻抵太平門馬頭，即登岸，晤定果之及三營文武各同僚。權川東道唐鄂生以病，太守沈鑪青以府試，均未至。少談，即回寓。鄂生書來，知九月廿六日有星使赴川之命，蓋《申報》中所載邸抄也。寄芥帆書。

十一月

十一月丙午朔 陰，夜雨。晨起客來不斷，日加午始朝食，即出門拜客，日入方歸。寄子韓書。

初二日丁未 陰，小雨，晚晴。先妣忌辰，謝客閉門一日。晚黄鶴樵辭赴閩中署任，致董小樓書。英樸庵來，鑪兄來談。

初三日戊申 晴。早至江北廳，並城内答拜各客。喬綬權來。致象翁書。

初四日己酉 暢晴。墨緣、竹雲招飲。吴曉翁來談。張雨亭送仲清信來。

初五日庚戌 晴。竟日未出門，客來亦希。

初六日辛亥 晴。唐鄂生來。晡時出門拜客。丁伯度回渝來見。

邸抄：光緒五年三月二十六日，穆宗孝哲毅皇帝、后梓宫永遠奉安山陵。全小汀協揆重赴鹿鳴宴，賞太子少保銜。

初七日壬子 陰。出門拜客。張叔平來。陳農部桂山馨來。

初八日癸丑 陰，微雨。英朴庵、國子達來。

初九日甲寅 陰。出門拜客。寄子箴信，並牋紙四匣又二百張、封筒二百、石刻四種、羊豪筆十枝、譜一分；貽山牋紙二百番、封筒百枚、石刻四種；研翁信一函，舊玉搬指、鐘佩各一；芥帆信一、譜一、書一；聞廷信一、普濟丹一百廿丸、太乙丹五十定。晤李笏山，云芥帆於廿二日得京信，星軺果爲青郊之事而來，未知信否。

初十日乙卯　晴。檢點行李運舟。接芥帆信並蘭譜，陸以珍交來。

十一日丙辰　陰。鑪兄來談。晚伯度、潤芝、勛臣、綬權、養齋、緯卿假山西館公餞，同坐輔廷。

十二日丁巳　晴。巳刻鄂生觀察招飲，肴饌無多而色色精腆，器皿尤佳皆古瓷，爲之一飽。晚三營公餞，情意殷殷，舉有惜别之意，可感也。

十三日戊午　薄晴。寄聽齋信，内附鐵江一函並對聯、《繆篆分韻》，交養齋寄。又寄顧幼畊書並『三韻』全分，沈吟樵同年昆仲書並《漢隸字原》部、《繆篆分韻》二部，均交雲墀。未刻琦聞庭六兄專弁黄鳳池送到原差劉斌初八日申刻回省批摺：軍機大臣奉旨，著來見，欽此。酉刻覆聞廷書，並致芥帆一函，均交黄弁賫回。出門辭行。

十四日己未　陰。出門辭行，客來不絶，黄昏後始稍息。寄將軍、大府禀，又爲綬權、伯度、羅國安致芥帆書。

十五日庚申　陰，小雨時作時止。巳初起程，由行館繞府前，至白象街，出太平門。祖帳者席相接，士紳商賈也。其兵丁民團相率而至者，復數千人，皆依依不捨，有離别可憐之色，相對泛瀾，哽不成語。至江干，則僚屬之送者，相待已久，復與周旋，始登舟，日已昃矣，即開至朝天門泊。輔廷、鳳書及僚屬之常晤者復來，黄昏客散而象乾至，即過舟作别，置酒相餞，歸卧已四鼓矣。

十六日辛酉 陰。黎明解維，送者之舟尾相銜。至頭峽，蓬閣、以珍先謝去。巳刻過木洞，錫言如大令、胡未入定中來見。未刻至洛磧，於淺灘之上仁壽橋畔，訪得晋碑一見後，以千錢購獲之。日暮至上碚沱宿，權縣事吴延海紫瀾、典史王言綍、把總劉仕蛟均來見。

晋故巴郡察孝騎一行都尉枳楊府君之二行神道三行。君諱陽，字世明，涪四行陵太守之曾孫五行。隆安三年歲在己六行亥十月十一日立七行。

右碑在江北廳西北一百二十五里，三布谿之仁壽橋在洛磧上五里畔土地祠側。土人云是道光二十八年淘金者於江灘沙中摸出，重立于此，其畔皆嘉道以來修橋、脩廟新碣，故莫有物色及之者。光緒四年七月，合州費刺史之幕客李經鎔九，不知從何處得一拓本，問石所在，秘不言。或有言在木洞者，使宣刺史維賢黼孫往求之，不得。已而余擢鄂臬，十一月十三日行將去矣，黼孫復以洛磧告，乃使董少府潮先海門門人胡壽彭亦籛乘扁舟搜得之。十六日舟過洛磧，以千錢購取，載之而行。石之中扁方，上下縮如柱，若『中』字然。柱六楞，方石下作二人形，若負荷狀，頂有華蓋，頂至踵約高八尺，出土時已折而爲二，刻文在上截，高尺許，横尺有□寸，所謂中扁方處也。文七行，行七字，筆意古拙，似《爨寶子碑》。繹碑文『涪陵太守之曾孫』，而太守不名，意太守當日必自有碑，今不可考矣。

十七日壬戌　陰。平明即行。辰刻至長壽縣少泊，雲墀、復卿、少峰、星階、仲清、鶴亭、耀南諸君別去。申刻至涪州泊，知州事濮文昇蕖生、吏目婁澐、洋藥釐金委員候補知州趙仁詒念劬、黔邊鹽局涪岸委員試同知于德楷仲方、酉陽州同文秀均來見。薦海門與蕖生，一諾無辭。

十八日癸亥　陰。黎明解維。海門、松岑別去。日晡至酆都縣泊，知縣事何詒孫芑仲，同歲生賡卿侍郎之子也，情意殷渥，邀遊平都山，木葉未脱，紅黄與青緑相掩映，尚似深秋光景。尋陰長生、王方平隱處，不可得，而山中處處皆琳宫梵宇，極上爲天子殿，祠閻摩王，循世俗之説，荒誕不經。陰王洞則又在對峰關帝殿内，髡徒然紙錢投之，至底猶未熄，深約十丈，底平而乾，所積皆紙錢灰，其旁通與否，不可知，然火落而耀耀不定，則有隙通風矣。九蟒殿在山趾少上，榜曰『幽冥分界』，再上有天然水池，石橋跨之，土人呼曰『奈何橋』，有涕洫而焚楮幣者。黑白鬼皆有配偶，黑鬼面有膏，涔涔下滴，則酬願者以阿芙蓉沃之也。愚昧如此，亦可嗤可憫已。鹿鳴寺在其北，以日莫，不及往。俯瞰城闉，在諸峰之下，而瀕大江，不特漫溢堪虞，即諸峰之水湍騰灌注，亦有建瓴之懼。芑仲言，須築堤兩道障水，使分瀉，則城可無患。未經履勘，末由斷其是非也。傍晚回舟，署典史曹聯晋、洋藥釐金委員張濤海槎守、催津貼委員董文焕□□紳士、湖北知縣王元曾、桂山門人劉宇元，均來見。石砫同知陳昺懋齋來迎，沈壽安復同來。

十九日甲子　陰。黎明解維。倬雲、亦籛別去。巳刻至羊肚溪少泊，石砫所轄境也。懋齋、黼孫别去。申刻至忠州，知州事侯若源鞠坡、署都司郭慎行少梧、學正黄桐生、訓導胡肇祺、代理吏目巡檢鄭錫洪餘三均來見。登岸答拜鞠坡、少梧。州署在西門内，甚逼窄，城内處處皆坡坎。出東門，則都司署在焉，風景致佳。陸宣公墓在對岸，白公祠在西門外，以日暮，均不及往。

二十日乙丑　大風寒，細雨竟日不止。天明始解維，行五十里，鞠坡來送，即謝去。再行三十里，至永安場，北風勁甚，少泊避之。日昃復行卅里，泊西界沱。巡檢孫嘉輝來見，通州人，吏部則例館供事出身，由彭水縣典史升此缺。

二十一日丙寅　大風未已，勉行六十里，至武陵溪泊，知萬縣事張永熙文山來迎。寒甚，御狐裘，始少温。

二十二日丁卯　陰。平旦開舟。日昳至萬縣泊，權都司曾占鰲、釐金委員崔廷璋玉侯、催津貼委員董文涣、校官田懷玉、典史吕廷樺均來見。權梁山令熊汝梅燮臣越境來送。晡時上岸拜客，並至帝主宫行香。宫在南津街，前年迎李制府作寓處也。賀笏山協戎又遣哨弁陳仲權來迎，並寓書，附寄《峽江救生船志》一部。另有哨弁陳興華押解洋火藥至渝，託帶鄂生、鑪青各一書。

二十三日戊辰　暢晴。平旦開行。禺中至雲陽縣暫泊，訓導陳念劬、典史孫鈺均來見。日中復行，日昳過東陽子，誠齋爲備肩輿，與内子、兒輩均登岸，甫下灘，爲輿夫所愚。復登舟，過廟基子灘，遂乘舟徑過。日入至龍洞泊。周雲崑自省來，亦同宿此。

二十四日己巳　暢晴。黎明開行。禺中至夔州府，知府事黃毓恩澤生、通判林寶光劍洲、權知奉節縣事吳鼎立銘齋、教諭楊德坤子静、經歷王履亨健庵、救生局委員候補令周德耕笠農均來。日中入城拜客，晤鮑軍門超春霆、吉協戎恒北屏、錦觀察瑞芝生、許觀察世福槐安、黄夔州澤生。晡時回舟，諸君復枉顧，日入始散。與周雲崑、維幹臣遇，同維舟江岸。寄賀笏臣書。

二十五日庚午　暢晴。日出劍洲、銘齋、笠農來，欲送至峽口，堅辭而後去，即解維。行過臭鹽磧，鍋竈鱗次，烟出若白雲，漫空不散，蓋地不愛寶，利之所在，欲禁而無從禁，不如因而收其利之爲得也。食時，至瞿塘峽口乘紅船，獨登白帝城，觀八陣圖，慨然懷古。謁先主廟，蓋奉節令吕燀所修，刻石頗多，類皆明人題咏。前有亭，曰束江，亦吕燀所造。其後爲懷古堂，有地藏王菩薩石象，僧云修城時發地所得，不知何代物，隋舍利塔銘即嵌于此象之座右。庭有仙人掌，高尋丈，孫枝以百數，殆百十年物也。出廟門瞻矚，城址隱隱猶存。隨行卒於其地尋得殘磚三，皆有華紋而無字。僧云向者頗多，今亦搜索殆盡，出其藏一片以獻，首尾完整，亦有華而無字，兩端牝牡與余重慶所獲者同，而厚不及富貴磚之半，然後知富貴磚固蜀漢以前之物矣。禺中乘筍輿從陸路歸，即放舟入峽。灩澦堆在白帝下，蓋兩山環抱而灩澦適當其中，若屏蔽然，天生水口也。日昳至巫山縣，權縣事黃康年研農來迎。十二峰高插雲表，疑有神靈窟宅，雲雨荒唐之説，不足道焉。少泊復行，日入至杉木壞宿。

二十六日辛未 晴。平旦開行。禺中至巴東縣，權縣事朱滋澤惠之、教諭李錫鈞、典史張寶鋆、鹽釐委員試知縣朱桂馨階平均來見。少泊復行，日晡抵歸州，知州事沈雲駿仲驤、新灘同知劉步駟章侯、試知縣張澐雲川、吏目程名耀均來見。泄灘新漲三尺，舟行安穩，黄昏至新灘宿，章侯、仲驤、雲川復來。

二十七日壬申 暢晴。食時登岸，仲驤爲備肩輿，並假南岸皮氏屋作行館小憩。灘水新漲未退，舟眴息即下，波浪不驚。日禺中復登舟，仲驤欲送崆嶺峽，堅辭而後去。日中解維，日昳至崆嶺，賀笏臣總戎來迎，情真意摯，使人心感。日入至黄陵廟宿。皮氏屋不廣而甚整潔，正當新灘之上，惜無庭院耳。

二十八日癸酉 陰。平旦開船。東湖令熊鑾殿臣送到子韓信三件。禺中宜昌守賈萬青成選與熊令來迎，通判武述文華峰、府經歷朱錕、典史王浚與釐局鹽局各候補正佐各員、江西候補守陶慶仍等，均來見。日昃舟抵宜昌，崔總戎福泰青嶽、中營蒯遊戎德浦博齋、前營朱遊戎大珍寶齋、操防鳳遊戎寬藎山川、鹽局吴石生、觀察元漢均來。日晡登岸，答拜諸君。問輪船，無到宜消息，决計换民船東下。

二十九日甲戌 陰，冬至。謝客不見，惟晤笏臣及熊大令。飯後至笏臣處晤談。殿臣爲覓得滿江紅二號，即日移行李過載。薦章子寅與石生。

三十日乙亥 陰，微雨。仍移行李過載，日中與内子及兒女移寓紅船，余與皂兒、葉静齋共坐一只，內子及兩女同坐一只，復以巴桿船二號載幕友及家丁。晚青嶽招飲，同座笏臣、博齋。遣圍隊唐春元等十三名，並炮船哨弁張鳳書、李元林等二船，及守備白占勝等回渝。致鄂生、芥帆、象乾書。是日祭江，舟移，仍泊岸宿。

十二月

十二月丙子朔　暢晴。早起登岸辭行，晤青嶽、石生及顧湘波觀察嘉蘅。禺中歸舟，諸公復來送。日中解維。子實移入鹽局。行六十里，宿古老背，宜都所屬也。宜都令吴錫震希齋來迎，殿臣别去。

初二日丁丑　平旦開船，暢晴。三十里宜都縣暫泊，都司臨泰、典史方朝楙、釐金委員縣丞徐芳均來見。日中復行，北風勁甚，水力不敵，放舟波濤間，順流而下，頗覺震盪。僅行十里，至白洋宿，已日暮矣。寒甚，衣重裘猶覺凛冽。

初三日戊寅　暢晴，東南風。黎明開船。禺中至白水港，枝江令易光蓮清漣、典史劉模來。日入至董市宿，松滋令郭作霖雨臣來。

初四日己卯　暢晴。平明解維。禺中過江口，江陵令柳正笏搢陔來，荆州守倪文蔚豹岑以府試未至。南風大競，波濤洶湧，至日仄始行二十里，遂泊王家腦。

初五日庚辰　晴。日中至荆州，水師副將任寶山得勝、太守倪文蔚豹岑、同知劉仁田□□、理事同知常順□□、通判湯世鏞彦澤、江陵令柳正笏搢陔、巡檢朱本榮、典史魏璋，暨委員候補知府吴廷華□□以下，營衛參將紀文鑑以下，均出迎。舟泊至路口，未至之二十里，兵備孫稼生同年過舟，少談即别，託到京催問宜昌關監督關防，蓋此行即赴宜昌也。日昃入城拜客，見將軍布元公、副都統左翼穆克德布鵬程、右翼恩來旭園、前成都將軍魁玉公、太守倪豹岑、副戎任寶山。日莫出城，歸舟已張燈矣。荆州自古重鎮，城郭雖不甚高而頗鞏固，惟地勢卑衍，江流日高全恃堤爲障，特不似徐州之甚耳。城内房屋卑隘，不甚繁富，蓋精華盡在沙市矣。

初六日辛巳 晴。平明開船。至沙市少泊，彦澤、搢陔，暨委員吴太守、朱通守士榮均來。將行，洪彦哲復來，禺中始解維。過窑灣，委員候補按經歷張福鐄來見。日晡至馬家寨宿。

初七日壬午 晴。平明開船。日晡至羊角腦宿，距石首縣城三里。權縣事徐人灋璧臣、代理典史楊濟森黄昏後來見，二君皆華陽人。

初八日癸未 晴。平明開船。日晡至小河口宿，望調絃關，尚如天上，蓋江流迂曲，類若黄流，因而帆鮮正懸，舟行必若之江之折，故以開方計之，路不過七十里而遥，而水程已百數十里矣。

初九日甲申 晴。平明開船。禺中過調絃口，申初刻過姚家腦。權監利令黎垿次平、前權縣事宜都令傅文炳焕亭來謁，且設供帳，以天時尚早，却之。復行二十餘里，至大馬灣宿。

初十日乙酉 晴。平明開船。禺中過車灣，日入至返嘴宿。

十一日丙戌　早陰旋晴，晚復陰。平明開船，風平浪静，舟行甚適。日加午至斜角攔，榜人無故停橈，怒而促之。日中始復解維，日晡過觀音洲，出大江，至楊螺磯宿，已黄昏久矣。惲伯初來迎。夜半大風。

十二日丁亥　薄陰。顛風斷渡，守泊一日。

十三日戊子　薄陰。食時風定，禺中解維。黄昏至沔陽州屬之新堤宿，督銷鹽局委員潘大令介繁椒圃來談，年家子以迴避中丞，改分湖南，已得信，署臨湘令矣。榷竹木關楊觀察藝舫遣人來迓，以天晚無輿人，不得登岸，遣人答之。沔陽州同徐樹櫟人定後來，余已卧矣。椒圃言，馬遠林舍人一生精力全在《集韻》一書，有著作在其弟子遠大令處。

十四日己丑　晴。浪静風和，波平如鏡。禺中過石山關，至陸溪口，有甘興霸廟，舟子酎神，有神鴉來止於檣，飼以豕肉、椒乳及諸食物，飲啄自如。有二鴉，一銜肉，一銜膏，環而去。舟人云，有茹葷、食素之别也。晡後至嘉魚縣宿。權縣事陳延益容叔，同里年家子，亦晚姻也，未來見，亦未遣人至。

十五日庚寅　早晴，晚陰，夜雨。平明開船，食時容叔來見。日昃過北河口，鰲金委員補用知縣汪曾唯子用來，黄昏至牌洲宿。子用云，仿宋刻手鄂省絶無僅有，寫手則惟一朱姓。

十六日辛卯　早陰，旋晴。日昃過董家腦，晡時大風忽起，舟如六鷁之退，望荆口十里而遥，竟不能行。不得已，仍回至董家腦宿。李仙根來。

十七日壬辰 陰。大風，守泊一日。食時子韓同仲清來，子韓即別去，仲清留。致惲崧耘書。

十八日癸巳 晴。日昃開行，日昳至武昌，泊鮎魚套。武昌守方大湜菊人、漢陽守嚴昉湘生、江夏令宗維藩子城、漢陽令林瑞枝□□，暨需次諸君，均來迎。晡時進城拜司道，晤方伯王曉蓮同年，權臬事糧道惲莘農、鹽道蒯蔗農、權糧道李寶齋三觀察。仍回舟宿。尋惲崧耘，彼此相左，未晤。

十九日甲午 晴。上院，見李筱泉制府、潘偉如中丞。在崧耘處午餐。是日移入行館。左德齋來。

二十日乙未 晴。上院，並拜諸同寅需次者。

二十一日丙申 晴。同方伯諸公上督院祇送，以制府奉命將往湖南查辦事件也。飯後仍出門拜客。

二十二日丁酉 晴。日中至皇華館送制府登舟，復至舟參謁，即稟辭。入城晤學使梁斗南殿撰，即至全皖會館赴司道公讌，始晤漢黄道吴子韶觀察。仲清回蘇。致書卿書。

二十三日戊戌 晴。過江拜客。在子韓處午餐。回城已黄昏矣。

二十四日己亥 陰。至軍需局，赴惲崧耘、吴定生、恭養泉、張蓉江四觀察公讌，同坐曉蓮、蔗農。

二十五日庚子　陰雨。王與軒同年從皖來，赴陝藩任，食時枉顧，即同赴曉蓮之約。晡時復同回寓，談至夜半，始各就寢。

二十六日辛丑　陰雨。偕與軒同赴中丞之召，晡後與軒辭回舟。寄耕娛、小山、鵠山、子湘、迪甫書，交子韓寄。晚得子湘信，知叔父於十一月十三日卯時卒於京寓正寢，嗚呼，傷哉！

二十七日壬寅　陰雨。閉門謝客，寄成都將軍、制府、四司道書，託李聽齋分致。又致聯星翁書，託琦聞廷轉致。又致鑪青書，附象乾一函。又致陸以貞、定果之、翁復卿、倬雲侄、唐鄂生書，均交蔚豐厚寄。子韓來，云已爲搭定江寬輪船，明晚開行。

二十八日癸卯　陰雨。日晡起程，首府縣暨羅少村太守協君均送於武昌關。乘紅船渡江，至江漢關，漢陽府縣與洋關委員候送久矣，各與周旋，即至子韓處晚飯，觀所藏金石拓本。人定登輪船。歲莫客希，獨住一艙在大餐間之旁，價廿四金，陳泰亦住一艙借住不加價。艙有几，可以觀書作字，甚安適。海珊、子賢、子韓、皂兒均送至舟，夜半子韓復饋菜。船管事嚴鶴亭回滬度歲，其夥徐友亭經理船事。徐，寧波人；役夫施小狗，湖州下蕩田人。

二十九日甲辰　陰雨。卯初開船。酉初至九江，蓋行六站五百四十里，停二刻復行。朝餐四簋，晚復爲置酒餞歲，皆精潔可食。酉初至彭澤縣，以月黑水淺，不敢行，遂泊。九江招商局總辦孫楚卿來見，杭州人。

除夕

風雪歲云暮，如何尚北征。祇緣君命召，不待駕而行。魯酒不成醉，梅花寒逾清。遥知紅燭下，應自計郵程。

〔一〕『花翎』，原作『先生』，據《光緒朝上諭檔》改。
〔二〕原文注該字形上半部缺失。

姚覲元日記

〔下册〕

〔清〕姚覲元 著
趙紅娟 整理

浙江文叢

浙江文獻集成

浙江古籍出版社

光緒五年（據上海圖書館藏《弓齋日記》稿本整理）

光緒五年，歲次己卯。

正月

正月乙巳朔 大風寒，雨時作時止。寅正開船，未初過安慶，酉正大雨雪，未至大通鎮即泊。

初二日丙午 陰，大風寒，噓氣成冰，蓋七年未嘗此境矣。寅正開船，過大通，閣淺半時，復行。未初過蕪湖，酉正過金陵，夜子正到鎮江，即移入頓船，招商局執事張鶴山移榻相讓，始有容膝地。得亭鞠兄書，云已代雇滿江紅一號，遣僕戚元來迓。寄家書，託子韓送。

初三日丁未 晴。早起問坐船，云未至，乃入城拜客，晤沈彦徵前輩、觀察馮丹徒巳亭。午刻歸，則家人輩已借救生會紅船相待矣。城内瓦礫成堆，高堂大厦無復存者，惟金、焦山色無恙耳，可勝嘅哉！未正至瓜步尋坐船不得，至由閘關方遇之，已昏黑矣。冰合，舟不得前，岸上冰雪成堆，滑不能步，乃勉使舟人畀輿過舟，行李亦逐件從徙岸入。晚食已子正矣，飢寒交迫，苦不可言。

初四日戊申　陰。河冰未泮，敲鑿而行。未刻到揚州，楊彤臣、丁蘭生兩監掣，宣□□運判來迎。申初至鈔關門，亭兄遣輿來迓，即登岸。晚會食於亭兄寓齋，同坐朱申庵前輩、彤臣及其弟若臣中翰。

初五日己酉　陰雨。早起，客來不斷。巳刻方出門拜客，晤歐陽崇如都轉、英式梁太守、甘泉胡式嘉大令、張觀察富年芑堂、戴觀察肇辰友梅暨其子燮元少梅。聞前長蘆運使林綬卿述訓在此，亟往尋之，而綬卿已往余寓，彼此相左，未遇。晚蘭生招飲，觀筱農所藏金石書畫，筱農之子桐生以病未見。甲夜出徐凝門，歸舟宿。

初六日庚戌　早晴，午後復陰雨。早至綬卿處，同赴式梁之約，晚復與式梁同赴芑堂之約，與李夢蘭太守遇，亦京華舊雨也。因大船行路不便，另雇如意船、江划各一只，是晚即移入如意船宿。

初七日辛亥　陰雨。早訪張午橋前輩，午刻少梅暨彤臣、若臣昆仲招游平山堂，以風雨沍寒，改設東關街李氏園林，即黃氏舊居也。疊石小池猶是陳跡，老樹則已盡矣。李亦今之淮商巨擘，然與黃不可同年語矣。晚朱申庵前輩、周仲豐表弟招飲申庵寓齋。夜深不得出城，即至亭兄處宿。

初八日壬子　陰雨。日中會食於綬卿寓齋。申刻預祝友梅七十雙壽，舉案齊眉而精神强固，望之只如五十許人，可羨也。晚夢蘭招飲，同座申庵、芑堂，夢蘭極言蓮花自然之美，在蜀則常蔬耳。乙夜歸舟，少梅復來謝，戒舟子明早解維。

初九日癸丑　陰雨。卯刻即開行。辰刻至東門，亭兄復遣輿來迓，遂微服往。日中彤臣設車鰲麨，同食。晚亭兄治具作餞，客至者皆告以已行，拒而不見，蓋至是始得縱譚別後事。賈人有持骨董求售者，至是亦方得觀之，購得商父己銅觚一，安邑幣一，漢大泉五十，銅範一，漢印一，唐造象一，新羅山人山水小卷一，明板《説文五音韻譜》、阮刻薛氏《鐘鼎款識》、蔣刻《法苑珠林》、舊刻《劉子全書》、《堯峰文鈔》、《絶妙好詞箋》、《説文通訓定聲》各一部，舊抄《人海記》二册，《日下舊聞考》稿本六函，即託亭兄寄鄂。作家信並子韓、仲清二函，亦交亭兄寄。蘭生贈筱農所藏金石、古泉、漢鑑拓本各一册又六幅，印譜二册以上均寄鄂，《漢石例》二册，皆精妙。莫監掣繩孫仲武，子偲先生之子，猶人先生與儔，先文僖榜進士孫也，贈家刻五種，内《宋元舊本書經眼録》極精核。揚城書多而善本亦少，有北藏本《法苑〔一〕珠林》，議價未成，仍屬亭兄緩購之。是日，西北風大勁，舟不能行，即在東門泊。

初十日甲寅　晴。辰刻開船。適彤臣有事至袁浦，即與之同行。湖淤水涸，刺篙而行，至召伯埭已日莫矣，遂泊。

十一日乙卯　晴，東風，午後薄陰，轉東南風，復晴。日中過露筋祠，尋彤臣舟不見，遂上岸獨游。門内米碑及有明以來諸石刻尚在，神殿中懸乾隆己未總河高公斌聯句，又西隅懸陳曼生書郭頻伽集句『江淮君子水，山木女郎祠』，楠木對亦尚在。登三十六湖樓，道光十四年陶文毅所書額亦無恙。老尼云：『賊至時僅折樓板及窗櫺爲薪，未縱火，故屋與聯額尚存。』憶咸豐己未夏日從花文定師游此時，曾有句云：『湖邊盡日濛濛雨，不見野風開白蓮』，今忽忽二十年，祠已閱劫，師亦早歸道山，可勝嘅哉！卅六湖樓在祠東隅，樓外有池，尼云夏種蓮花，殆即漁洋所謂『門外野風』處歟？未刻過高郵州，城郭完固，是亂後重修者。酉正至六旺閘泊，約彤臣過舟晚飯。

十二日丙辰　早陰，東北風，日中轉東南風，皆甚微。辰刻開船，過汜水，兩岸皆江北糧艘停泊，河道甚窄，幸换小舟，不然阻矣。酉刻寶應縣泊，或曰高寶時有舊書出售，亟使人訪之，則云已爲張中丞集聲、唐軍門定魁購去。偃武修文，正直昌明盛世，猗歟盛哉！

十三日丁巳　早大霧，暢晴，西南風。未刻過淮安府。酉刻抵淮關，過關宿。接仲復兄書，云購得《説文考異》稿本，上有先公批注。又薦家人羅裕，即淮安人，持書來見，告以現在進京，歸途再説。

十四日戊午　晴。巳刻到清江浦，裏河同知王蘭生□□、清河令萬青選少筠、周季相六弟均來。飯後謁漕帥文彬公，以病未見。答拜諸君。晤淮揚道龐省三同年，還至季相處，見寶妹及其外甥，黄昏始歸。

十五日己未　晴。早起同彤臣遊古骨書肆，購得《文選》抄本四種、《周易折中》一部、舊瓷二十一件。晚季相召飲，乙夜始歸。

十六日庚申 陰。會食省三牙齋，同座譚静山觀察、彤臣、季相。雇定車六兩每兩廿三兩，棉簾及一路食宿均在内、夫八名每夫每站銀四錢五分。

十七日辛酉 陰。辰刻微雪，大風寒。待車不至，傍晚至季相處談。汪崑甫來仲之子。

十八日壬戌 晴。待車仍不至，未刻上岸拜客，晤省三、静山。申刻赴漕帥之召，主賓二人，絶無他客。黄昏席散，復至季相處，人定後方歸。姚仲海來談。

十九日癸亥 晴。早至漕署，質翁堅欲訂車笠之盟，辭之再四，必不肯允，乃成禮而退。黄昏車至。寄家信並舊磁四十五件、書四十四本、硯一方，又子韓信一函，均託彤臣寄鄂。又亭鞠兄一函，亦交彤臣轉致。

二十日甲子 晴。日暖風和，頗有春意。早起裝車，質翁遣其第三令郎延景宸來送。巳初起程，彤臣、季相均送登輿。午刻漁溝小憇。酉正至重興集宿，桃源縣屬，縣令曾廣彤。

二十一日乙丑 晴。卯正二刻起身，巳正三刻仰化集尖，申正順河集宿，宿遷縣屬。縣令舒朝冕静峰，江西進賢人，己酉拔貢，辛酉舉人，甲戌進士。

二十二日丙寅 晴。寅刻起身，巳刻峒峿尖，酉初紅花埠宿，郯城屬，已入山東境矣。權縣事周秉禮，號琴珊，漢陽人，軍功出身。典史沈羆祥亥堂如意館供奉沈鳳池之子。

二十三日丁卯 晴，暖甚。卯刻起身，巳刻郯城十里鋪尖，酉刻李莊宿，蘭山縣屬。權縣令徐福臻，號小鶴，天津人，本任鉅野令。

二十四日戊辰　晴。卯刻開車，巳刻沂州府尖。知府事錫恩菊泉由刑曹外簡，京華舊識也，與蘭山徐大令、典史馮慶恩均來。飯後拜菊泉、小鶴，即出北關行，酉初半城宿。

二十五日己巳　晴。卯刻起程，巳刻青駝寺尖。買得唾津膏十張一名夾紙膏，每張大錢七十文，治跌打損傷、瘡疖。申初垛莊宿，沂水縣屬，縣令王恩湛，號潤章，江西義寧州人。

二十六日庚午　晴。卯刻起程，巳刻公家城尖，蒙陰縣屬。縣令喬有年，號春谿，關東人，丙午舉人，戊辰進士。蒙陰城郭完固，東門低小而下有石限，車不得入，云是軍務時所作，然西門又甚草草，何也？申初鰲陽宿，新泰縣屬。署令孫儀祖，號星華一云星橋，江蘇海州人。

二十七日辛未　晴。卯初即行，辰刻過新泰縣南關小憩。晤孫星華，託帶京信二件。巳刻翟家莊尖，申初羊流店宿。晤夏子松少馬，少談，少馬復行。

二十八日壬申　晴。卯刻起程，巳初崔家莊尖，店有小院，暴背甚適。申刻至泰安府，知府事梅啓煦少巖，京華舊雨，小巖中丞兄也。往拜未遇，甫回店，而少巖已來，縱談久之而去。晚飯後復來。泰安令蘇銘顯，號炳臣，直隸交河人，己亥舉人，癸丑進士，是日卒官。購得山左金石拓本六十餘種，直錢七千，又《泰山道里記》一本。

二十九日癸酉　晴。卯刻行，巳刻墊台尖，申刻張夏宿，長清縣屬。縣令傅維弼，號靈橋，直隸河間人，戊午舉人，庚申進士。

三十日甲戌　陰，大風寒，晡後微雪。卯刻行，巳正杜家廟尖，未刻渡河，過齊河縣。酉刻至鄚城宿，齊河屬。縣令宋森蔭，號豫堂，樂亭人，壬戌乙榜。

二月

二月乙亥朔 大風，寒甚。天明始行，霰淅瀝不止，著樹，彌望盡白，地亦著甲，竊爲達官憂矣。巳正禹城橋尖，縣令吴寶三康之，桐城縣人。酉刻平原二十里鋪宿，縣令周錫慶濟川，浙江同鄉。

初二日丙子 暢晴，寒甚。日出始行，午正黄河涯尖，申刻德州宿。州牧陳嗣良松泉，宛平人，原籍秀水。督糧道崧鎮青駿來談，時已升廣西臬使，問謝恩摺式樣，檢舊稿贈之。少憩入城，答拜鎮青、松泉。

初三丁丑日 陰，午後微晴。天明起程，午刻桑園尖，申刻連鎮宿。地居吴橋、景州、東光交界，水陸一大都會，自遭寇亂，加以南漕停運，蕭索盡矣。旅店之西有祆廟，入之，則舊爲崇興寺，亂後新建，尚未塑像。向明小屋三楹，童子九人讀書其中，皆頑劣，而師獨秀異，惜案頭只兔園册子耳。庭有鐵鐘，明隆慶六年造，乃泰山行宫物。問行宫，云在村口，亦新建矣。

初四日戊寅 陰。卯刻起程，巳刻南皮縣尖。訪刁遵墓誌不得。購得舊拓《杭州府學聖門七十二賢人畫像》一册。酉刻甲店宿。

初五日己卯 陰，大風寒。寅正二刻即行，午刻興濟鎮早尖，青縣屬。酉刻唐官屯宿。

初六日庚辰 陰，大風寒。寅正二刻起身，午刻梁旺莊尖，酉刻至天津，諸當道暨小山遣人來迓，遇葉子固大兄於郊。至西關，鵠山、小山均在釐金分卡相待，少談即行。至僧王祠，權天津府萬年豐子和、權天津縣劉亨霖潤之、候補府宋寶華吉堂、候補令朱瀚臣□□均出迎，子固亦在，各與周旋，然後得入城，已黄昏矣。鵠山、小山均掃榻相待，以鵠山寓較寬鼓樓東，小山寓雙井，即住鵠山處。子和諸君復來，婉謝之，與鵠山、小山、子固共飯。丙夜方寢。

初七日辛巳 陰雨，寒甚。早起如冠九都轉來談。巳刻出門拜客，晤海關道鄭玉軒藻如及冠如，未刻回寓。寒甚，不能出門訪梅。許仲弢來。

初八日壬午 晴，寒尚未解。玉軒、子和、潤之來談。巳刻出門，至小山訪梅處，並拜諸客，未刻歸。費振之、莊篆生、沈小孟、子固均來。與子固、振之、鵠山共飯，復與鵠山、小山談，至丙夜方卧。

初九日癸未 晴，寒甚。體不適，竟日未出門。午刻鵠山、小山置酒相款，同坐段怡齋寶隆，舊夥也。子固、振之來。晚飯後與鵠山少談即卧。子楓兄之次子及長孫來。

初十日甲申 晴，晡後陰。答拜許仲弢，即與仲弢、鵠山、小山、振之會食紫竹林，嘗洋人大餐，鄭陟山所約也。同坐黄華農通守建筦，粵人，與陟山皆招商局舊司事，近俱辭退矣。飯罷，觀仲弢所率飛霆、掣電、龍驤、虎威師船，全以鐵爲之，巨炮至重八萬斤，亦偉矣哉！還過府署，答拜馬静波、葉子固、王者香，見松圃夫人，張秀生丈之女也。余與秀丈交最深，憶河東官舍初見時尚在襁褓，彌月未久，今廿八年矣。相於談其家事，不勝今昔盛衰之感。篆生、振之、小孟來。

十一日乙酉　晴。體憊甚，竟日未出門。翕生弟兄來。

十二日丙戌　晴。至小山寓部署京中事，遣張喜入都。致耕娛、茗笙、子湘信。飯罷與子固、小山同遊骨董肆，購得舊磁五十二件、宣德銅鑪一坐、舊五朵菊大八件洋表一枚。還至營務處，與朱伯華少談而歸。振之來。

十三日丁亥　晴。子固來，即同子固、鵠山遊亨達利洋行。晚鵠山置酒作餞，同坐子固、振之、篆生、小夢、小山。

十四日戊子　晴。巳刻起程，鵠山、小山、子固、静波、小夢均送至西沽。未刻浦口尖，酉刻蔡村宿。

十五日己丑　晴。卯刻起程，巳刻安平尖，酉刻張家灣宿。

十六日庚寅　晴。卯刻起程，辰刻余家衛尖，午正進城，住賢良寺，即至耕翁寓齋，與茗笙共飯，酉正回寓，子湘、迪甫均來。謁同寓岑彦卿中丞。寄鵠山、小山信，附家信一函，託小山寄鄂。

十七日辛卯　晴。預備履歷、安摺，至星叔處早飯，謁諸當道而歸。迪甫、子湘來，住寓中。

十八日壬辰　晴。寅刻至宫門請安，仰蒙召見於養心殿東暖閣。初甚矜持，幸天語温和，謹敬對答，尚無隕越。子湘、迪甫、枚生、趙二五兩甥皆來送。巳刻回寓，星叔及周鑑湖太常均來。飯罷至耕娱處見太夫人，精神面貌不異曩時，惟耳目皆不便耳。

十九日癸巳　晴。城内拜客。在星叔處早飯，傍晚始歸。寄家書並小山信。

二十日甲午　晴。出城拜客。至子湘寓，見桂侄新婦。從次典借燈籠，趕宣武門而歸。

二十一日乙未　晴。城西拜客。晚赴星叔之招，同坐周筱塘京兆、馮伯生比部。

二十二日丙申　晴。北城拜客。

二十三日丁酉　晴。季父亡百日矣，在觀音院持服一日。申刻至法源寺祭李太夫人。

二十四日戊戌　晴。城内外拜客。得家信。

二十五日己亥　晴。西城拜客。午刻出城，至椿樹二條胡同樂春花廠，赴雲南司公讌並余户部之招。日暮不得入城，宿次典寓。

二十六日庚子　晴。卯刻即起，拜城外各客。未刻入城赴耕娱之約，同坐次典暨陸蔚庭、伯葵兩太史。

二十七日辛丑　晴。拜城内外客。晚厚安招飲九和興。遲治庵不至。子雋來，暢談至乙夜始歸。得書卿、仲清信。

二十八日壬寅　晴。小山來。飯後出門拜客。寄家書並蘇州信。

二十九日癸卯 晴。出城拜客。晚子雋招飲錫慶堂。

三十日甲辰 晴。北城拜客。聞李爵相將至，擬於次日移寓外城。晚同耕娱暢談。

三 月

三月乙巳朔 晴。辰刻耕娱來，午刻同小山、振之移寓十間房興勝寺，即赴山東司公讌，在炸子橋嵩雲草堂河南公所，袁筱塢少寇創造也。

初二日丙午 晴。拜城外客，始至各親戚處。晚陳培之兄招飲，却之。

初三日丁未 晴。至徐李俟、許星叔、李仲宣家賀喜，謁李爵相。日晡赴黄讓卿侍御之招，晚龍伯昆仲招飲。寄家書並鄂中當道信。

初四日戊申 晴。日中赴胡小蕖先生之招，所居即先公鐵門舊第也。周視廊廡，不勝今昔之感。日昳至樂椿花廠赴沈世兄守謙、守廉之約。東城拜客。

初五日己酉 晴。巳刻赴朱少藍昆仲。又張介福暨周、彭二君樂椿二局。申刻茗笙招飲。

初六日庚戌 晴。巳刻赴陸蔚庭餘慶之招。又赴蔡漢三昆仲暨周、陳二君樂椿之招。晚惲次遠、少薇、君碩招飲。

初七日辛亥 晴。巳刻至揚州館鄭太史處會親。午刻赴軍機公讌。晚吳蕙吟、董新甫招飲。

初八日壬子　晴。巳刻赴荆南之約。午刻赴周荇農、徐壽蘅暨程□□樂椿二局。申刻赴川東公讌。

初九日癸丑　晴。辰刻赴鄒悳雲餘慶之約。巳刻赴趙心泉天福之約。午刻赴張霽庭昆仲之約。晚迪甫招飲。

初十日甲寅　晴。巳刻赴嘉興公讌。未刻赴張子騰之約。申刻赴湖州公讌。彭艾圃招飲，不及領緻帖而行。

十一日乙卯　晴。换棉衣、絨領、毡冠。晡時同枚生、迪甫、振之、小山、惠卿小飲萬興居。還過廠肆一遊，即歸卧。

十二日丙辰〔二〕　晴。夜半即起，赴闕請訓，蒙召見於養心殿東暖閣。聖訓周詳，凡三刻許，始跪安趨出。謁諸當道，見邸堂及景司農。晚赴張叔憲文字飲，復偕筱珊編修至張香濤司業寓齋縱談，夜半始歸。香濤贈《韻會舉要》一部，明刻本也。子湘生日，以酒食餉之。

十三日丁巳　晴。購得宋搨《鳳墅殘帖》八本，漢陽葉氏故物也。先大人曾於道光甲午借觀，爲作釋文，余刻於東川官舍，至此帖竟歸余其直三百金，豈非墨緣？巳刻赴紹興公讌。午刻赴孫萊山學士樂椿之飲。申刻赴嵩雲草堂前己未暨癸卯公讌。酒半，聞李仲宣親家作古，即往送殮。戌正始歸，遇新甫於門，一揖而别。

十四日戊午 晴。清明節。至子湘家祀祖。午刻赴謝公祠杭州公讌。申刻赴黄漱芳學士、張香濤司業、李苾園侍御公讌。

十五日己未〔三〕 晴。與次典約尋茂文兄借債。巳刻赴朱少虞樂椿之約。未刻赴秋審處公讌，遲主人，久之方至。飲罷入城，過耕娱少坐，到茂文家則已張燈，次典候久矣。茂兄文假銀五千兩，即與次典同宿茂兄園亭。屋宇精潔可喜，歌臺尤妙，惜帶洋氣耳。

十六日庚申 陰。曉起獨遊園林，待茂兄起而後行。復過耕娱小坐，即出城赴曹薌淡之約，待客齊而後坐，已申末矣。酒半行，赴安徽館四川全省公讌，已張燈。又赴張叔平樂椿之約。人定復赴朱雪岑之約，歸寓已夜半後矣。寒甚，圍鑪取暖而後卧。

十七日辛酉 大雪，寒甚。巳刻赴孔玉雙餘慶之約。午刻赴徐季和樂椿之約。未刻赴袁子九、黄濟川查□□公讌。晚高壽農招飲，夜半甫歸。

十八日壬戌 午刻雪霽。赴湖北全省公讌。購得元板《春秋左傳句讀》二函、宋板米海岳《書史》一函（殘）、《崇古文訣》一函。有十行本《穀梁注疏》，惜買不成。

十九日癸亥 晴。飯後至耕娱家預祝吴太夫人壽兼話别。傍晚出城至迪甫，與迪甫、次遠、少薇、君碩小飲廣和居，程醇甫來。

二十日甲子 晴。小山回津。寄家書，通知廿二日出京。錢禮部、繆編脩來，送到精校《集韻》，並叔憲景鈔翁大司寇所藏宋本序目三紙。晚編脩招飲廣和。從新甫借得銀壹千兩，説明閏三月在漢口歸還，無利。至彭宅祖姑母及迪甫家辭行。陳泰告假回籍葬親，與迪甫約，俟陳泰回京，同思臣送叔父母及子碩之匶回湖，再同思臣赴鄂。購得齊即墨刀幣銅範一，東武劉氏舊物也。

二十一日乙丑　晴。偕繆筱珊、朱蓉生兩編脩，錢笣仙儀部喬梓遊廠肆，叔憲、迪甫、子湘繼至，購得漢印三枚、官窑瓷盞一只。日中偕朱雪岑水部致美小飲，茂文作中，借得松盛長銀五千兩，説明在漢口陸續歸款，每月七釐行息，手書借票三張一千一張、二千二張付之。尚有不敷，迪甫復慨千金，不起息，不立券，應於何處付還，俟其信至照付，可感也。通州小車至，先發行李，决意明日出都，留振之在京清理帳目。晚陳培之户部假次典寓作餞，乙夜即歸。

二十二日丙寅　晴。筱珊、笣仙、鶴巢、叔憲、迪甫、子湘、思臣、桂侄皆來送。午初自興勝寺起程，遇英仲傑侍御、徐農伯表弟於門，揖而別，迪甫、子湘、桂侄復送至東便門外。申初刻抵通，行李尚未到，在通泰茶棧小憩，與裕朗軒庚遇，主人張筱仙舒和爲經理各事，復遣康姓至舟照料。酉刻登舟，部署甫畢，茂文兄遣人來迓，復至北門内貢院胡同江蘇公局話别，丙夜方歸。寄振之書，遣陳三明早驅車回京。

二十三日丁卯　平旦驟雪，旋晴。茂文兄復遣人來邀，却之，即解維。午刻至張家灣，接振之專足書，詢耕娱處託帶銀信，檢行篋，未見，作書覆之。水淺，風不利，至小屯日已莫，遂泊。

二十四日戊辰 晴。平旦開船，水淺而石尤爲虐，行不能速，勉行至土門樓泊，去河西務尚十八里，已戌正矣。作徐少青表弟親家書。

二十五日己巳 晴。平旦解維，辰刻至河西務小泊，買菜復行。日中大風起，將晡風愈厲，暫停以避之。風少定，仍牽挽而前。戌刻至楊邨宿。作悦卿書，接徐蕖生表甥士駢信。通判幕友徐駢甫交來。駢甫名士騏，行七，蕖生之嫡堂弟，欲登舟投謁，作書止之。人定復遣人送信，欲於鄂省謀一館地，諾之。孟有義來，致小山信，即令帶去。

二十六日庚午 晴。黎明即行。辰刻大風起，停泊候之，兩時許方解維。戌刻至丁字沽，天已曛黑，遂泊。張東源來。小山復遣弁來，作書致之，定明早新橋登陸入城。

二十七日辛未 早晴，旋陰，雨竟日不止。辰刻抵津，小山遣輿並自來迎，即登岸。先順路拜客，晤鄭玉軒、如冠九、劉崐圃，即至小山雙井寓齋下榻，則鵠山、子固暨張謙甫九弟候久矣。已而振之同陳泰亦至。飯後至松圃牙齋，病未能見。見張表妹及其生母，各言往事，不勝今昔之感。尋鵠山，於其局中遇之。晚小山置酒，與鵠山、子固、謙甫、振之同飲，陳泰辭回家。得子湘及趙菘生書，託鄭植三搭輪船，云寶大本日已行，豐順約明後日可至。

二十八日壬申 陰，大風，午後晴。巳刻赴司道公讌。晚鵠山招飲。豐順船至，定月朔開行。

二十九日癸酉 早晴，旋陰，小雨，午後復晴。出門辭行。午刻赴松圃太守之招，酒罷松圃復來送。酉刻出城至招商局小憩，小山置酒杏花邨作餞。亥刻登舟，以官艙處僕衆而自居大餐房以避喧囂，皆植三、小山爲之部署，可感也。植三同行，鵠山、小山、子固、謙甫、小夢、振之、篆生暨嚴筱舫均送至舟。答許仲弢，遇諸局，少談即别去。陸子如、朱叔彝、葉金山皆來送。寄耕娱、迪甫、子湘、茂文信，均交小山。又寄徐少青弟信，交小山寄閩。

閏三月

閏月甲戌朔　晴。卯刻開船。午刻抵大沽口，少泊待潮。未刻出海。夜半大風，舟震盪，頗不耐，平旦始定。

初二日乙亥　晴。巳正抵烟台，舟人上貨，停五時許。戌正三刻復起碇，行安隱，夜卧甚適。

初三日丙子　早晴，旋陰，日中大霧，竟日夜不散。巳刻入黑水洋，東南風不甚大而波濤洶湧，舟軒簸，殊不可耐。晚食少許，不敢高枕卧，至雞鳴方睡去，少頃即醒。夜雨。

治膈症方：用白麵，不拘多少，俟月食時，取陰陽水在露天溲和，俟月光徐徐吐出，即在月下搓作細丸，如緑豆大，仍露一夜，每服四五十丸，開水送下，連服數次即愈。

小兒小便不通方：急以葱白頭搗爛，作小餅，如錢大，取麝香三釐，糁其上，縛於臍眼，立刻即通，稍遲則不救。

阜康雪記津號福記蕭世信，致滬號陳品堅信一函。

董新甫親戚在上海阜安里，劉貫記、劉貫經。

初四日丁丑 陰。午後薄晴，西北風，大利。酉初進吴淞口。酉正到上海招商局馬頭。尋鹿苹、古愚，云已回湖，即同陟山移寓太古馬頭萬安樓。龍超、海珊、滇伯來。寄家信並許秦兆書，又寄鵠山、小山信。

初五日戊寅 晴。辰刻翁巳蘭、馥笙、復卿來，飯後與諸君閒游廟園，訪舊書，無佳者，骨董亦無足觀。乘馬車，剽疾而不適意，東洋車以人代馬曳之，疾馳穩而價廉，處處皆有。午刻巳蘭招飲。申刻陟山招飲，兼至大觀園觀劇。寄悦卿書，交其弟黼卿。接胡菊齡表侄書。

初六日己卯 晴。二泉兄之子少泉從漢上來，詢知鄂寓平安。與海珊、黼卿、少泉同至三興照相。飯後偕陟山諸君遊洋行，購得千里鏡、馬表各一。晚滇伯邀食寧波館，兼至丹桂園觀劇。夜子刻登舟，偕龍超、海珊同往。得書卿信，知湘甥喉恙未愈，念甚，遣武泰往視之，即留侍。書卿赴鄂。寄書卿、仲清信，並小山家書、洋蚨等物計八件，外鈕叔裳三件，交武泰，令搭烟船同滇伯往。從阜康借上海九八規銀二百兩。致鵠山、小山公函，又爲馥笙捐分發，允助百金。致鵠山書，於上兑時代爲塾付。又寄小山書，交復卿。

初七日庚辰 晴。寅初啓碇，兩岸緑陰繡甸，頗見江南風景。戌正一刻到鎮江，舟人停泊上貨。致亭鞠兄書，交招商局寄。亥刻復行，竟夕未住。

宋板《百川學海》每葉廿八行，行廿八字。板心有『百川學海』四字，分二十卷。

卷一：李元綱《聖門事業圖》、史繩祖《學齋佔畢》、《釋常談》

卷二：《中華古今注》《漁樵問答》《九經補韻》《獨斷》《刊誤》

卷三：鄭〔四〕棨《開天傳信記》、王楙《燕翼貽謀録》、宋敏求《春明退朝録》

卷四：楊萬里《揮麈録》、《丁晉公談録》、《王文正筆録》、顔師古《隨遺録》、李肇《翰林志》、周必大《玉堂雜記》

卷五：《王文正遺事》、李廌〔五〕《師友談記》、朱彧《萍州可談》、《龍城録》、鍾輅《前定録》、《續前定録》、王君玉《國老談苑》、强至《韓忠獻遺事》

卷六：李元綱《厚德録》、《晁氏客語》、《道山清話》

卷七：《鼠璞》《畫簾緒論》《官箴》

卷八：儲咏《祛疑説》、劉禹錫《因話録》、《宋景文筆記》、陳録《善誘文》

卷九：何坦《西疇常言》、《欒城遺言》、李之彦《東谷所見》、趙元素《雞肋》、《孫公談圃》

卷十：《東坡志林》《螢窗叢説》《龍川志略》

卷十一：《騷略》《獻醜集》《四六話》《四六談塵》《文房四友除授集》

卷十二：高似孫《子略》、胡錡《耕禄稿》

卷十三：《庚溪詩話》《竹坡老人詩話》《司馬温公詩話》《石林詩話》《選詩句圖》

卷十四：《紫薇詩話》《貢父詩話》《後山詩話》《珊瑚鉤詩話》《六一詩話》《許彦周詩話》

卷十五：《寶章待訪録》《書史》《書斷》《續書譜》《歐公試筆》

卷十六：《法帖釋文》《書譜》《翰墨志》《海岳名言》《法帖刊誤》《法帖譜系》

卷十七：《芍藥譜》、葉樾《端溪硯譜》、洪适《歙州硯譜》、《歙硯説》、《辨歙硯説》、傅肱《蟹譜》、李之彦《硯譜》、米芾《硯史》

卷十八：《古今刀劍録》、陳之野《酒録》、陳仁玉《菌譜》、張又新《煎茶水記》、宋子安《東溪試茶録》、洪芻〔六〕《香譜》、陳達叟《蔬食譜》、陸羽《茶經》

卷十九：《海棠譜》《禽經》《荔支譜》《橘録》《南方草木狀》

卷二十：《洞天福地記》、劉蒙《菊譜》、范成大《菊譜》、《洛陽牡丹記》、《牡丹榮辱志》、《芍藥譜》、《竹譜》

明刊，每葉廿四行，行廿字，以十干分十集。板心無『百川學海』四字，《聖門事業圖》列首，《洞天福地記》居末。

初八日辛巳　晴。巳初一刻至蕪湖，舟人上下貨，停六刻許復行，暖甚。

初九日壬午　晴。巳正到九江，停一時許方行。晚月色皎然，更深方卧。

初十日癸未　晴。卯刻到漢口，漢陽張藕舲司馬暨漢關委員許秦兆大令等均至船來見，即假張司馬輿人，渡江謁兩院並拜司道諸君。武昌、漢陽兩太守，江夏、漢陽兩大令及屬僚均來。

十一日甲申　晴。上院，均見。是日奉札署理布政使印務。以曉蓮有事未了，稟明大府，少遲接印。

十二日乙酉　晴。上院謝札，見制府，撫公以宴客辭，未見。

十三日丙戌　晴。偕司道至撫院衙參，即赴全皖會館公讌。

十四日丁亥　晴，晚陰，夜大雨。出門拜客，傅哲生兄來。

十五日戊子　晴。答拜哲生，未見。午刻赴恭養泉、張蓉江二公之招。牙釐局規模宏敞，房屋皆有京意。

十六日己丑　晴。至兩院呈閱摺稿，均見。寄子韓信。

十七日庚寅　晴。午刻撫部賜飯，同座司道及文武僚，寮凡三席。申刻制府賜飯，同座哲生、曉蓮、蔗農。接仲清信，云十八日一准起身。慎齋來。

十八日辛卯　晴。拜客。午刻赴沈鷺卿同年之約，大醉而歸，日將夕矣。

十九日壬辰　早晴，旋陰，小雨竟日。午刻至全皖會館，偕司道公讌。哲生、黄華農來。寄鵠山、小山書。

二十日癸巳　陰，晡後大雨，驟寒。上督院衙參，散後同至程麗芬許小坐，即同赴全皖會館公餞。曉蓮邀麗芬、松耘作陪。寄子韓信，接申庵揚州來書。

二十一日甲午　陰。拜客。午刻赴曾公祠候補觀察諸同寅之招。松耘太夫人到鄂。

二十二日乙未　晴。寄亭鞠信，附申庵、子賢二函。晚接亭鞠來書。

二十三日丙申　晴。陳小蝶、楊葆初來。

二十四日丁酉　晴。賀中丞嫁女喜，未見。至曉蓮許，亦未見。

二十五日戊戌　早晴，旋陰，巳刻後大雨，晚晴。寅正接署藩印，公座畢，接見僚屬，皆成禮而退，不待茶。午刻赴撫院公讌。未刻謁督院。申刻回寓。得仲清信，知二十一日一准起程。

二十六日己亥　陰雨。至南院衙參。午刻至撫院陪客，甲夜始歸。院准部文，孫稼生同年升浙江臬使。

二十七日庚子　早晴，午後大雨。謁南院，即至北院祝太夫人壽，傍晚歸。具摺謝恩。

二十八日辛丑　晴。中丞酬客，制府暨司道皆在，日莫歸。

二十九日壬寅　晴。午刻至全皖會館公讌稼生臬使暨李薇生、楊藝舫觀察，英續村、倪豹岑、陳仲耦三太守。

三十日癸卯　晴。午刻菘耘、麗芬招飲。申刻復同菘耘、麗芬公讌稼生、薇生、藝舫。是日惲親母率同仲清、紉秋送女到鄂，假館水陸街。

四月

四月甲辰朔 晴。武廟行香，復至文廟，隨班行禮，還過水陸街商辦喜。

初二日乙巳 陰雨。入署辦公。與曉翁商讓屋數間，爲子娶婦，未允。

初三日丙午 晴。請吴子權、惲菘耘作冰，過大禮。晚雨。

初四日丁未 大雨。請假三日。

初五日戊申 晴。惲宅送妝奩至。晚大雨，徹夜不止。趙甥翰卿來。

初六日己酉 雨，晡後止。爲兒子慰祖娶婦，發轎而雨適止，亦可喜也。

初七日庚戌 陰。出門謝客。

初八日辛亥 陰。新婦歸寧。

初九日壬子 陰雨。過江謝客，衣履沾濡，苦不可耐，薄莫始歸。

初十日癸丑 陰雨。出門謝客。

十一日甲寅 晴。檢點行李，擬於次日移寓藩署，凡笨重物及書箱皆留之。

十二日乙卯 晴。移居藩署，住雙芝書屋，其後以居皂兒夫婦，留陳升、陳貴守公館。頤珠以日辰沖克，夜子刻始來。

十三日丙辰 晴。北院衙參。

〔一〕『苑』，原作『眼』，徑改。
〔二〕『丙辰』，原作『甲寅』，誤，今徑改。
〔三〕『己未』，原作『丁巳』，誤，今徑改。
〔四〕『鄭』，原作『鄒』，徑改。
〔五〕『鷹』，原作『薦』，徑改。
〔六〕『翕』，原作『昌』，徑改。

光緒八年（據上海圖書館藏《弓齋日記》稿本整理）

十一月

光緒八年十一月乙巳二十三日　晴，午後大風。日加辰至貢院武試内場，候中丞到，升堂參謁畢，同入坐。點名，凡准入三場武生八百一十八名，未納卷九十二名，臨點不到□名，實點入武生七百十名。散卷訖，三揖而退，封門如例，遂各散歸。

丙午二十四日　晴。早得叔來信，知送湘甥、二鹿來粵，乘北京輪船，昨已抵港，即日可到。日中復專人至，云輪船行至大石地方閣淺，須潮至而後行，亟遣小輪船迓之。是日武試填榜，晡刻至貢院候中丞學使。至酉初入坐，凡中式武舉六十四名，自六名羅壽崇起，寫至六十四名陳鳳揚，已戌正三刻矣。暫止，晚餐畢，復入座填五魁，榜出，然後各散。子正回署，則叔來、湘甥、二鹿已早到，海珊與費振之同來，平安可喜。二鹿學語學步，頗見茁壯長成，尤可喜也。

丁未二十五日　晴。謁兩院，均見。送友文銀臺回京，未晤，云現患齒痛，明日尚未能成行也。

戊申二十六日 晴。柳橋來，鹽務事廉甫來談，與三、碩卿來。藹翁贈畫册，筆意高妙，仿古而直到古人，得之百忙中，尤不可及，當什襲藏之。勵卿贈羅雪谷指畫大軸，又四幅，魄力甚大，然方之且園，不可同年語矣。寄浙振洋銀壹萬元，會稟浙撫。致浙藩書，並致茗笙書，交日昇昌。

己酉二十七日 晴。武舉簪花，巳初至撫院，日中而始行事，其儀如文舉而略，二刻許而畢。祝黄小姜壽。晡後胡恒齋來辭，赴增城查電綫事也。寄京信，交蔚泰厚號廿六日事。昨浙振英洋壹萬元係余康甫司馬經手，交日昇昌匯杭。撫軍稟函、小峰方伯移文書札，均與昀叔會銜，茗笙書則手致，昨記未詳，補書於此。

庚戌二十八日 晴。至中協祝壽，即出南門拜客，由清水濠等處迤邐入文明門，遶府學東街而歸。

辛亥二十九日 晴。唁張鑾坡總戎，即歸。晚藹人、昀叔、丹叔公約便飯，會食於藹人齋中。得小山電報。

壬子三十日 晴。閱《申報》，知爲閻大農等所劾，與新甫、鵠山一同褫職。予奪皆出天恩，特言者加以『貪劣』二字，所不甘耳。謁兩院，請俟部文到，早交卸，乞假三日。

十二月

癸丑十二月朔　晴。避客未出門，客之來者皆婉謝，有謝而仍至，勢不能拒者，子弟置酒相款，亦遂聽之，甲夜即散。

甲寅初二日　晴。六十初度，賀者盈門。上游暨同官之至者，皆婉謝之，其僚屬暨親友、同鄉之謝而仍至者，皆設麪待之。

乙卯初三日　晴。友文銀臺北行，遣人送之。藹人、畇叔、丹叔來，傳中丞諭，慰藉並令銷假。曉丹繼至。晡刻杞山、静菴、與三、慕顔、右之、右鄰、小舟七君子復來，可感也。聞起琴西太僕於家，來藩是邦，尚未見邸抄。

丙辰初四日　早陰，旋晴。至兩院銷假，遂至城南謝客，日仄歸。閱《申報》，中載邸抄，粵藩放剛子良，大約開河後即至矣。中丞爲籌歸計，至關切，婉謝之，而情則永矢弗諼矣。

丁巳初五日　晴。至東北城謝客，正欲出門，而同寮之來慰問者，情不能却，分起接見。日將中矣，午餐而行，皆投刺未晤。日仄至曉丹處少坐，復從北而西，由旗營各街道迤邐而回，時已晡矣。鄧梅僊來談。晤余康甫司馬、王子展別駕、徐芷卿大令，均言杭州居家最好，典屋一區，不過二千串，便寬綽有餘，力勸移家湖上，惟子祥之説不同，大抵非親往籌度，不能預決也。

戊午初六日 晴。藹人、丹叔來，以中丞命詢公事也。志伯愚太史暨同僚舒太守諸君均來慰問。督家人檢點行李，覓匠人包札器具，言明每件銀一錢八分，奴子輩尚欲向首邑言給予官價，亦可謂不自諒矣。余聞，亟止之。

己未初七日 晴。日加巳藹人、丹叔約謁中丞言事，適辛階在内，待其去而後見，退已日昃矣，不能復往他處，遂歸。黄昏撫院賈巡捕送到文起請覲摺，奉批來見，即遣人尋其紀綱送信。得吴門書。晚大風。

庚申初八日 晴。日加巳藹人、丹叔邀謁督院言事，印未交出，不能不往，一切皆聽院示，並請兩君公定，不自專也。賀温颸原觀察娶婦喜，日中歸。月波諸君來午餐，家人以臘八粥進，始知其爲臘八，亦可笑也。晚作書卿信。

辛酉初九日 陰，食時微雨數點，晚大風。日中中丞枉顧。佑之、菊人來言交代事。晡刻上院謝步，賀恂予學使移署，遂至藹人、昀叔許，三處均晤，歸已日暮矣。黄昏登雲里、小東門外同時不戒於火，幸即撲滅。

壬戌初十日 晴。日加巳偕藹人至撫院掣籤陽山、七鞏巡檢等四缺，府廳縣佐雜七十五員。甫退而丹叔進見，遂至官廳，待其退，然後同散。恂予學使來。和之、子厚、與三、慕顔均來言事。

癸亥十一日 陰。振之、穎生回蘇，申齋回湖，搭北京輪船同行，便帶書箱、瓷、錫等物。

子厚、子展、月波、芷卿均來。日晡胡蘄生太常、龍薰琴觀察來談。夜小雨。

甲子十二日　晴。丹叔、曉丹來談。杞山來。

乙丑十三日　晴。謁撫院，祝仲勉夫人壽，送方柳橋回潮州，答拜胡太常，晤談而歸。魯瞻來談。

丙寅十四日　晴。祝藹人壽，遂出城答拜薰琴，晤。過子珩許，已往香港。入城答客，在魯瞻處談未久，聞水車聲，云西門外又不戒於火，亟使探之。過志伯愚，少坐即回署，易衣將往救，適報已熄。杞山、筱舟偕來，遂止。據報：午刻太平門外十七鋪毓桂坊陳文煒卦命館，因煲茶餘爐起火，燒去自己屋一間，拆毁左右鄰屋二間，登即救滅。

丁卯十五日　晴。質明，文武廟行香，即歸。接吴門信。黄昏將晚餐，頭忽眩暈，少憩方止。

戊辰十六日　晴。藹人偕許雲庵侍郎至中流砥柱等處閲視炮臺。杞山、子展諸君來。寄周叙卿信，並小木箱一只，託尹君帶川。

己巳十七日　晴。心泉、杞山、子舟、蓉史諸君來。孫駕航太守自都來，不見十有二年，面目蒼老，須已白矣，相對慨然。胡菊齡表阮寄贈石印二方。又吴伯滔寄贈山林一幅，款稱表母舅，似是澗蒓先生之孫，記憶不真矣。通判杭州周君季鸞枉顧，曉丹介弟也。

庚午十八日　晴。日加辰至撫院衙參，遂謁督院，答拜駕航、季鸞，賀香亭嫁女喜。得迪甫信。夜雨，即止。

辛未十九日 早陰，旋晴。日加巳中丞招往，論交代並理事同知委署事，日昳始歸。

壬申二十日 早陰，旋晴。辰初刻至督院，祗候封篆，即回署自封印。日昳藹人、丹叔來，遲眗叔未至，即遣人約於督院官廳會合，同謁宫保，論清查庫款事，並謁中丞，藹人呈所擬奏稿，歸已薄莫矣。晚宴幕僚。

癸酉二十一日 早陰，旋晴，暖甚，可穿袷衣。辰刻至城隍廟祈雨，晡刻復往，禮畢偕司道同謁中丞，薄莫歸。

甲戌二十二日 陰，大風，驟寒。城隍廟祈雨，早晚行香如昨儀。仲勉、心泉、若農學士來談。劉少臣觀察自海南來，言彼土事甚悉。唁張少渠觀察丁外艱，答拜少臣，均晤。

乙亥二十三日 陰。祈雨如昨儀。皂保生日，幕僚均賀，以麵款之。晚祀竈。得子湘書。

丙子二十四日 細雨竟日，驟寒，大有雷意，可著重裘。本定散放貧員幫費，聚議紛紛，迄無定見，遂改於明日。得六舟書。

丁丑二十五日 陰，細雨或作或止。寒甚，著狐裘猶凛凛。散放貧員幫費訖。日晡孫文起兄自潮州來，談半時許而去。

戊寅二十六日 陰。偕藹人謁兩院，回本月限滿請升補萬州、昌化縣二缺萬州以樂會縣徐漢章升，昌化以揭陽縣丞金堦升，均撫憲定。與文起遇督院，與曉丹同見，日仄回署。魯瞻、丹叔先後來。是日府縣迎春，因禁止春色，不似往年之擁擠。連日得電白及高州守稟，本月十六日會匪入電白劫獄，幸頓時擊退，未失事。本日復茂名稟，亦拿獲會匪，盡法懲辦。先是，上月中旬，彭子珩總戎得梅菉紳士信，有匪徒拜會之説，當委候補通判陳若麟查辦，未歸，復得前信，遂回。兩院飭子珩星夜馳往，相機辦理。日晡得子珩澳門書，已帶親兵百人並携餉銀四千兩至彼，相度情形，再行募勇。所苦者，鎮、道、府、縣皆不得力，緩急難恃，因與藹人回明兩院，委饒守世貞前往佐理。饒前權高州，與紳民皆浹洽，當可得力也。粤省時事日非，久切杞憂，廢棄之人，行將去此，惟願當軸者早留意焉。

己卯二十七日　晴，嚴寒未解。雞鳴自行蠟祭禮。是日立春，至兩院稟賀，復謁將軍，見此年例，封印後必往見一次，若賀春朝，則例不見。過兩副都統許，均未遇。日仄將軍枉顧，仲勉繼至，均晤。得謨卿書。

庚辰二十八日　陰雨。中丞枉顧。日中丹叔來，即同上院謝步，藹人亦至，遂同上謁，未見。遇昀叔於門，復同藹人至將軍處謝步，辭不敢當。再過仲勉，仍未遇。祝恂予學使壽。日晡歸。昀叔來談，偕藹人公覆謨卿書。是日封庫，約存銀四十萬有奇，亦幸矣哉。得英雨農書，與莫鎮軍頗不和。

辛巳二十九日　陰雨，嚴寒。偕藹人、昀叔、丹叔謁撫院。緣中丞枉顧，行禮須答叩，昨未見也。呈雨農書。中丞屬回宫保請示藹人前往，餘人各散。偕丹叔、昀叔答拜候補道諸公枉顧者，覆至廣府，晤杞山，少坐而歸亦年例也。欲出西門至若農學士處，未果，作書遣人致之。得豹岑中丞書。

壬午三十日 晴。日加辰至兩院辭歲，兼至將軍許，即歸。晚祀先祖，宴幕僚如年例。

光緒九年（據上海圖書館藏《弓齋日記》稿本整理）

光緒九年，歲在癸未。

正　月

春正月癸未朔　早陰，旋霽，日仄暢晴，晡後復陰。日加卯赴萬壽宫行禮宫保未到，昀翁乞假，復隨中丞至文武廟行香，遂歸。得振帥書。

甲申初二日　早陰，旋霽，晡刻見日，夜復陰。日加辰至城隍廟隨中丞行香，年例也。凡歲首，兩院於朝賀後至文武廟、文昌宫三處行香，次日乃詣各廟，司道則藩司城隍、臬司龍神、運司天后、糧道風火神，分班隨同行禮，並祗候迎送首府。廳、縣四營將則各廟俱到，於隨班行禮後先行。本年昀叔乞假，倩□□恭代，餘俱如例。送中丞行後，至楚橋、香亭處拜年。楚橋在制，香亭尚卧未起，均未得晤，遂歸。筠浦辭往高州，晤談彼中情形，伏莽甚多，與豹岑中丞書中語悉同。杞憂方大，廢棄之人，同深惴惴已。

乙酉初三日　陰，日仄雨，旋止。國忌兼是山公家忌，竟日未出門，亦未見客。

丙戌初四日　陰，午前細雨如毛，晡後微晴。日加辰至督院拜年，止弗行禮。旋至撫院、將軍處，均見。過魯瞻許，已出門。晤仲勉，遂偕藹人、丹叔、少臣照向例同行。先至丹叔，次藹人處，均入少坐，同至學院，恂予未歸，復同至敝署，然後各散。府縣諸君均入行禮，許雲庵侍郎、蔣獻卿諸君均枉顧。日晡復出門，至星階、藺台、文起、雲庵處，均晤。日莫始歸。

丁亥初五日　陰。日加辰中丞枉顧，樂初將軍、仲勉都護、星階榷使、蘄生太常、植庭觀察暨實甫諸君先後來。至日仄始早餐。日晡將出門，而客又至，迨登輿已申正後矣。至撫院謝步，復至駕航、少臣、杞山處，各少坐。天已向暮，欲至實夫諸君，不果，只可俟諸明日。晚偕藹人、丹叔公讌文起、少臣，會食於丹叔牙齋。

戊子初六日　薄晴。早起拜客，至日中熱不可耐，遂歸，已日昳矣。檢點家具，擬托招商局先行寄滬。聞彭子珩有書到寓屬，人心已定係周曉翁説，云局中送信去閲，然未之見也。

己丑初七日　朗晴，暖甚。竟換袷衣。張虹舫來，求交卸。高濟川觀察來。憊甚，休息一日，略檢點行裝。

庚寅初八日　陰，晚晴。西關拜客，至龍薰琴許，與藹人、曉丹遇。入城至魯瞻許，少坐而歸。日晡魯瞻來。晚奉到交卸札，本缺委藹人署理，昀叔權臬，謨卿權運，勞吉卿觀察權肇羅道，皆同日下委。即作書詢藹人接篆日期，覆云明日面談。

辛卯初九日　晴。禺中藹人、昀叔、吉卿同來，云已專人至肇慶，促謨卿帶印來省，吉卿即在省接印。藹人因未見宮保，尚未定期。日昳上院。宮保患肝疾頗劇，未能見。謁中丞，談一時許而歸。是日將木器家具等託招商局帶滬，每件水脚洋銀三角，到滬即寄其棧房，取有提貨單，隨時見單取物。

壬辰初十日　陰，午後晴。少峰偕徐□□起程南歸，即搭美富輪船。晡刻出至吉卿、藹人許，並答拜恂予，均晤。還至眴叔處，以薙髮未晤。文起辭赴都，丹叔、曉丹來，暨首府縣來談。

癸巳十一日　晴。藹人來，云定於十二日未刻接印。許侍郎辭回京。

甲午十二日　晴。午刻交印，即至兩院禀知。祝將軍壽。送許侍郎回京、文起入覲，均未遇。還至藹人、眴叔處賀喜，晤眴叔，並與藹人遇，遂歸。楚橋、香亭均辭出署。同鄉團拜，未能到，仍照送分資。

乙未十三日　晴。巳刻中丞枉顧，拳拳之意使人感激涕零。日仄上院謝步，復接見，談一時許始別，即出城至八邑會館，與文起話別。遇子珩於途，往訪未遇，遂歸。初，余之得信削籍也，原擬交替後即假皇華館暫寓，繼而藹人來，云接印而不移署，囑仍留寓於此。因思一動不如一静，且兩首邑年來差使絡繹，不可復有以累之，遂趕緊整理行裝，俟部署大定，即移棧房，乘輪船歸去。兩首縣知之，於初十日專來相邀，謂皇華館家具等件事事現成，並不費事，堅請移居，以其情意可感，却之轉鄰於矯，亦既諾之矣。迨本日遣人往視，則門貼署運使行台，與初言之説不啻徑庭，亦固未之來告也。廢棄之人，敢有異説？惟念公館且然，衙署更何可久佔？因遣人邀與三，而慕顔、珩齋亦至，遂托三君子代爲覓屋，皆慨然允諾而去。聞前學使馮友文、黄殿拱、方柳橋、彭子珩均有人參劾，飭查之件。宦海驚濤，伊於胡底，可懼，亦可慨也。

丙申十四日 晴。三君子覓屋尚無覆音，忽憶及小皋之屋尚無人居，因託慕顔問之邱聘三。知可賃居，遂屬叔來、海門同聘三前往相度。上房甚寬，而外間之屋甚少，擬俟龍超、漢章諸君行後再行移往，仍托慕顔、與三爲假器具。傍晚杞山來，爲兩縣道地，婉言覆之。得蘇州信。

丁酉十五日 晴。上院賀節，俟司道散，然後去。杞山偕與三、慕顔來，復爲兩縣道地，堅邀住皇華館，姑妄聽之。石安來。送少臣回瓊州，未遇。傍晚照軒來，同至紙坊街看屋。

戊戌十六日 陰，大風，驟寒。日加辰至少臣處送。答拜照軒，未遇。復至實夫、勵卿、獻卿處，均未遇。至廉甫許，適實夫、勵卿在座，言正欲枉顧，邀遊大通烟雨等處，即面定十九日便衣同遊。又至軍署送志伯愚吉士回京，與綬臣軍門遇，談刻許，由奎樓處而歸。杞山、與三來。傍晚兩首邑來。

己亥十七日 陰，大風，愈寒，著重裘猶凛凛。杞山、與三偕兩首縣來，力勸移居皇華館，仍婉謝之。藹人、曉丹來談，知高州鍾守與權茂名王倅當街揮拳，不特可笑，亦可駴矣。美富輪船至，托帶木器一百二十件。袁敦齋辭回任。聞謨卿已到，寓肇羅行台，定廿一日接印。

庚子十八日 陰，大風，晚小雨，嚴寒未解。禺中藹人、昀叔、丹叔來，爲行館事，以實情不可居皇華館告之，即延杞山、與三同坐，言明仍住紙坊街。兩首邑繼見，亦以此告之，實則鄙人並無意見，特旁觀者不免多口耳。晡後謨卿來，實庵辭回郡。弔張少渠觀察，陪客僅魏□□二三人，門庭闃寂，若無事然，亦可慨已。送實庵，並至曉丹處，均未晤。是日許雲庵侍郎假滿回京，中丞、司道均出城寄請聖安。孝蘭移寓小石街。

辛丑十九日 陰，風寒如昨。實夫、曉丹、廉甫、勵卿四觀察花埭之約，辭之不允。禺中廉甫復枉顧面邀，遂至大巷口登舟，同坐蘄生太常、駕航前輩以次而來。日中曉丹至，遂放舟至海幢寺，殿宇宏敞而苦無花木泉石之勝，髡奴亦俗不可耐。茶罷即行，步至孔氏萬松園，園中有巨池，亭臺樓榭皆環池，結構頗有佳趣，惜少古木幽篁耳。所謂萬松者，亦寥寥無幾，且不逾拱把，當必有故，未暇致詰也。孔氏子姓尚列屋而居，中爲宗祠，亦極整肅，較之潘氏海山僊館，不可同年語矣。日晡回舟，環坐痛飲，迨入城而張燈後矣。是日帶書板赴滬，託北京輪艘榮昌棧房經手，到滬即寄存伊棧，其價與招商局同。

壬寅二十日 微晴。答拜謨卿。與仲勉、照軒遇。又至藹人、昀叔、丹叔處，均晤。日中至紙行街看屋，虛無人焉，轉不如自己經營之爽快矣。是日，幼琴五弟、漢章八弟附北京輪艘回湖。

癸卯二十一日 薄晴，夜微雨。謨卿接運司印，是日開印，諸公奔走甚忙。廢棄之人，日高始起，可謂佚矣，然檢點行裝，亦頗鹿鹿。蘄生辭回湖北，魯瞻枉顧，均以客座檢物無隙地辭，未晤。

甲辰二十二日　陰。至兩院起居，皆未見。賀謨卿接印喜，與恂予遇，復出城答拜吴碧山諸君。饒筠浦自高州回。

乙巳二十三日　陰。欲雨不雨，晚晴，夜復陰。發行李、家具至公館，客至者以無坐處辭。得李廉甫信，内附頤女一書。

丙午二十四日　陰，或時見日。日昳大雷雨以風，驟寒。賀孝蘭續膠、吉卿接篆喜，即歸。發行囊至公館，囑海珊先移至彼。

丁未二十五日　早雨，旋止，晡後復雨，夜大雷雨，竟夕不止。午刻移寓紙坊街，内子率兒孫輩於申刻至，凡署中一窗、一户、一草、一木皆完整無缺，且爲糞除潔凈，點交兩首邑並藹翁家人，然後行。首府廳縣並善後各局委員皆在新居候，次第接見。藹翁來，昀叔、謨卿、丹叔續至，皆晤。與三、慕顔、初平、珩齋饋菜二席，首邑饋菜一席，皆受而食之。龍超、子賢北行，即移入棧房。

戊申二十六日　大雨。廉甫、心泉暨申蓀諸君來，欲出門謝客而雨甚，懶於行，或諸公當諒之也。慕顔代作崇星階權使書，索免税單寄京兆尹，咨取書籍計十箱，交美富船帶滬，由上海道轉運至都。蓋鄙人任内事，已報起程，故未能移交後任也。

己酉二十七日　大雨，日昳晴。至督院起居，見。復至撫署、軍署，均以體不適辭。旋拜兩都統、四司道，均晤。歸已申正矣。武泰辭回京，胡慶忽叩辭，欲偕武泰同行，内子責而留之，遂止。此輩伎倆不過如此，無足怪者，然亦可慨矣。

庚戌二十八日　陰雨。勞吉卿來辭赴任。午刻至許樸齋太守寓行禮，門庭寂寂，竟無一人，可慨也已。將軍來談。夜晴。

辛亥二十九日　晴。出門謝客，晤心泉、勵卿。寄書卿信。接朱少虞兄信，即作覆，並寄小皋觀察書，均交坐省帶。

二　月

二月壬子朔　陰，小雨間作。祝照軒壽。送吉卿之任，實夫、勵卿、濟川、奎樓、獻卿、鏡人、子石、石珊置酒相邀，兼爲吉卿祖帳。日仄會食於鄭僊祠。酒罷，吉卿先行，復同諸君步至學海堂，游矚而歸。堂爲阮文達公創建，粵之人文莫盛於是，今則大疋淪亡，風流歇絶矣。後之宦此者率喜别創書院，而置此于不顧，幸一二賢人君子主持其間，不致頹廢，然已不絶如綫矣。前年力勸豹岑撥查封賭館變價銀二千兩，上年復又自撥承充銀匠繳呈公費銀二千兩，亦自盡此心而已。夜半，大雨。

癸丑初二日　陰雨，禺中雨止。體倦，竟日未出門。次舟來談。

甲寅初三日　陰雨。子厚諸君來。

乙卯初四日　陰雨。竟日無人來，欲遣常貴、孫喜送行李先行，以輪艘有人滿之患，且雨甚日來計偕諸君暨茶商貨客争先恐後，故搭船不易，故中止。閲邸抄，大寇出缺，大致伯寅尚書奉諱矣。

丙辰初五日　陰雨。次舟約游觀音山，日中會食於學海堂，同坐慕顔、子展、悦甫，皆同鄉也。雨甚，不得遍覽諸勝，僅登文瀾閣，一眺而歸。閣在堂之右，其下儲書版，上供文昌神牌，無載籍。額爲羅文恪師手書，地狹隘，若闢而展之，足可與應元、菊坡争勝。曩者書樓之議，僕力勸植庭觀察於斯籌度，奈諸君子意見不同，争欲别樹一幟，至今迄無定所，惜哉。藹人次老杜《諸將》韻，贈七律四章，拳拳之意，溢于言表，欲依韻奉和，而命意遣詞，終不妥帖，僅得二句，曰：『薏苡明珠從古有，敢將白簡怨司農。』即作書報之。美富輪艘至，擬遣常貴、孫喜分起先行，使人至招商局經營，則計偕諸君與茶客争先恐後，幾有人滿之患，不能不小作勾留矣。夜大雨，雷翁翁然，若鬱而不舒者。

丁巳初六日　陰雨。午初出門，賀心泉娶子婦喜。與仲勉、魯瞻、丹叔遇。冒雨拜客，晤星階、子珩、若農、澤群，皆縱談。過薰琴、雁秋許，未見。回寓已酉初矣。

戊午初七日　早陰，午後晴。葉户部蘭臺來看畫。勵卿來談，子祥、芷卿、史世兄均來。

先府君詩稿不自收拾，零落都盡，偶檢舊籍，於《靈飛經》拓本内得一紙，乃府君庚戌歲轉西江漕，北上過袁江時所作。時叔弟舒堂隨侍手録，夾入此帖中，三十餘年，巍然尚在，因録於此，以備遺忘。

述往四斷句贈表侄周士劍

兒時屢艤魏塘舟，老輩風流四五留。諸舅一時裙屐盛，玉纓珠履擬通侯。

燕喜堂前侍阿翁，白皮松下舞春風。瓷甌噣後人何處，五十年來一晌中。

不堪回首舊門庭，華屋蕭條更幾經。猶記一枝軒裏住，桂花香冷透疏櫺。

才調翩翩迥不群，對君零涕憶尊君。外家兄弟凋殘甚，長望賢才紹祖芬。

己未初八日　晴。昨富有船至，得蘇信，知已代賃裝駕。橋屋每月租洋廿五元，欲遣常貴等先行。清晨黼卿前往，則人載並盈，尚有百餘人後至而無隙地可容者，只可再候他舟矣。午刻任香亭兄來，云晤杜菊人，謂藹翁不肯接交，代欲留不佞，待子良至盤庫，屬將庫册底簿尋出，再爲核對。復遣黼卿至棧房，檢取而歸，幸行李未行，否則事多轉折矣。連日芷卿、子厚諸君均晤，藹翁亦時有書至，從未提及，何耶？春海孝廉來，暢談。傍晚和之來，約十一日至陳園遊眺。

庚申初九日　陰，夜雨。早起，將爲人作書，謝客不見。已而駕航前輩、子厚司馬來，因連次枉顧未晤，難以再拒，因出晤談，而星階榷使、恂予學使、丹叔觀察、子文總戎相繼而至，日晡方罷，勉作篆四幅，而天已向晦矣。曹朗川來，云在韶關以下遇數舟，張余旗幟。廢棄之人，尚有依附而行者，亦可異已。

辛酉初十日　陰。禺中中丞枉顧。飯後出門，祝昀叔、杞山壽，答拜朗川、子文，復上院謝步繳帖。與三、曉舟、芷卿來。夜大雨。

壬戌十一日 早雨，旋晴。沙田局鄒和之太守，金湝生同轉，劉子湛司馬，秦逸芬鹺尹，繆子占、秦子儀、張偉卿三少府邀游荔支灣。禺中自五仙門登舟，至陳氏園林小憩，復渡河游彭園，過海山僊館廢址，因入覘矚。地周十里，池水漣漪，樹石尚有存者，屋則惟東北隅小樓三楹而已。廢興之速，莫有過於此者，可勝浩嘆。彭園地不甚廣，而流水環繞，夏間荷花最盛，眼界甚寬，陳園亦小有結構，以視彭園，多障蔽矣。日仄會食於陳園小樓，同坐嚴蘭史太守。諸君復於樓下設席，招海門、叔來、培之暨兒子慰祖同飲。晡刻食罷，方流連茶話，榜人以潮退促歸，遂行。復至大通烟雨遊覽，日莫始入城，而雷雨隨至，兩時許方止。得周叔卿書。

癸亥十二日 暢晴。送恂予考試肇慶，晤。又送照軒回鎮，未遇。答拜駕航、勵卿、廉甫，均晤。至督院起居。

甲子十三日 早晴，旋陰，夜半雨。爲諸君作篆，竟日未出門。得柳橋書，並新刻重模宋本《觀瀾文集》。

乙丑十四日 陰雨，晡後大風。駕航辭赴任。答柳橋書。得蘇信，内附小山來函，述爵相垂念，意可感也。

丙寅十五日 早晴，旋陰，薄莫雷雨，一刻許而止。送駕航赴任，未晤。賀星階接任喜，答拜蘭臺，均見。又答拜鄧保臣，未見。夜大風雨。

丁卯十六日　陰，大雨時作。仲勉、星階、䠞原、小舟均來。丹叔來，談一時許而去。憚於出門，遣人祝心泉夫人壽。爲人作篆，時作時止，研有餘墨，乃秉燭書一幅。

戊辰十七日　早晴，旋陰，小雨間作。慕顔、右之、蘭史諸君來。飯後答拜仲勉、小舟，送周□□之惠州署任，訪張雁秋太史，均未遇。有書估持《古唐類範》來售，皂兒見之，云是舊本，驚喜欲狂，問其直，索千金，亦駴人聽聞。蓋此間書賈目不識物，恒千百其直，以察人之顔色。此書蓋春海爲余校勘，嘗向人言之，爲彼竊聽，故居奇至此也。汪世兄仲□來，亦爲此書送信，即託其物色，謂當急脉緩受，誠知言哉。

己巳十八日　早見日，旋陰，小雨時作時止。饒筠浦諸君來，竟日未出門。

庚午十九日　陰，辰末微晴，日色一見即隱。謁中丞，以前謝步未見，今祀事畢，故往起居也。談刻許，歸。遣常貴、孫喜附□□輪船赴滬。

辛未二十日　陰。至丹叔處，談刻許。欲訪藹翁，則往祭南海神，先赴炮臺閲視矣，遂歸。書賈送《古唐類範》來看，確是士禮居舊藏朱竹垞本，有蕘翁手跋並諸收藏家印記，今照録于後。

卷首副葉録舊跋尾二則。

《北堂書鈔》一百六十卷。今行《北堂書鈔》爲吾鄉陳抱中先生所刻，攙亂增改，惜無從訂正。聞嘉禾收藏家有原書，蒐訪十餘年而始得。繕寫精妙，翻閲之，心目朗然。唐人類書大都爲一己采用而作，如《白樸》之類，非若宋人取盈卷帙，譊讕詆欺，殊不足援據也右見《讀書敏求記》。

《大唐類要》跋：康熙己卯七月，湖州書賈有以《大唐類要》百六十卷求售者，反覆觀之，即虞氏《北堂書鈔》也。按《新唐書志》作一百七十三卷，晁氏《讀書後志》同，而《宋志》止百六十卷，是□《地部》至『泥沙石』而畢，度非完書。今世所行者，出嘗熟陳禹謨錫玄氏刪補，至以貞觀後事及五代十國之書雜入其中，盡失其舊，閱之令人生恚，儲書者多藏之，而原書罕覯矣。《類要》傳寫雖多訛舛，然大略出於原書，未易得也右見《曝書亭集》。

『常熟』原譌『嘗』，今照寫。此二段書法未佳，不類蕘翁手蹟。

卷耑題曰『古唐類範』，有八分書録《文獻經籍考》一段『唐弘文館』起，至『總一百六十卷八百一類』止。半葉六行，行十字。

末署『天台陶九成』此似從刻本仿寫。

首行『古唐類範』下有三印：『季振宜臧書』楕方小印，朱文、『如皐李猶龍元悳氏』、『弘業堂圖書記』三印皆朱文，正方，大徑寸餘。

六行『一類』下空處有一印：『汪士鐘讀書』楕方小印，朱文。

目録每半葉十二行，行約廿一字或廿二、三字不等，全書皆然。下有二印：『季印振宜』『滄葦』朱文方印。卷一百五十八《地部》下亦有『汪士鐘讀書』朱文小印，與前同。

光緒九年　二月

卷尾『《古唐類範》卷第一百六十』在後半葉第六行後有二印：『秀水朱氏潛采堂圖書』朱文，大方印、『南書房舊講官』白文，大方印。右二印跨九、十、十一三行。

後跋

右《古唐類範》百六十卷，其實即虞氏《北堂書鈔》也。《北堂書鈔》曾改□《大唐類要》，見於□竹垞《曝書亭集》跋語中。是書余得自友人陶蘊兄處，云□述□□□□物。余曰：『此爲遵王所記之書尚有可疑，其爲竹垞□跋□□□爲可信。』每卷首尾『古唐類範』四字挖補之跡顯然，末有『秀水朱氏潛采堂圖書』『南書房舊講官』二方印，則其爲竹垞所跋之□□□也。遵王云『繕寫精妙』，竹垞云『傳寫訛舛』，是書訛舛則有之，精妙則未也，則其非遵王所記之書又一證也。至於是書大略出於原書，竹垞已言之，而即可以遵王之言爲據，蓋遵王所記，係聞嘉禾收藏家有原書，蒐訪十餘年而始得者，竹垞跋係湖州書賈求售者。想當日原書儲於浙省，故錢、朱兩家皆能得之，獨恨書賈欺人，好改易古書名目，一變而爲《大唐類要》，再變而爲《古唐類範》，轉轉滋謬，致失其名，然猶幸改其名而不改其實，得令後人窺見廬山面目，則其知□□□於妄加删補、作聰□□亂舊章者哉。余故得是□□□□題數語於後，時乾隆甲寅四月朔，吴郡黄丕烈識。

『丕烈私印』『蕘圃』朱文小方印二。

此跋字與前二段相仿，不類蕘翁他本手蹟，而小印二方則真。凡十五行，行廿三、四或五不等。已斷爛，書賈裝褙又出劣手，幾不可讀矣。

書賈攜來，僅首尾二本，已絶爛，幸未强將黑霉掃去，尚可收拾。〔一〕

又蕘翁跋尾篇末有一印『讀未見書齋』朱文方印，甚精緻。

壬申二十一日　陰，午後見日，一時許即隱。以晷測之，則鐘表皆遲，迨至日入時驗之，則又皆速。蓋廣東此時日入在酉正初刻五分强，而鐘表針已指戌，天尚未暝，則速可知。所用晷乃仿程侍郎法，有各省距地度數。表之上有圈，中開小孔，日景由孔射入，視景正中，而表末所指之時即其候也。以此測度，尚不能驗，則其餘更無論矣。湝生、子展諸君來談。取《古唐類範》與所抄《大唐類要》對勘，互有得失，其舛誤大略相同，或稍稍異者，則鈔胥下筆時不檢之故，其爲同出一源可知。書賈挾此居奇，幾同至寶，遂付還以絶其望，而仍屬汪仲愚物色之。夜大雨。

癸酉二十二日　陰。禺中見日即隱，小雨時作，至莫而止。芷卿來談。日仄李若農學士、張雁秋庶常招飲菊坡精舍，同座陶春海孝廉、陳孝直明經宗侃，蘭甫先生之子，縱談甚歡，歸已張燈矣。得彭小皋觀察信。

甲戌二十三日　陰。日中見日，一時許仍隱。勵卿、子湛、與三諸君來談。爲六舟篆《斯干》詩幅，旋作旋輟，至莫方畢，即於燈下作覆書，送交丹叔，轉寄山堂諸君，贈書附記于後。

《春明夢餘録》四部　《董方立地圖》四部　仿蘇本《陶集》四部　《白石道人四種》一部

《南海百咏》一部　《學海堂叢刻》一部　《下學菴筭書》一部　《面城樓遺書》一部《周易虞氏易》《詩毛鄭異同》《字林》　《冠婚喪祭儀考》一部　《修本堂稿》一部　《劍光樓集》一部《桐花閣詞鈔》一部

乙亥二十四日　晴。竟日未出門。

丙子二十五日　晴。賀黄小姜娶孫婦喜。答拜勵卿諸君，未晤。晚藹人招飲，同坐謨卿、丹叔、勵卿、廉甫、奎樓。

丁丑二十六日　晴。作書，竟日未出門。

戊寅二十七日　早晴，旋陰，晡後微雨如塵，即止。謨卿招飲，日仄會食於鄭仙祠，座客如廿五日。李鞠圃來。

己卯二十八日　早晴，旋陰，日仄雨，半時許即止。答拜鞠圃，晤。訪實夫，未遇。勵卿赴汕頭查辦魯麟洋行馬頭事，是日起程。

庚辰二十九日　陰雨。至撫院起居，未見。日仄嚴藺史、帶月波太守，多與三、孫慕顏司馬，王子展、啓右之、劉鶴齋別駕，胡珩齋大令招飲大佛寺，張燈方散。秉燭爲杞山爲篆此朔日事，誤記於此。

三月

三月辛巳朔　早晴，旋陰，小雨。至督院起居，以氣痛未見。杞山來談。日中浙西同鄉陳子厚司馬、鍾寶田刺史、王子展別駕、徐芷卿大令招同海門、思臣、培之、慰祖三元宫作餞，盡歡而罷。訪金楚橋，未遇。晚楚橋來談。

壬午初二日　大雨，晝夜不止。日仄中丞賜飯，對飲兩時許方畢。過廉甫許，少坐。訪藹人，未遇。晚丹叔招飲，即赴約，而藹人已先至矣。同坐仍如鄭僊祠客，歸寓已二鼓。聞子良明日可到。

癸未初三日　大雨如注，至人定方止。子良日晡到省，遣人迓之。晚首府廳縣公餞，會食於大佛寺，冒雨往還，甚苦。是晚桂青、松濤移尊作餞，繆子占亦餽菜。

甲申初四日　早晴，旋陰，午復晴，晡後又陰，晚晴，新月皎然。是日移行李至榮昌棧，遣周湧、姚禄守之。晚浙東同鄉黄、韓、孫、陳□司馬，陳琪珊別駕，杜菊人、王栗甫、黄樂山大令招飲鄭仙祠，與孝蘭同座，思臣、培之、皂兒另一席。海門以赴棧房收行李，未赴。林訪西請以所藏文忠公手札墨蹟録副，允之。挑燈檢點，共計三百五十九葉，擬即囑其查對日記訪西云，是時日記尚存，銓次前後，以便裝池模勒。

乙酉初五日　暢晴。答拜剛子良，晤談。東北城辭行，晤王石珊、高濟川、魏子石三觀察，柏新甫副戎。昀叔來，云明日請假，不便出門，故豫話别，即往預辭。與張延秋太史遇，還過藹人，與子良遇，歸寓已薄暮矣。鼇局諸君子送席。杞山來。子厚屬書杭嘉湖會館楹帖，其詞曰：『溯浙而西桑恭梓敬，聚嶺以外霞蔚雲蒸。』不知何人所撰，言未雅馴，擬易之曰：『舊社拓枌榆情聯西浙，他鄉敬桑梓人集南溟。』蓋此地本杭州會館，余招捐資，並鳩嘉湖兩郡之宦遊於粤者，量力資助，合爲杭嘉湖會館，故云云也。語亦未佳，或稍勝於彼耳。

丙戌初六日　早晴，日仄陰，晚雨。出門辭行，晤李廉甫、奎樓兩觀察，黄植庭院長。欲往西關，聞有賽會擁擠，遂不果行。復碩卿書。

丁亥初七日　早晴，旋陰，小雨，午晴，復陰。廉甫諸君來。飯後至西關辭行，還至新城，晤星階榷使、蘭臺農部、保臣總戎，薄莫而歸。

戊子初八日　陰，小雨間作。子良、藹人、丹叔來。星階來送。權督中協唐子文總戎士貴、廣協黄小姜副戎龍韜、撫中軍余玉山大勝參戎、撫右營丁笏臣錦堂遊戎公餞，日晡會食于子文齋中，同坐温颰園觀察，皆依依有惜别之意，甲夜始散。訪西來，以文忠札三百五十九葉付之，約動身前送還。索書踵至，勢不可却，連宵秉燭爲之。

己丑初九日　陰雨。鄒和之太守，林訪西、劉子諶兩司馬作餞，晚會食於子諶齋中。高樓甚軒敞，惜無住屋，蓋冒述齋寓屋之别院，其正屋則啓右之賃居，月租三十金，此則二十金也。子展來，以梁世兄幫分五十金付之。鄭心泉總戎來，見大、二鹿甚喜，贈餅金各十枚。慕顔來，鄧保臣鎮軍屬致贐百金，又薛太守子光亦致贐，均婉詞璧之。

庚寅初十日 陰雨。鄧保臣、多與三、啓右之、陳子厚、徐芷卿諸君來。足底生一水泡，頗不良於行，殆連日酬應飲酒故耳。富有船到，子良諸君皆力勸勿行，叔來以歲試期迫，因屬海門與之偕行，先將行囊帶一半去。陶春海孝廉、陳孝直明經來。

辛卯十一日 陰雨。禺中謁中丞，見。與藹翁遇諸廊，知陳仲耦來粵。復謁宮保，以氣痛未能久談，囑遲日再往。還謁欒初將軍，談刻許而歸。春海送到《三統術精義》一册。

壬辰十二日 陰，間有小雨。日加巳子良接印，藹人回任，往賀未遇。訪仲耦，彼此相左。日晡海門、叔來附保勝船赴滬，姚禄、周湧偕行，遣趙興、趙福至棧房看守衣箱等件。致書卿信。

癸巳十三日 晴。藹人來。仲耦來談鄂中近事，不勝今昔之感。實夫來送。

甲午十四日 早晴，午後陰，人定大雨。丹叔來談，以許貴薦之。菊圃、珩齋來辭行，均十七日登舟。欒初將軍枉顧。日仄至四營將許辭，均未晤。答菊圃，亦未遇。訪仲耦，往游花埭，未直，與藹翁談刻許而歸。

乙未十五日 晴。上院禀辭，並至將軍許，宫保以氣痛未見。飯後至兩副都統並司道處，均晤，惟藩署以日莫，未及往。

丙申十六日 早晴，午後陰，日晡大雨，至晚方止。中丞枉顧。仲勉、魯瞻、謨卿、丹叔諸君均來。日仄謁宫保，甚有病容，臨别依依，殊難爲懷。至撫署謝步，遂至子良處話别。過杞山，出門未遇，遂歸。晡後子良來，冒雨而去。

丁酉十七日　陰，午後晴。府廳縣諸君至寓來送。過杞山齋，話别即歸。日仄自寓起程，至天后宫行香，司道諸公暨府廳以下各官均候送，至日近亭，周旋小坐，即登舟。諸公復至舟話别，辭之不得，以次接見，晡後方畢。遲内子不至，已而皂保來，知爲陳泰所誤，徑往八邑會館矣，亟使人迓之。良久，内子來，云兩孫不肯在輿中久坐，已遣新婦、二女仍回公館矣。内子至日莫亦回公館，皆待懷遠到，然後來。

戊戌十八日　陰，旋晴。中丞遣人來，並贈食物。日中學海堂學長廖編修廷相澤群、陶孝廉福祥春海、陳明經宗侃孝直邀往山堂小飲，晡後回舟，熱不可耐，竟夕不得安卧。復柳橋、少虞書。

己亥十九日　晴。平旦懷遠輪船到省，即移行篋過船。日晡内子率兒孫來舟。李鞠坡過舟來談，即往答拜，言語通澈，迥非初到時可比，其人真不可測也。子厚、芷卿諸君來。得堯峰同年書，並贈玉佩二、玉壺一。

庚子二十日　晴。早覆堯翁，並致爲高福致彭貽孫、王森致譚銘九、杜瑞致崇星階、張春致孫文起、張怡致朱少虞各書。日中移入懷遠輪船，用官艙六間，外艙八間，其大艙居者按人而計。烏廉甫來送，有缺者則多與三、陳子厚、啓右之及各首領、兩縣丞以下而已。府縣未至，其各局暨需次各員，太守以下，蓋來者十之七，具詳門籍。酉初展輪，過虎門，天已莫，望大角，燈火燦然，蓋至是始與廣州别矣。丑初一刻抵香港，聽橋同舟來送。

辛丑二十一日 早陰，旋晴，晡後陰，晚雨。早起，次舟、子展、初平、孝蘭諸君來，即同登岸。至泰來棧尋張延秋太史，未晤。訪彭子珩，寓雅以南。適子珩遣人來約晚飯，即同次舟、子展諸君遊博物院，復至兵頭花園。園在山半，花木甚繁，惜無亭榭，大似人家塚墓，特修整而已。内子率女、媳、兩孫亦至兩處游矚，蓋朵雲、小徑等所邀，海珊、輔卿同行，惟頤女未去。日中會食於萬芳樓，薛子光太守、葆□□、王栗甫大令均來。食罷，偕初平遊洋行，購得播慼風雨表一，價二十五元。日晡赴子珩之約，與愛育堂紳士陳□□共食，日莫乘公武回舟。海珊、思臣、培之、皂保、輔卿、魯卿俱住泰來棧。

壬寅二十二日 早雨。次舟、子展、孝蘭、初平、子光、栗甫諸君冒雨來，即乘早渡回省，遣杜瑞等並茶號房回。趙竹君、汪□來，日仄朵雲諸人來，均别去。人衆，另籍記，此不具録。酉正展輪，夜大風，軒簸震蕩，嘔聲盈耳，至曉方定。

癸卯二十三日 晴。北風，船行不能速，而時有蕩意。

甲辰二十四日 晴。平旦風定，巳正過福州口，走外洋甚迅利。午正北風復作。申正大霧，俄頃即散。晚風愈勁，船戰戰然，頗不可耐。遇新寧人候選布理問鄺其照容階，是從美國歸來者，攜一子，甫七齡，云生於新加坡，能識洋字而不甚通中國語言，贈漢文地圖一軸。

乙巳二十五日　晴。北風甚勁，舟行時有顫意而不能速。巳刻過温州，申刻遇一舟同行，似是『厦門』，遠望不甚明了。亥正過寧波口，忽起大霧，不敢行，子正二刻遂下碇。

丙午二十六日　大霧冥濛，釀爲霢霂，辰刻稍霽，始展輪，又誤入歧途，良久方出，幸未觸礁耳。南風乍起，行頗適，以爲即至矣。乃未幾，東北風挾雨而至，仍遲遲其行。申正二刻過崇明，酉正進吴淞口，炮臺甚整齊，殆左相之所閲者，然似亦未有異人處。戌正抵上海馬頭，風雨未止。振之、海門均未見來，遣輔卿至天保棧詢之。乙夜叔來至，知海門已往蘇州。

丁未二十七日　晴。巳刻移居洋津濱泰安棧，將粗重行李寄存招商北棧。泰安有另院，已爲瑞福侯觀察所居，雜厠於不知誰何之間，煩囂已甚，然已無如何矣。日中巳蘭、子明諸人來。晡刻邵小邨觀察來，蓋拜福侯兼及下走也。偕巳蘭、子明閒步街衢，並游静安寺。與延秋太史遇，蓋同寓棧中也。

戊申二十八日　晴。拜福侯並答小邨，均晤。偕雅泉遊城内骨董肆並城隍廟花園。至招商局取行李，洋人以護照所注與現存之數不符不付，蓋下人等所携未叙入也。致書小邨，告以原委。寄粤省諸君信。

己酉二十九日　晴。盛杏蓀來談。萬小棠來，告知招商行李小邨已發免單，即雇舟携取，先行運蘇。飯後偕海珊、雅泉至絲業會館。訪玉益齋，又訪胡仲、□□，皆湖人也。薄游書店，晚約諸君看外國人夏思美戲法。許仲弢來，未遇。

庚戌三十日 晴。常貴自蘇來。飯後偕海珊、慎齋至廟園看蘭花會，花列盎於内園神座之前，竝皆佳妙，惜遊人太多，幾無側足之地。渴甚，欲飲茶，不得，迤邐至榮昌茶樓，始得隙地少憩焉。歸至抱芳閣一覽，有精妙《宋人小集》五十本，極佳。

四月

四月辛亥朔 早陰，午後雨，夜大風雨。海珊、魯卿赴蘇，張蓮士弟來，子明、雅泉均未至。范世兄久也樹恒來，次典之長郎也。言别後事，爲之太息不已。

壬子初二日 早雨，旋止，晚復雨。杏蓀來談。飯後擬遊徐園，以蒸鬱恐有大雨，僅至華衆會飲茶而歸。

癸丑初三日 大雨，竟日夜不止。偕輔卿游骨董肆，冒雨而歸。晚杏蓀招飲。伯初自蘇門來。

甲寅初四日 雨。爲思臣搭保大輪艘赴津。致鵠山、小山、迪甫、子湘書。

乙卯初五日 雨。思臣赴津，遣常貴、胡慶送往。

丙辰初六日 陰雨。張敬甫來。

丁巳初七日 陰雨。雇定蒲鞋頭船。

戊午初八日 大雨。

己未初九日　大雨。欲登舟，未果。

庚申初十日　晴。已刻登舟，泊老閘大橋下。

辛酉十一日　晴。至做絲機器公所一觀。

壬戌十二日　早雨，旋晴，午後復陰。偕雅泉、慎齋諸君至匯業公所一遊。本粤人徐與之花園，四年過此時，曾同鄭陟山往遊，雖無邱壑之勝，花竹樓榭尚楚楚有致。兹大興土木，尚未畢工，已惡俗不堪入目矣。還過敬甫如意里新居，中途遇雨，幸即止。敬甫出門，未遇，少坐即歸。次舟來談。

癸亥十三日　晴。飯後偕叔來、黼卿至新閘觀西人跑船之戲。船狹，僅可容一人，以先到者爲勝，實博耳。西人無所不用其博，此其一耳。

甲子十四日　陰雨。

乙丑十五日　早雨，旋止。偕黼卿進城尋書畫看，不得，即歸。從抱芳閣購得毛抄《六藝綱目》二册，以雌黄校誤字，不甚精，上有『宋本』及『甲』字印，並『毛晋』名字及『汲古閣主人』印，其直四元。又初印《詞學叢書》缺《日湖漁唱》一卷，《補遺》《續補遺》各一卷，直三元；林寫《精華録》，一元。又有毛抄《宋人小集》五十本，精妙絶倫，索三百金，給予百金，尚不售。抱芳鮑生名廷爵，字奂甫，贈所刻《篆訣辨釋》及翻《積古齋鐘鼎款識》，皆不甚精。

丙寅十六日　早雨，旋止。禺中放舟至新閘。鮑奂甫來，以《六藝綱目》《精華録》二書付之，屬爲重裝。交來《圖書集成叙目》一本係照抄者，屬爲向粤省書樓銷售，據云索萬金，實六千金。内抄配約百餘本，外《原始》一紙，計書一萬卷，目録四十卷，共裝五千二十本，分五百卌二函，儲六十箱。又景宋刊本《管子》暨《陶詩》版二分，索三百元求售，約到蘇再議。日仄解維，行廿四里，時加酉至周老爺廟，以潮退遂泊上有周太僕祠。

圖書集成原始

康熙二十二年，福建陳省齋夢雷以罪戍奉天，越十七年釋，回京，侍皇三子成親王。王博學能文，有志編纂，嘗語省齋曰：『《三通》《衍義》等書詳於政典，未及蟲魚草木之微；《類函》《御覽》諸家，但資詞藻，未及天德王道之大。必大小一貫，上下古今，類列部分，有綱有紀，成一書，庶足大光文治。』乃盡發協一堂藏書，並輦致省齋家藏四部一萬五千餘卷，屬以蒐輯。自四十年十月至四十五年四月，書成，名曰《彙編》。凡彙編者六，爲志三十有二，爲部六千有奇，爲卷三千六百有奇，越十年進呈，賜名《古今圖書集成》，命儒臣重加編校，十餘稔未就。世宗復詔虞山蔣文肅廷錫督在事諸臣成之，編與部仍其舊，志〔二〕易爲典，爲目四十，爲卷一萬，爲册五千二十，爲函五百三十二。凡彙編六，曰曆象，曰方輿，曰明倫，曰博物，曰理學，曰經濟。典三十二，隸曆象者典四，曰乾象，曰歲功，曰曆法，曰庶徵；隸方輿者典四，曰坤輿，曰職方，曰山川，曰邊裔；隸明倫者典八，曰皇極，曰宫闈，曰官常，曰家範，曰交誼，曰氏族〔三〕，曰人事，曰閨媛；隸博物者典四，曰藝術，曰神異，曰禽魚，曰草木；隸理學者典四，曰經籍，曰學行，曰字學，曰文學；隸經濟者典八，曰選舉，曰銓衡，曰食貨，曰禮儀，曰樂律，曰戎政，曰祥刑，曰考工。其圖鏤銅爲板，書則内府舊藏銅活字，聯屬以成之，計印六十部。頒賜諸大臣外，餘以分儲天下名山，洵海内之鉅製也。或謂與前明《永樂大典》先後輝映，不知大典卷數雖倍，然其書係《洪武正韻》强爲排比，以多爲貴，並無剪裁訂正，且僅一寫本，供廣厦細旃之玩，較是編門類之整而流傳之廣，相去遠矣。

共書一萬卷，目録四十卷，訂五千二十本，分五百三十二函，裝六十箱。

總目　《欽定古今圖書集成》，每半葉九行，行二十字。

《曆象彙編》：

《乾象典》　二十一部一百卷

《歲功典》　四十三部一百一十六卷

《曆法典》　六部一百四十卷

《庶徵典》　五十部一百八十八卷

《方輿彙編》：

《坤輿典》　二十一部一百四十卷

《職方典》　二百二十三部一千五百四十四卷

《山川典》　四百一部三百二十卷

《邊裔典》五百四十二部一百四十卷

《明倫彙編》：

《皇極典》三十一部三百卷

《宮闈典》一十五部一百四十卷

《官常典》六十五部八百卷

《家範典》三十一部一百一十六卷

《交誼典》三十七部一百二十卷

《氏族典》二千六百九十四部六百四十卷

《人事典》九十七部一百一十二卷

《閨媛典》一十七部三百七十六卷

《博物彙編》：

《藝術典》四十三部八百二十四卷

《神異典》七十部三百二十卷

《禽蟲典》三百一十七部一百九十二卷

《草木典》七百部三百二十卷

光緒九年　四月

《理學彙編》：

《經籍典》　六十六部五百卷

《學行典》　九十六部三百卷

《文學典》　四十九部三百六十卷

《字學典》　二十四部一百六十卷

《經濟彙編》：

《選舉典》　二十九部一百三十六卷

《銓衡典》　一十二部一百二十卷

《食貨典》　八十三部三百六十卷

《禮儀典》　七十部三百四十八卷

《樂律典》　四十六部一百三十六卷

《戎政典》　三十部三百卷

《祥刑典》　二十六部一百八十卷

《考工典》　一百五十四部二百五十二卷

已上六彙編三十二典六千一百九部，共一萬卷。

丁卯十七日　陰。夜半乘潮至即解維，行過昆山，風利不得泊。晡後至夷亭，乃繫纜宿。

戊辰十八日 晴。巳刻到蘇，振之、季文乘舟來迓，遇之於城外，遂入盤門，泊獅子口。書卿、小宜來舟，遂全家移至大井巷。書卿置酒相款。飯後至莊家巷新屋看視，屋甚多而無一位置得宜者。沈少蓀甥偕吉利來。

己巳十九日 晴。早起偕季文至骨董肆一遊，購得漢官、私銅印各一，元人吴興圓印一。仲復四兄、朱修廷、陸清臣子如、潘芝岑諸兄枉顧。往新居布置。季文置酒相款。

庚午二十日 晴。至新居。購得舊瓷酒盞四只。

辛未二十一日 早晴，午後陰，晚小雨。至新居。晚小宜置酒相款。巳蘭來。

壬申二十二日 早晴，晡後雨。偕季文至玄妙觀一游，啜茶，與陸綬臣遇，從陸家濱花廠繞至新居。雨甚，乘輿而歸。

癸酉二十三日 晴。吴引之二兄來，午刻移入新居。書卿暨諸甥全家來賀，晚置酒款客。蔡仲然、陸子如、張少禪、謙甫、蓮士均留飲，丙夜方散。

甲戌二十四日 早晴，旋陰，晡後大雨。出門謝客，晤嚴芝生三表兄從母之嗣子、沈仲復四兄、嚴緇生同年。仲復屋甚寬，有園亭池沼，匆匆未及游覽。訪許星臺同年，適星翁枉顧，彼此相左，迤邐至芝岑、恂友、修庭許。晡後到大井巷晤書卿、振之。雨甚，不能再往他處，遂從古寺巷而歸。是日先至嚴衙前，謙甫、蓮士均他出，小鶴夫人亦不在家。獨坐聰聽堂，屋宇猶是，景物已非，迴憶舊遊，恍如隔世，爲之酸鼻。主人不在，無可與語。至大井巷，遇謙甫，歸寓則少禪、叔來、季文皆在。譜笙侄從湖州來，亦在寓，談少頃别去。已而海珊、譜笙復來，飯後譜笙始回大井巷。

乙亥二十五日　大雨竟日，無處不濕，煩苦之至。慎齋來，海珊、海門至大井巷，薄莫始歸。

丙子二十六日　晴。出門拜客，在任筱沅中丞許晤李梅生觀察。至大井巷小憩，復至梅生處，則已往遊狼山矣。子實來，振之饋席，留蓮士共飲。

丁丑二十七日　晴。仲復、脩庭、吴蔚若來。出門拜客，日晡始歸。書卿來，未莫即去。得思臣信。

戊寅二十八日　晴。出門拜客，晤錢笣仙禮部，寓慕家花園，即畢尚書舊第，『經訓堂』額猶存，晡後歸。復偕海珊玄妙觀一游，至玉樓春啜茶小憩，欲至大井巷，以日莫，遂歸。

己卯二十九日　晴。陳仲泉來，日中引之、子實兩兄招飲在引翁嚴牙前寓齋，同坐筱沅中丞、仲復、芝生。日晡散席，復拜客，迤邐至大井巷，聞季文等均在怡園，適海門來，即偕往一遊。園中奇石林立，池館位置俱佳，惜無參天古木耳。游罷，復至骨董肆一觀，仍回大井巷，歸寓已張燈矣。潘伯寅大司寇扶柩到籍，住師林寺榜曰畫禪寺。

五月

五月庚辰朔　晴。朱苹洲、彭訥生、吴引之、顧子山、蔡□□諸君來。至畫禪喈伯寅大寇。飯後偕海門、季文，率皂皂、魯卿游拙政園後改復園，今爲八旗奉直會館，還過師子林，小憩而歸。書卿來。得李筱帥信。又得上海抱芳閣鮑叔奐信，並樣書十一本。

辛巳〔四〕**初二日**　晴。胡坦齋表弟來，苓年師之長子，年四十八矣，住侍其巷恒泰典，蓋其妻舅莊君之肆也。詢其家，只存父子二人，其子即在恒泰作夥，並無職事，以宅相故，啖飯而已。新市有小烟店，僅足糊口。硯農、秋厓均尚在，迴憶師門，不勝嘅嘆。坦齋本在家，聞余至，專誠來訪，欲爲其子謀一司事。事雖細微，然廢棄之人亦正不易爲力也。禺中仲復招飲耦園，同坐引之、小韓、芝生，暨芝生之侄少和、覺民五侄。園不甚廣，而池樹楚楚有致，室中蓄石甚富，更有斗室以樹根爲桌椅，亦甚奇特，惜少古樹，然新植者亦漸可觀矣。哺後散歸，已蘭、少禪、謙甫、蓮士均在寓。振之來，即往蕭家巷。日莫筊欐來談。是日海珊回湖。

壬午初三日　晴，大風。季文邀同海門、魯卿、培之作留園之遊，慰祖侍行。禺中乘舟出閶門，至留園，即劉氏寒碧山莊，今歸常州盛氏。憶二十五年前曾至是園，今樹石尚隱隱可辨，滄桑後巋然獨存。地不甚廣，中爲曲池，而以山石間之，亭榭周匝，位置得宜。美人峰在墻外半里許，相傳劉氏得此而艱於運，致地爲别姓所有，堅不肯售，今亦爲盛氏所得矣。日中會食於舟，肴膳精美。食罷，復泛舟至虎阜，登千人石，五十三參廟已燬，僅存三門及大殿三楹，尚是近時修造者。荒山一片，徘徊於夕照間，不勝今昔之感。下山遊五人墓、花廠，至張忠敏公祠小憩而歸。晚約振之、張氏、戴氏、惲氏、竹林、巳蘭、海門小飲，乙夜始散。

癸未初四日　晴。龔仲仁、湯伯述來。至晝禪拜芾庭先生。答拜湯世兄暨李慶誥、温□□兩司馬。薄莫叔來、季文來，即赴江陰歲試。

甲申初五日　晴。張氏、竹林、少蓀、穎生諸君均來賀節，嬾于衣冠，遣皂兒至各處代賀。午後偕慎齋、輔卿、培之至玄妙觀，甫抵大成坊巷，人擁擠，至不可行，欲往大井巷，亦不得前，遂繞出護龍街，至閶門外一游，飛丹閣小憩，啜茗而歸。購得舊銅鏡二枚，其一銘云：『日初升，月初盈。纖翳不生，肖兹萬形。是曰攖盌，瑩虖太清玄卿。』；其一則明洪武年造，凡直餠金八角。得鵠山、小山書。

乙酉初六日　大風雨。笣僊來談。書卿來。約謙甫晚飯，少飲輒止，疾趨而出，問之，則已卧帳房樓上，蓋從他處飲，宿酲未解也。已而大吐，至丙夜方去。

丙戌初七日　陰雨。吴子和來，飯後欲出門，以體倦而止。巳蘭辭往上海，覆抱芳閣鮑生書，寄還舊本樣書十册。

丁亥初八日　陰，小雨。午後薄有晴意。彭漱芳觀察來，蓋居木瀆，昨始入城也。胡坦齋率其子名□，號霞軒來。體憊甚，似是感寒，服午時茶，得微汗，始稍可。

戊子初九日　晴。體仍不適，謝客不見。有鈕君名家燮，號緯人，必欲一晤，詢係西農先生之孫，從湖州來，云善堂與守梅同事，至蘇收取房租。携有一册，爲吴江沈貞女集資，付以兩元而去。坦齋辭行，贈以十六元。得趙竹君信。

己丑初十日　晴。謙甫約觀劇，以體倦未往。飯後答拜龔仲仁、彭漱芳，均晤。又答拜吴子和，未遇。晤子實。欲至大井巷，輿人以道遠糾纏，天已薄莫，遂歸。姚禄、孫喜、趙福辭回京，趙興、牟青回川，沈祥回鄂，均酌給川資，並將思臣書箱三只交姚禄帶京。

庚寅十一日　陰，晡後晴。偕海門至城隍廟前一遊，有小英石一座，微有峰巒，索直甚昂，不買成。

辛卯十二日　陰，午後晴。吕向叔來，舟泊閶門外，云即日解維，飯罷趨答，未遇。還謁伯寅尚書，見。訪朱定甫丈，未晤。至磚橋拜彭訥生夫人，遂赴大井巷預祝書卿壽，丙夜始歸。

壬辰十三日　晴。至大井巷拜壽，與陸綬生同席，飲啖甚健。晡後携黼卿遊骨董肆，購得大印池一，瓷不甚佳，然非近時物。又熏冠銅鑪一，乃宣德時所造，直番銀二餅。晤嘉禾張少渠大令□□，乃同年丁紫巢之婿，其妻周之所自出，仲豐女甥也。是日，内子及兒孫輩均在大井巷，以家中人少，乙夜先歸。

癸巳十四日　晴，暖甚。日仄偕子實至桃花塢看屋，屋材甚堅而位置不合宜，婉謝而歸。沈極麗薦書賈周景亭，無錫人，携舊書數種，畫二三種，皆不甚佳。

甲午十五日　晴。謙甫約同海門諸君至廟前一游。書卿來。

乙未十六日　晴。體憊甚。聞季文歲試一等二名。晡刻陣雨，晚晴，偕輔卿至北寺塔下一游。

丙申十七日　雨。謙甫、蓮士、竹林先後至，晚飯後冒雨而去，慎齋留宿。

丁酉十八日　晴。夏至。祠先祖。書卿來。

戊戌十九日　晴，晚雨，即止。少讀兄來。內子携頤女至嚴牙前。赴申叔之招，丙夜始歸。黼卿回湖，屬其呈報到籍。

己亥二十日　晴。陸蔚廷來，知頌笙已於前月回杭。是日搭凉棚，上房前後二架，偏院一架，客廳前一架、後一桁，其直番銀十二餅。湘甥歸寧。

庚子二十一日　早晴，旋陰，午後小雨間作。體仍未愈。書卿來，晚飯後去。從書賈周生購得明刻《水經注》四十卷，上有『施念曾印』白文方、『蘗齋』朱文方、『徐裒瀚印』朱文方、『冡泉氏』白文方、『温陵張氏藏書』朱文長方、『□城孫氏珍藏書畫印』朱文方、『譚廷獻仲修父』白文方、『復堂藏書』朱文狹長、『復堂』白文長方，凡九印，以朱筆過録何義門校語，極精審。原書出自鬱儀中尉，以宋本校勘又有云舊本者，未詳何本，而證以《御覽》等書，凡譌處悉仍其舊，而分注于下，不敢妄易一字，此明人校本中之絶無僅有者，真可寶貴。至鍾、譚眉評，則仍是兩家本色，不直一笑，等諸自鄶可也。『復堂』似是近人。書裝五巨册，每册面葉均有題字，首册曰『何義門手校本』，下四册則曰『何氏手校』，而鈐以『復堂藏書』狹長印，是此字即爲復堂手題無疑，朱筆另是一人，然實非義門手蹟，惜無題識，未能悉其姓氏耳。〔五〕此書索直甚昂，既以番銀八餅得之。又明游居敬刻《柳子厚集》，明印本，直餅金二，凡文與詩四十三卷，別集上下二卷，外集上下二集，附録一卷，首列劉賓客序一首，署曰：柳文序一行，夔州刺史劉禹錫纂二行；次柳文目録一行，夔州刺史劉禹錫編二行；次柳文卷之一一行，明巡按直隸監察御史南平游居敬校二行。其卷之二至四十三不署名，別集、外集並同，附録則劉禹錫天論一篇，宋祁唐書本傳，皇甫湜、劉禹錫祭文三首，劉禹錫爲鄂州李大夫〔六〕祭文一首，曹輔、黄翰、許尹祭文三首，汪藻永州祠堂記一首，穆脩舊本柳文後序一首，沈晦四明新本後序一首，李褫柳州舊本後序一首，文安禮年譜後序一首，殆出居敬手。若劉序所謂退之之誌，若祭文，則未有矣。

辛丑二十二日 陰雨。吴晋壬太守、貝康侯司馬來，以體憊未能延見。購得英石一座，高下十五峰，其至高者約六寸有奇，厚如之而闊倍之，雖新坑而峰巒起伏，楚楚有致。此在粵三年求之而未得者，配以紫榆木坐，渾厚光緻，亦粵匠之所未能夢見者，酬以番銀四餅，欣然而去。若落何崑山手，鎸以贋款，恐又非數十金不辦矣，呵呵。

壬寅二十三日 陰雨。體倦甚，時時欲睡，督小婢薙草，以破岑寂。晡後雨止，悶甚，偕慎齋，携皂兒至北寺一游。寺始建于吴赤烏，浮圖七級，矗立霄漢，殿宇壯麗，惜已頹敗。其震隅有不染塵觀音殿，亦頹廢。殿外左壁有明萬曆年重修一碑，字畫完好，極似懷仁《聖教序》碑。

云有宋元重修二碑，今已不可見矣。書卿來。

癸卯二十四日 晴。禺中答拜康侯，未遇，即赴見山、少讀怡園之招，同坐閔小坡、培之。日晡席散，至大井巷閒談，薄莫而歸。

甲辰二十五日 晴。戴少梅太守來。禺中出閶門，答拜少梅，遂至大井巷。二鹿有河魚之患，延醫者張君診視。以賤軀脾困未釋，書卿力勸服藥，即倩按脈，爲處一方，服之。與謙甫昆仲手談，日入始歸。

乙巳二十六日 陰晴各半。體倦，竟日未出門。芝庭來，約明早至中張家巷看屋。

丙午二十七日 早微雨，旋晴，晡刻大雨，晚晴。食時至中張家巷，芝庭已到。屋係潘氏舊居，有『聽雨堂』額，是陳白昜手書，宏敞軒爽，乃吳中所僅見者。惜太寬廣，擬割其西路賃住，屬芝庭商之。看畢，復同芝庭至蕭家巷觀□氏售産，卑隘已極，一無可取。禺中至嚴牙前，偕謙甫昆仲步行至南倉橋，觀姚寄梅新屋，是貝康侯經手所購産，價萬元。寄梅嫌其價昂，即屬康侯另售，久無問津之人，轉須倩人看守。康侯謂可賃居，租價不論。屋尚寬敞，上房、庭院尤寬廣可喜，所惜者無門房，無備弄，無書室耳。看屋□君，號湛華，乃康侯妻弟。少坐，復同謙甫至盛家埭看蓮士所説之屋，主人□姓，曾與吳又樂議售，未成。屋東向，雕刻油飾甚精，惜院落迫窒如井，是真吳人錮習牢不可破者。主人極言其工作之精，余戲謂：『人生貴適意，雖茅茨土階，但得爽心悦目，即是佳構。若日在黑暗之中，雖金玉之飾，與覆盆何異？』以價昂無力購買，謝之。即偕謙甫赴朱脩庭觀察之招，至則蔡仲然司馬已先到。少憩，同出閶門，至□□酒肆小飲，日已過午矣。復同至戲園觀劇，弋腔聒耳，加以鑼鼓喧闐，此生平之所最畏者，以主人之意殷拳，情不可却，勉坐兩時之久，困不可支，正欲辭歸而大雨驟至，迨雨止而行，而日已銜山矣。沈絜齋來，未遇。

丁未二十八日 晴，晚大雨。日中至織造署前答拜絜齋，未遇。還至大井巷，遣輿接内子至彼，共坐雲圃水閣，清談甚適。晡後獨遊骨董肆，復回至雲圃，乘輿而歸。蓮士來，與松岑司馬共飯，甲夜冒雨而去，賃輿送之。

戊申二十九日 早晴，旋雨，午復晴，日晡又雨。甲夜明星燦然，已而更雨，真黄梅時節。致絜齋書，薦趙貴，即令其携往，至則行矣。芝庭來，言議張宅租價索廿八元，壓租三百金。允其壓租，欲減月租至廿五元，即屬芝庭往議，約明日聽信。晡後錢筱仙儀部來談，傍晚始去。

六　月

六月己酉朔 乍陰乍晴。芝庭來覆屋租，竟不肯讓，其中資十之二係按全年租價計算，吴門舊習也。主人取十之一五作八拆算，中人酬謝在外，約覆看再定。脩庭來。

庚戌初二日 陰雨。芝庭同滇伯四弟之子□□乳名和尚來，蓋回湖小試，新取入學，欲自此赴楚也。即令其移入寓中。戴世兄□□來。錢世兄念劬來。筱仙之郎，年少才優，於校勘書籍尤長，出示武林丁氏新刻宋施諤《淳祐臨安志》六卷，並覆刻葛本張有《復古編》，皆甚精。

〔一〕陳乃乾抄本有按語：乃乾案，此書現歸吴興蔣氏傳書堂。
〔二〕志，原無，據《古今圖書集成》補。
〔三〕氏族，原作『世族』，據下文及《古今圖書集成》改。
〔四〕『巳』原作『卯』，誤，今徑改。以下至六月初二日順改。
〔五〕陳乃乾抄本有按語：乃乾案，復堂即譚廷獻仲修也。
〔六〕『大夫』，原作『夫人』，據劉氏原文改。

光緒十年（據上海圖書館藏《弓齋日記》稿本整理）

甲申日記上　起正月朔，迄九月五日。

光緒十年，歲在甲申，时僑寓吴門中張家巷。

正　月

正月丁丑朔　平明雨，旋霽，已復陰。日加辰仲復兄來。出門至書卿、穎生、仲復、謙甫處，拜影堂，並順路拜年，日仄歸。飯後倦，卧至傍晚，叔來、季文、振之至，方起。穎生繼至，均晤。篤甫來，未遇。購得天官大象一軸。又日昨購《臨川文集》一百卷，與《清波雜志》所載臨川刊本相符，的是翻雕宋本每半葉十二行，行二十字，惜無序跋題志，不知何時、何地、何人所刊耳。夜大風。

戊寅初二日　早大雪，旋止，禺中見日一刹那，頃即隱，午後薄晴。書卿、蓮士、季文來。

上年購得黄蕘圃手校殘宋本《顔氏家訓》二册，兹録跋尾于後朱書，十八行，行十七至二十字不等。

東城顧氏有殘宋本二種，一爲《續顔氏家訓》，一爲《蔡松年詞》，一宋刻，一金刻。始攜至余家，余適有次子病危，未及議直，後歸小讀書堆，亦未及向抱冲借觀也。抱冲既殁，書盡扃閉，假觀尤難。不意閲二十來年，一旦俄空焉，精刻名鈔盡入他人之手，而此二種屬書友物色之，覆云無有，既而探聽消息，已歸常昭人家。松年詞標題《鳴秀集》，無怪書友不知，即物主亦不知，爲陳子準所得。此《續顔氏家訓》爲張月霄所得。二種分兩家，物之分合不常如是。頃因修志，往兩家借書，從月霄丐歸，方知《續家訓》前固有《顔氏家訓》原文也。存六、七、八三卷，首缺二葉，即係《續家訓》文。因就三卷中有顔氏原文者，手校於此，其續者當别録其副。始余檢《讀書敏求記》，方知有此書，他目不詳，然遵王亦不言有《顔氏家訓》原文載於《續》者之前，今方知之。甚哉，撰述之難也。至蔡詞，子準甚秘，未及借觀。其版刻之爲金版，約略想見，蓋余所見金刻書氣味都合也。辛巳八月大盡日復見心翁校訖，記於縣橋小隱之學耕堂南軒。

此所校乃明程伯祥刊本，每半葉十行，行廿字，下卷闕廿三至廿六，計四葉。復翁手自鈔補，尾葉留五行，朱記眉端曰：『卷八止此。』餘裁去，以白紙鑲補，跋語即接寫於所補紙上。前後無印章，然確是復翁手蹟，非過録本也。

己卯初三日　陰，晡後雨。出門拜年，見鄭盦先生，贈《潛書》一部，夔州唐甄鑄萬著，凡九十七篇，天道人事、前古後今具備，李梅生廉訪新刻也。夜大雪。昨歲除，購得卷册數種，雖非珍品，亦尚可觀。瀏覽所及，隨記於後。

煮石山農畫梅卷紙本，高今衣工尺

落紙戲亂圈，兒童笑我顛。誰知墨瀋香，獨佔群花先。煮石山農爲汝器老丈作於方壺山房朱文『王冕』二字，方印。

炎炎長日睡難成，熱毒蒸蒸苦老晴。却憶忍寒香雪海，一笻長爲訪梅行。寫到梅花意欲仙，一生快得任人傳。化身不用爲千億，飛過羅浮雪海邊。披盡寒香入畫圖，世間難得此清癯。不知風雪雙羊路，還有梅花似昔無。綠樹陰陰謝點塵，草堂借得十分春。紙間尚愛冰心客，一任飄風吹散人。寫出梅花感舊情，湖中風雪有前盟。年來夢亦無餘事，只向孤山僻處行。終有陽春不見春，筆端時露一枝新。分明記得孤山影，隔水籠烟遇故人。劉基細白文『伯温』二字，方字。

庚辰初四日　早晴，午後陰。曉起坐艮廬南窗下，快雪時晴，瀏覽書畫，頗適人意。昨與鄭庵先生言《西樓蘇帖》之妙，因檢瑛氏翻刻本觀之，形模略具而神采忘矣。戲臨一帖，竟不成字，奈何。日加午宗人福祥來，蓋周大令宗洛小峰之妻舅，送其姊之西江，路過此也。帶到蔡袁州雲峰書一函，瓷器一桶楪四十枚，乃上年小峰權宜春時太守所屬寄者，逾年始達，而雲峰已作古人，追念良朋，不勝凄惻。福祥同里同姓，必系出一本，而支派則不可考矣。舟泊閶門，小峰夫人亦持帖起居內子六年赴粵時，曾在南昌舟中與內子相見，云明早即解維，道涂覓輿人不得，遣崔福以帖略饋土物以表意。

宋劉松年青緑山水卷絹本，高今衣工尺

松年

松年此卷吾蘇貴遊家物也，其人愛護之甚於珠玉，嘗目擊焉，今爲淮陽趙文美所得。觀其筆致，踈秀軼常，非如丹青炫耀，人人得而好之。於此而好者，非古雅之士不可，文美能賞識致重，先生之道殆見溢於北而流於南，而文美之珍愛亦將逾於前而保於久也。天啓乙丑五月既望，文美出以請題，因識數語而歸之。鹿城歸昌世細白文『文休』二字，方印。　楷書

劉松年畫與馬龢之甲乙，俱在能品。是卷層巒疊嶂，掩映向背，自有條理，與宋人評『遠望不離坐外』者，誠相合也。楚中投刺作勞，歸獲一展，塵襟如洗。莆田宋珏跋白文『宋珏私印』，方印；朱文『比玉』，方印。　隸書

宋人作畫往往多不署名，狙儈無知，率取名人輒寫于上，以炫俗目，畫則非所僞作也。此卷似是宋絹，畫亦娟秀，然出於松年與否，則不可知矣。前後收藏印記半已模胡，惟右角朱文『經畬』及幅尾白文『幼文』、朱文『梅華盦』方印三尚約略可辨。『經畬』未審何人，『梅華盦』乃元吴仲圭所居，『幼文』則明徐賁字也。卷首又有『裴氏世寶』雙龍長圓印，塗色鮮明，殆近人所鈐。中幅上方有朱文巨方『晉府書畫之印』一，亦非贋鼎。此印曾爲先世父比部公所收，銅質塗金師鈕，製作精妙絶倫，後歸從弟子明，子明殁後亦不知尚在其家否。然晉府之印既尚

流落人間，則此畫果否曾入晋府，抑後人作僞鈐用，又不可知矣。兩跋皆近人一手僞造，紙色、墨色、塗色一望而知，其文字之工拙不具論焉。即以文論，歸跋『丹青』云云，亦與此卷不甚吻合，或者録舊而未詳審耳。粥骨董許生於癸未除夕携來，云有舊家子貶價求售，專恃此度歲，譬諸援手，必不可却，遂因而收之，非必以其物之足寶也。越歲人日大雪鹿叟記於平江僑寓之艮廬南窗下。

辛巳初五日 陰，寒甚。謙甫、芝亭、叔來先後來。慰祖購得明内府板《玉篇》一部。積雪已銷，而屋角砌旁尚有融而未盡者，吾湖諺語謂『雪等伴』，恐又將雪矣。徐氏外孫女彌月薙頭。

壬午初六日 大雪，日仄方止。念劬來，共飯而去。内外客陸續而至，蓋兼賀四鹿彌月也，設麵款之，先後散。書卿、叔來、季文乙夜方去。天復雪。

癸未初七日 大雪，竟日夜未已。薄莫至大井巷，赴消寒第五集，乙夜始歸。雪深没髁，輿人不良於行，岌岌乎危哉。

《所藏書目》《所見書目》《所聞書目》：

益都李文藻素伯輯，皆詳其序例卷次，志其刊鈔歲月。其遺書亦名《大雲山房》，見翁閣學《復初齋文集》卷十四《李南磵墓表》。

右日記原日疏一紙，今日雪窗，始彙録于册，内劉松年卷跋尾，因過録時漫記歲月，故轉在初五日以前焉。歸自雲圃，燈下書。

甲申初八日　立春，早大雪，午後薄晴，日方中一見即隱。得子湘嘉平十日書。

人日大雪，用坡公《雪後書北臺壁》韻二首

元辰始見雨廉纖上年一冬杳無雨雪，送臘迎春氣轉嚴。夜半有聲疑作雪，朝來無處不堆鹽。玉壺凍合惟宜酒，冰筯寒多未挂簷。望裏湖山遮蔽盡，只餘雙塔影尖尖敝居近雙塔寺。

瑟縮寒衾似凍鴉，衝泥絶少過門車。壓踐勁直千竿竹，幻出空明萬樹花。玉宇瓊樓原有路，荒江老屋更誰家。閉關且學袁安卧，自寫新圖付畫叉。

乙酉初九日　陰。積雪不消，僅見冰筯二三條而已。畏寒，不敢出門。晡時嚴芝生三表兄來，索杏蓀信而去。

丙戌初十日　早薄晴，禺中見日，午後陰。雪仍不消，祁寒如昨。陽小穀大令招飲，以坐皆生客辭之。晚培之夫婦治具酬客，親戚情話，盡歡而散。

丁亥十一日　暢晴。氣仍凜冽，積雪漸澌，竟日未及半，而冰柱條條已垂屋角矣。

張篁邨山水小卷紙本

光福上崦、下崦爲湖山最勝處，今春遊興頗劇，既無同人，又少暇日，想亦俗緣未退，清景何時到眼。近在咫尺，尚難如願，況西子湖頭，又須裹糧。舊遊恍忽，只好託之夢想而已。隨筆作數筆溪山，以當卧遊，視空言欲往，依舊閉門，爲稍愈耳。乙卯閏二月清明前二日。白文

『宗蒼』方印。　行書　『視空言』上衍『以』字，『恍忽』旁注。

光緒癸未，余罷粤藩，航海歸家，無立錐地，將卜居杭州，以就西湖之勝，然未有定宇也。夏四月，行至吴門，聞屋多於杭，且僦直廉，遂僑寓焉。此地有靈巖、光福諸勝，其清景亦不遜於故鄉，顧老人性嬾且畏事，自夏徂冬，未出省門一步，而西子湖頭更無論矣。曩自粤行時，同鄉王通守子展曾以管幼孚《吴中山莊長卷》贈别，惟時時展玩，以當卧遊，欲倩人更作《西湖》一圖，亦因循未果。會歲除，有以張篁邨《山水小卷》來售者，幅尾自叙其作畫之意，與賤子蹤跡若合符契，因喜而收之。歲首無事，與《山莊圖》對玩，頗動鄧尉探梅之興，奈連朝大雪，河港盡膠，今日乍晴而北風凛凛，砭人肌骨，忍寒香雪海固是韻事，然老人却不能堪。讀篁邨題語，若竟爲賤子今日寫照者，特不諳六法，遂輸篁邨一籌耳。甲申正月十有一日書於平江僑寓之艮廬，快雪時晴，盆梅雙樹與水僊競放，香澈几硯，亦閒中一適也。蒙叟。

是日張謙甫九弟贈刻石五方。先是，慰祖見張氏庭除有碑石偃卧，薄而視之，《醴泉銘》也，因以詢謙甫，謙甫遂以見餉。大者二石，兩面皆刻字，即所謂《醴泉銘》也。視其尾，乃王篛林臨本，非覆刻歐書。小者乃戴文節書《百字箴》。又其二，似是《靈飛經》，爲泥垢所蔽，須洗視之，大約亦是後人仿書，非翻刻鍾帖也。

戊子十二日　晴。嚴寒轉甚，積雪旋融旋凍，屋角冰柱一排，長幾七尺，晃漾瑩澈，若晶簾之高揭，真奇觀也。惜無好句咏之，殊愧劉叉耳。消寒弟六集，乙夜始散。

己丑十三日　晴，嚴寒未解。禺中出門，祝汪大令皃洲六十壽，並答拜世錫之尚衣趙六吉之郎及各友之賀正者。是日爲親家次山中丞初度之辰，其家設饗，因往拜焉。計自辛酉常德郡齋預祝後，迄今二十四年矣，瞻禮之餘，不勝今昔之感。飯後復拜客，薄莫始歸。檐溜如注，道途雪泥交融，滑不留足，將至家而肩輿之後者躓顛焉，幸無所傷耳，真行路難哉！

庚寅十四日　早晴，午後陰。寒猶如昨，積雪半融，空闊處尚茫茫一片也。早起匈中作楚，噫氣若釀醋，兼有河魚之患，殆昨晚臨卧時食蘋婆之故歟？外姑忌辰，至穎生處行禮，復至書卿家少坐，以腹痛即歸。竟日不思飲食，服神麯加薑湯，覺少快，晚食胡椒麵並白粥一甌而卧。

跋汪退谷《瘞鶴銘考》手草《復初齋文集》卷卅，二十六葉。

予於己卯冬得退谷《瘞鶴銘考》刻本而愛之，其後門人謝蘊山太守得其板於揚州，爲予購歸蘇齋，而今又於秋史侍御所得見此原草墨蹟，此事迴環胸臆，前後三十餘年矣。愚嘗作補考一卷，前列見存字，辨其點畫同異，次以拙著考辨，又次以前人著録之先後，又次以諸家摹傳拓本之先後，庶可承退谷先生之緒餘乎。下節。

退谷此書不特文字可愛，刻手亦精妙絶倫，惟印本甚少。先師許文恪藏有一本，先府君曾於道光丙午年在京師藉觀，命叔弟陽元景鈔一過，後覲元復於南昌市上得一本，今並存敝篋中。往在東川，欲景摹重刻而乏好手，遂以宋體字刊之，今叢書本是也。或云此書刻竟，甫印百本，而版遂燬，今讀此跋，乃知不然。惟版既歸蘇齋，何以不廣爲傳印，何竟稀如星鳳邪？近來名版舊刊爲有心人搜獲不少，特未知此版尚在人間否耳。《補考》未見傳本，先生手稿必更勝汪書，倘得而並槧之，豈非藝林瓌寶？世不乏曾宏父其人者，庶幾旦莫遇之。

辛卯十五日　薄晴，時露淡日，晚不見月。新年景象蕭條，絶不聞花炮鑼鼓聲，而燈市更無論矣。竊謂新歲之樂，莫樂於都門，而逛廠尤樂中之樂。酒餘茶罷，偕二三知己徘徊於火神廟畔，偶得一書一畫，或一硯一鑪，即携手酒樓，相與流連嘆賞，迨籠燭而歸，而家人婦子方擲選格未已。此景此情，何可多得！至公讌之盛，亦非他處可比。先公鐵門邸第之南，有文昌會館，士大夫宴會地也。自正月二日内閣團拜後軍機處在宣武門大街才盛館，亦初二日。此外如刑部秋審處之初四日，則有定期而無定處；都察院之天和館，在西柳樹井煤市街口外，則有定處而無定期，各衙門暨各科同年、各省同鄉陸續團拜京師演劇分兩涂：一曰『戲園』，如廣德樓、慶樂園等處，專賣戲，以座計錢，無酒筵；一曰『戲莊』，如文昌館等處，則衣冠之會，以筵席爲主，不空賣戲。然戲莊演劇亦有不同，有館人定戲而招人定席，名曰『搭桌』；有本家自定戲而用其筵席，名曰『包莊』。大抵客少搭桌，客多則包莊，此其大較也。若夜戲，則惟戲莊有之，戲園有禁。元宵時，夜戲尤勝，絲竹管弦與爆竹聲若相和答。館左右有小市肆，亦皆然燈應節。猶記其左畔東向一家，本裱糊店，每元夕將近，則暫輟本業，作元宵京師呼上元所食之粉團以此以售，團團者堆几盈案，又沸湯於釜，以待人之來食。其門懸一燈，聯句云：『明月夜明明月夜，看燈人看看燈人。』自余少時以至宦蜀之歲，歲歲如此予生于鐵門邸舍，年二十四始就婚旋里，明年回京，仍住鐵門，直至道光戊申先府君選授江西建昌府同知，余偕諸弟隨侍，先太夫人同行，始去鐵門舊居。庚戌，予計偕北上，下第，留京師，是年先府君轉江西後幫漕，行至楊莊，棄諸孤，叔弟陽元侍行，遂扶櫬回里。余聞赴，星奔至清浦，復如豫章省視太夫人。辛亥秋，奉侍太夫人南歸，以家無立錐地，僑寓石門縣之屠嘉壩，復以飢驅走蒲州，逾年始歸。乙卯，再入都門，時官中書舍人，遂僦居大川淀。丙辰，太夫人就養至京。丁巳十一月，復棄不孝而長逝。余扶櫬回里，眷屬留滯京門，仍寓大川淀。庚申二月，服闋，行至常州，以袁江道梗復回里門。適粵匪竄擾湖州，偕忠節趙公防守湖城，寇退叙勞，得員外郎分部候補。是年秋，文宗皇帝駕幸木蘭，於圍城中得信，因傳聞失實，莫悉眷屬之所在，中心惶惶。九月，湖城解嚴，遂辭忠節北行，時江浙遍地皆賊，從浙東宛轉至豫章，始知眷屬安住京華，並未移徙，而川資罄矣。當是時，陽湖惲中丞次山方守常德，念平生好友莫中丞若者，遂往依之。辛酉仲夏，中丞擢常岳澧道，秋權湘藩，余皆同行。因循至冬十月望，始由長沙北歸，取道襄樊，於小除夕抵都。次年分户部行走，自是安居大川淀十年。辛未冬十月朔奉命分巡川東，壬申正月十八日出都，而年已五十矣。嗟乎！彼里巷細民耳，有恒産遂有恒心，以長其子孫如此。顧以余一身閱歷，六十年中，世道之盛衰，家門之榮瘁，轉有不堪回首者，故詳記於此，以示子孫焉。

壬辰十六日　陰。食時霏雪，一陣即止，寒威稍減，雪融太半，竟日滴瀝，若雨聲然。早起水瀉三次，固是感寒，疑亦尚有積滯，守中醫之戒，惟慎起居，節飲食，以待其自愈，不敢輕試良醫也。餔時内子偶至庖廚，見堆灰之室烟縷縷然，撥視之，則其下未燼之柴甚多，得新火而復熾。蓋竈下養以灰易錢，惟取其多，又鄉人不喜枯灰，故及其未燼而遽棄之，初未計其利害也。

亟沃以水，至四石餘而始熄，亦險矣哉。又影堂前雙燭每早晚行禮後，皆余躬視，吹熄然後行。今早偶未及檢，則竟莫有過問者，迨晚張燈，則燭已然盡，左一檠鎔焉。一日而經二險，若非神明、祖宗默佑，其事尚可問哉！感幸之餘，彌深悚惕。夜雨徹旦。

癸巳十七日 陰，晚晴。腹疾未全愈，服飯灰取米、麥、魚肉之類，炙灰研末，治積食神效，惟吳門藥店有之，以蕩滌之。

甲午十八日 暢晴。日中驟暖，積雪消鎔猶有未盡，至夜尚聞檐際滴瀝聲。晚祀先祖，敬臧神影。

乙未十九日 陰，人定大風，雞鳴始止。晚篤甫招飲，勉赴之，甲夜而歸。

丙申二十日 晴。禺中趙價人農部兄自常熟來見訪，其尊人□□先生蓋先文僖公門下士。價人與余同曹者十年，不見十三年矣。寄吳茗生甥賀信其妹箴於歸趙氏也，甥蓋三伯父處從姊之子，並儀六元，交輔卿轉送。餔時答拜價人並訪錢儀部箎仙喬梓，均未遇。

丁酉二十一日 晴，午後薄陰，晚陰。禺中謙甫、竹林來，飯後同往玄妙觀一遊，肩摩轂擊，士女如雲，較之都門廠甸更爲擁擠，實則一無可玩，並火神廟地攤之物而亦無之，不解嬉春者何以趨之若騖也。欲買蘭花，苦無佳者，遂至雅集，茗飲而歸。

戊戌二十二日 陰，晚雨。致沈北山舍人䞍，託鈕家巷王□□轉寄。晚約書卿、叔來、季文、篤甫、小宜便飯，暹謙甫不至，邀海珊代之，丙夜始散。有持元版陳暘《樂書》來售者，藝芸精舍舊物，印記猶存，然已缺四十八卷矣一百五十三卷至二百卷。索直太昂，不知能買得成否。巳蘭來。

己亥二十三日　雨，餔後微有晴意。竟日未出門，亦無客至。昨咏《冰筯》二首，以不佳故未脱稿，兹姑録於此。

冰筯二首，用尖叉韻

誰把瓊枝削秀纖，琉璃世界助莊嚴。借籌原出從冰水，挑撥何勞及米鹽。但見晶瑩垂夏屋，幾嘗甘苦到窮檐。少温篆體真如玉，學古嗤他退筆尖見元吾衍《三十五舉》。

朝來已見噪晴鴉，快樂豐年祝滿車。一震威猶遲啓蟄，三撾鼓更爲催花。溶溶月魄初元夜，靄靄炊烟十萬家。擊鉢自慙詩思鈍，苦吟未就手頻叉。

庚子二十四日　薄晴。汪大令皃洲假雲圃設席招飲，主人之意可謂殷矣，以衣冠之會概辭未赴，不敢破例，作札辭之。晚約張少禪丈、謙甫、蓮士昆仲、馬小圃、戴譜笙便飯，辭而未至者巳蘭，不辭而又不至者穎生也。

辛丑二十五日　陰。晡刻至大井巷觀書畫卷軸，蓋杜筱舫舊藏，其家託胡式嘉大令銷售者。凡百餘軸，真贋雜糅，自元黄子久以至何子貞，約書一二分，畫七八分，大抵愈有名之人愈不足恃，若大癡、黄鶴山樵、倪迂及明之文、董諸軸，舉不足觀。間有真跡，又霉挹不可收拾，轉不若小名家之尚無人作僞也。晚消寒弟七集，在篤甫家，乙夜歸。

壬寅二十六日　早晴，午後陰。偕海珊、海門至觀前小步，雅集茗飲，與柳門遇，復至察院場張小全翦刀店定製刻石印刀一柄，直錢九十。於課桑園之南地攤故敝中購得元人銅章一，文曰『利市』，文下復有花押，元章往往如此。形橢圓，中作銀錠文，鈕若錢之半，已中斷矣。物不足珍，亦取其『利市』而已。

癸卯二十七日　晴。日仄偕海門散步，慰祖侍行。先至顔家巷徐東甫緑潤堂主人家看舊書，由宮巷、觀前至大成坊巷，復由喬司空巷出卧龍街，至骨董肆略觀，已薄莫矣，遂仍由察院場、觀前而歸。購得舊端硯一方，仿宋製，左刻文曰『寒碧山莊藏』，有方印曰『蓉峰珍賞』，右刻文曰『骨露而寒，耳通有漏，長身君子，何礙其瘦耶』，款署『五山』，下有腰圓印曰『五山』，研池之下右邊有小眼如菉豆，就琢爲芝草一莖。石非最上之品，而琢手渾厚，不同庸匠，因以番銀三餅易之。寒碧山莊今歸常州盛氏，而此研乃入余手，若守此而無惡歲，則貞珉一片不勝於樓閣五雲耶？呵呵。移竹二叢於聽雨堂。予所賃居乃屋之西落，吴人言屋，每曰『中落』『東落』『西落』，殆即院落之誼。名稱甚雅，或以爲『路』字轉音，未詳孰是。此西落廳事曰『聽雨堂』，有陳白昜書額，主人將移榜正廳，而嫌其太小，向猶見棄置屏門下，今不知何往，惜哉！假山左趾山茶花畔，不敢自比於王子猷，聊以免俗而已。此廿六日事，昨偶遺忘，補記於此。夜大風。

甲辰二十八日　晴，寒甚。惲歸安竹坡來談，少頃而去。凌麈餘來，未晤。餔時答拜麈餘，仍未晤，遂如大井巷答拜竹坡，兼赴洗蕉老人看梅之約，同坐篤甫、竹坡。酒未行，任筱沅中丞急足，延竹坡爲其夫人視病，遂索飯共食之而散，已乙夜矣。章碩卿大令來。

乙巳二十九日　晴。早作書，致《晋楊世明碑》拓本與塵餘。日中塵餘來，云有《戚伯著碑》雙鈎本，允爲手模見貽。餔刻偕海門、海珊、碩卿至觀前一遊，有朱述之丈重刻宋本《棠陰比事》，索直一元二角，亦太昂矣。雅集啜茗，與篤甫、季文、綬生遇，方在掣糖也。又遇洪文卿、貝康侯、吴觀瀾，談少頃各散。

丙午三十日　晴。早起讀畫，欲分别去取，送還季文。讀未半，劉大令景宸來古山太守之子，甫去而蔣甥至，蔣未去而笆仙、芝生諸君接踵枉顧，迨客散而日已餔矣。美景良辰，不得出門一步，閒人而轉不得閒，殊可笑也。笆仙丐先公手書楹帖，將寄京模刻，懸之會館清遠堂，允倩人雙鈎奉贈。年前從□孝廉假得傳抄《大唐類要》，擬更寫一本，以備參考。寫官難得解人，且孝廉珍秘此書，只付二本，約寫畢再换，多人亦無用。擬手録其目，藉以銷送歲月。昨燈下寫五葉，今日燈下又寫五葉，手腕目力，尚無老景，亦可喜也。

二　月

二月丁未朔　晴，驟暖。禺中竹坡、叔來。爲人作篆，摩墨拂紙無人，大是苦事，幸魯卿助我也。欲至怡園探梅，爲客所阻，又不得出門一步，悶極。薄莫偕海珊至屋後空地一眺，有天□□，舊時一大蘭若也，兵燹後略加修葺，其舊跡尚約略所見。門外照壁極卑陋，其上嵌一石造像，似是古物，不知背有刻字否也。鈔書八葉，譌字悉仍其舊，惟確知其誤，不容不正者，正之。另有札記，兹不贅説。吴梅宋來。夜微雨數點。碩卿移舟來泊。

戊申初二日　晴。飯後出門拜客，薄莫偕蓮士至濂溪坊巷看屋，在綏生所居之東。正落五進皆偪窄而無廣庭，西落三進，前二進有樓，東則僅末進有樓三楹，已僅存空架。聽事尚高敞，奈前後屋宇悉已頹敗，名之曰修，直須重造矣。主人未見，有縫人孫姓領看，問合意否，婉謝之而歸。鈔書十葉。吴子和移居西鄰。得芍翁書。

己酉初三日　晴。飯後出門。賀吴子實學士得孫喜，並至寶積寺拜梅宋尊人冥壽既冥矣，而尚云壽耶？此吴俗之最可噱者。還過大井巷，日入始歸。晚約竹坡、碩卿、海門、芝生、謙甫小飲。蔡研農六兄來，未遇。陳辰田過訪，亦未遇。

庚戌初四日　陰，午後雨。早起至胥門馬頭答拜硯農，與星臺同年遇，談半時許，星翁先行，復談良久始别。還過辰翁，並晤義民兄，暢談，歸寓日已中矣。辰翁爲書局借《禮記要義》，諾之。返舍，適孫少山、周厚甫在座，欲檢交少山，因謙甫、海珊置酒元興館，爲海門餞行，拉少山、厚甫作陪，匆匆而行，仍未將去。得彭小皋觀察、陳孝蘭茂材書昨日梅宋送來，孝蘭並贈新會橙□□枚，已爛去大半矣，略言粵事而不詳。星翁云：『昨見電報，有兩侍御對參，俱奪職而不記其姓名矣。』是日，培之考紫陽書院甄别，與叔來、季文、譜笙偕行，薄莫始歸。

辛亥初五日　大風，雨時作時止。篴仙來談，云將有揚州之行也。少蓀來。寄芍翁書。

壬子初六日　風雨。海門偕碩卿赴鄂，爲碩卿致芍翁、菘耘書，爲海門致笏臣書。寄聞叔侄書，又覆徐潤生表弟書。胡芸楣來。

癸丑初七日　陰。書卿約往光福探梅，辭未赴，慰祖夫婦携二鹿同行。答拜芸楣，以《説文聲系》贈之。芸楣云蕭山王南陔有《説文段注訂補》，現擬付刊，囑爲校讎，諾之。

甲寅初八日　晴。鬻古董許生携來湯文正、董文恭對聯各一副，又舊琴一張，背有刻章，曰『水繪閣藏』，不知是冒氏物否。購得《陳曼生畫册》十二葉，裱作六條，其直六元。余生持來明板《唐六典》，云須直二十元。又殘元本陳暘《樂書》缺□卷，汪閬原舊物，云四十元可售。曾祖母忌辰。祀畢，天氣佳甚，遂偕海珊、培之往怡園一遊，梅花開落各半，遊屐尚稀，還至卧龍街骨董肆，遊矚而歸。

乙卯初九日　春雨浪浪，竟日夜不止，可謂天有不測風雲矣。謙甫、竹林來。黄昏皂兒夫婦自光福歸。有同鄉陸君見過，蓋六侄女傅氏之甥，號桂林，載鮮魚之吴銷售，去年阿高所乘之舟亦伊家業也，留飯而去。寄錢念劬信。

丙辰初十日　早雪，旋雨，日中晴，晚月夜皎然。畏寒，不出門。胡式嘉大令邀浙紹會館觀劇，三辭不允，遂令皂兒前往，内子亦令新婦繳帖。得周季相信，潘玉淦丈處交來。海珊赴周厚甫飲，大醉而歸。

丁巳十一日　晴。作京、津、通各信，遲謙甫不至。傍晚季文、譜笙來，人定而去，贈季文陳鼻烟半剌。章二表侄□□來，硯籽之子也。

戊午十二日 晴。外姑初度之辰，至穎生家陪祀，即留早飯。送謙甫海運差赴津。寄子湘信並江綢袍褂料一副，翠蓋白玉烟壺一枚，鼻烟一剌，翠搬指、烟嘴一匣；庶母燕菜一匣；五祖姑信一函、燕菜一匣；思臣信一，並衣裙料、裙花、挽袖；熊侄婦衣料、裙花、挽袖；迪甫信一，葛紗袍料一件，羅布二疋；少蓮信一，食物四種；鵠山信一，並其孫女緑花衫褲、金壽星玉鎖、帽子、圍涎；小山信一，蘭薰二；時筍乾四簍，紉秋、善卿各半之，均託謙甫帶。陳辰翁來，借去精抄《禮記要義》一部，計十本此昨日事，漏記，補之於此。內子在書卿處晚飯，乙夜尚未歸，久之久之始至。蓋輿行至觀西，遇潘東園之子泰觀，向稱匪類者，乘馬自東來，已避而讓其過矣，不虞其復自後之衝也，僕夫躓，輿猝墮，復側而右傾焉，玻瓈三皆粉粹，而人亦暈矣，久之始宛轉出。有貨珠寶者，叔來之所識也，乃使一老媪、二童子扶至其肆少憩，復使人至大井巷。叔來、譜笙、穎生聞信馳至，遂假輿送歸，而以敝輿屬保甲局焉。叔來、譜笙、穎生復來視，夜半始去。內子扶杖而行，兩手臂及右半身俱傷，幸以袖擁護頭目，不致爲玻瓈所創耳，亟服玉真散並救治之。

己未十三日 晴。書卿及叔來、季文、譜笙、小宜皆來視，延張筱舲診視，服藥而卧。總查李幼蘭來，伯寅大司寇夫人遣杜瑞來視，並慰問饋物，云大寇明日當親來，婉謝之。

庚申十四日 陰，大風寒，午後晴。內子服藥後面手俱腫，復延筱舲並傷科胡君治之。伯寅司寇來。玉泉丈託季文致意，謂無顔相見，下午復將敝輿修好送來。泰觀之母，故倡也，不敢來，至大井巷，書卿亦拒而不見，聞尚迴護其子，此真孟子所謂妄人也已矣。

辛酉十五日　晴，寒甚。書卿來。少禪、蓮士均來。餔刻偕海珊至南顯子巷，迤北花廠一觀。聞常州劉筠巢又倒帳，亦可異已。趙緯卿來談。

壬戌十六日　晴。日色甚薄，時隱時現，寒未解而轉甚。得趙惠卿信。蔡仲然、章海秋來，聞朱玉坡同年作古。買春蘭六盆，種薔薇兩棵於聽雨堂之南墻。又買巨盆四，移種山茶。傍晚叔來至，以明晚將往常州，來別也。

癸亥十七日　晴，驟暖。禺中至送玉坡殮，遂答拜諸客。仲清夫人四十初度，往賀，喫麵後同篤甫至吉由巷看屋，遂歸。

甲子十八日　晴。悦卿、薇卿、黼卿偕來，海珊將乘來船回里，榜人以其直之廉也，飄然而去，遂不果。

乙丑十九日　凄風苦雨，竟日不止。寒甚，復御重裘。得海門上海致皂兒書。

丙寅二十日　陰，日方中一現即隱。芝亭來。

丁卯二十一日　薄晴。飯後偕海珊至觀前一遊，與悦卿兄弟及培之遇，雅集少坐，仍偕海珊至牛角浜，買蘭而歸。晚置酒酌悦卿兄弟並芝亭。

戊辰二十二日　晴。爲趙緯卿致書潘鏡如。日中少蓀甥來。傍晚吴子和四弟來，晚飯後始去。

己巳二十三日 晴。篆刻『艮廬蒙叟』石印一方，久不作此，差喜老眼尚明也。陸存齋送新刻《楊秋室先生集》二本。

庚午二十四日 晴。存齋來。禺中拜仲復夫人壽，並答拜存齋，均未見。餔刻星臺同年來談，云靄人調粵藩，滇藩子良調補。

辛未二十五日 陰雨。早存齋來。禺中至存齋許，與修庭遇。至篤甫處拜壽，啖麵而歸。悦卿回湖，薇卿、黻卿留。

壬申二十六日 晴，寒未解。存齋來談，贈《皕宋齋藏書志》一部。購得舊琴一張，背刻文曰『虎嘯』，又有『水繪樓藏』刻章，不知是冒氏物否。

癸酉二十七日 晴，夜雨。周縵雲侍御來，他出未晤。得趙甥惠卿書。

甲戌二十八日 陰。答拜縵雲，並至貝康侯許，均未遇。日晡偕輔卿至觀前一游，與季文遇，雅集茗飲而歸。惲伯思來，未晤，云明早即解維，不能答拜矣。鄭盦先生索書，先以《漢隸字原》《繆篆分均》奉之。

乙亥二十九日 陰。欲招縵雲小飲，已解維，存齋亦辭。得少裳弟書。鄭盦先生贈《十三行》拓本，云汪□□於道光癸巳重價購得，亂後僅存此石，似是陽湖孫氏舊物。刻手頗精，亦尚存古意，可珍也。贈存齋先公著述六種《邃雅堂》《學古録》《古音諧》《説文聲系》《説文校議》《廣陵事略》，又借去《秋室詩録》《西湖秋柳詞》二册。欲往滄浪亭，以天陰甚濃，恐遇雨而止。

三　月

三月丙子朔　早晴，午後後寒甚。吴子實來。晚篤甫假雲圃置酒招飲，同坐汪梟洲、胡式嘉兩大令，孫少山上舍，譜笙、季文及余，六客一主，酒甚嘉，不覺醉矣，乙夜始歸。

丁丑初二日　早晴，旋陰。飯後偕薇卿、黼卿至滄浪亭一遊。丁巳、戊午間曾假館于此，今二十七年矣。池館皆亂後重葺者，瞻眺徘徊，不勝今昔之感。當時花文定師曾手模石谷一圖，裝潢成卷，余與諸同人皆有題句，携至京師，復交余携付住持僧，今已莫可蹤跡，不知尚在人間否也。游者人納錢三十有五，茶一琖，直亦如之。遇徐州客三人，似措大，亦似估客，遇對聯必曼聲吟哦，而不甚識八分書，不耻下問，乃一一告之。亭在城南，距敝廬頗遠，差幸憂患餘生，腰脚尚健，往返十餘里竟不困憊，亦可喜也。自作『嗣雪』石印一方。

戊寅初三日　暢晴。風暖花香，頗快人意。約吴引之觀察、子實學士、子和學博、朱修庭觀察暨季文禊飲，日莫始散。得竹坡書。沈啓庵甥來。

己卯初四日　竟日苦雨凄風，寒冷澈骨。氣痛腹瀉，服生薑神麯解之，晚始少定。慰祖購得汲古閣刊本《説文解字》，有朱墨校語及圈點。墨筆是白堤書賈錢聽默用宋麻沙本手校，段先生覆閲，有兩家跋語，不知何人過録，所可異者，段跋謂用麻沙宋本，而錢自跋則又謂用包希魯《説文解字補義》，觀眉端各條，實有宋本字，或兩書並校亦未可知，尚須細讀之。至朱筆，則萃諸家之説而斷以己意，當亦出自老宿之手，惜不著姓氏，遂無從縣揣矣。有揚州人劉生送畫來看，有鄒小山花鳥巨軸，設色鮮麗，絹白如新，佳品也。餘俱不足觀。云尚有漢玉大小百餘事及銅器一件，約明日送來觀看。夜雨。

庚辰初五日 陰雨，寒仍未解。腹瀉已止，氣痛猶昨。書卿來。

辛巳初六日 早陰，午後晴，寒甚。陳泰自去冬大病後已漸愈矣，近以傷食反覆。有庸醫李樸臣者，以和緩自命，以爲感冒，服以升麻、柴胡，内子亟止之而不聽，自是汗出不止，探以補劑，如石沃水，至本日酉刻脱然而逝。相從二十年，質性誠朴，委以重事，絶無苟且，余罷官後，猶戀戀不去，胡天之不佑善人，竟使之不得正邱首耶？嗚呼，傷哉！使輔卿經理其喪，暫寄萬壽庵，以待其子。

壬午初七日 晴。寒仍未減，遲叔來不至，竟日未出門。得陸存齋兄信並《湖州府志》《歸安縣志》。上巳得詩一首，既附刻於『艮廬蒙叟』石印上此印係上巳所作，復録于此，以備遺忘。

上巳修禊效蘭亭體四言一首

融融風日，維暮之春。命疇嘯侶，相羊水濵。我有旨酒，以樂嘉賓。仰觀翔翮，俯察遊鱗。優哉游哉，率吾天真。

癸未初八日　晴。寒少減，猶御重裘。吴道甫世講來，蓋在滬采買振米，迂道來視，可感也。二鹿出水痘，今日已全發出，但令避風、節飲食，不與服藥。傍晚叔來、馬小圃嫁妹，本日過禮，因體不適，遣皂皂往賀。午後寂坐無聊，見錢唐華無疾手刻『胡鼻山』青田印側『開通大嶺摩厓』，甚有意趣，因仿刻於收藏『吉金樂石』印側。余素不善此，近因讀《研林印款》，始試學之，半月以來，居然少有規模，且眼光亦尚不鈍，殊可喜也。收藏印白文曰『歸安姚覲元大疊山房所藏吉金樂石』，乃癸酉、甲戌間在東川，嘉興沈贊府慶頤少泉所刊，至今用之。

甲申初九日　晴。清明。祀先祖，飯後欲踏青，無伴，遂獨行至觀前，復南至臨頓路，興盡而歸。寄陸存齋書。

乙酉初十日　晴。賀子實孫彌月薙頭喜，賓客滿堂，手談者五席，而旁觀者不與焉。正徘徊間，適修庭、季文來，遂同啖麵。觀瀾留與修庭、季文手談，以腹痛託詞，至大井巷少坐而歸。至啓庵處，云往光福，未遇。晚置酒酹道甫。

丙戌十一日　陰寒。竟日未出門。

丁亥十二日　苦雨淒風，嚴寒如冬日。修庭約往閶門外觀劇，辭之。

戊子十三日　晴。賀貝康侯娶子婦喜，遂至大井巷，偕振之、季文至怡園一游，復至察院場珠寶店，欲配一珊瑚鼻烟壺蓋，竟不可得，吴門之市面可想而知矣。晚銷寒弟八集，甲夜即歸。

己丑十四日 陰，夜大風雨。補刻石柱桃葉研銘。得存齋書，並殘本成化《湖州府志》四册，即覆。鄭盦先生來索黎峒丸，即交來人帶回，並附送《三韵》四函。楊鹿亭來。得謙甫津門信。

庚寅十五日 晴，日有食之。四鹿百日。書卿來。趙緯卿自上海歸，來談。

辛卯十六日 晴。申刻陳泰回煞，蓋距其死已十日矣。此陰陽家言，吾鄉謂之『神回』，京師謂之『出殃』，殆煞氣至是而始洩盡耳。追維往事，爲之不懌者累日。爲道甫作篆四幅，鍾湘帆横幅一，黼卿及陳君穀孫對各一。

壬辰十七日 陰。飯後答拜少讀、鹿亭，未遇。過星臺同年許，少坐而歸。

癸巳十八日 晴。飯後偕黼卿至玄妙觀熙春茗飲而歸。細閲存齋寄來《府志》殘本，乃弘治王《志》，非成化勞《志》也。陳蓉叔令郎從湖北來見訪，見訪未遇，携汪□□大令書，索《振綺堂書目》。

甲午十九日 晴。體憊甚，竟日未出門，道甫辭回滬上。許品霞以漢銅斛求售，先携拓本來，似尚不僞，屬將其器來看，再行定奪。

乙未二十日 陰，晡後晴。偕黼卿至臨頓路花廠一遊，從菉葭巷迂道而歸。連日用弘治殘《志》校《吴興志》，頗有所得。聞樞廷諸老被逐，恭邸就邸，食全俸，寶相休致，李協揆、景大司馬降二級調用，翁大空革留，而以額、閻兩大農、孫少司寇承其乏；又聞祁子和内召，浙江學政放劉祭酒廷枚，均不知何事。

丙申二十一日　晴。讀邸抄，知昨傳聞皆確。又徐曉山、唐鄂生皆革職拏問，交刑部治罪，爲越南事，北寧失守也。子和則升總憲，樞堂則尚有禮親王及張大司寇，又特召香濤中丞陛見，皆望前後事也。

丁酉二十二日　晴。同鄉管别駕荔裳、馮丹徒巳亭來談。天氣佳甚，飯後將游拙政園而踽踽無伴，遂止。自作『平江僑寓』白文石印一方。

戊戌二十三日　晴，午後薄陰。金沅石世兄自杭來談，悉耕翁近况。得鵠山、小山書，嚴筱舫帶滬寄來，筱舫亦自有書，蓋爲胡雪巖浙境入官之典奉爵相教來覓主也。江夏蔡君炳奎翊廷來，云是葉詢予學使之友，現從粤至，到門投刺，送詩一本，莫測其意旨之所在。讀其詩，則自著自書，純是江湖派，不類雅人吐屬，刊版送人，真所謂災梨禍棗也。

己亥二十四日　晴。早起出門答拜荔裳、沅石，並答拜蔡君。杜瑞回粤，蓋鄭盦先生薦與新任粤海關部海纘廷也。索藹人書，揮數語付之，並寄孝蘭書及小臯令侄衣料、筆、紙等件，蓋以是酬其上年房租也。

庚子二十五日　薄陰。書卿來。三鹿出水痘，延張小林視之。購得卧龍街閭邱坊口市屋一區是閣邨坊與閭邱相近，其直洋蚨七百元。得子湘書。呼藝花者整理建蘭並换破盎。鄭盦先生贈《小謨觴館全集》。

辛丑二十六日　晴。飯後偕海珊步至八旗奉直會館一游。此明之拙政園也，雖屢經俗手修改，而小山流水，古木叢篁，猶爲吴下園林之冠，猶官工草率，殆又將圮矣。余春來掩關不出，不知牡丹已開，花事且爛漫矣。遇同鄉王君，號□□，在觀前開人和開綿綢莊，湖則家道士巷，俞香屏、張吟石之戚也。與海珊聚談，知係黼卿舊交，殷殷以茗飲相勸，情不可却，擾之而歸。乙夜雷始聲，時加子大雷電以風，驟雨如注水，半時許即止。

壬寅二十七日　陰。顧子山娶婦，彭菊樽之女也。先至彭處，賓客寥寥，與南坪少談，即至顧處。正在發轎，新郎即所謂八大王者，殆戾氣所鍾，特不解相攸者何以及此耳。還至大井巷，與篤甫共飯，以氣痛將行，而胡式嘉大令適至，復談少頃而歸。答拜汪皐洲昨日見過，未晤，於雲圃遇之。皐洲深憂鹽梟之不靖，式嘉則謂已經官軍痛剿解散，要之是一大患，皐洲之杞憂非無見也。篤甫言洛英太僕昨過此，言近事頗悉，豐潤少年已底裏盡露矣。錢念劬來談，吴虎臣自蜀來，趙緯卿來，均未遇。得彭芍亭中丞書。

癸卯二十八日　晴。偕黼卿訪念劬，未遇，聞其鄰即五峰園，有茶肆可憩，因使其紀綱導往。園甚寬，有二池及零石，古木亦僅有存者。從其背曲折而入，所謂五峰者，未之見也。茶寮湫隘蕪濊，前通申衙前，蓋貨珠玉之所集。時適互市，無隙地，遂從申衙前步至玄妙觀三萬昌，茗飲而歸，遇季文、子和於途蕭家巷西畔，立談而別。

甲辰二十九日　晴。同鄉章司馬乃縉笏雲來，黼卿、硯耔昆仲行也。念劬來，交去王《府志》四册，談《志》新抄、原抄各三卷。叔來來。傍晚偕海珊平江散步。皀兒購得明刻《唐六典》。嚴芝生表兄來。

四　月

四月乙巳朔　早晴，旋陰，日晡雨。宋生松岑來。校《續復古編·上平》訖。

丙午初二日　晴。爲嚴芝生表兄喬梓及黼卿書扇。飯後偕黼卿至季文許，看式嘉送來前人對聯，揀得楊忠愍、朱竹垞、桂未谷、包慎伯四聯，問價再定。又張文敏長聯一，字極勁偉，細看竟是雙鈎填墨，且絹本已多剥落，以其長短適與新製楠木就材而成相仿，携之歸，擬手自鈎模，刻于楠木之上，其原本却不直購也。季文邀往觀前啜茗，先至護龍街骨董肆一游，購得研朱瓷盞一，乃符籙家所用，今人率以爲研藥之盆，誤矣。有商爵一，索價甚昂，又漢大吉洗一，皆非贋物。在師竹齋，均買不成，天已莫，不能再往啜茗，遂各散歸。陽小穀辭回籍。吴子和來，未遇。

丁未初三日　晴。日中出門吊唁吴又樂，與子實學士、旭初觀察及季文遇，談少頃而行。答拜章筠雲，未遇。復至南倉橋賀馬小圃嫁妹喜，與小圃母子談良久而歸。得思臣信。許品霞以王員照畫求售，援鶉居所藏物也，惜爲庸工所傷，題款墨暈狼藉，幸畫尚未傷，索五十元，許以十六元，未售。

戊申初四日　晴。日加巳至師林寺公祭吴平齋觀察，仲復已行禮先去，到者皆各自行禮。官紳俱在，憚於酬應，與辰翁、鹿亭、緯卿諸君談一時許而歸，體憊甚。

己酉初五日　晴。體愈憊，竟日未出門。張少渠來，云廣東有采買米穀委員在此，問何人，不知也。晚閲《申報》，内載月朔蘇撫轅抄，果有施溥、方大甡禀見，然則即其人矣。少渠訝余不知彼未來，余何從知之。聞惲畹香作古，此老亦奇人，惜晚運差遜耳。

庚戌初六日　晴。體仍未愈。吴子和來，欲賃陽小穀現住之屋，而房東有難意。言未竟，有人來尋，匆匆而去，若穎川者，真可謂别有肺腸矣。日來校《續復古編》，時作時輟，本日僅校十二字，閒身而不得專業，豈不惜哉！讀《四聲易知録》，以紅筆分注葉數於目録下，以便檢尋。

辛亥初七日　陰，午後雨，時作時止。送陽小穀大令回桂林。日晡蓮士來，遂與黼卿偕往考院一步。明日府試，諸應童試者麇集院前，有趕考書帖店及骨董攤，舉無足觀。有青田石方寸，長約二寸，胡公壽手刻，邊款俱存，與馮雲伯所贈之方相類。又有明拓《干禄字書》，亦尚可作副本，惜索價昂，均未買成。從抱經堂取歸聚珍版《續吕氏家塾讀詩記》二册；抄本明海鹽王世隆文禎集一册：凡《操瑟迂譚》上下二卷、《湖海長吟》七卷，前有萬曆甲辰自序、畫像並贊。又明海鹽吴宗漢守忠《心逸道人吟稿》上下二卷，前有嘉靖庚申王文禄序，皆從刊本過録。吴詩卷尾有『大清道光十年十一月同邑後學馬泰榮秋漘氏手録』一行，蠅頭細字，下鈐『陶涇里農』朱文小方印一，卷首又有『半石手鈔』朱文小方印一，再前序下更有『秋隱山房馬氏珍藏』長方印一，蓋亦留心鄉邦文獻者，惜不甚精耳。得存齋書，寄贈《娱親雅言》嚴九能、《靖康要録》。金螺青大令贈所刻歸震川、顧亭林、朱柏廬三先生《年譜》、《憺園全集》。又得嚴筱舫書。

壬子初八日 陰雨竟日，寒甚。陽小穀起程回桂林，餔刻登舟，留一族弟，聞將往杭州，未去，遷住茶廳側屋。子和來。

癸丑初九日 陰雨，寒甚。體不適，竟日未出門。許品霞以金壽門書直幅四軸來售，真跡也，而究無甚意味，還之。

甲寅初十日 薄晴。叔來來。飯後同黼卿至考院前一游，書畫骨董蕩無一物，吴門如此，亦可慨已。胡公壽青田石印，另魚腦凍石一方，讓價至十元，以半酬之，猶不售。購得安刻《書譜》一册，籀林釋文已佚，然尚是初拓，『沽水草堂』猶不作『活』。又舊拓懷素《聖母》《藏真帖》一册，有『元祐模勒』字，是陝石也，惟裴、柳題名無『同登』字，游景叔跋亦以新拓配入，豈輾轉重模歟？當再詳考之。又褚模《蘭亭》一，刻手甚精，氊蠟亦不惡，有明許初、唐宇肩二跋，本朝則王籀林、孫伯淵、顧南雅，而殿以梁茝林。王跋有『汪氏子孫永寶』語，孫、顧均爲『月軒』題，顧稱之曰『表姊夫』，『月軒』殆汪姓與？茝林跋在道光庚寅，後復有嘉慶庚午山舟學士觀款，其爲真跡歸梁以後所刻無疑。昨游滄浪亭，見壁陷梁刻累累，不知此石亦在其中否？

此三帖索直三元，許以一元而售，追送到則又自悔其議，謂其師責其賤賣，欲更增價半元，察其語似尚不欺，加以三角而去。

乙卯十一日　晴。夏至。俗於是日以稱權人體輕重，以爲可以已疾。予重百斤，内子百□斤，三鹿十五斤。飯後偕海珊至考院前，遇蓮士於途，遂同往，閒矚石印二，仍以五元購之。興盡，同蓮士緩步回家，共食櫻、筍，薄莫蓮士始去。還季文張文敏鈎填對聯，交高元帶回。星臺來，未遇。

丙辰十二日　晴。許品霞以玉印來售，文曰『陽曲侯印』，細白文，於切玉法尚合。『侯』字下半反文，漢印中亦往往有之，不足疑。惟細審龜紐，製作未古，文亦似後刻者，殆並其印亦是舊料新制，而文無論矣。此等琢手亦非近人所能，殆乾嘉時物，且摩抄日久，鋒穎俱無，非有真識者亦不能猝辨耳。購得小錢一枚，較開元錢略減一圍，文曰『南無阿彌陀佛』，行書，如唐人所寫陀羅經幢，甚精緻，疑是唐人好佛者所造，惜無年代可考也。

丁巳十三日　陰雨。體不適，竟日未出門。湘保歸來。三鹿早去，留住大井巷。

戊午十四日　晴。體猶不適，欲出門一散，而嬾於舉步，飯後一覺而日已晡矣。

己未十五日　晴。體倦耆卧，日餔强起。偕海珊至考院前一游，皂兒侍行，既無可玩，憊亦不支，遂歸。購得明人刊本《韻會舉要》、《珍藝官》暨李氏四香《叢書》，又批本毛刻《三國志》。又《問經堂叢書》，與《彙刻書目》所載，惟《逸子書》完全外，餘則互有增損，且印本大小亦不一，殆非一時所收，然在今日已不可多覯矣。傍晚叔來來。

庚申十六日　陰，餔後雨。儀珠生日，書卿、小宜、篤甫、叔來、季文伉儷、仲清夫人、小崔、松浦夫人、振之、譜笙、蓮士均來喫麵，乙夜始散。

辛酉十七日　早雨，旋止，午見日，薄晴。培之生日，無外客，蓋日昨並賀矣。三鹿昨來，即晚仍往外家。

壬戌十八日　晴。至包衙前朱□伯家，爲玉圃同年開吊請陪客也。與貴州周子迪太守蓮同坐，言及劉家浜有屋一區出售，散後即偕子迪並邀汪臯洲大令同往。屋凡七進，大廳尚軒敞，以後四進俱有樓，惜只三楹。樓上尚可，下則爲兩夾箱所蔽。庭院如井，屋黑如漆，前進尚與裝駕橋相仿，後則如入鼠穴，不可耐矣。花廳三楹，有前後院，前有樓四間，亦尚可。價須六千八百元，與顯子巷褚季常之屋相等，一縱一横皆無可取，特門外較寬耳。答拜許星翁、吴子備，均未遇。至張少渠大令許，談刻許而歸。

癸亥十九日　至朱宅陪吊，遇楊敏齋同年。散後至大井巷，偕季文、譜笙遊骨董肆，至城隍廟啜茶、食韭菜餅，復至大井巷，傍晚始歸。購得明太倉《陳確庵集》四册，寫本與刻本相間，是其孫溥集而手録者，當細讀，另詳于後。劉味學來。

甲子二十日　晴。飯後無聊，正擬出門閒步，而陸綬生兄適至，蓋索陳皮也，長談至餔始去。叔來、蓮士來。

乙丑二十一日　晴。禺中至西華橋巷賀順之同年令侄玉笥嫁女喜，還至大井巷早餐，同宋蕉午、季文手談，既不相習，又非所好，殊覺乏味。日餔張少禪、魯卿、慰祖與黼卿相繼而至，日將夕使魯卿代庖，遂歸。是日，陳泰之子天慶扶櫬登舟，爲致邵小邨書，並致津門小山書，托爲照料，仍托海珊往滬爲之經理輪船等事。譜笙來，晚飯後去。聞潘蔚如中丞家明日有喜事，乃介弟□□嫁女也。□□夫人，沈麗農女，我之所自出蓮塘三伯處二姊，以天晚不及致賀，擬俟諸來朝。

丙寅二十二日　早晴，午後陰，日晡微雨數點。清晨遣高壽送潘處送禮，則喜事係昨日申刻，傳聞誤謂今日也，不便再往，抱歉之至。爲李榮致孫文起兄書，並寄厚庵一椷，亦交李榮帶。是日，季文奉母往常州，爲畹香素事也。因未接菘耘昆仲赴，不便作書，製幛託振之帶往致送。欲出門一步，恐遇雨，中止。子和來。

丁卯二十三日　大風，夜猛雨如注水，丁夜方止。贈金贏青、張少渠《叢書》各一部，報贏青贈所刻《憺園集》並歸、顧、朱三先生《年譜》也。贏青復贈重模《適園畫帖》二分。

戊辰二十四日　晴，大風，入夜方止。餔時風少定，偕黼卿至玄妙觀，欲往雅集少憩，積潦成池，渡以木版，往來游人如織，不願與之争渡，遂往如意閣啜茗。與培之、霞軒遇，同坐至日莫始歸。

己巳二十五日　晴。飯後至考院前，購得嚴先生《説文聲類》二篇。此書刊後復加增定，故中多旁注，字句亦版刻中罕見者。版尚存，今歸吴氏二百蘭亭齋。是册上有先生手批，蓋重訂後又加增删者，如一《上篇・之類》『台』聲下三葉左三行删『⿰虫台』字，眉端記曰：『《釋魚》釋文、《集韻》、《類篇》皆引《字林》：「⿰虫台，黑貝也。」按：《釋魚》：玄貝，貽貝。《釋文》：貽，本又作「胎」，是古本用「胎」字。』又二『翌』聲下五葉左首行『澀』偏旁『氵』改『彳』，眉端加△。三《支類》『解』聲下八葉左九行『⿰魚解』字，左角下四點，旁△，眉端墨圈似是偏旁誤，『魚』作『角』。四《脂類》『豕』聲下十三葉左『⿱豕䖵』『蠡』字注，首行『與籀文重出』，五行『籀文從「彖」聲，均改籀作古』，眉端並△。又五『自』聲下十四葉左五行『眉』字注『小徐下增「一切經音義引」六字』，眉端△。又六『旡』聲下十五葉右五行『㤅』字，旁△，眉端記曰：『《心部》有「慨」，復有「㤅」，重出。』又七『穴』聲十九葉左『鴥』上增『窅』記於眉端弟一行，均謂『穴，亦聲』，『⿹弋鬳』下增『窅』聲『⿰目窅』三行，勾入⿹弋鬳下。讀若《易》：『勿恤』之『恤』，均謂『窅，亦聲』，五行『⿰目窅』並注抹去。又八『叕』聲下左上末行『啜』『綴』二字乙轉，眉端有△。九『歌』類廿二葉六行『豩』下『⿰王幼』字挑去墨圍，眉端有△。十《魚類》『㚔』聲下廿七葉右『蠱』字八行，眉端記曰：『「蠱」字疑當在《之類》。《一切經音義》卷十六云：按「蠱」古讀爲冶，故佛書「冶」多作「蠱」。』又十一『㕣』聲下廿九葉右首行『⿰木㕣』字偏旁□改木旁，加△，眉端有點。又十二《魚類》末廿九葉左七行『文九百六』，『六』改爲『五』。十三《幽類》『柔』聲下卅五葉右『禸』『蹂』二字抹去，眉端記曰：『移入九聲下。』又十四『九』聲下卅六葉右『軌』字，眉端寫『前二字勾入軌注下』。又十五，卅六葉左『丣』『兆』二字，注内『茂』凡三見，各以墨點，又加『ミ』於眉端。又十六『畜』下卅八葉左正文及注凡九，各以墨點，又加九點於眉端似是補末筆。又十七『曼』聲卅九葉右二行『槾』下增『幔』，以墨圍之，又加△於眉端。又十八《幽類》末卅九右五行『文七百七十五』，『五』改『六』，眉端加△。十九《霄類》『刀』聲下卌一葉右『釗』字並注抹去，眉端記曰：『釗，小徐「金」聲，改入《侵類》。』又二十《霄類》末卌二左五行『文四百四十四』，『四』改『三』。廿一《下篇·蒸類》一葉右『升』聲下『㪁』字抹去，旁改『敳』。『徵』聲下『懲』字注『「徵」省』，抹去『彳』旁及『省』字，『瀓』下增注『小徐、《韻會》引，「敳」聲』，眉端加△。又廿二『緪』下一葉左抹去『轟』字及注，眉端記曰：『《玉篇》「轟」與「輷」「軥」同，當改入《真類》。』總數字漏改。廿三《真類》七葉左『鮮省聲』，『垟』下補『○轟』《廣韻》誤入『耕』，《玉篇》與『輷』『軥』同，眉端加△總數漏增。廿四《元類》『舌』聲下十一葉左首二行『狧』字注改文，寫於眉端：『讀若比目魚鰨之鰨，小徐「舌」聲，今《說文》「鰨」作「鰈」，是新附字，《釋地》釋文「鰈」本或作「鰨」，知「鰈」必「鰨」之誤』。又廿五『岸』聲十一葉左四行『駻』下抹去注『岸省聲』並正文『炭』。又廿六『倝』聲下十三葉右四行『斡』增注：《匡謬正俗》卷七引《字林》『斡』音『管』寫在下端闌外。又廿七『產』聲十三葉右九行『鏟』下移入『「屵」聲「炭」小徐、《韻會》引「屵」聲』，寫在眉端，用墨筆勾在『鏟』下『原』聲上。廿八《東類》『𡕥』聲下廿葉左『酸』，改『酉』旁作『鬲』，眉端加△，『匈』聲，『說』下增『洶』字。又廿九《東類》末廿一葉七行『文三百』下補『一』字，眉端有△。三十《侵類》『侵省聲』下廿二葉左『埐』注均謂抹去，旁改小徐，眉端二△△。又卅一『今』聲下卅三葉右『釡』注『今《説文》㊔作「釡」』，抹去『誤』字。又卅二『金』聲仝上『鈙』下增『㊊小徐「金」聲』，寫在下端闌外，勾入『鈙』下『錦』上。又卅三『痻省聲』仝上，『雁』下抹去，『从』聲中墨豎『丨』與『鷹』接，眉端有△。又卅四《侵類》末廿五葉左『文四百卅』下增『一』字。卅五《總論・脂類》字下廿六葉二行旁添『金聲之釗』四字。卅六《陽類》字下仝上五行『蝕』字抹去，旁改『鉵』字。卅七，仝上九行注『㚇音』下增『「釗」，從金聲』，寫於眉端，勾入『音』下『曹』上。卅八《談類》『夲』聲廿八葉左十一行眉端記曰：『△「夲」從「大」聲，故「揫」「鶩」等字皆入《脂》《真類》。卅九『大凡』下卅葉左五行『文九千三百六十七』，『七』抹去，旁改『八』。又四十，仝上九行『今定收文九千四百七十四』，『四』抹去，旁改『五』。以上字蹟皆與家藏《説文考異》稿本内先生字蹟相同，首葉鈐『嚴可均之印』朱文方印、又『鐵橋』白文方印各一，其爲當時手定本無疑，可珍也。

庚午二十六日　早晴，午陰，餔時大風，晚雨。吴子和來。禺中至滄浪亭。癸卯團拜，同年到者四人，宦於此者許星臺廉訪、楊敏齋太守，在籍彭訥生觀察，寓公則余也在省未能到者二人：潘潤之太史腿疾，戴鼇峰學博奉母諱；在滬未能到者二人：楊綬臣太守，丁□□大令。同年兄弟則潘玉泉、錢君硯兩觀察，年家子侄則潘辛之、王奉卿、趙幼吟、惲叔來、潘譜琴、玉笥、春疇，暨星臺之孫伯鴻、仲蓀，訥生之孫頡林孝廉泰士，凡十有六人。先謁五百名賢祠，明道堂團拜，然後入席，酒三行，聯三席爲一，觥籌交錯，賓主盡歡。玉翁以有事先行，星翁興猶未已，至日暮天將雨，始各散歸。

辛未二十七日 小滿，陰，小雨時作時止。未出門。

壬申二十八日 陰雨。祝趙幼吟母包淑人七秩壽，同年表丈吟茱觀察之配也，啖麵而歸。吴申甫來，携有宋板《玉臺新咏》，每葉三十行，行三十字，所謂□玉父本，與余所藏許文恪師舊本正同。又有明板《孟東野集》及朱西亭所刻《周易集解》即《經義考》所載之本，擬一併留之。

癸酉二十九日 晴。日餔偕黼卿至觀前一步。購得元和水田二百畝，畝直洋十九元六角。吴子和經手，本日成交，立草議，先付價七成，交到田單一本，議明俟步准後找價立契。

甲戌三十日 晴。校《吴興志》，謬誤愈多，悶甚。日餔至臨頓花廠一觀即歸。旁晚叔來至，携交吕業卿一書，又劉文清小楷書進呈詩片一册，云是毘陵人託售者，索五十元。落筆矜持，未盡所長，然是真蹟，每幅名號、私印則後人所鈐，蓋慮無以取信，而不知適爲蛇足也。價亦昂矣哉。

五　月

五月乙亥朔 晴。搭天棚，上房五元，後進二元。體倦，未出門，從申甫取得《寶刻叢編》，校譚《志》所引《射堂記》，跋語未有，蓋有佚文矣。閲邸抄，張振帥乞病，開總督缺，仍辦海防，以張孝達權督篆。

丙子初二日　晴，驟暖。吴梅宋母彭太宜人七秩壽辰，在寶積寺受賀。禺中往祝，先至大井巷，知書卿已昨晚歸來，隨往寶積，與引之、叔來諸君共坐。伊蒲甚精潔，特不具麵，爲可異耳。飯後復往雲圃，與胡式嘉大令談刻許，内子已先至，書卿邀共手譚。傍晚携大鹿先歸，海珊自滬歸，知陳大慶扶櫬已於廿九日登舟，計明日可抵津門矣。

丁丑初三日　晴。午後陰，日餔濃雲四合，小雨一陣旋止。笸僊早來，未遇。日中芝亭、振之來，飯後念劬、子和來。購得明成化年重刻嘉泰《會稽志》，前缺八卷，《續志》八卷全，汪閬源舊物也。余上年購得五硯樓藏舊抄此書，《續志》全佚，僅存一序，今無意得此，亦可喜也。明人刻書多隨意竄改節落，此獨完善，未失宋本面目，《吴興志》又多一比例，尤可喜也。

戊寅初四日　晴。節事紛紜，吴俗虚文多而實意少，雖不爲所擾，而有未能免俗者，頗不可耐。和潘季玉丈《甲申歲朝賞菊》詩，並爲洗蕉老人代和一首，附録於後：

和潘季玉丈甲申歲朝賞菊仍用丙午年文恭公原韻

留得秋容度臘殘，華堂不怕雪霜寒。恰同椒柏呈嘉瑞，更酌屠蘇配夕餐。晚節肯隨新序改，好花能到後人看。卜居幸近韓公圃，准擬香分饋歲盤。

又代和一首

春回黍穀换冬殘，猶有秋英耐歲寒。省識魏公高晚節，漫勞楚客勸加餐。延齡酒向元辰進，插鬢花同九日看。老圃於今綿世澤，更從東閣頌椒盤。

己卯初五日　早晴，午後微陰，晚陰，黄昏小雨一陣即止。食時出門，至大井巷並謁鄭盦先生，答拜笛仙，從篤甫許少坐而歸。飯後倦極而卧，迨推枕而起，夕陽已銜山矣。季文贈洋杜鵑花、珠蘭各一盎。

庚辰初六日　晴，早大風，旋止。書卿來，飯後偕黼卿至觀前一步即歸。念劬來，借去殘嘉泰《會稽志》六册、《續志》二册。

辛巳初七日　晴。餔時偕子和至丁香巷看屋，頭門已燬，基址尚存，大廳有樓，花廳小而軒敞。其西有小花圃，地不多，尚微有致，惜上房太窄，庭院如井，不脱吴門錮習耳。笛僊送還《西漢會要》一册，索鄭手民寄來看樣之《復古編》一本，即交吴申甫帶還。

壬午初八日　早陰，小雨，旋陰。吴引之二兄來談。接子湘信，内附曾旭初一函。爲梅宋致彭小皋書。

癸未初九日　晴。遣皂兒送梅宋回粤。黼卿偕吴棧友人下鄉踏田。芝亭來。

甲申初十日　晴。擬往大井巷，而喉中微楚，人亦疲乏，似是乾燥所致，亟服清鹽橄欖菜菔解之，遂不出門。得沈叔枚賀節書。

乙酉十一日　陰。嚴芝生、錢念劬來談。餔刻至大井巷，傍晚携大鹿同歸。

丙戌十二日　晴，午後陰，晚晴。全家俱往大井巷，丙夜始歸。接來恩經邦弟信。

丁亥十三日　晴。書卿生日，往賀，同人公分，唤小伶演劇公祝。體憊甚，丙夜先歸，即卧。

戊子十四日　晴。江夏縣附貢生蔡君炳奎，字翊廷，春間曾來投刺，並送《梅林詩草》一册，已答之矣。昨投一函，自稱門生，云欲北行，遣人辭行。因日往雲圃，未覆，屢索回書，周湧以他出告之。今早又遣人來，因贈以二番，即交來人帶去。明知未愜其意，然無可如何，是亦取怨之一端也，只可聽之而已。得子湘書。

己丑十五日　晴，大風時作時止。黼卿步田歸，有七成與單相符，餘尚須檢剔，共用舟資等項洋十六元、錢二百文。

庚寅十六日　早晴，午後陰，小雨。蓮士來。叔來來謝壽，云十九日赴江陰歲試。

辛卯十七日　晴。書卿自來謝壽，云前日公分尚有餘資，擬演京班，屬再醵金以成此局。飯後偕均仙往嚴衙門夏候橋，傍晚均仙回，云書卿已先回家理料演戲事矣。送還叔來劉文清楷書詩片一册，交高元手。

壬辰十八日　晴。雲圃演劇，本定申正開場，因河道水淺，戲箱進城中涂閣淺，復從陸路搬運而至，及塗抹登場，已張燈矣。危坐而觀，倦甚，丙夜先歸。子和來，未遇。

癸巳十九日　晴。熱甚，河水盡涸，已成旱象，不勝畎畝之憂矣。如之何，如之何？叔來、季文先後來辭，往江陰科歲。周湧辭回里，相從四十年，貧賤富貴、憂患安樂皆以共之，兹以老病日增，且有望於陳泰也，遂給予川資，任其自去。往日僕從，至此星散盡矣，能無惘惘？

甲午二十日　晴。酷熱如三伏，嬾於出門。飯後倦卧，起來日已銜山矣。晚陰，似有雨意。

乙未二十一日 晴。子和來談。穎生夫人至，言穎生流連上海妓館，資斧蕩盡，遣僕來蘇，向其友人告急，固知其有今日，而不解其何以得去也。因接書卿來，詳詢其僕，始知偕任、孫二姓同往，先到三日，清遊而已，弟四日遇王姓者原係在蘇相識者偕往妓館，遂從此不歸。茲遣伊回蘇，持書向其友人告急，並屬勿告知家中，此大略也。事已如斯，只可設法尋其歸來，因商定屬海珊前往，相機行事。

丙申二十二日 陰。餔後甘霖渥沛，大慰三農之望。學成侄扶滇伯之柩奉母到蘇，即招芝亭來，偕輔卿至舟，爲之部署一切。謙甫來，晚飯後去。芝亭留宿。

丁酉二十三日 晴。芝亭偕學成租得後衖屋三楹並井竈披箱，每月租價二元，押租十元，中費四元，即日滇伯夫人與其妾移入居之。遣學成送其父柩回里，仍給予十元，俾資用度。其屋正與後門相對，照應甚便，惟聞已售於人，不知能久居否耳。惲竹坡大令來。晚託海珊往滬覓穎生蹤跡，搭綢莊船，明早開行。以上二事皆義不容辭，惟難爲久遠之計，破鈔其小焉者耳。右足拇指潰爛，不良於行。

戊戌二十四日 晴。日仄答拜竹坡，足疾，乘轎而往，餔後即歸。吕定之兄來，未遇。周昀叔家人來看屋，詢知尚在羊城，須覓定住屋，然後起身。海珊赴滬，携洋六十元去。

己亥二十五日 陰。至盤門新橋巷吊戴龤峰。答拜文小坡孝廉，未遇。又答定子，亦未遇，與任筱沅談少頃。至大井巷，遇竹坡，復談少頃，以足痛遂歸。筱沅中丞約同定子、竹坡、幼亭晚餐，亦以足痛不能赴。晚雨。

庚子二十六日　陰雨。日中陸綬生兄來談。足痛未已，竟日未能遠行。

辛丑二十七日　陰。趙價人户部、程麗芬觀察先後來，以痛足掩關，未能接見。得海珊信，穎生已尋著，而無術以馭之，有廿九日歸來之説，未知信否。

壬寅二十八日　晴。夏至，祀先祖。日中得盛杏蓀觀察津門本日巳刻電信，張香濤制府屬於閏月初四、五往滬，有事面談，以足疾婉謝之。香翁知己可感，然義不可往見。仍於晡刻發電信，托杏蓀轉達，往來電信附後。

來電：蘇州姚彦士方伯，頃薌陶制軍屬請台駕初四、五日赴滬，有事面談，仍祈電復。侄宣

覆電：接電悉，弟病足甚劇，能稍愈，當如約往，祈轉陳。觀覆津海關道盛

遣人答拜麗芬，云月初行時再來，價人已解維矣。

癸卯二十九日　清早小雨，旋晴，午陰。餔刻大雷雨，少停復雨，竟夕不止。綬生來談。得小山津門信，内附迪甫書，云繆仲英丈喬梓屬轉致，香濤先生欲邀作入幕之賓，屬往滬上一行。吴柚農太史所云亦同。士爲知己用，原不必以退攘鳴高，特自揣才不勝任，恐作羊公之鶴耳。擬作書遣人赴滬婉辭，思薦賢自代而不得其人。奈何，奈何！筱珊編修有鼓盆之戚，尚殷殷以鄙人爲念，並可感也。又得海珊書，知穎生昨已回蘇，云來措資，尚須復往，此真不可救

藥矣。言之惘然。又得亭菊寄海珊信，知周湧已安隱到揚。

閏五月

閏月甲辰朔　陰雨。書卿、謙甫來。得宋□雲大使信，云鄙人移送龔署任交代一案，本年春間經清查局委員覆核，計共不符銀一十一萬餘兩，經該大使督同庫書逐款勾稽，並將詳院月報册互相考証，係當日辦交盤册時庫書一時疏忽，將正項及報部各款漏收銀一十一萬餘兩，漏支銀一十萬零數千兩，又在未報部各款内漏支銀一萬餘兩，統計數目符合，業經開單送清查局復核相符，現已詳請更正。又云海防經費支絀，前勸當商捐輸並借英國洋款一百萬兩，仍屬不敷，現又詳請續借一百萬兩，尚未稟批云云。自罷歸以後，久置世事於不問，因此信内有更正交代事，故附記於此。又得陶春海孝廉信，梓人富文齋余良弼帶來。又接存齋函，内無手札，係轉送歸安譚大令照會一件，爲在粵藩任内捐助浙振請奬事。

乙巳初二日　陰，早雨。足疾少差，擬往上海一行，見香濤先生，面辭徵聘。屬黼卿至閶門雇定二號蒲鞋船一只，往返船價八元，坐食二元。

丙午初三日　大風雨，竟日不止。舟於日仄放至紅橋外，竟不能行。謙甫來。

丁未初四日　雨。東北風勁甚，卯刻登舟，行一時許，方出婁門。餔刻晴，風仍未已，至跨塘，舟人堅不肯行，遂泊。

戊申初五日　晴。東風甚大，牽挽不易，日餔至崑山縣，舟人更不肯行，遂泊。偕黼卿登岸，欲至城内一觀，甫過學宫，足痛甚，遂歸。

己酉初六日　晴。平旦開行，餔後至黄渡待潮暫泊，黄昏復行，夜半至張家涇泊。

庚戌初七日　陰，午後小雨。午正抵滬，泊盆湯衖口，遣高壽上岸探聽，知香翁於初三日到此，復赴吴淞口閲看炮台，昨日甫歸，原住金利源碼頭，現移天后宫，與許竹篔星使同寓。巡捕方、白二君，粤之舊人也，云已爲回過，即刻出門，俟歸時前來相請。寄家書，交信局帶。

辛亥初八日　陰雨。辰刻香翁來邀，即至天后宫，與蘇伯賡觀察、馮□□相遇，皆粤人，即同進見，談數語，即送蘇、馮兩君先行，復留坐談粤事。力辭入幕，允之，仍約暢談數次而後别。與惲伯施、陳寶渠遇，歸舟知伯賡、寶渠、伯施均來。飯後入城拜客，均未遇，至伯施處寓永保棧少坐而歸。石鹿苹、沈古愚來。下午巳蘭來，知訪梅、雲楣均在此，即約往聚豐園晚飯。雲楣有事未到，其令弟雲□來。與訪梅談别後事，相與感嘆久之。嚴筱舫亦約而未至，同坐施鎔堂，震澤施少欽之弟也。費屺懷後至，云明早即歸舟泊對面，訪梅亦明早回里矣。寄家書，仍交信局。

壬子初九日　晴。日晡至天后宫，與錢念劬遇，見湘公，談至暮而歸。晚飯後偕黼卿上岸一步。接家書。

癸丑初十日　晴。念劬、少蓀來。晚赴香翁之招，同許竹篔星使、吴儀卿太史。散後，復胡雲楣觀察之約，同座姚彦森、謝子臨，夜半始歸。更有程麗芬一局，不能赴矣。寄家書。

甲寅十一日 晴。香翁啓節赴粤中。偕黼卿至三茅閣橋抱芳閣小憩，並遊骨董肆，有舊瓷及水晶烟壺，均未買成。還至敦泰，適鹿苹亦來，談少頃而歸。伯施來談。日晡至雲楣處，出示《説文理董》，即乘馬車訪巳蘭，共遊静安寺。還至一品香，赴伯施大餐之約。伯施偕彦森已先到，遣人邀巳蘭、黼卿至雲楣未到。團坐共飲，味甚佳，而直亦不昂。飲畢，同往天仙觀劇，夜半始歸。念劬來，未遇。接皂兒來稟。

乙卯十二日 晴。彦森約遊同文書局。念劬來談。飯後熱甚，至第一樓小憩，已而伯施、彦森偕孫君少甫來，即同乘馬車至虹口同文書局。徐與之觀察導引，歷觀全局，用西法而仍以墨印，較之點石齋勝多多矣。觀許仲弢寄存文恪師舊藏書畫，有宋搨《定武蘭亭》，與寒家所有大致相同，跋亦真贋參半；更有宋賢遺墨米書、趙書卷，均致卷；更有褚摹《蘭亭》，米裝跋尾，文恪師題曰『神品』；又魯公《祭伯父豪州刺史文》稿，亦甚珍秘，皆未悉其妙。是日，觀三十餘卷，尚未及手卷之半，而日已銜山矣。晚赴古愚、鹿苹之招，會食復興園，復同往老丹桂觀劇。同坐胡誦清、高滸梅。夜半戲猶未止，遂先歸。

丙辰十三日 晴。念劬來，即偕黼卿一同登岸，至伯施許，尚未起，答拜張敬甫，亦未遇，遂進新北門，至城隍廟花園湖心亭茗飲。訪鬻骨董蔣生，已歇業歸去，上年所游之骨董肆亦大半閉門矣。出城至醉六堂讀未樓小憩，購得《求是堂叢書》四十册，其直二十五元。日午腹餒，同往麵館，食畢至抱芳閣，與楊惺吾遇，談半時許而别。潽梅約復興晚飯，以爲時尚早，姑往□園聽書，一字不解，且樓小，熱不可耐，遂歸舟。日莫訪潽梅，已先往。至伯施處話别，遂偕黼卿至復興，甲夜即歸。黼卿得海珊、皂保書，知穎生復來滬上。季文得選拔，可喜也。念劬約同舟回蘇。

丁巳十四日 早陰。平旦黼卿、劉貴登岸買物，開舟至新閘相候。食時念劬來，已而黼卿、劉貴皆至，遂解維。日中至周太廟，大雨，少避復行。餔刻又雨，日入至黄渡泊，雨竟夜不止。

戊午十五日 早陰雨。食時始解維，日杲杲然，風四面不定。至陸家濱甫日晡，舟人云西南挂龍，驟雨將至矣，堅不肯行，遂止宿。偕念劬、黼卿上岸小步，望西南白雲中果有若柱者，黑色下垂，舟子之言或不謬，唯是龍神物也，而乃僵如槁木，何邪？此地有小市鎮，夏屋無多，而臨河石岸多有極整齊者。又橋東敗屋之後，假山數堆，矗立荒烟蔓草間，似是人家園圃，殆亂後未經修復耳。

己未十六日 早陰，微雨。平明開船，至崑山小住買菜，繞出市河已日中矣。日加申將至唯亭，舟人云暴雨龍又見矣，視北方天色如墨，果有矯夭於白雲中者，非昨日比也。泊少頃，雨不至，遂復行。至外跨塘，日尚未落，同行之舟皆未泊，因逐隊行。人定抵蘇，遣高壽先上岸通知，抵虹橋夜未半也。偕黼卿籠燭登陸，遇高壽、百順於涂，至家書卿方在，談少頃始去。

庚申十七日 晴。休息一日。謙甫、竹林、汪芙洲、費振之、戴譜笙均來。滇伯弟婦暨侄女來見。

辛酉十八日 晴。出門拜客，晤芙洲，觀所寓傅氏小園，地尚空曠，惜無邱壑，較之雲圃，相去遠矣。至大井巷賀季文選拔喜，復至篤甫處，談二刻許。訪謙甫昆仲，不遇而歸。季文來。

壬戌十九日 晴。體不適，未出門。郭通守廷沛，號子雲，行六，天津人復枉顧，新從粵東解彭營月餉回，談彼中事甚悉。嚴芝生表兄來。

癸亥二十日 晴。體憊甚，客來皆未能見。購得董臨宋四家字卷一，孫岳頒行書大幅一。巳蘭來。

甲子二十一日 陰雨。書卿携三鹿來。

乙丑二十二日 陰雨。體倦，終日嗜卧，陸綬生兄來，竟未能見。昨董卷自悔其議，竟不肯售，遂舉以還之。另購得舊拓乾字未損《曹景完紀功碑》碑陰全一册、枝山草書五言小對一聯。

丙寅二十三日 晴。體倦嗜卧如昨，匈鬲悶甚，臭紅靈丹取嚏，覺少快。晚食西瓜，爽甚，卧而起溺者三，虎子盈焉。寄陶春海孝廉書。

丁卯二十四日 晴。體倦少愈，似是昨宵小便通利之故，其爲濕熱藴結無疑矣。子和處所購田畝本日成交，另有細帳存查。余墀卿富文手民回粤。購得丁敬叟『采菊東籬下，悠然見南山』石印一方，爲包采南作，其邊款與魏稼孫所録悉同，石亦青田舊坑，惜印文微爲傖父摩損，不能十分圓美矣。

戊辰二十五日　晴。掩關不出，無聊之至。得葛味荃大令並壽屏及其夫人寄内子衣料等物，蜀布客帶來。函内無年月，似尚是前年所寄者。故人情重，讀之使人增感。

己巳二十六日　晴。竹坡大令來，高壽告以未起，與皂兒談而去，交到錢壹百千文，而余未知也。其實余每早起皆在若輩之前，但若輩錮習入骨，遇官場來輒欣欣有喜色，若惟恐主人之不見者，遇尋常親友至，即嬾爲通達，不知竹坡固現任官也，特甫引疾耳，爲之一嘆，仍掩關不出。

庚午二十七日　乍晴乍雨。遣皂兒答拜竹坡，贈以叢書一部。

辛未二十八日　平旦雨，旋晴。季文來邀，至伊家散悶。書卿復遣人至，跛而往，手談及半，倩謙甫代之。晚會食於雲圃，與竹坡、篤甫、謙甫共坐，胡式嘉大令亦主人也，約明日仍集雲圃，與篤甫共作主人，歸已丙夜矣。

壬申二十九日　早晴，旋陰，日中大雨。晚偕篤甫邀竹坡、式嘉便飯，謙甫未到，大醉而歸。

六　月

六月癸酉朔　晴，大風。叔來得紉秋信，筱珊病劇，擬即赴津，晚又得信，云有轉機。楊綬青同年來。

甲戌初二日　晴，大風。禺中往大井巷，謙甫得電報，云筱病甚亟，叔來即買舟偕振之同往。風大，舟不能移，遂定明日啓程，先發電往詢，至晚猶未得覆，遂先歸。竹坡已去，復回。

乙亥初三日　大風雨。內子同皂皂至大井巷，竟日無信，大約凶多吉少。

丙子初四日　早大雨，午後晴。飯罷正在薙髮，而高元來請，遂至大井巷，知電報已到，小山竟於初三日午時辭世，戌刻已殮，傷哉，傷哉！悲從中來，不能自已矣。書卿哀痛欲絕，與謙甫諸君暨內子婉勸，乙夜始歸。

丁丑初五日　晴，日晡陣雨，即霽。禺中至大井巷，薄莫歸。接笣仙儀部手札，杭州丁脩甫孝廉寄贈新刻《武林掌故叢編》八集，凡六十四本。又硤石蔣稚鶴孝廉名廷黻，生沐先生第十八子，澤山孝廉之胞弟贈新刻《斠補隅録》二册，均托笣翁轉致。笣翁併索郎注《陸宣公奏議》。

戊寅初六日　晴。覆笣仙書，送《陸宣公奏議》，並贈蔣稚鶴孝廉《説文聲系》。是日，皂皂未歸。

己卯初七日　晴。謙甫來，聞穎生自上海孑身而歸，衣裝盡化烏有。皂皂仍住大井巷。

庚辰初八日　晴。徐秉白來。得子湘書，知熊侄婦於五月十五日丑時生一女。日餔皂皂歸，購得嘉慶十七年京磚一方，退光漆成，下連木架，其直二元四角廿八日購，補記於此。

辛巳初九日　晴。至大井巷，薄莫歸。

壬午初十日　晴。飯後往大井巷，與竹坡、篤甫共定季文等爲小山成服禮節，薄暮歸。

癸未十一日　薄陰。季文等爲小山成服，日出即往，客散後少憩即歸，已過餔矣。熱甚，不可耐。

甲申十二日　早陰，旋晴。足復腫，不可結韈。禺中惲叔玉來。

乙酉十三日　晴。侯念椿持舊人《鍾馗》來售，筆法蒼勁，的是元明人所作，唐解元款乃後人僞書，實則尚在伯虎以前也。畫作鍾馗危坐，一鬼爲之寫照，神采飛動，惜絹本黯黴，復爲庸工重裝所損，遂至不可收拾耳。念椿又言有景遼本《龍龕手鑑》，需價三十二元，須錢往取，不知信否。皂兒至大井巷，晚歸，云費振之回蘇，叔來已於初十日航海赴津。

丙戌十四日　晴。念椿又持舊拓《嶽麓寺碑》來，同昨《鍾馗》，以番餅六枚購之。新婦率二鹿回家。

丁亥十五日　晴。内子生日，謝客，至親切友至，設麵款之。

戊子十六日　晴。足未愈，右踝前又生一創，可厭之至。季文得電信，叔來已平安抵津。

己丑十七日　晴。皂兒謝客歸，晚間發熱頭暈，似是受暑之故。

庚寅十八日 晴。皂兒熱仍未退，延張小林診視，云是暑熱兼濕，服藥後稍愈。

辛卯十九日 晴。皂兒午後發寒，似有瘧意，仍延小林診視。

壬辰二十日 晴。皂皂似轉爲瘧，仍延小林診視。秋暑稍退，鄙人足疾未愈，而體倦耆卧，皆濕之爲患也。

癸巳二十一日 晴。祀先大人。譜笙、叔畬來，聞有福建雞籠山爲法人佔踞之説。皂皂病稍愈而瘧象頗見，仍延小林診視。

甲午二十二日 晴。季文、譜笙、叔畬先後來。皂皂少痊，又見瘧意，仍延小林診視。

乙未二十三日 早陰，日中大雨，晚晴。皂皂病已轉瘧，仍延張小林診視。

丙申二十四日 晴。湘保生日。書卿來。叔畬、譜笙來。聞林篤甫患喉恙，遣人視之，送與《咽喉脈證通論》一本。章碩卿自楚來。仍延張小林視皂皂。

丁酉二十五日 晴。足疾少愈，而嬾於出門。昨荷花生日，星臺同年招飲怡園，亦未赴。

戊戌二十六日 陰雨。皂皂瘧日作，仍延小林診視。黼卿應周曉峰大令聘，將赴吉安，先回里一行，贈以三十元作别。

己亥二十七日 晴。費屺懷世講書來假所藏舊籍，以《拜經文集》《日記》十六册應之。又云，聞《説文翼》嚴先生手寫本今在莫善徵處。得子湘書，驚悉歸徐氏五祖姑母於六月十八日逝世。傷哉，傷哉！黼卿於日晡起身回里，相隨數載，諸事頗賴其力，以貧故，不能久留，臨别不勝依依，惟祝其一路平安，得意歸來耳。皂皂瘧勢稍輕，仍服小林方，未診脈。

庚子二十八日　早晴，旋陰，晡後大雨，晚復雨，夜晴。鄭盦先生贈所刻沈西雍觀察《説文古本考》十四卷。延小林爲皂皂診脈。許品霞携來湯貞愍畫《山林小册》十二葉，甚佳；又周櫟園行書一幅，亦古拙可喜，索價甚鉅，不知能購得成否；又沈石翁山水巨軸，未必定是真蹟，而丈餘大紙，揮灑自如，其筆力亦不可及也。得季文札，送到張處夏季子金一百廿四兩，即作覆，交吴媪帶歸。

辛丑二十九日　陰雨。寫弘治《湖府志》卷六至卷九一册畢。

壬寅三十日　晴。爲碩卿書對聯、紈扇。書卿來。延小林爲皂皂診脈，並延朱小舫參看，瘧勢已輕，仍日發不止也。汪皃洲大令送看册頁王《聖教》《十三行》，皆翻板。又畫册，不佳，板橋書《道情》則僞之甚者也。

七　月

七月癸卯朔　晴。謙甫、蓮士、譜笙、費起雲先後來。碩卿辭回紹興。傍晚笣仙來談，張燈而去。碩卿頭疼發熱，服普濟丹少愈，假宿岸上。

甲辰初二日　陰雨。碩卿清晨登舟，即解維。譜笙來。接費振之信，言開河事估價八十千，先需四五十元，允爲寄付，屬譜笙即致書告之。

乙巳初三日 早雨，旋晴，晡復陰。程麗芬來談。五月曾來蘇，未晤，在滬又彼此往還相左，至今始得握晤。言王曉蓮同年以肺癰作古，傷哉。

丙午初四日 早陰雨，旋晴。日仄至大井巷，晡答拜麗芬，未遇，與覍洲談二刻許而歸。聞福建船政局有被法人蹂躪信息。

丁未初五日 晴。季文來，言晤蔭甫，有法人至閩省消息，已作札往詢星臺。嗣得蔭甫手簡，云此信未確，船廠則真被燬矣。餔刻念劬來，云在滬於許竹篔處見會法使面議情形甚悉。彼時即有照會索占吴淞之説，驕悍如此，令人髮指。吴子和來談，日莫始去。鄭盦先生贈《滂喜齋叢書》三集，共三函。

戊申初六日 晴，日仄大風。書卿來，閩氛甚迫，頗憶少卿，寄電詢之。

己酉初七日 晴。兩臂作痛，殆昨晝以感寒故也，亟以火罐治之以瓷瓶或竹筒中儲火著患處，有風寒則吸而不脱，蓋針灸意也。北人常用之，甚效，少瘳。日餔竟體覺有寒意，惡寒而不甚畏風，殆亦感寒之故。冒被取汗而卧，得微汗始起。

庚戌初八日 陰，微雨。臂痛少愈，而體中不適如昨。日餔仍淅淅有寒意，胃滿不思飲食。守中醫之戒，慎起居，以待其痊而已。得朱修庭書，索伽楠香末，即檢以付之。又爲陶柳門索沈洽軒書，則素不往來，無憑作札，以實告之，托轉致柳門。泉州電信已三日矣，尚未見覆到。海珊云，頃見院幕徐君，言亦有閩電六日而未見覆，蓋電局軍書旁午，故爲延閣，無他故也。

辛亥初九日　乍陰乍晴，夜雨。體倦如昨，延張小林爲皂兒治瘧，即使診之，云是濕氣彌漫又感寒之故，爲開一方，即試服之，疑藥力太輕，恐未能速效也。謙甫來。

壬子初十日　陰，晡後薄晴。服小林方，似微有效而嗜卧，中滿，臂疼如昨。

癸丑十一日　陰，微雨間作，大有秋意。以印譜一分送鄭盦先生。體小愈，日餔胃氣頓開，思食甚，亟向家人索之，云已具麵矣。久之久之不至，自往覘，則食畢只存空釜矣。亟爲另炊，又久之久之始熟，則飢腸雷鳴，肝火益熾，不能下咽矣。胃氣開是病愈之根本，假令當時得一勺之羹，自必勝於藥餌萬萬，乃無人過問，失之機會，豈不惜哉！

甲寅十二日　陰雨。體倦稍解，胃亦微開，仍延小林診視服藥。小林尚無時醫習氣，特膽太小，亦緣中無定見耳，然亦足覘其慎矣。

乙卯十三日　薄晴。仍服小林煎劑。蓮士來，言蘇城爲法戎事編查保甲，胡式嘉得西路總巡。此事曾親爲之，深知其不易也。夏秋以來，掩關不出，幾於理亂不聞，頃恭閱邸抄，見初七日諭旨一道，此非常大事也，謹録於左：

光緒十年七月初七日，内閣奉上諭：越南乃我大清封貢之國，二百餘年，載在典册，中外咸知。法人狡焉思逞，肆意鯨吞，先據南圻各省，旋又進據河内等處，戮其民人，利其土地，奪其賦税。越南向來闇懦苟安，私與立約，並未奏聞，挽回無及，越亦與有罪也。是以姑予包涵，不加詰問。光緒八年冬間，法使寶海在天津與李鴻章議約三條，當飭總理各國事務衙門會商妥籌，法人又撤使翻約。我存寬大，彼益驕貪！越之山西、北寧等省爲我軍駐紮之地，清查越匪，保護屬藩，本與法國絶不相涉。本年二月間，法國竟來撲犯防營，當經降旨宣示，正擬派員進取，力爲鎮撫。忽據該國總兵福禄諾先向中國議和，其時該國因埃及之事岌岌可危，中國明知其勢處迫逼，本可峻詞拒絶，而仍示以大度，許其行成，特命李鴻章與議《簡明條約》五款，互相畫押。諒山、保勝等軍，應照議於定約三月後調回。迭經諭飭各該防軍扼紮原處，不准輕動開衅，帶兵各官，奉令惟謹。乃該國不遵定約，忽於閏五月初一、初二等日，以『巡邊』爲名，在諒山地方直撲防營，先行開炮轟擊，我軍始與接仗，亦有殺傷。法人違背條約，無端開衅，傷我官兵，本應以干戈從事，因念訂約通好二十餘年，亦不必因此盡棄前盟，仍准總理各國事務衙門與在京法使往返照會，情喻理曉，至再至三。閏五月二十四日，復明降諭旨，照約撤兵，昭示大信，所以保全和局者，實屬仁至義盡。如果法人稍知禮義，自當翻然改圖，乃竟始終怙過，飾詞抵賴，横索無名兵費，恣意要挾，輒于六月十五日佔據臺北基隆山炮台，經劉銘傳迎剿獲勝，立即擊退。本月初三日，何璟等甫接法領事照會開戰，而法兵已自馬尾先期攻擊，傷壞兵、商各船，轟壞船廠，雖經官軍焚燬法船二隻，擊壞雷船一隻，並陣斃法國兵官，尚未大加懲創。該國專行詭計，反覆無常，先啓兵端，若再曲予含容，何以伸公論而順人心？用特揭其無理情節，布告天下，必曉然於法人有意廢約，衅自彼開。各路統兵大臣及各該督撫整軍經武，備禦有年，沿海各口，如有法國兵輪駛入，著即督率防軍合力攻擊，悉數驅除。其陸路各軍有應進兵之處，亦著趕速前進。劉永福素抱忠懷，而越南昧於知人，未加拔擢。該員本係中國之人，即可入爲我用，著以提督記名簡放，並賞戴花翎，統帥所部，出奇制勝，將法人所佔越南各城迅圖恢復。凡我將士奮勇立功者，破格施恩，並特頒内帑獎賞；退縮貽誤者，立即軍前正法。朝廷於此事審慎權衡，總因動衆興師，難免震驚百姓，故不輕於舉發。此次法人背約失信，衆怒難犯，不得已而用兵。各省團練衆志成城，定能同仇敵愾，並著各省督撫督率戰守，共建殊勳，同膺懋賞。此事係法人背盟肇衅，至此外通商各國與中國定約已久，毫無嫌隙，斷不可因法人之事，有傷和好，著沿海各督撫嚴飭地方官及各營統領，將各國商民一律保護，即法國官商教民等願留内地安分守業者，亦飭一律保護。倘有干預軍事等情，一經察出，即照公例懲治。各該督撫即曉諭軍民人等知悉，倘有藉端滋擾情事，則是故違詔旨，妄生事端，我中國兵民必不出此。如有糾匪滋事，即著嚴拏正法，毋稍寬宥。爾等臣民當體朝廷保全大局至意，將此通諭知之。欽此。

培之得雙林電信，其五叔祖母於本日逝世，擬即日回里一行。又得泉州前月廿八日來信，知地方尚安静，惟籌防無餉，幾至束手耳。夜雨。

丙辰十四日　早陰雨，旋晴。日中培之回雙林。體中倦少好，而背間抽掣作痛，仍延小林診視，並視皂兒。皂兒瘧漸愈，惟尚未止也。

丁巳十五日　晴。中元，祀先祖。書卿、謙甫先後來。穎生溺於妓館，前來索錢，云爲債家逼迫，内子峻拒之而去，而不知其自前月廿七日即出，未歸家祭祀，追之不歸。昨其婦病肝氣甚劇，促之亦不歸。赤手而遊，其技可謂神矣，特不知彼中人固何所圖乎，恐有奸人導之，圖其住屋矣。嚴芝生三表兄來談。

戊午十六日　晴。陸存齋兄遣人來，言已到蘇，因患喉恙，未能出門。贈歸安嚴先生《悔菴學文》八卷、《娱親雅言》六卷，德清徐先生《周官故書考》四卷、《論語魯讀考》一卷，自著《儀顧堂集》十六卷，以《愳進齋叢書》答之。趙幼吟昆仲來，以甫服藥未能見，索鼻烟，即裝好，遣高壽送，並託轉交吴廣庵兄寄滬。胡誦清兄屬隸古紈扇一握。

己未十七日　陰雨。體仍不適，仍服小林藥。

庚申十八日　早雨，旋晴。周昀叔兄來，住混堂巷，從粤抵滬，住一月方至蘇也。

辛酉十九日　早晴，旋陰，晡後雨。星臺同年來談。

壬戌二十日　早雨，旋晴。陸存齋兄來，體少愈而臂腕痛未已，胃亦未開，仍服小林方。謙甫午前來，一轉即去。

癸亥二十一日　陰，小雨，晡刻大雨，旋止。訪存齋，談刻許，歸。步行半里而近，已憊不可支矣。聞電報，楊石泉漕帥帶勇赴閩，穎叔爲團練大臣，九帥真除江督，譯署退出六人，尚未見邸抄也。還存齋弘治《府志》四册，面交訖。聞有《續復古編》精抄本完善無闕，允借閲，到

後去。

湖即寄，可感也。

甲子二十二日　晴。二鹿生日，書卿、季文、謙甫、蓮士來，季文傍晚先歸，書卿、謙甫晚飯後去。

乙丑二十三日　陰。讀邸抄，石翁赴閩，文起署漕督，若農先護，穎叔事未見，譯署蓋周家楣、吴廷芬、崑岡、周德潤、陳蘭彬、張蔭桓也。

丙寅二十四日　早晴，午後陰，晚雨。正落爲劉觀察文楠所租，是日搬行李進屋彭漱芳之世兄爲之經理。大井巷送寄存物件來，無値錢物而累累然，須擇地堆積，可厭也。爲彭訥翁篆『飲渌』二字額，即送去。念劬送《吴興志・山嶺類》底本來，内有應商之處也。

丁卯二十五日　陰，微雨間作。日餔念劬來談。昀叔書來，言星臺同年之長子壽民太守在江右病故，定廿八日在寶積寺誦經，約公送幛筵，即遣人至仲復處問信。仲復亦不知，因使人至臬署探問，約問明再來覆信。檢點京寓帶存大井巷書箱，畫册、碑帖均完好，蓋元年帶到時仲清已爲整頓，故至今無恙。書箱一隻已損壞，開視，間有蟲蛀，亦大致完全，皆仲清力也，思之憮然。念劬携去《吴興志・職官類》底本、原本、寫樣各一分，《井》《橋梁》底本、寫樣，《山嶺》等類原本、底本，《進士題名》等類底本、寫樣各一分，已商定可付刊矣。聞書卿牙痛，内子往視之。

戊辰二十六日　晴。蔭甫來，以病未能見。贈仲復叢書一部。皀兒昨得透汗，瘧似輕減。

前日延朱小舫，所言與方皆不相合，故未服其藥。小林復用柴胡，亦未服。此前兩日事也。今日仍請小林診視。大約胸中不舒，噫氣少快者，皆肝之病也。余之病亦在肝，服藥小效而未能霍然，食後之嗜卧如故，自以《肘後》法作散服之。檢舊存書箱，得宋本《春秋左傳》。此書並在京時常瀏覽一二書帖，尋之十年不得，以爲遺失，今乃得之此中，快何如之。又有李脩《湖州府志》並明董氏《吴興藝文補》，皆可備校《吴興志》之用。書篋凡六，自辛未冬收裝，除碑帖、畫册仲清代爲檢點外，餘至今日方始開看，霉浥、蝕損者未及十之一，亦幸矣哉。

己巳二十七日 晴。檢點書帖。聞菘耘來蘇，住式嘉寓。劉文楠家眷進屋。陸竹泉携舊板《山谷刀筆》來，有『大興朱氏』印記，卷末有紅筆題云『竹君與稚存擬宋本同校於抱芳閣』。所校寥寥數字，並無精義，不可解也。穎叔賞四品頂戴，作福建團練大臣，今日始見邸抄。

庚午二十八日 晴。辰刻出門，答拜昀叔同年，即同至寶積寺公祭許世兄，還至蔭甫兄處談刻許。訪菘耘，未遇，遂至大井巷。書卿患牙痛已四日，連日未能出門，今方往視之也。與謙甫、仲然共飯，日餔答拜敖世兄、錢君硯兄，均未見。至吴引之二兄許，坐談而歸。又訪程麗芬、汪皀洲，均晤。菘耘來，未值，蓋彼此相左矣。

辛未二十九日 晴。飯後欲至觀前一步，脚力尚可而氣弱，恐不能支，遂止。晡後培之自雙林歸。得彭艾圃信，内附祖姑母訃書，即爲分送。

八月

八月壬申朔　晴。小宜生日。巳刻出門，至篤甫處晤談。訪菘耘，未遇。過笣僊許，亦未遇。與念劬暢談。日中至大井巷喫麵，晡刻偕海珊、謙甫、季文至玄妙觀雅集，茗飲而歸。

癸酉初二日　晴。菘耘來，談别後事甚悉。昀叔來，欲至大井巷，未果。同寓劉君生子。

甲戌初三日　陰。卯時聞鴉鳴，因自占六壬，用巳將加卯，三傳辰午申，貴登天門，虎鬼俱空，主家宅平安，疾病即愈，胎産應於十三日卯時生男，記此以觀驗否。日中至大井巷，與式嘉、菘耘、振之共飯。復偕菘耘、式嘉、季文至觀一遊，三萬昌茗飲，並遊骨董肆，無一物可觀。還至大井巷，薄莫始歸。欲邀菘耘一飯，堅辭不赴。

乙亥初四日　陰雨，午後大風。贈菘耘先集一部、小研一方、武夷茶廿瓶。又山舟先生行書巨軸，贋鼎也，縣之壁間，菘耘甚賞之，即撤以相贈。許品霞携青田石章來售，内一方，文曰『方穀摹搨古刻』，蓋先府君庚子歲手刻，四周款識叙述甚詳，給予重直，不顧而去，或冀其復來也。念劬送來《吴興志·宫室》等類原抄、底本各一册，即作字答之，並附去《學古録》一部。

丙子初五日　陰雨。禺中赴季玉丈、仲復兄之招，會食於耦園，家庖精腆，縱飲極歡。同座周昀叔、顧子山、彭訥生、吴引之，餔後始各散歸。子山云《張子野詞》知不足齋刻本甚可觀。

丁丑初六日　陰雨。祝貝康侯壽。還至大井巷，與謙甫遇，薄莫始歸。得竹坡信。又得左得齋信，内附子湘一函，外緑豆粉、肥皂一包。

戊寅初七日 晴。少青之紀綱來，詢悉泉郡尚安堵如常，惟額兵全調至省，名曰『防堵』，而妙手空空，募勇團練，均無法可施，所幸民心尚定耳。先大夫爲方穀丈手製印已購得，並購得丈手製印二方，一早年與程少山同作，周道容補兩面，印上有夢華先生刻字；一亂後作，有叙事一段，屬程心梅刻于印側。一心梅爲丈作，亦有印款。又有楊龍石一印，款是而篆文已非矣。沈吉利索書，已以叢書贈之，而仍索不已，累累羅列，並有未經刊成及他人所刊者，亦指名索取，且立待也。無已，以《邃雅堂集》再贈之。

己卯初八日 晴。謙甫書來，以申叔喉痛索牛黄，即檢付，並贈以《咽喉脈證通論》一本。鄭盦先生贈新刻《士禮居藏書題跋記》六卷，又張秋水先生《眉山詩案廣證》六卷、《墨妙亭碑目考》五卷上之上一卷、上之下一卷、下之上一卷、下之下一卷、附考一卷，乃先生收藏稿本屬書局刻者。昨先生索蜀中梁鄱陽王題名及湖北金石拓本，遍尋未得，先以洪山塔下元人刻石十二種應之，補記於此。復竹坡書，又覆淂齋書。得劉蔭南、陳子厚信。餔後倦極思卧，因偕海珊至觀前一步，歸已張燈矣。步履如故，而倦亦若忘，豈非生成勞碌命乎？皂兒瘧已漸輕而總未已，仍延小林治之。隔日一來换方，雖無速效，亦尚穩妥。若赫赫時醫以和緩自命者，則不敢請教矣。巳蘭來。

庚辰初九日 晴。日中約畇叔、子山、訥生、引之、玉泉、仲復小飲，即邀巳蘭作陪。子山攜《松雪高士圖》小卷相示，蓋費企懷屬題者，紙本精絶，微有損處，而大段完好，惜題跋失去耳。餔後各散，仲復、昀叔、巳蘭復談少頃而後去。

辛巳初十日　晴。禺中季文來，即同至昭慶寺拜何履甫之喪。履甫爲張鶴生丈之婿，一山先生之子也，其哲兄山子大令曾在京相識，已皤然老矣。日中復偕季文至大井巷，傍晚始歸。

壬午十一日　晴，午後陰，晚復晴。日仄訪叔雲，晤談，擬至觀中一游，天有雨意，遂歸。爲叔雲致書竹坡，詢靖江典事，托書卿寄。昨餔時在大井巷，内子亦至，方聚談間，而蘭生之僕忽來，詢之，則送善卿夫婦歸也小山長子，再詢善卿，則與其婦共入婿鄉矣。此真不可以情理論者，惟緩勸書卿度外置之而已。

癸未十二日　晴。偕海珊、謙甫、霞軒、培之至城隍廟觀劇，遇昀叔，傍晚始散。汪臯洲來，未遇，爲褚紀常南顯子巷之屋欲售于昀叔也，其僕人尋至戲場，即面約昀叔明日巳初到敝寓同往觀看。

甲申十三日　陰，晚小雨。禺中臯洲、昀叔先後來，即同往南顯子巷看屋，與紀常談半時許始散。復偕昀叔至蕭家巷，則主人爽約他出楊木匠來説，爲其人所紿，無人領看。昀叔尚有西百花巷之屋，乃蔚長厚來説，有園林之勝，可以往遊，遂同至閶門虹橋，偕蔚長厚掌櫃乘小舟前往。屋在玉泉丈貼鄰，武林王氏之産，有王氏之表戚□君領看。園林不大，而山石確是百餘年前名手所疊，黄楊頗鉅，高已出屋，大亦數圍，此其明徵，結構亦不俗，較仲復耦園所勝多多矣即唐雲泉現典居之處。正屋亦壯麗，刻鏤尤精，所難免者，黑暗之病耳。另看二所，一五間六進，三進有樓，索三千五百金；一三間六進，已毁一進，亦三進有樓，索二千五百金，大約本是一家而後分者。材木尚可，惜已敝敗，修理不易矣。晡後歸，所占胎産竟不驗，豈用神在末，傳必待下旬耶？是日晤昀叔令侄，號耦生。

乙酉十四日 陰雨。許品霞以書畫來售，内趙卷一，畫在疑似之間；札子二，則雙鈎填墨，非高手也，後跋亦然；文卷一，書畫精絶，真跡也，式古堂舊物，惜後跋已失矣。索六十元，酬以十金，未售。外有徐天池芭蕉立軸，亦真跡，惜絹本原托之紙爲人抽去矣。又有曼生手製石印，白文曰『長廊讀畫散衣行』『行』，朱文，尚不僞，亦未買成。

丙戌十五日 陰，夜雨。徐秉白、張蓮士、惲季文、宋松存來。品霞以曼生印加舊壽山一方來，索一元而去，更有書畫並贋鼎，不足道。

丁亥十六日 陰雨。小宜來，竟日未出門。季文赴江陰，一早起身。同居劉文楫觀察來。

戊子十七日 陰雨，夜大雨。答拜文楫。葉虎臣來。

己丑十八日 陰雨。禺中至大井巷，薄莫歸。得惲竹坡大令覆書。

庚寅十九日 陰雨。午後昀叔來，即偕往寶積寺吊星臺同年喪明之痛。與汪賡虞、朱脩庭、錢君硯、沈旭初四觀察，相子霑太守少談各散，因素服不便他往，即歸。得念劬手札，並《吴輿志·宫室》等類校本一册，即覆，並附去《郡守題名》一本。

輓王曉蓮同年：

珠海我遲歸，望緑野新居，情話未遑驚易簀；峴碑公獨擅，憶黄樓舊契，傷心不覺淚霑衣。

辛卯二十日　早陰，禺中晴。眗叔約郡廟前觀劇，飯後往，主人猶未至，遂至大井巷少坐，晤趙緯卿、張謙甫、費啓雲，再往戲場，已日仄矣。同坐潘補琴、郝尊五蔚長厚司事暨眗叔、竹林。貝康侯在西樓，特來招呼，即往招呼。吴門近盛行京班，此尚是崑曲，古調獨彈，知音甚少，即此亦不勝今昔之感矣。

壬辰二十一日　陰。章蘭生表弟自荻港來，將赴皖城，迂道來訪也。飯後偕蘭生、海珊、培之同往玄妙觀啜茗，於善書店中得精抄《東坡樂府》殘本一册，前有『楝亭曹氏藏書』一印，檢《楝亭書目》，確有是本，惜已失其半矣。此書出於吴江凌麗生，久無問津者，余乃以洋蚨七角得之。抄手及烏絲闌皆精工之甚，紙是宣素，與前所得毛抄景宋《江湖小集》相類，其出自汲古閣無疑。因檢《士禮居題跋》，元本此書謂取毛鈔勘之，『二卷雖同其序次，前後字句歧異』，『鈔本附《東坡詞拾遺》一卷，有「紹興辛未孟冬至游居士曾慥跋」』，謂「東坡先生長短句既鏤版，復得張賓老所編並載於蜀本者，悉收之」，似前二卷亦係曾刊，而《直齋解題》但云《東坡詞》二卷，不云有《拾遺》，似非此本。然《直齋》云集中《戚氏》叙穆天子、西王母事，今毛抄本亦有此語，似宋刻即毛鈔所自出，而此刻《戚氏》下無此注釋文，蓋錢所云「穿鑿附會者也」。

且毛鈔遇注釋處，往往云「公舊注」云云，俱與此刻合，而其餘多不同，或彼有此無，或彼無此有。余以毛鈔注釋多標明「公舊注」，則此刻之注釋乃其舊文」云云。以此殘本校之，雖上卷失去，無從徵西王母事之有無，而注釋處多未標明『公舊注』，亦未附有《拾遺》一卷，其爲别是一本，非蕘圃所藏之毛鈔可知，或竟從元本景寫亦未定耳。午前芝庭來，飯後同在觀前啜茗時忽不見，蓋赴他友之約矣。芝亭云，有同鄉託售古磚，凡二百四十餘届，蓋與存齋同時搜獲者，看來一單，似有佳品，索直三百七十元，但須目驗方能辨别，約遲日同往觀看。陸竹泉攜來王《聖教》一册，後有孫琴西跋尾，爲□觀察所藏竹泉云童姓，是翻刻之下乘，索直甚鉅，不直一笑也。

癸巳二十二日 陰雨。蔡乂臣自杭州來，詢悉夔石、茗生近況。

甲午二十三日 晴。欲答乂臣，有事未果。晚約蘭生、虎臣便飯，適蓮士來，即邀作陪。子和來詢置田事，以存款未收辭之。念劬來談，共檢《吴興志》，於《宫室》類内校出『舞翠亭』，《驛鄭》内校出樂天詩句『霅』字，頗快人意。聞淡水又爲法人所踞，臺灣危矣，如之何，如之何？

乙未二十四日 陰雨。見報單，善卿夫人於二十三日午時逝世。鄭盦先生來索蜀雲陽摩崖梁鄱陽王題名，以未尋出，先以乳源無垢净光塔銘奉之。

丙申二十五日 陰雨。胡式嘉來談。書卿來。飯後至黄鸝坊巷答拜乂臣，談半時許，以其尚未喫飯即歸。以梁鄱陽王、蜀張匡翊題名均在雲陽、宋尊勝陀羅尼經幢淳化二年，在巴縣木洞鎮送鄭盦先生。

丁酉二十六日　晴，西風，寒甚。飯後偕海珊至觀中啜茗，遇吴介石六丈，復遇念劬，同伴爲蔣稚鶴别下後人也。出示《峽石來札》《忠義堂帖》《放生池碑》，後並有肅宗批答，約一千餘字，允一併鈎付，潤筆四元，並須油紙，允如數致送。念劬面交談《志・郡守題名》一册，即携歸。許品霞持銅器二求售，一小敦，文曰『㽙魯作寶尊彝』，器舊而文後刻不但痕跡宛然，且幾不成字；一大者似是宋榷場中物，雖青緑不僞，而花紋不古，决非商周人造，文曰『叔〇孫父作孟姜尊敦綰綽眉壽永命彌久生萬年無疆子子孫孫永寶用享』，亦似僞刻而鑲嵌者。云是平津後人出售，大者千二百金，小者二百金，一笑還之。

戊戌二十七日　晴，寒甚，如十月天氣。仲復兄招飲，日中會食于耦園，傍晚始散。同坐乂臣、唐雲泉、吴子備、朱氏父子、陳慕蕃。仲復齋縣翁閣學手模《華山碑》整幅，有嵇文恭諸先輩題跋，殆即模刻於華陰廟之底本，奇蹟也。吴世兄來。

己亥二十八日　晴。日加午招乂臣、文栴小飲，陪者仲復暨彭南屏太守，昀叔以感寒，子備以事冗，皆辭未到。食罷，復至文栴許，少坐始散。汪𣆶洲來。夜雨。

庚子二十九日　陰雨。午後至懸橋巷吊洪文卿閣部，答拜吴世兄，笣儋儀部來談。文卿族人號壽民，未悉其名，居揚州，蓋午後到彼，客已散盡，惟壽民陪賓尚在也。

辛丑三十日 陰雨。悶甚，惟以書卷消遣。日餔持螯，甚肥美，然不敢多食，兩枚而已。

九　月

九月壬寅朔 陰雨。訥翁來談。日加午將至畇翁許，未登輿而畇翁已至，遂同赴悟庵之招。同座乂臣、仲復、雲泉，痛飲至晚，始張燈而歸。

癸卯初二日 晴。禺中賀文枬令郎彌月喜，未見，遂出門賀同鄉朱修庭觀察娶子婦喜。日中看結花燭，即同季文至大井巷午餐，傍晚歸。聞新婦腹痛，内子謂將娩身，一面喚穩婆預備，一面通知書卿。人定書卿來，雞鳴舉一丈夫子，此第二孫也。大小平安，可喜之至，八字開後：

甲申　甲戌　甲辰　丙寅

甲辰初三日 晴。季文暨叔來夫人均來賀。文枬來，以昨晚未卧，午睡，未能見。晡後大風，驟雨一陣即止，晚復晴。

南海鄒特夫新作周行日晷，番禺徐子遠察造，羊城西湖街晋樸樓甘湖石仿製。

乙巳初四日 晴。湯三世兄來。飯後出門答拜湯世兄，並至葉家衖答拜葉虎臣，均未遇。與引翁談少頃歸家，適虎臣來辭行明日走，尚未去，遂與話别，已過餔時矣。聞侯駝子從常州等處回，意必帶有舊家散出書籍，偕俞研芸前往，則念椿訪沈吉麗未回。其徒云並未帶有貨來，恐其言不實，或不能赤手携來，故謀之吉麗乎？

丙午初五日　晴。新孫三朝，適女孫於明日周歲，戚友來賀，併設湯餅款之。三鹿於晬盤内先取筭子，次取筆墨。此兒聰慧，或者將來能解筆墨事，然欲以稱量天下，則非矣。侯念椿携零種書來售，留《老子解》兩册，明人刻本。上册『序』之上鈐朱文『長洲龔氏群玉山房藏書記』巨印一，又『卷上』之下方鈐『文照之印』白文、『龍尾山人』朱文印各一。下册『卷下』之下方與『卷上』下同。序非序，號曰『紀事』，末署曰『震維居士俞安期識』。每半葉九行，行十八字，似非善本。又《劉賓客詩集》不分卷，無序文，題曰『唐劉賓客詩集』一行；次行低二格，曰『正議大夫檢校禮部尚書並太子賓客贈兵二行部尚書劉禹錫著三行，低三格』；四行低三格，曰『江左蘭嵎朱之蕃校』。後有墨、朱筆二跋，照録於後：

《劉賓客文集》三十卷《外集》十卷，至宋佚其十卷。宋敏求蒐輯遺文，編爲《外集》。《汲古毛氏書目》謂：『《正集》人間所有，《外集》世罕有之。』此書遂如鳳芝龍術，不可多得。即藏書家，大抵影宋抄本，轉相傳寫，亦未易覯也。國朝洞庭席氏文夏刻《唐詩百名家集》，載『劉禹錫十八卷』，而詩實未刊，想係未得善本，故有目無詩也。予幼即愛讀劉詩，求之二十餘年未獲。道光癸未秋，避水居吴門，得交葑溪陳君子雅，出所藏《劉賓客集》見示，係有明朱之蕃刻本，頗佳，然有詩無文，祇編一卷。前有《劉隨州集》，非單行本也。後坊友携《中唐十二家詩集》來，中有《賓集》六卷，詩目與朱刻正同，後有《拾遺》一卷，則朱本所闕也，因並録之，附於朱刻之後，書以誌幸，他日求得全書，其驚喜更不知何如也，特識之，以爲左券。道光四年歲次甲申四月上澣群玉山樵龔文照題於鰐溪寓館之敦好齋白文『龔文照印』，朱文『埜夫』。墨筆。

朱本《劉集》前序已佚，不知刻於何時，其中顛倒謬誤，不可枚舉，帝虎魯魚，幾難卒讀。因未獲善本，不敢臆改。乙酉臘月得舊抄本《正》《外》全集於吴門藏書家，携歸校閲，正其舛謬，删其重複，此本始見廬山真面。集中所刻俱《正集》中詩，其《外集》所載古今近體詩四百餘首，俱未之及，乃知朱君亦未覩夢得全集，所刊本不過如坊刻《中唐十二家集》之類，因陋承謬，其貽誤後學正非淺也。校是集已，因重識數語于簡末，庶後之讀劉詩者知所尚焉。丙戌清明前六日九霞野逸文照又題。『九霞野逸』朱文。此跋紅筆。

每半葉九行，行十九字，凡古今近體詩三百首，目録下鈐朱文『群玉山房藏書記』長方印一、朱文『蛛隱後人』小方印一。集首行標題下紅筆題曰『長洲龔野夫家藏，校定本』，全集皆用紅筆校改。標題下印三：一『龔文照印』，白文；一『埜夫』，朱文；一『研城司農』，白文，皆正方。三行銜名下印一，文曰『長洲龔文照旭乆啚書記』，朱文長方。卷末白文長方印一，文曰『長洲龔氏紫筠堂藏』。又跋尾墨筆引首白文小長印一，文曰『群玉龔君』。殆亦有心人，然此書却非善本，所以縷縷記之者，亦聊以破寂而已。季文送來常州劉君託銷書畫一箱，皆贋鼎也，惟一董字卷、一方環山中幅尚堪寓目，然亦非精品。其尤謬者，則宋道君畫鷹、惲壽平山水，不直識者一笑也。

光緒十年　九月

九月丁未初六日　晴。文柟來談。少讀贈朱拓《壽星》一軸。貝康侯覆刻其先人藏本元人真跡，署曰『至治初元金華杜陵』，上有文待詔手跡，題曰：『此幅元人真跡，藏長洲宋氏百福長春堂。嘉靖丙申八月，余得於郡南師古齋，持祝樂卿道丈百歲上壽。文徵明。』又有祝枝山、吴原博暨國朝錢竹汀宫詹、梁山舟學士觀款。簡香先生于嘉慶戊午模勒，至本年康侯又重刻之，誠吉羊文字也。又淺刻玉竹聚頭扇一柄。少讀乃正甫先生之弟，與余家同郡吴興，往在京師，先識正甫，叙昆弟之好，若譜系，則不可考矣。

戊申初七日　晴。餔時偕海珊至觀前一步，涂遇朱悟庵。於讀未見齋購得《棠陰比事》一册，朱述之丈用士禮居所藏宋本模刻于嘉興官舍，尚存宋本面目，兵燹後其版不知猶在否？然印本已稀，洪琴西都轉活字本即從此出。余求之十餘年，僅獲此卷，亦可珍已。鄭盦先生復索《鄱陽》精拓，並贈自書《馬貞烈女墓碑》墨本一通貞女，金匱人，本年五月刻石，書法由海嶽追蹤北海，上窺山陰堂奥，實近日鉅公中希有之作。又《松壺先生集》一册仁和錢杜叔美著，凡《畫贅》《畫憶》各上下二卷，小行狎書，極精妙，似亦先生手跡，封面署曰『光緒庚辰夏六月八喜齋重刊』。來書亦自云精刻，然細審之，實出石印，豈版未携歸，復用西法傳模邪？還當質諸先生，當作覆，呈《鄱陽》精拓一本，並附呈蜀刻先公座右銘、重模《定武蘭亭》、天一閣本《石鼓文》暨自書《佛圖關銘》各二分以報之。

己酉初八日 晴。念劬將往鎮江，來話别。日餔彭世兄來，名清龢，號惠民，芍翁之孫，伯珩長子也，自鄂回里，應學使者試。芍翁贈所《詩比興箋》蘄水陳秋舫殿撰著、《汪子遺集》吴汪縉大紳各一部。

庚戌初九日 晴。飯後出門閒步，海珊欲至師子林登高，行至善耕橋，足力微有疲意，恐往還不任其勞，遂南返至觀前，將登樓啜茗，聊以解嘲。玉樓春座客已滿，如意閣亦如之，西行入觀至雅集，見培之、棐卿、霞軒、魯卿當户而坐，詢知坐客亦滿，遂如三萬昌。内室闃其無人，引坐良久，始來五僧，復來三人，仍寥寥也。茗飲啜菱，興盡將行，而培之諸人適至，遂同歸。之二兄來。劉□□續至，贈《褐夫先生全集》，云是鄭盦先生囑抄，復抄一分見貽，贈以筆資十二元而去。同鄉吴昌石少府俊卿，安吉人來談，贈以蜀刻石鼓文、《佛圖關銘》各一分。昌石精刻石，兼工篆、隸，里中之美材也，屈鬱下僚而不得志，惜哉！

辛亥初十日 陰雨，竟日夜不止。昀叔約郡廟前觀劇，以雨甚停演而止。仲復生日，亦以雨甚未能出門，遣人祝之。聞仲復患肝疾，不見客，殆家庭之間有難處者歟。俞研芸言趙緯卿之岳家李氏藏有成化勞修《湖州府志》，不知信否，當屬緯卿詢之。李君久在蜀中，余在東川時其子正任江津典史。老翁已回里，與存齋近在同城，且其子少蓮與存齋甚習，果有此書，存齋斷無不知之理。乃新修《府志》稱勞《志》久佚，即前者假王《志》時，亦云勞《志》不可得，何哉？或即存齋所畜王《志》殘本原出於李，傳聞偶誤，未可知耳。〔一〕侯念椿以寫本杜荀鶴《唐風集》來售，黑格舊抄，每半葉十行，行十九字，闌外左上刻隸書『馮彦淵藏本』五字，凡上、中、下三卷，序一葉，無格。詩凡六十三葉，跋尾一葉，亦無格。卷末闌外朱筆跋云：『此予家藏南宋板抄本，癸卯春仲借隱一行湖毛氏北宋板細校一過，異同處悉兩存之二行。海虞馮武三行，『海』字在次行『過』『異』之間』。下鈐『馮長武印』白文，迴文，小方、『大馮君』白文，方印二印。卷首闌外有『上黨』朱文長方印一，闌内『唐風』字上有『宋本』朱文橢圓印一，下方有『馮氏藏本』朱文方印一。卷末闌内下方有『華隱』朱文橢圓印、『海濱漁父』不佳白文方印各一。

後跋：

馮氏書法爲臨池正傳，此卷其所抄本也一行。遒勁流麗，出入鍾、王，不知何時流落敝簏二行，半充脈望之腹。頃因曬書檢得，深悲其三行遭際之失所也。拔登鄴架，眠食與俱，又四行慮其麋蠹之難存也，特爲裱而裝之，以五行壽於世。其詩雖晚唐，直入風雅，亦工部六行之的派也，佳章妙筆，可稱合璧七行。乾隆十年九月庚子朔居由葉坦跋八行。

原書字極工雅，然未見出色，恐非馮氏手跡。此跋字甚惡弱，文亦未爲雅馴，恐是過録馮本作僞者後造此跋以求售耳。以其有兩宋本面目，故擬收之，然念椿頗居奇，不知能購得成否。已用另紙抄録北宋本目録次第，復詳載于此，以備考查。

南宋本序，首行『唐風集序』，次行『顧雲述』；北宋本序，首行『杜荀鶴文集序』，次行『太常博士修國史顧雲撰』。

南宋本，首題『唐風集卷上』，次行『九華山人杜荀鶴』低六格，每字間一格，惟『荀鶴』二字連，三行『今體五言凡一百二十六首』低一格，卷中『今體七言凡一百四十首』，卷下『今體五言七言絶句凡五十二首』。

北宋本，首題『杜荀鶴文卷第一』，下方『唐風集』，次行『雜詩』，三行詩題，低五字，不分五七言，下並同，卷第二、第三並同。每葉二十四行，每行二十一字，首葉眉端紅筆校語：『有目録，北宋本每葉二十四行，每行二十一字，題俱低五字』凡兩本異處，皆以朱筆校改，詩每首上亦以朱筆標明北宋本次第。

卷上『近臘饒風雪』一首，南宋題『寄從叔』，北宋『長安冬日』。又『三族不當路』一首，南宋題『秋日旅舍卧病呈所知』，北宋『寄從叔』。又『秋色上庭枝』一首，南宋題『長安冬日』，北宋『秋日旅舍卧病呈所知』。又『長憶在廬嶽』一首，南宋題『懷廬嶽書齋』，北宋『書齋』作『寺』。又『凡吊先生者』一首，南宋題『經九華費徵君墓』，北宋『經』作『過』。又『忽起他山興』，南宋題『送九華道士遊茅山』，北宋『士』作『者』。又『江亭當廢國』一首，南宋題『晚泊金陵水亭』，北宋『金』作『塗』。又『戰士説辛勤』一首，南宋題『塞上傷戰士』，北宋無『傷』字。又『亂世歸山谷』一首，南宋題『亂後歸山一作山居』，北宋『歸』作『居』，無注。又『亂世人多事』一首，南宋題『送人宰德清』，北宋『宰』作『寄』。又南宋有《維揚冬末寄幙中二從事》五言

光緒十年　九月

一首，北宋本無另有七言一首，在卷中，北宋有。北宋有《和吳太守罷郡山村偶題》二首五言，又《送人遇亂歸湘中》五言一首，南宋無紅筆補於卷上之末。

卷中『贈李鐔鐔自維揚遇亂東入中山』，『揚』作『陽』；『夏日登友人書齋林亭』，『人』作『生』；『感秋』作『秋感』；『獻長沙王侍郎』作『侍御』；『春日登樓遇雨』，無『日』字；『投江上崔尚書』，『上』作『下』；『贈友人罷舉赴交趾辟命』，無『交趾』二字；『夏月留題張山人林亭』，『月』作『日』，無『張山人林亭』五字；『館舍秋夕』，無『館舍』二字；『送僧赴黄山沐湯泉參禪宗長老』，『參』上有『兼』字；『送韋書記歸京座主侍郎同舉』，無『歸京』字及注；『亂後書事寄一作呈同志』，『寄』下無注，作『示』，此題南宋獨低六字；『投宣諭張侍郎亂後遇毗陵』，作『毗陵遇』；『下第寄池州鄭員外』，無『池州』二字；『別四明鍾尚書』，無『鍾』字；『題仇處士郊居』，下多『處士棄官卜居』夾行小注六字；『依韻次同年張曙先輩見寄之什』，『次』作『酬』；『亂後逢李昭象叙別』，『逢』作『過』；『讀張僕射詩曾應舉不及第投筆領郡』，無注內『第』字；『題開元寺門閣』，無『門』字；『送項山人歸天台』，『山』作『上』；『題弟侄書堂』，作『侄弟』；『贈休糧僧』，『糧』作『粮』；『維揚春日再遇孫侍郎』，『遇』作『過』，『郎』作『御』；『送蜀客遊維揚』，『揚』作『陽』；『維揚冬末寄幙中二從事』，『揚』作『陽』，『幙』作『幕』；『雋陽語道中』，無『語』字；『行次滎陽却寄諸弟』，『滎』作『榮』；『登石壁祖師水閣有作』，『祖』作『禪』；『贈祖肩和尚』，無『和尚』二字；『恩門致書遠及山居因獻之』，『因』下有『而』字；『李昭象云與二三同人見訪有寄』,『同人』作『友同』,無『有寄』二字。又南宋有『連天一水浸吴東』七律一首,題曰『贈友人罷舉赴辟命』,北宋無。

卷下『感寓』,作『遇』;『馬上行』作『馬上作』;『再經胡城縣』,無『縣』字;『題花木障』,末多『子』字;『顧雲侍御出二子請詩因遺一絶』,『御』作『郎』;『旅舍過雨』,『過』作『遇』;『將過湖南經馬當山廟因書三絶』,無『山』字。又南宋有《閩中秋思》《傷硤石縣病叟》七絶二首,北宋無。

壬子十一日 陰雨。滇伯弟周年,在寶積寺禮懺,飯後前往,並至大井巷及汪皃洲大令處謝步,歸已薄莫矣。皃洲言今早見中丞,云越南大捷,閩省亦獲勝仗,惟軍火、糧餉俱絀爲可憂,出電報向大衆宣示,當不誣也。閲《申報》,知振軒宫保於月七日卒於軍,追維曩昔,爲之隕涕。《申報》又言友山中丞奪職,劉中丞調閩,衛中丞調浙,以時事而論,其言近理,然此間絶無消息,何耶? 念椿來,與議《唐風集》價直,自二十四元讓至四金,以四元購得,亦可笑也。晚晴。

癸丑十二日 晴。出門謝客兼答拜惠臣,晤謙甫、啓雲、訥翁,歸家午餐,復赴畇叔郡廟前觀劇之約,蓋雨霽始開演也。新戲名《金獺奇文》,有切末、燈火,若京師所演《蓮花蕩》之類,云是施亮生捉白獺故事,不能得其詳也。念椿又來,云有景遼刻舊抄《龍龕手鏡》當是『鏡』字,後之刻者則爲『手鑑』矣在鄉間,索價三十番,尚可議減,特須持三十番往押,然後可以取看議價。

此説言之久矣，慰祖以其語多不誠，故未之許，今又來相詢，遂付玉器二事作押，俾取歸觀看，再行議價，不知其信否耳。

甲寅十三日　陰雨。昨晤謙甫，言伊甥盛和頤杏蓀之子繼與謙甫之姊爲嗣者，謙甫姊乃鶴生先生之女，與内子爲表姊妹，乳名申，余於幼時即見之驟病爛喉痧，兼患疹鬱而不發，加以腹瀉，甚危殆。今早得信，已於昨日亥刻逝矣，年十八，無子，傷哉！今日爲惲甥小山亡之百日，因出門，先至大井巷，飯後往嚴衙前慰張表妹，目不忍睹，少坐，從西街而歸。路過思義小書肆，購得明世德堂刊本《文中子》二册、張刻《字鑒》一册、明宋安雅《曆府鈎圓》一册卷首有『可欲堂』朱文長印一，不分卷。按，其小數實分三卷，第二卷有墨筆所書『神煞』在眉端，不知何日手筆、嘉慶辛未醉經堂刊王伯厚《古文論語鄭注》一册二卷、明板《臞仙運化玄樞》一册不分卷，前列歲占，後列四時、六氣及天地混元、天曆會元之數，並四時朝修吉辰，皆言治生之道、《拜經樓詩話》一册四卷，《愚谷叢書》之一、常熟顧氏珍藝堂刊《山中白雲詞》八卷《附録》一卷、道光乙酉夏高氏松筠閣刊《倉頡篇》一册《蒼頡篇》上、下二卷，《三蒼》上、下二卷，凡八種，其直餅金三番。書賈錢生，人尚老實，可交也。

乙卯十四日　晴。遣人以百番送張表妹應用。竹坡大令來，爲昀叔欲於靖江典中入股故也，即作函通知昀叔，約明日午刻面談。

丙辰十五日　晴。日中竹坡遣人來，云已至昀叔處，即步往叙談。約錢到入股，少則萬串，多則二萬串，由我處作介紹。昀叔欲邀觀劇，辭之。飯後答拜竹坡，至大井巷，則昀叔已先在彼，談良久，然後去。欲邀竹坡小飲，而任筱沅中丞已先有約，遂期諸明日。傍晚歸。向校《吴興志》，『叢桂坊』注有『今江陰太守孟奎先諸兄擢丙辰第，咸孝乙丑少監孟圻、運幹孟至、帥機孟垕一榜同登』云云。一本『咸孝』改『咸淳』，按其干支似矣，然已在嘉泰以後，心竊疑之。頃偶讀《拜經樓詩話》，『趙孟奎分類唐歌詩』條下，載『孟奎，字文耀，號香谷，寄貫蘇州，太祖十一世孫。寶祐四年，文天祥榜進士，忠惠公與篙子也，官至秘閣修撰』云云，與《吴興志》注文正合，然則『丙辰』爲寶祐四年，『乙丑』爲咸淳無疑。談《志》不應有此，其爲後人羼入亦無疑矣。吴書未載出處，大致出於寶祐四年《登科録》。此書先公藏有明時刻本，惜亂後失去，當向藏家借閲以入札記也。晚月色皎然，夜半雨。

丁巳十六日 陰雨，竟日夜淋浪不止。不克踐竹坡之約，作書致之，期於明日。内子邀書卿、小宜、巳蘭夫人閶門外觀劇，亦不果往，僅於寓中晚酌而已。黄昏送叔來書來看，知已於昨日抵滬。石子元司馬□來，文栮之妻弟也，即往答拜。念劬作札交李登鼇持來，云明日往杭續姻，借蟒袍素珠，即檢出新夾蟒袍一件，沈香素珠一串，並送賀分四元，並歸還油紙價四百廿文，均交李持回，仍作札託其向丁松生家借寶祐四年《登科録》。

曩見鐵橋先生所刊《説文聲類》，遇有脱譌字，率添注於旁，心竊異之。兹讀《士禮居題跋》，乃知亦有所本。蕘圃跋明刻本《山窗餘稿》云：『此刻遇衍字加點於旁，或即以所改字注於旁，遇脱字亦如之。此法甚善，古書每行字不齊，故有時擠下幾字，拔疏幾字，以遷就之，從未有如此刻例之旁注者，吾謂刻書之法此可取，則省修板剜損之虞，且古帖有如此刻者，何獨不可施諸書耶？』

戊午十七日　陰，晚雨。約竹坡元興樓午酌，將出門而竹坡來，談少頃别去，石子元又至，日將中始至大井巷。遇謙甫，欲邀同飲，倏然已去，遂偕振之至元興樓。竹坡已先到，季文續至，小飲至日仄始散。復至大井巷赴竹坡之約，同坐任筱沅中丞、胡式嘉大令，乙夜始歸。日餔朱修庭書來，云周曼翁來吴，晚間邀同敏齋、辰田小叙，屬即前往一談。以竹坡之約在前，不能與會，作札辭之。程明甫、凌子餘來，未晤。

己未十八日　陰，寒甚。乂臣來談。得念劬札，璧賀分，並送到《海珊仙館叢書》内寶祐四年《登科録》一本。檢閲『趙孟奎』，在第四甲第二百三十三人，字宿道，居安福，父與篋，與槎客所載不同。檢閲李《志·進士表》，是科僅載沈達可一人第四甲第十六人。考《登科録》，尚有四甲第四十八人『黄嘉，本貫安吉州歸安縣仁風鄉』，四甲第一百三十八人『陸鐙，貫安吉州烏程縣』，李《表》均未載，知其遺脱者多矣。槎客所引，未知出於何書目，必有所本。更考潘刻《登科録》，『趙孟奎，祖希懌，父與篋』，即非與憲之子，其爲希懌之孫無疑。希懌居安吉，孟奎居安福，事所恒有，然斷無諸孫同名孟奎之理，或者書經三寫，譌『憲』爲『篋』，譌『吉』爲『福』，亦未可知，特無確據，不能率斷。安得明刻舊本一爲參考，以釋此疑耶？

庚申十九日　陰。葉静齋夫人來，向培之、皂皂索逋。此帳房支付静齋生前已了之事，告之，似尚未信，此虎臣過也。當時睹其故籍，既有所疑，何不向大衆詢問，乃竟作此伎倆耶，亦可異已。書卿來。

辛酉二十日　晴。禺中出門答拜周子貞，晤，並與謙甫談少頃而行。訪凌塵餘，已赴江陰。賀星臺同年升浙藩喜，即以徐甥維鍇、陸子如託之。還至大井巷，與孫少山、周厚甫同飯，知叔來尚無到來消息，即至畇叔處，以氣喘舊恙感寒而發，未晤。天晴地燥，因獨步至考院前一遊。趕考書店尚未開齊，於大來堂故敝攤中購得乾隆壬申鄂文端刻本《魏鄭公諫録》一册。自序云用蒼梧富觀察所藏宋陳騤本舊抄傳録，刊於江西。一卷，首列『魏鄭公諫録卷第一』，次雙行『唐尚書吏部郎中琅琊王方慶集，宋觀文殿學士臨海陳騤藏』，二至五皆不列銜。其刊刻銜名自爲一葉，置于序後目録前，尚有古意，今寫於後：

唐尚書吏部郎中琅琊王方慶集
宋觀文殿學士臨海陳騤藏
大清巡撫江西兵部侍郎兼提督軍門西林鄂昌重梓
布政司王興吾
按察司丁廷讓　仝校刊
督粮副使劉堯裔
驛鹽參政李根雲

以上並每人一行。

每半葉十一行，行廿一字，字作趙體，頗工秀，直錢五十。又於嘉興陸姓冷攤上購得殘《三巴舂古志》一册第五册，白紙初印，惜只此耳，直錢二百。

壬戌二十一日 陰雨。星臺、仲復邀作展重陽會。晡刻會食于耦園，同坐艮菴、訥生、引之、玉泉、筱沅、梅生。梅生先行，大衆至人定始散。得吴藹珊書。從表弟胡藹香從屠家壩來，九舅氏□□先生之子也，不見三十年，詢外家近狀，不特室宇邱虚，人亦凋零盡矣。追維疇昔，爲之泫然。

癸亥二十二日 晴。飯後偕海珊至考院前一步，抱經堂陳永和以顧千里手校《國語》臨段茂堂、惠松崖二家校明道二年本，而斷以己意相視，索直甚昂，姑取歸一閲。購得《歐陽文忠集》殘本四册，每葉二十行，行二十字，似是明嘉靖庚申何遷刊本。各以類分，首列某集或某類第幾，下方列歐陽文忠集幾，現存《居士集》卷四至卷九爲一册，又第十五至卷二十三爲一册，下集亦如之。每卷後並載『熙寧五年秋七月男發等編定』，次行『紹熙二年三月郡人孫謙益校正』，再後則《校勘記》，每卷悉同。又表奏、書啓、四六集，卷一至卷四爲一册，下集九十至九十三。又奏議卷八至卷十三爲一册，下集一百四至一百九。表奏、書啓、四六集每卷後並載『紹熙三年十月承直郎丁朝佐編次，郡人孫謙益校正』，再後則《校勘記》。奏議後則但有《校勘記》，而無編校銜名、年月。不知何處所刊，當再詳考之。又購得馬二槎《唫香僊館書目》二册，分經、史、子、集四部而不分卷。前有馮登府《馬君二槎藏書記》一篇，姓名下鈐朱文『漚舫』小印一，似是當時稿本。此二種皆從嘉興陸姓處亂書中檢得，以青蚨四百易之。

甲子二十三日 晴。文栟來談。日中大井巷遣人來，云叔來已到，正欲出門，而又臣至，復偕文栟至小齋，談良久始去。到大井巷晤叔來，知小山柩船現泊胥門，擬明早前往。謙甫、蓮士、秉白來，文栟、蓮士遂會於敝齋，與謙甫偕至大井巷，薄莫始各散歸。

乙丑二十四日 晴。食時出胥門，登小山歸櫬之舟，航拊棺一慟，並挽以聯云：『一月前猶接音書，曾幾何時哉，噩耗頻傳驚易簀；卅載來相關休戚，又弱一個矣，傷心不禁淚霑衣。』蓋余於五月廿八日猶接小山廿四日手書，其時已病而未云甚劇也。嗣余有上海之行，迨閏月既望歸來，始聞其病無起色，嗣是迭傳凶信，至六月三日竟溘然長逝矣。追維三十年來，兩家相關休戚，自次翁故後，諸昆弟皆能潔己自愛，方望其重振家聲，不意己卯歲仲清一病不起，今年季文方得選拔而小山又亡。追昔撫今，悲從中來，不能自已矣。日中復至大井巷，飯後赴引之諸老戲會之約。因成約已久，兼係初次，不得不違哭則不歌之戒，然實無興趣，勉坐半日，筱沅中丞以有事先行，遂即繼之而歸。漢章八弟自平湖來，聞其姬人已有妊兆，深盼其舉雄以繼八叔父之後也。夜雨。

丙寅二十五日 陰。禺中偕文栟至臨頓路買鞠，日仄獨往考棚前一步，購得許謙《讀書叢說》□卷、明修元板《隋書》一部。又於周姓冷攤檢得宋刻小字《通鑑紀事本末》殘本一册卷第二，藝芸汪氏舊藏，磁青洒金絹簿面，尚是當日裝潢，惜只此一册，已敝渝不堪，後副葉内有市井庸妄子塗字，幸未污及書本耳。章碩卿來，贈越城徐氏八杉齋重刊汪憲《説文繫傳考異》四卷《附録》一卷、紹興府學元申屠駉重模《秦嶧山刻石》一通，又乾隆五十七年郡守李亨特補刻《秦會稽刻石》一通。

丁卯二十六日　陰雨。錢笣仙、繆□□、費屺懷來談。文桱爲其次郎訂姻。晚悟庵招文桱小飲，邀雲泉、仲復暨余作陪，人定始散。

戊辰二十七日　早晴，午後陰。昨餔時培之得電報，云少青夫人舊疾復發，令其携眷赴泉，今早電覆遵命輪旋。日仄偕霞軒至考院前一步，將出門而蓮士來，遂同往。購得《竹書紀年》前有《晉史乘》，共一册，似是。有朱、墨筆評校，不知出誰手。首葉有『凌鉉之印』一章，或即其人也。又《楚辭集注》殘本一册卷一，首行『楚辭卷第一』，下方『朱子集注』，字大悦目，每半葉九行，行十七字，似是明人刻本。首葉卷第下有『古鹽張氏』白文印一，次行下方有『宗橚』白文、『咏川』朱文印各一。陸生言，有人云是宋版，屬爲審定，指文内『殷』『玄』等字不缺筆告之，定爲明刻明印白棉紙與明人藍格抄本相同，遂並《晉史乘》《竹書紀年》贈余，酬以青蚨二百。又購得光緒紀元仲夏江山劉氏摹刊宋本《尚書釋音》二卷，前闕半葉，有『汪魚亭藏閲書』及『汪仲子曾讀一過』二印，下卷第十五、六葉斷爛處皆仍其殘闕，如模刻古帖然，尾葉闌外小楷書『光緒紀元仲夏江山劉氏摹刊』十二字，不知另有題跋否。觀其刻法，洵是善本，非强作解事者所能爲也。又購新瓷酒斗二、直番餅半枚、元人『謹封』銅印一，直錢百。得子湘書並茶葉，叔來帶來。

己巳二十八日 陰雨。禺中送同年朱閬風太守之喪歸秀水，旋赴訥翁薌園之招，同座文枏、引之、蔣太史□□、費□□、潘觀察辛芝。酒半，辛芝以頭眩仆地，遂先歸，同人至晚始散。園在葑門，距彭氏舊第半里而近，本訥翁家舊物，亂後惟餘瓦礫，近始葺之。在相王廟側，小屋數楹，半臨小港，編槿爲籬，尚未竣事。門外隙地栽以脩竹，去時尚縱横滿地，歸則夾道已成林矣。入門廳事三楹，南向，後又三楹，西向。窗外梅花數十本，皆新栽，舊惟老樹一株，在西墻下，當户遥立，如魯靈光巍然獨存，顔曰『燕香墅』，是訥翁令子南平太守所書，舊時景物不可蹤跡矣。

庚午二十九日 陰雨。陳永和來，携看明板小字本《三蘇文粹》，甚精好。又侯念椿携看《守山閣叢書》，均擬留之，議價未成而去。吴子和來，談及鄉人刈稻在田，不能收穫，將有腐爛之虞。教以吾鄉熁穀之法，子和欣然而去。適佃户完租，大半在城，即聚而告之。群以缺柴對，且慮其成而難糶也，事遂不行。嗟乎，民之樂以圖成，難以慮始，是固然矣。向使爲民上者捐金設局，躬自勸導，未必無從而效之者。此事若成，異日當可享無窮之利，奈何漠不關心，徒沾沾於逐倡妓、禁烟館，爲吏胥生財也哉！

辛未三十日 陰雨。文枏來談。日中出門至大井巷。得杏蓀信，欲以裕大典股分抵還欠款。飯後至因果巷，小圃出門，晤張表妹，告以裕大事，緣旭人兄在杭亦欲以此抵馬處欠款而數不敷，小圃曾告以與我處合辦也。待小圃不歸，即至城隍廟前戲館，赴沈澄之兄之約，蓋觀劇弟二集也。日莫復至大井巷，屬叔來先發電信與杏蓀，允其抵典。歸家已張燈，適篤甫來辭赴蕭山，將行矣，遇之於廳事，少談而去。

十　月

十月壬申朔　陰。早起至篤甫處送行，與譜笙遇。復至乂臣許，未晤，塗遇三節會，填街塞巷，半時許方歸。日晡季相自袁浦來，叔來、譜笙亦至送培之也，遂同晚餐，人定始去。燈下致少青書，並贈以翠玉、搬翎二事，藏香一匣，交培之帶。又爲培之致小邨書。

癸酉初二日　晴。肇萬彌月薙頭，戚友來賀，設湯餅款之。日晡偕秉白、季相至觀内一遊，雅集啜茗。與唐雲泉兄遇，知乂臣已於昨晚行矣。培之動身赴泉，海珊同往上海，然後回湖。燈下爲碩卿致芍亭中丞、瞿艮甫觀察二書，又致楊葆初、唁吴子權並祭幛各一書。得葉虎臣信。又蔣稚鶴送到念劬一械，並雙鈎《忠義堂帖》，内《湖州放生池碑》一分。

甲戌初三日　早晴，旋陰。日晡至考院前一步。晚送碩卿、季相登舟。嚴芝生三表兄來談。購得明板《文苑英華》一部，直番銀七十餅，復以三元酬陳、周二賈，書價至今日可謂貴極矣。得竹坡書，詢畇翁匯款事。畇翁卧病，不得面談，當作札問之，得覆即時轉寄。

乙亥初四日　晴。飯後偕霞軒至考院前思義堂書坊小憩，與查君蕉坨遇，購得常熟馮京嗣宗《明右史略》廿一卷，又《草例》六卷，前有凡例六則，是其九世孫晋璋子達從稿本録出者。每半葉八行，行廿字，中縫下方之右有『世豸堂』三字，抄手工整可喜，未知曾刊木否。以其希見，遂以番銀六餅易之。又有中字本《文選》，書賈不識，姑曰『元版』，而疑信參半，審視，果是元版。碩卿云，薛覲唐侍郎蓄有此書，現售於于蜚卿大令，已於成都重雕矣。此書中多缺葉，且缺一卷，鈔配草劣，兼爲淺人塗乙滿紙，實是美玉之瑕。索直十六元，許給其半，不知能成否。陳永和贈《文章百段錦》一册上、下二卷，首標『太學新編黼藻文章百段錦』，次行『太學篤信齋長上舍三山方頤孫編』，每半葉十行，行廿字，似是明人刻本。

丙子初五日　晴。出門謝客，先至嚴衙前，謙甫昆仲均未遇。復至大井巷，遇謙甫暨陸子如，遂赴艮庵戲會之約，傍晚始歸。胡表侄寶玉來。

丁丑初六日　晴。晡後偕霞軒至考棚前一步，皂兒購得《至大重修宣和博古圖》十五册，首有『孫忠愍侯祠堂藏書記』朱文方印一，蓋孫氏祠堂藏本也。首册葉面題字尚是淵如先生手跡，缺末二卷，書賈遂改所題十『六』册爲『五』，且摔去序後《總目》，可恨也。書用白棉紙，似是明人印本，較明人重刊楷字《三古圖》字大而方整，在今日已爲佳本矣。得培之書，尚俟輪舶，未行，移寓其本家鴻豐茶棧。

戊寅初七日　晴。俞硯芸以拜經樓舊藏宋咸淳乙丑九月重刊《説苑》來售，云是外鄉人携來，從同行人手取來送閲，索直二百元，未免駭人聽聞。欲校于程榮本上而覓之不得，因校于練江重刻《漢魏叢書》袖珍本上，字小，殊費目力，自日中至夜半始畢二卷，亦可謂好事矣。文枏辭往揚州。

己卯初八日　晴。吴子實嫁女，往賀，先答拜程棗庵、楊麗亭，均未遇。晤馬小圃，略談盛處抵款事，即至學前粧，甫去，轎猶未至也。與汪幹卿、張謙甫暨引之諸君共飯，聞引兄之孫入泮。飯後與謙甫同行，至大井巷小憩，復至葑門答拜彭如泉潄芳之郎，尋訥翁，未遇。至引之二兄處道喜，出示泰淡如丈所藏書畫，真贋參半，爲之品評，與顧子山所見相同。内以唐人《揭鉢圖》爲最子山亦云唐人，實則宋畫耳，《石谷畫册》六葉次之，白石翁麄筆山水、徐俟齋畫梅、香光字卷又次之。石鼓舊拓本，墨光如漆，頗佳。有崇語鈴中丞二跋，云是元拓，不知何據，擬與舊藏明搨本校之，引兄允自送來也。譜笙回湖，託帶悦卿一書，並洋十八元内八元乃來恩堂喜分。從叔來覓得蜀中新翻《漢魏叢書》本《説苑》，燈下校十三一卷。

庚辰初九日　晴。飯後偕霞軒至考棚前一步，購得精抄本《續資治通鑑長編》凡一百八卷，與傳是樓所藏宋本相合，每葉廿六行，行廿三字，似即從此宋本傳寫。首葉有『晋江徐氏光實之印』朱文長方一印，目録後有『西河』朱文腰圓小印、『毛扆之印』白文方印各一。卷一下方又有『壽卿』白文方印一，以『斧季』名印證之，是汲古舊物矣。賈人經文堂不知原委，以爲殘缺不全，遂以八番餅得之，真可謂有緣矣。皂兒又購得《吴氏印譜》一册，前有至正二十五年五月甲子豫章揭汯序，首題『漢晋印章圖譜』，次行『臨川王厚之順伯考』，前序標題下有『欣賞編乙集』五小字，後有崑山黄雲跋尾，中縫『欣賞印章』四字，中版雕刻甚工，不審何時、何地、何人所刊，亦罕見本也。

辛巳初十日　晴。校宋本《説苑》，未出門，竟日夜始畢四卷。寄培之書。

壬午十一日　晴。陳辰翁來，送還《禮記要義》，並贈《東漢會要》《嚴九能文集》各一部。校《説苑》四卷。遣張德至滬，隨培之赴泉。

癸未十二日　薄陰。校《説苑》二卷。日晡至考棚前一游，書肆皆收，僅存一二矣。從思義堂取元版《文選》回，託吴茗石重鈎《放生池碑》，屬陸竹泉送去十一日事，補記。潘芝岑兄來。

硤石蔣氏收藏宋拓《忠義堂帖目》錢衎石先生舊藏：

忠義堂帖弟一：《移蔡帖》《争坐位帖》《奉命帖》《與蔡明遠帖》《鄒游帖》《寒食帖》《乍奉辭帖》《朝迴帖》《乞米帖》《鹿脯帖》《峽州帖》《奉袂帖》；

忠義堂帖弟二：《脩書帖》《守政帖》《廣平帖》《中夏帖》《與夫人帖》《華嚴帖》《文殊帖》《鹿脯後帖》《一行帖》《訊後帖》《書馬伏波語》《送辛子序》《送劉太沖序》；

忠義堂帖弟三：《裴將軍詩》《清遠道士詩》《麻姑仙壇記》大字本；

忠義堂帖弟四：《東方先生畫贊碑陰記》；

忠義堂帖弟五：《郭家廟碑》上；

忠義堂帖弟六：《郭家廟碑》下；

忠義堂帖弟七：《乞御書天下放生池碑額表》；

忠義堂帖弟八：《肅宗批答》《顏氏告身》《御史帖》《南來帖》《草篆帖》《江外帖》《送書帖》。

裝訂《博古圖》，細檢，末二卷尚在，可喜也。

鬻舊書陸、徐兩茂材皆嘉興人，陸號星堂，徐號綬卿，在水樸粉橋設書攤，曰『兼雨齋』。

甲申十三日　晴。飯後出門答拜吴□□、鄭秋亭、王蘭士。蘭士寓衛前街，昨來時邱福詢其居，譌以爲衛家橋，遍覓莫有知者，將往書局，道元和縣問其號房，始知之。折而西，復東至書局答拜芝岑，未遇。尋辰翁，蕉坨未來，問厚甫，已往南潯，少山則回常未返。僕夫行十餘里，皆憊不支，遂至其帳房小憩。晤辰翁之侄少舫，不見二十餘年，鬚髯髯然老人，談湖防舊事，相與嗟嘆久之。遲芝岑不歸，聞其六世兄從湖來，帶有其姊與軒之冢婦。寄内子，將來敝齋，遂歸。潘世兄亦未至。思義書賈來，與談元板《文選》，索十元，許以八元，約望日回信而去。

元板《文選》首列『文選卷第幾』，次行低一格『梁昭明太子選』，三行低二格，四行再低一格『唐文林郎守太子右内率府録事參軍事崇賢館直學士臣李善注上』，五、六行同三、四『奉政大夫同知池州路總管府事張伯顏助率重刊』，每半葉九行，行十七字，惜首尾殘闕，無從考其歲月耳。全書爲淺人塗抹殆遍，又於首卷抄補昭明序，後録入萬曆庚辰吴郡張鳳翼纂注一段，故見者輒指爲明版，而不知其署銜及張之名固是元人也，埋没於邨學究者，不知若而年。向非余識而收之，其不飽蠹魚、覆醬瓿者幾希，附記之，以爲是書幸，兼爲余幸。

乙酉十四日 陰。禺中至胡式嘉處拜壽，即赴怡園，同年公餞星臺方伯並請其令孫，到者其次孫仲鴻、四孫□□也。同年四人，潘順之太史以老病未能來，哲嗣辛之觀察代赴，彭訥生觀察、楊敏齋直刺及余。年家子則戴星□、趙幼吟、王蘭士、許子珩、惲季文，又潘玉泉觀察則順之從弟，錢君研觀察則湘吟之胞弟，凡三客十一主，共十有四人，歡飲至人定始散。陸生以元人貢性之《南湖集》者，蓋從明弘治間其四代孫從刻本録出者，以其不常見留之。校宋本《説苑》畢。

丙戌十五日 陰。邀同人聚福觀劇，到者八人，及余而九。得邵小村覆書，云已給培之護照，然則附輪行矣。又得竹坡書，即送昀叔閲看。

丁亥十六日 陰。腹中作痛，殆昨食蟹麵之故歟。然不作瀉，服神麯姜湯加紫蘇以解之。陸、徐二生來，以《米帖》卷質番銀二餅，如數與之，而還其帖。讀《讀書敏求記》，張伯顔重刻《文選》附見宋刻下，而《臞仙運化玄樞》亦載焉。又《宣和重脩博古圖》三十卷，引蔡絛説，蓋采取李公麟《考古圖》説在前也。至大翻雕而仍謂重脩《宣和博古圖》，豈不可笑？又云『雕造精工，字法俱橅歐陽，乃當時名手所書，凡「臣王黼撰」云云，元板都爲削去，殆以人廢書』云云。宋、元板之分，此確據也，故記於此。

元，付之而去。

戊子十七日　晴。子和來談。思義賈人來談書價，《明史右略》直六元，元板《文選》直八元，付之而去。陳辰翁送到局刻《唐文粹》一部，版照舊式，尚稱完善，可存也。偶閲《儀顧堂集》，知所藏《歐陽文忠集》與前所得殘本同，蓋明正德壬申郡守劉喬刊本，前列孫謙益、丁朝佐、曾三異、胡柯校正銜名，及葛澋等覆校銜名，惜殘本已缺，首卷不得見矣。

己丑十八日　陰。筱沅中丞約往閶門外滿仙園觀劇，同坐艮庵、秋亭。優人半自北來，俗子趨之若鶩，所謂名優周鳳林者，演《鳳皇山》一齣，延頸跂足者不知若而人。甫逾半，而賓主興盡，遂毅然行，見者以爲咄咄怪事，不顧也。鳳林色亦平平，藝却優於流輩，初潦倒於滬上，吾鄉周緩雲侍御見而説之，逢人説項，從此聲名大噪，亦旗亭中一段佳話也。午間世經堂書友以舊書三單來售，匆匆出門，擇其數種，燈下讀之。内舊抄本《武林舊事》六卷，書手甚精，目録下鈐有長方朱文『静觀樓』印一，副葉及卷之一印同，兩處更有『此中有真意』朱文方印各一，不知何人所藏。卷首有黄主事蕘圃跋文二篇，爲滂憙齋刻本所未有，雖無印記，確是蕘翁手跡，因録於潘本眉端，以備補遺。更有宋版《後漢書》大字，與《通鑑記事本末》相類，疑是明人翻雕，極精工可愛，元板《輟耕録》，明版《宣和畫譜》、《駱先生文集》、《陽明先生文録》、《吴才老韻補》闕首册，明白棉紙藍格抄本《元經薛氏傳》、舊抄本《李君虞集》、《項斯詩集》康熙朝五十一年十二月長洲汪份序，又是年長至長洲程德洽序，又長洲馮曻序，無年月刻本、程學瀾德洽《説文廣義》。又《燕對録》一卷、《損齋備忘録》二卷、《畜德録》一卷、《青溪暇筆》一卷、《寓圃雜記》二卷、《病逸漫記》一卷、《瑯琊漫鈔》一卷、《君子堂日詢手鏡》二卷、《朝鮮紀事》一卷、《朝鮮賦》一卷、《菽園雜記》十一卷，卷首空葉之右半前半葉已闕，從後半葉第二行寫起，題曰『傳是樓鈔本』，《目録》凡書十一種，兩排上下分列，是後人補寫，疑叢鈔不止此數，拙賈以其不全，故僞作此目，而不知欲蓋彌〔二〕章也。然的是舊抄，白棉紙藍格，遇遜國君上並提行抬寫，卷首並有『傳是樓』長方朱文一印，殆明人抄本，爲傳是樓舊藏耳。燈下翻閲，聊記大概于此，尚當細讀，以定去取。吴門書賈大都湖産，兵燹以後，久無巨眼，惟侯念椿及郁老保二人，尚微聞錢聽默、陶五柳相傳餘緒，然唯利是耆，不厭其欲，不可得，較諸士禮居購書時，相去不翅十倍矣。

庚寅十九日　晴。侯生來議書價，與一人俱，云是經手者，實是邨學究，伊曾薦來傭書，已忘之矣。相持半日，議未成，委書而去。日餔偕霞軒至觀中一步，雅集啜茗，與秉白遇，薄暮而歸。

辛卯二十日　晴。星臺來談。侯生復來，購成《武林舊事》、《輟耕録》、《宣和畫譜》、殘《吴才老韻補》、《駱先生文集》、《陽明文録》、李君虞、項斯兩集、《元經薛傳》及《燕對録》等彙鈔，凡十種，直番銀三十餅。閲《説文廣義》汪份序，闢趙凡夫處頗精核，是以留之。及讀其則，每字僅録大徐本原文，下列異文，繆篆居多，僅只筆畫小異，既未斷以己意，並不言其所自出。所謂廣義者，不見其廣，抑並無義，殆彼時小學風氣未開，故著作尚沿有明習氣耳，以其無用，還之。外宦十餘年，率在炎方，禦冬便服甚鮮，內子以老人非裘不暖，將爲製備。是日縫人送羊裘來看，核其製成，須三十元，僕以爲敝裘亦可禦寒，遂移以購書，真可謂痴絶矣。

壬辰二十一日　晴。賀潘順之同年嫁女、玉泉丈娶孫婦喜。日中至大井巷，朝餐畢，少談，復賀吴子備代理寶山縣喜，歸已將暮矣。燈下閲昨購書，《輟耕録》似是明初刊板，惟缺末八卷。賈人欲泯其迹，適廿二卷之目恰當上半葉盡處，遂割去後八卷之目，合於末葉之尾，乍觀之不覺，細審則中縫字僅存其半矣。然尚是舊人所爲，非今日事也，幸序中『三十卷』字未經挖改耳。裝訂甚佳，惜有燒損處，不能不補綴矣。

癸巳二十二日　晴。聚福觀劇，輪譜琴作主，小食，不飲酒，自携徽州肉菓並鍋麵來，甚佳。引翁昨送石鼓拓本來觀，第三鼓多四字，又四半字，崇語鈴中丞跋謂是元拓，殆因此也。諦審之，墨色全異，確是後人僞造，或是鈎填，或竟從翻刻本補拓，均未可知。然自是高手，若非墨色懸殊，竟可稱天衣無縫。余乍觀亦不覺，映日側視，方得其真也。開價五十元，若真是元拓却不貴，惜乎其爲贋鼎耳。余藏有明拓本，墨色與此相同，則無須再收此矣。叔來辭往常州。

甲午二十三日　晴。陸、徐二生携舊書來，以無佳本，還之。日晡偕竹泉、霞軒至觀前一行，戌初刻接少青酉初泉州所發電，知培之於廿二日午刻安抵泉署，其夫人病依然如舊，冀其見子漸痊也。

乙未二十四日　晴。吴又樂來談。大風，竟日未出門。侯念椿以《後漢書》來售，每半葉八行，行十□字，字大悦目，雕刻甚精，似其原出於宋本，而不知何時、何地覆刊也。

丙申二十五日　晴。聚福觀劇，筱翁作主，傍晚歸。子和以開倉設席來招，遣皂兒往赴。陸生同徽州書客□君來，前所觀書皆其物也，苦無佳品，而不可辜其來意，乃留其《西青散記》而以一元酬之。憶壬子冬自豫回里，與楊聽臚同舟，道出毗陵，曾購此書，舟中讀之。彼時價直不過青蚨三錢，今板已燬，洋版覆刻者須洋八角，較之原本已增三倍矣。前購之本不知流落何所，昨季文來借，遍尋不得，適遇此本，故遂收之。回憶舊遊，恍然如夢，一彈指間已三十有三載，真不勝滄桑之感矣。

丁酉二十六日　晴。祝朱脩庭五十初度，未晤。有同鄉姚君□□曙持宗侄帖來謁，適他出，新僕胡慶〔三〕接其帖而詢之不詳，但云從松江來，亦莫詳居處。此八日前事，以爲已去，無從往答矣。今日復來，面詢之，則菱湖人，與少談，又非一族，號楸枰，云與珊舟兄曾叙行輩。向在南河就外工館地，由幕而官，薦保知州，初分蘇，繼改寧，曾隨吴勤惠當差，復改山東，又在袁筱塢、劉省三幕府。現因母老年八十四，至松江侍奉，其四弟兄弟四人，尚無子在松江行鹽，極言浙鹽行蘇之情形，謂長、元、吴額重，斷不可辦，惟崑、新、青、錫等處可行，意欲邀爲此事，辭以力絀。又謂松之脚商現出缺，伊欲往杭謀充此缺。人似老於世故者，談良久始去。即日往府前泰來棧答拜，未遇而歸。日晡季相自嘉善來，舟仍泊紅橋，留之宿，云舟中爲便，晚飯後去季相所乘之江北劃子船，從清江雇來，價十六千文，包一月往返，踰一月則每日給錢五百。

戊戌二十七日　晴，大風，寒甚。先祖母忌辰。日仄季相偕陸綬生六兄來，云遇於觀前，同食元興館，相將偕至，風大不能出遊。季相云，新從杭州學得麻雀手談，遂試爲之。晚食餕餘，甲夜各散，約明日至閶門觀劇。燈下，《拜經樓詩話》中一條云『今俗以臘月二十四日爲竈神上天，北方有以二十三日者。案：范石湖《祀竈詞》：「古傳臘月二十四，竈君朝天欲言事」，是古用二十四日也』云云。余考祀竈之期，或廿三，或廿四，各處風俗不同，論者亦並無定見，京師俚諺至有『官三民四』之說，尤爲悠謬。竊以爲祀竈本在廿四日，其所以或在廿三日者，蓋祭祀必質明行事，或者憚於早起，或家居人少，難於昧爽舉行，遂於隔宿行之，逐暫而早，遂沿爲廿三日。今吾湖祀竈必於晚餐後，此明證也。附記於此，以質高明。

己亥二十八日　晴。辰刻至北張家巷吊沈澄之兄喪，即歸。季相欲至閶門外觀劇，遂令皂兒陪往，並邀綬生、謙甫作陪。晚仍會食於小齋，甲夜綬生、謙甫先去，季相復入内談至二鼓後始別，準於明早解維回袁浦，付以五十金，備劉安人不虞之用。書卿來談。馬小圃來問盛處回信。吴申甫以知不足齋舊藏各抄、校本來售，未及細觀，似尚精好，特恐價亦不貲耳。

庚子二十九日　晴。有徐君承福者來，帖用表侄，以未起，未能晤。來者已再矣，竊意其非雙林即德清矣。蔡仲然爲先人誦經作冥壽。冥矣，壽云何哉？雖然，亦孝子不忍死其親之意也。以書卿來言，遂往拜之。遇季文及沈伯雲，皆其至戚也。談少頃，即答拜徐君，未遇，見其門貼報條，有『令叔大人本衡署東邊道』云云，然則是五祖姑母之姝曾孫，其用帖蓋誤矣。訪笣仙儀部，赴湖未歸，還至大井巷，適朱蘋華、宋蕉午皆在手談，詢徐君之號，蘋華曰麗卿，與其名不相應，或是履卿耳。傍晚歸。

十一月

十一月辛丑朔 晴。蔡芝齋除服，往拜其先靈，即賀玉泉丈夫人壽，以明日係先太夫人忌日，不能出門也。日晡回家，内子即遣轎往接新婦，新婦已率兩孫歸，遇諸塗。三鹿仍留外家，小宜同至，晚飯後始去。舊僕崔福持舊書二本來售，閲之，即宋版《説苑》也。問書所從來，則故川沙丞查君之物，復問其價，則云『二百』，復囁嚅曰『是二百元，非二百千』，殆與賈人相通矣。告以書賈曾持以來，亦索此價，因其語不倫，故還之，若誠欲售，須問一近情誠實價來，方可再議，即留書而去。乘暇，影寫一張卷一之六，以爲過録時程式。此書前因郁老保居奇，故校於《漢魏叢書》本上，以謂書不可得，亦可存其面目。今覆輾轉而至，豈與我尚有夙緣乎？記之，以觀後驗。日晡海珊自湖州來，問其近狀，則海槎已故，海□現亦病危。拮据如此，復遭此厄，傷哉，傷哉！爲之代唤奈何不置矣。小圃來，出示旭翁信，已允所議。

壬寅初二日 晴。寒甚，水始冰。季文來述蔭甫之託，欲借五百元，以家無存項，搜索敝篋得百金假之，季文持以去。

癸卯初三日 晴。寒愈甚，憚出户，瑟縮小屋中。晚食飲酒二盅，覺微醉，曾勿暖也。景鈔《説苑》三葉。崔福來，適汪䞯洲至，遂去。蓮士來，内子憐其寒，問其裘，則付質庫，須番餅八枚方可贖，乃贈以四枚，復致書松圃夫人，亦贈四枚，共付之，俾贖以禦冬焉。聞仲復特起尹京兆，恐不免譯署之役，筱塘升通使矣。

甲辰初四日 晴，寒氣少和。包子莊自湖來，偕趙緯卿杜顧，索題唐人寫經殘本題跋。餔後至仲復許，談至傍晚而歸。晚作培之信。

乙巳初五日 冬至，晴。秉白來。皂皂購得《士禮居叢書》内小品十種，直廿元，亦可謂貴矣。

丙午初六日 晴，甚和暖。子莊來。飯後至沈澄之、家韻龢處，均晤。謁偉如中丞，未遇，還至大井巷少憩，即偕季文往寶積寺，日莫始歸。

丁未初七日 晴，暖。飯後至寶積寺，徒步往返，與霞軒歸，至觀前已曛黑，過同泰祥小憩，假燈而歸。購得眼鏡一具，復修其敝者，店則察院場萬瑞也。

戊申初八日 晴，暖，夜大風。至寶積寺，傍晚謙甫、厚甫、少山往觀東萬和飲酒，與偕行，至萬和而别，從世經堂借燈而回。

己酉初九日 辰刻至寶積寺祭小山，即爲之陪客。日入偕海珊、謙甫諸親友送小山神主回家。是日晴而驟寒，衣薄，冷不可耐，遂歸。

庚戌初十日 晴。匈中作楚，殆感寒故也。飯後風日和煦，遂偕霞軒探梅，從南顯子至牛角濱，歷觀花廠。盆梅甚夥，皆含苞未吐，求一老幹有恣致者，竟不可得。由玄妙觀後門而出前門，至玉樓春小憩，啜茗而歸，匈鬲暫舒。晚食水角甚適。昔者陸生以《唐伯虎集》來售，吴趨何大成君立輯本，末附弘治戊午《鄉試題名録》一卷，蓋伯虎爲是科解首也。鈔手尚可，而書式狹長，與制義讀本無異，望之使人生厭，擬將《題名録》抄出而還之，以屬霞軒，已四日矣，而未寫一字，因於燈下手自録之，至五十五名，時甫加子也，以興盡遂止。伯施、君碩來。

辛亥十一日　晴。鄭盦先生來假《乾象通鑑》，插架無此，以《乾象新編》付之。先生覆書有乞醬得酒之戲，允於年底抄畢見還。飯後出門答拜各客，先至嚴牙前劉君，未遇，問謙甫，亦出門矣。謁偉翁，未遇，至大井巷則伯施、君碩赴式嘉飲未歸。與書卿、季文談良久，復至仲復許賀京兆喜，與訥生、幼亭遇，歸已薄莫矣。晚約伯施、君碩便飯，張燈後始偕叔來、竹林至，謙甫以疾辭，遂邀海珊共飲，乙夜始散。君碩先行，蓋乘輿至閶門登舟，即回常矣。

壬子十二日　陰。日晡至觀前，偕海珊雅集啜茗。購得東洋仿古小酒盞十二，甚精雅，每盞直二十二文，亦可謂廉矣。過玉樓春，持籌索錢者蜂屯蟻，路爲之塞。詢其故，則初十日夜有縫人至彼啜茶，與博士鬨。設肆者故優人也，其子祖博士，捽縫人，撻之至嘔血猶不止，於是縫人之同業者聚而大噪。總巡委員來，以其噪也，縛三人，笞三百，復取而錮之。縫人無如何也，遂造蜚語，謂其肆之將閉，故至此。彼優人不足責，奈何爲人上者不一問其是非曲直，而據施鞭扑耶？亦可異已。

癸丑十三日　大風寒，微雪，晚晴見月。擁罏竟日。晚食飲燒春一小盅，微醺。燈下寫《唐風集》四葉。

甲寅十四日　晴。偉翁來談，不見五年矣，而風采如故，興會非常，真壽者相也。日仄赴語樵聚福觀劇之約，演《描金鳳》，不知何所本，而科諢絶妙，惜出場太晚，未及半，已曛黑不可睹矣，遂歸。

乙卯十五日　晴。日晡偕海珊至觀前一步，還至萬祥春啜茗。有側樓甚清潔，而别無他客，見有人薙髮甚適，因亦薙之。茶甘而價廉每碗十九文，人但慕玉樓春之名而競赴之，亦烏知此中之真意哉！　海山得家書，海門竟於十□日作古，傷哉！　鄭庵先生贈新刊《功順堂叢書》。

丙辰十六日　陰。禺中至偉翁處，與譜琴共飯，暢談半日始各散。還過大井巷，與謙甫遇，少坐即歸。大鹿初度，書卿及叔來、季文夫人均來。書卿欲手談，因接松圃夫人，至乙夜方去。日中海珊回湖，贈以二十元。得竹坡信，即覆。

丁巳十七日　晴，大風。畏寒不出門。逋吴申甫書價甚夥，索之急，時青黄不接，勉措百元與之，不足，復益以舊書，亦可謂好事矣。寄石亭鞠兄書並食物四種。得王耕娱司農赴書，太夫人于十月二十日卒於杭州里第。太夫人性慈善，待余尤厚，迴憶京華往事，不禁涕淚横流也。

戊午十八日　晴。笣仙來談。飯後答拜王魯香觀察，談半時許而别。欲訪星臺，遇諸塗，遂歸。

己未十九日 早陰，午後晴。日晡偕魯卿至觀前一步，與斐卿遇，即同萬祥春啜茗而歸。

庚申二十日 陰雨。禺中至嚴衙前吊盛和頤世講之喪，日仄以腹痛先歸。王魯香來，未遇。笣僊在此午餐，歸時尚未去，以如厠未及相見，迨潔手而出，則已行矣。

辛酉二十一日 陰雨。寄耕娱唁信。得竹坡覆信，爲儀女作黄幼瀾夫人書。張德自泉來。

壬戌二十二日 早陰，禺中後薄晴。星臺來談。寄鵠山信，又覆竹坡書。陸慶來。

癸亥二十三日 陰。内子病齒已數日矣，今日甚劇，蓋拂鬱所致也。日晡偕霞軒至觀一步，還至萬祥春啜茗，薙髮而歸。燈下讀劉繼莊《廣陽雜記》，言臺灣事甚悉。當日取之之難如此，今危如累卵矣，爲之一嘆。又卷三，五十一頁内一條云『秦優新聲，有名亂彈者，其聲甚散而哀』，然則亂彈之名固始於貞元之會，其來久矣。適程藻庵邀廿五日觀劇，有『崑亂合演』語，漫記于此。得錢念劬蕭山來書。

烏桕葉解砒毒，采四五斤咀食之，吐清水一二碗即愈。又能治蛇咬，取葉搗汁，燒酒沖服，以渣貼傷處，無不愈。《廣陽雜記》卷三，六十九葉。『斤』字疑。

甲子二十四日 陰，午微見日，即隱。延張小林視内子齒病，云是風火所薄，處方尚平穩，即服之。季文來送拔貢卷，匆匆而去。

乙丑二十五日　早陰，午薄晴，已復陰，薄莫小雨。飯後赴聚福，會亂彈演《辰州會》《□□關》三齣。優人如鬼，聲啞而直，無情節關目，撲跌而已，然觀者頗衆，不似往日之落寞。可笑，亦可嘆。叔來來視内子，共午餐而去。文桐自白下歸，黄昏來談。聞文起已於昨晚至。訥翁云，蘇屬九邑被劾者八。艮老云，常熟有疑獄，人方竊竊議之，乃平原獨無，亦不知八邑何事也。前聞文桐家人云，已買屬揚州，今詢之則否。本家言且不足信，聽言者可不慎哉！

丙寅二十六日　雨雪。畏寒不出門。馬松圃大祥，其家在昭慶寺誦經，遣皂兒往拜之。書卿來。

丁卯二十七日　早雪，旋止，午微見日。馬芝生之世兄名□□，號蘭臺來，索景鈔宋本《集韻》並遠林《校勘記》，蓋向在湖北從芝生所借者，昨曾託彭南坪來取，尚未送還，今即面付之，尚有朱筆過録陳抱沖臨段若膺校本，末有墨筆『乙酉二月朔夏山堂覆校一過』，下鈐『山堂讀過』白文小方印一條曹本，已令皂兒臨寫，尚須自勘一過，故未同還，附記于此備考。

戊辰二十八日　陰。禺中至文桐處談。日仄田熾庭來，本京華舊識，來署臬印，以伏處不謁長官，故未往賀。今來先施，又不能不酬應矣。黄昏仲復來，云部文已到，屬擬謝恩摺稿，即於燈下擬就送去。與熾庭言，始知文起尚未到，今日三縣始往關上迎接。

己巳二十九日　晴。季文來。飯後出門賀星臺娶孫婦喜，適其迎文起歸，述文起言，謂係路過，無此間事。官場皇皇已久，今釋然矣。答拜左世兄，已行；馬世兄，未見。過經生少坐，至仲復處，爲之斟酌摺稿而歸。仲復索紅裏安摺及黃綾袱，檢得一分，尚可用，即令高壽送去。夜文枏來談，丙夜始去。

庚午三十日 晴。鄭盦先生來詢粵刻《四庫全書提要》價直，以學海堂所刊發價對。欲薙髮而寒特甚，遂偕霞軒至萬祥春就暖薙之，並除脚甲，適甚，此無官一身輕之一端也。復至觀内閒步，與魯卿、斐卿遇，遂同歸。叔來來，未遇，歸途遇諸觀前，談數語而別。

〔一〕陳乃乾抄本有按語：乃乾案，成化甲午知府勞鉞修二十二卷，弘治辛亥知府王珦增輯爲二十四卷。陸存齋得於李氏者爲王志，缺末二卷，而題曰『成化湖州府志』，裝四册，今歸日本静嘉堂，《皕宋樓藏書志》未著録。

〔二〕彌，原稿無，據上下文意補。

〔三〕原稿作『胡胡慶』，衍一『胡』字，今删。

光緒十三年（據上海圖書館藏《弓齋日記》稿本整理）

起戊子正月，訖己丑二月，内此下缺『自四月十二』計五字日至十月晦，因大病未記。老□□□。

己丑再續　丁亥日記　戊子續記

光緒十有三年，歲在丁亥，僑寓蘇州蕭家巷。

正　月

正月己丑朔　陰雨。沈少蓀、家韻穌、張蓮士先後來。晡後畹香至，云與文枬約在此小叙，即遣輿迓文枬來。晚飯後復談良久，始各散歸。

庚寅初二日　陰，晡後薄晴。睡起偶遲而修庭至，談少頃去。廣莽、式嘉、杞堂相繼而來。留式嘉午餐，即出門至大井巷，遇書卿於途，拜外舅姑影堂，過雲圃少坐，即至筱沅中丞許，晤談片刻，答拜修庭、經笙，均未遇，從王府基一路而歸。肇穌洗三，諸親友來賀，具湯餅款之。與式嘉共飯畢，復出門至少蓀、芝生家拜影堂，順道拜年。晤楊敏齋同年、沈蘭臺孝廉，欲至畹香許而日已暮，乃歸。

辛卯初三日 薄晴，午見日，夜雪。早起出門拜年，日中歸。飯後復出門拜年，晤文卿，云清卿中丞新從廠肆得宋搨原石《郭有道碑》整張未翦裱本，其漢石原在山東人家，未毁，亦未入土。自來金石家未有著録，今石已復出，詢其詳，不可得，亟往清卿許，未遇。晚文枬招飲，同坐文卿、畹香、伯珩，甲夜即歸。

壬辰初四日 早大雪，旋止，竟日陰。出門拜年，在大井巷午餐，晡覆拜年，傍晚歸。篤甫交來兆興合同六分，即日轉送文枬署押。夜復雪。

癸巳初五日 早大雪，竟日陰雨。文卿來。日中司道公請，陪清卿也，易笏山未到。日仄會食於汪氏□園，晡散。復拜客，傍晚始歸。子實來，秋亭繼至，共談半時許而去。

甲午初六日 竟日陰雨，夜晴，始見星。秋亭送育嬰堂經費節略來，即轉送文卿，托交清卿。傍晚文枬來談。得朱潮州少愚書。

乙未初七日 陰。日中出門，至文枬許，尚高卧未起，良久始出見，略談片刻，即赴文卿、廣莽之招。日仄會食於聽楓山館，陪清帥也。同坐潘辛芝、譜琴、費雲舫、朱修庭。日入而散。復至柳巷答拜吴通守名□晟，號□□、沈□□而歸。書卿來，晚飯後去。接徐次舟書，贈鼻烟一小剌，有紅簽，云『正豆酸味舊烟，毛六兩六錢五分』，蓋併剌計之，烟只四兩也，此從葉氏購得。又王子展通守贈樣烟一小剌，黏簽云『伍怡和行存道光壬辰年來真酸香味陳樣烟一瓶，光緒己卯從介眉郎中得，重五兩二錢正』，亦併剌計之，烟只二兩弱也。黏簽小楷極精，蓋子展手書，故人嘉惠遠賁山中，可感也。

丙申初八日　陰，晡後薄晴，日一見即隱，晚晴。日中赴修庭之招，亦陪清帥也。坐客惟少辛芝，餘同昨日。餔後席散，至杞堂許，以審録未晤。答拜賀客，由胥門而盤而葑而歸。日莫至文栯家，談半時許，張燈而回。得章碩卿信並借款二百金，息八金，係叔來經手，本向永豐那移，因歲底未到，從余帳上扣去，故來歸也。又得倪子蘭賀稟。

丁酉初九日　晴，午後陰。日中祝殷小譜夫人壽。晚偕勤補、味間飲横波小榭，甲夜即歸。

戊戌初十日　薄晴。禺中出門預祝屺堂壽，晤談。復至胥門、盤門答拜賀年續來之客，還過筱公，少坐而歸。晚子實、又樂招飲，亦陪清帥也。同坐文卿、君研、廣葊、穀塍，乙夜歸。得笠青人日書。

己亥十一日　晴。味間約桂樓小飲，實齋亦折簡相邀，因辭而就味。日晡至横波小憩，主人欲與偕行，遂坐待之。未幾，味間書來，謂鄉鄰有鬥者，不可以飲，遂偕往實齋許，待其手談畢，然後入席，乙夜始歸。

庚子十二日　晴。慎思約修梅小集，日晡往，則約齋、慎思、巳亭、雙清方遊竹園。獨坐無聊，因遊骨董肆，購得程君房二挺、大德二年權一、端溪研一、小銅宣鑪座一，共直番銀五餅，復至大井巷一轉而歸。薄莫横波來，談良久而瘦碧始至，黄昏方入席，人定後散。城將闔，因遣横波行。諸君復遊竹園，瘦碧約作壁上觀，余將先行而當熊止之，因與慎思遁歸。

辛丑十三日 晴。治具款清卿中丞，約雲舫、譜琴、文卿、廣莽、修庭作陪。日仄清卿携《郭有道碑》來，整張未翦，邊闌有汪喜荀、車克慎二跋。筆法與《華山碑》相近，其爲漢石中郎撰書無疑，獨怪如此名跡尚在人間，而前人未經著録，廣搜博采如翁覃溪先生，何以亦未寓目，殆物之顯晦亦有時邪？中丞得此，真可突過前賢矣。新搨字文已爲人鏟損，存者不過十之二三，然亦見前人所未見，以視鄭、傅二本，真土苴矣。中丞索觀所藏，因出晋碑及諸銅器、宋搨碑帖、宋賢墨跡、宋板書籍，共觀之，至夜分環飲，盡歡而散。二琮叔自楊庫來。

壬寅十四日 陰雨，雪。禺中至相王衖口送芍亭中丞殯，即偕清卿、文卿、譜琴、雲舫、廣莽、修庭同往蘧園，赴李世兄遠辰蘇鄰嗣子之招，觀蘇鄰舊藏銅器。日晡復往相王衖送芍翁靈輀就道，欲往河干，以大雪無駐足地，遂偕文枏至畹薌家，坐半時許而歸。

癸卯十五日 陰，微雪。購得程君房墨七大梃、八小梃，又乾隆御墨一大梃，或告明墨皆徽人僞造，然余前後所購，確是舊物。又見二種，一御製咏墨詩，邊有『永樂二年程大約』字，一金冬心『百二硯田富翁』，邊有『天啓元年程君房』字，則直與『宋版《康熙字典》』謔語相類，不特人指摘而自發其覆矣。大抵因京師盛行明墨，賈人向徽州搜尋，因而僞造者有之，其出自舊家者未必全是僞造。因僞造而並真者疑之，真無目者也。晚文枏邀陪吴柏莊，同坐屺堂、畹香、廣莽，甲夜歸。

甲辰十六日　早晴，午後陰。欲偕二琮叔至文枏許，因有事，遂屬琮叔自往。味問邀蘭舫小叙，日仄往，乙夜而歸。

乙巳十七日　早晴，午後陰。費芸舫招飲，同坐清卿、文卿、譜琴、望雲、廣莽、修庭、彥生。日中往，晡散即歸。吴柏莊見過，未遇，聞已移舟閶門，明早即行。亟至太子馬頭，不見其舟，尋至三擺渡，亦未見。意有輪艘同行，易識也。詢諸人，有餓夫臥於路，云頃從胥門來，尚泊而未動，因循河而往胥門，半涂遇江北船，問之，則已過矣，遂復至閶門，過普安橋，將至留園，仍杳然無蹤跡，殆泊滸墅矣。日莫僕夫亦瘏，欲便道至橫波小憩，而衣冠未便，遂歸。得古銅印一，文曰『虎步郅尉司馬』，『郅』字不見《説文》《集韵》有之，注曰『山名』，清卿謂是六朝人印，俟再考之。

丙午十八日　陰，日中微霽，日一見即隱。餔刻至大井巷一轉，日莫歸。晚祀祖，謹藏喜神。

丁未十九日　晴。禺中出門，賀張小林娶孫婦喜，答拜吴望雲祭酒，遇秋丞，談半時許歸。日仄赴味問、蘭舫之約，先至橫波，則主人方伏地引鍼，自紉絮被，因坐以待之。櫛沐未竟而味問來，遂偕往蘭舫，已而橫波至，以有事他往。遲餘客不來，因解維。至留園一游，薄莫歸，始張燈共飲，橫波復至，以慎思往白下，將登舟，甲夜遂散。得申齋書。

戊申二十日　早陰，旋晴。趙價人自常熟來，王□卿、周藕生來談。晡後文枏來，遂偕魯卿同往觀前一游。文枬定製牙籌，並購宣紙、信牋。與叔來、振之遇，至觀門，又與張蕙生遇，相率至雅集，無隙地，徘徊良久，而後得一席。適皂兒同施珊山之子來，遂分坐茗飲，傍晚而歸。遇張少禪于門，略談數語，留之飯，云與汪君有約，遂去。爲程君卿雲作楹帖，文枬所託也。

己酉二十一日 陰雨。陸秋丞兄招飲，日中往，同坐望雲、芸舫、文枬、仙根、畹香。餔刻席散，即赴潤卿、小坡壺園之約。遲橫波，亥初始至，袖出一牋，則味閒、南雲方在蘭簃停尊以待，因携之俱往。夜半，横波出城，乃各散歸。鄒和之來。

庚戌二十二日 晴。日中仙根招飲，坐客如昨，益以彦生、柯亭。小園頗精雅，惜無佳石。餔刻飲罷，同游潘氏園林，則荒涼滿目，不葺久矣。畹香欲同往觀前一步，以文枬有事，遂各散歸。彭季群自粵來，蓋香帥派充撫院巡捕，命接清卿也，談粵事甚悉。日莫赴子備之招，入門則横波已先至，待之久矣。同坐彦渠、潤卿、小坡，甲夜即歸。和之來。

辛亥二十三日 晴。輔卿八侄同徐松山先生自湖來，到館。鄭秋亭來談，爲育嬰堂經費事託轉致小坡也。日餔至觀音閣答拜鄒和之，未遇，即赴文卿之招，同坐清卿、望雲、小坡、文枬、畹香。芸舫以有鄉老來，未到。甲夜即散。

壬子二十四日 晴。送大、二鹿入學，即往鄒咏春家祝壽、賀喜太翁六十壽，上榜眼扁喜。偕文卿、彦生同赴清卿之約，觀新得追敦、曆槃，皆精品，賈四百金，亦不菲矣。日餔席散，答拜季群，晤談而歸。知文栴、畹香在玄妙觀相候，即往尋之，遇於雅聚，已而介眉至，相與茗飲，至莫始各散歸。得悦卿信。

癸丑二十五日 晴。鄒和之來。日晡味閒來，將同訪筱公。過顔家巷汪寶齋之門，姑問之，則主人在焉，因入小憩。聞澄之在譜琴許，因邀之來，即留共飲，同坐譜琴、辛芝、澄之、文栴。適陸綬生、潘雋生、沈子泉、王譜笙手談，終局，綬生、子泉先行，譜笙、雋生入席，少坐雋生亦去。夜將半，遲桂卿，竟不至，乃各散歸。

甲寅二十六日 晴。禺中送清卿中丞之官粤東，未遇。日仄出閶門拜客，過横波小憩，日入歸。聞南雲在味閒家，因往尋之，共飯而歸。得胡子賢信。

乙卯二十七日 晴。慕蕃來談。晡時文栴來，即同往拙政園觀外國人頭。南屋三楹，以幃幕蔽其外，然燭二，中設一桌，以銅槃承頭，置于桌之中，其頭較常人差小，戴鬼帽，插眼鏡，皮色宛然，於華人爲近，銜吕宋烟，吞吐自如，與人問答，口闔闢，聲自其中出，且時時申眉動頭作態。視桌下無障蔽，空空如也，其爲頭之中有機器、壁人作聲無疑，特空所依傍，不知其何以聲之達于口也。觀畢遊園，遇畹香于南軒外，即同至遠香堂啜茗。文栴欲作一小叙，遣人視秋亭，出門未歸。日將暮，遂歸。海珊自湖來。

丙辰二十八日 晴。早至隆慶寺吊沈再香夫人之喪，還過筱公，少坐。日晡味閒、南雲來，即同往玄妙觀太陽宫相面，號曰雲程子，蜀人，熟江湖訣，有口辯，無異人處也。晚赴寶齋妙相之招，乙夜而歸。

丁巳二十九日　晴，旋陰，已復晴。潘祝年來，飯後偕勤補、寶齋、譜笙、引之遊拙政園。訪筱公，未遇，還至大井巷，傍晚始歸。

戊午三十日　陰。偕勤補邀味問、南雲、澄之、寶齋、引之、譜笙觀劇。晚引之招飲，人定而歸。

二月

二月己未朔　陰雨。禺中文卿來，占壬課。日中季相來，欲同往觀前一步，雨阻而止。晚招季相、祝年、綬生、叔來、季文便飯，乙夜始散。

庚申初二日　陰雨，竟日夜不止。偕文栮假皖山別墅公讌，屺堂、耕娱邀畹薌、介眉作陪，筱公以臂痛未到。日晡入席，傍晚始散。

辛酉初三日　陰。芝庭自華墅來蘇。禺中南雲來，即同舟往訪季相。尋休父，不遇，至介壽軒小坐，復同遊留園。歸至介壽，祝年、介眉、味間相繼而來，乃置酒共飲，甲夜即散。

壬戌初四日　陰雨。七鹿彌月正月廿九日薙頭，仙根、幼亭、文栮暨叔來、季文諸親家均來賀，設湯餅款之。

癸亥初五日　陰雨。飯後出門謝客，過筂仙儀部，談半時許。唁宋生栮丁母憂。還至大井巷晚飯。與季相游骨董肆，日已暮，一無所見，甲夜即歸。澄之來，約明日晚飲。得謙甫信，又接楊庫典友信，並正月分月總。

甲子初六日　陰雨。約齋、味間來談。日晡至季相舟中，未遇。澄之招飲蘭舍，趨赴，賓主皆未至，乃泛小艇至水榭。主人約與偕行，談至莫，將行矣而符使至，乃送主人至通關橋，即乘其舟至蘭舍，待客齊然後入席，已黄昏後矣。坐甫定，主人來。夜將半，促主人行，余亦遂歸。

乙丑初七日　晴。食時南雲來，屬重書堂額，未落筆而季相至，談至日中，味間亦來，乃共午餐。日仄季相先行，蓋回袁浦，餔時解維也。久雨乍晴，道涂已燥，乃偕南雲、味間共游護龍街骨董肆，購得宣德銅爐座二。還至玄妙觀茗飲，薄莫始歸。

丙寅初八日　早微雪，午晴，旋陰。沈伯雲來，朱修庭自白下歸，來談。惲竹坡自常州來，日晡至大井巷答拜竹坡，談一時許，將行矣，遇文枏於門，復回，而筱公適至，共談至日暮。欲訪廣莽未果，即赴子備蘭舍之招。遲勤補不到，日加戌始入席，夜半甫歸。

丁卯初九日　晴。文卿、藻庵來談。日仄文枏來。欲訪筱公，招文卿來同往，坐少頃，即同游護龍街骨董肆，購得漢玉印一，文曰『長樂』，本覆斗鈕，淺人以其殘缺，改治鼻鈕，而文則無恙也。直錢四百，亦廉矣哉。又購得博山鑪一，惜無款識。又大宣爐一，連座，朱沙斑鮮艷如血，惜象鼻耳，品不高耳。又宣鑪一，耳作羊頭，亦罕見之品。巨鑪直番銀七餅，次二餅又半，博山鑪一餅又七。欲至觀中啜茗而天已暮，遂各散歸。

戊辰初十日 陰雨。禺中南雲乘舟來，即在味間家午餐。日仄同泛舟，出閶門過倉口，南雲止焉，至方基，余又止焉。味間獨往楊王浜，約備晚餐，遣舟次第相迓。入小榭，則主人將出門，問何往，曰『拙政』，因枯坐無聊，作札使就近邀勤補。晡後味間遣舟來迓，而南雲亦至。遲勤補未到，南雲先行，余獨坐待之。日夕，主人歸，勤補繼至，乃拉勤補同赴味間之約，至則地主猶未歸，而時已加戌矣。促味間呼酒共飲，酒半，地主始來，草草抔杯，即索飯啖之。移舟至水關，喚輿而歸。

己巳十一日 陰雨。南雲來談。味間約湯小秋觀察午飯，邀作陪，却之。日仄出門，答拜沈伯雲，未遇。還至修庭、經笙、廣莽許，均未遇。即至北張家巷餞文卿、澄之之約，乙夜始歸。

庚午十二日 陰雨。日中至大井巷拜外姑冥忌，即留雲圃午餐。日晡過廣莽，方與客手談，談數語，即至小坡許，未遇，留札而行。還過筱公，談半時許而歸。

辛未十三日 陰雨。楊鹿亭、劉文相先後來談。二琮叔自湖來。高壽母子回楚，爲高壽致成竹銘、李荆南書。

壬申十四日 陰，晚晴。日仄至横波小憩，即赴勤補之招。南雲、味間、慎思、商賢皆同席，乙夜始歸。

癸酉十五日 暢晴。二琮叔回楊庫。日晡出門至南雲許，答拜令弟友蓮，已回鄉矣。答拜錢君研，未遇，至大井巷小憩。小坡在師竹齋，遣人來招，即偕赴子備之約，甲夜即歸。

甲戌十六日　暢晴。文卿來談。日晡文枏來，而屺堂適至，共談一時許，屺堂先行，即偕文枏至雅聚啜茗，薄莫而歸。

乙亥十七日　早晴，旋陰，晡後雨。禺中南雲來，即同舟往丹桂園觀劇。日仄味間遣人來，云在電報局午飯，飯畢即來。日加申猶未至，方演《泗州城》，忽訛言火起，人擾攘將散，繼而知其訛也，始各就坐。遲味間猶未至，乃與南雲乘舟而歸。

丙子十八日　陰。偕筱沅、廣莽、修庭、雲孫、小坡假拙政園公請幼亭。日中往，遲客不至，日仄始入席，薄莫而散。還至文枏許，一轉而歸。

丁丑十九日　晴。禺中出門答拜鄒禮部，即赴屺堂之招，日餔而散。至宗載之許，則赴觀音山未歸。與味間徘徊久之，遂各散歸。還過幼亭，談二刻許，復至大井巷一轉而回。

戊寅二十日　晴。雙清招游虎阜，舟泊方基。日仄先至小榭，則雙清在焉，已而慎思、南雲來舟。雙清先去，余少休即偕主人同往。日晡登虎阜，薄莫復回至方基，過桐橋，假主人小舟同往，購得蕙蘭一蔀。味間續至，即開筵共飲，乙夜而歸。

己卯二十一日　晴。禺中至文卿許一轉，即赴文枏之招，同座筱沅、秋丞、伯珩、畹香。晡散，復偕伯、畹、文至觀前茗飲而歸。李夢鶴、瘦碧、約齋來，均未晤。

庚辰二十二日　晴。日餔至壽卿許一轉。晚赴夢鶴壺園之招，甲夜先歸。答拜夢鶴，未遇。訪梅來。

辛巳二十三日 陰雨。慎思邀蘭舫小集，大風不能解維，甲夜即歸。同坐南雲、味間、伯珩。

壬午二十四日 晴。日晡至大井巷一轉，即赴陳翰仙之招。同坐載之、寶齋、味間、澄之、伯珩、如泉，甲夜歸。

癸未二十五日 晴。篤甫生日，在大井巷唱帽兒戲，禺中往祝。日餔偕味間假翰老寓齋觴客澄之、寶齋、載之、小坡、翰仙、子備，子備以送屺堂赴松江未到，乙夜歸。

甲申二十六日 晴。味間赴常熟，已登舟，復至陳倉，邀載之、澄之、寶齋手談，招余晚飯，待至時加亥，猶未畢，促之始就坐，匆匆數杯即呼飯，啖之而歸。

乙酉二十七日 晴。竟日未出門。存齋來談。

丙戌二十八日 晴。廣弇、幼亭來談。禺中至存齋許一轉即歸。日餔赴俞起霞蘭舍之約，同坐存齋、朱君上海錢莊客，黄昏即散。

丁亥二十九日 晴。日餔出門，視秋亭疾，氣逆而不能食，可憂也。訪敏齋同年，未晤，遇諸涂，談數語而别。晚赴存齋之招，甲夜歸。書卿在此手談，猶未飯也。

戊子三十日 晴。悟庵來談。日仄答拜陶柳門，未遇。見恂友，談二刻許，至筱公家，出門未歸。復至大井巷，與柳門遇。將赴幼亭之招，爲時尚早，因至壽卿許，談至薄莫而往，而客猶未到也。張燈始入席，甲夜而歸。

三　月

三月己丑朔　晴。約齋來談。偕筱公公請存齋，假蘭舫置酒，延慎思、雙清、幼亭作陪。筱公以河魚之患，未能到。日中同存齋出城，泛小艇而往。少選，慎思、雙清來。知緩雲侍御來吴，因專人邀之。日仄往留園，緩雲、幼亭先後至，徜徉至日莫始回棹，張燈而飲，時加戌即歸。是日以作主人，未能踐壽卿之約，期以明日。

庚寅初二日　晴。廣莽、修庭公讌緩雲、存齋，邀作陪。禺中出門，答拜胡式嘉、趙伯章，晤式嘉，至緩雲許，未遇。日中至廣莽家，緩雲已先到矣。日仄入席，同坐緩雲、存齋、筱沅、雲孫、馬培之。晡後散，偕筱公至怡園招季文來茗飲，遇澄之、賓齋、補笙。日莫歸，復至觀前一步。

辛卯初三日　晴。文栴自常熟歸，來談。飯後出門送彭如泉入都，未遇。至訥翁許，談未久而筱沅中丞至，少坐即同訪伯珩。復至壽卿、畹香處，不遇而歸。

壬辰初四日　陰。味間翁招飲潁川水檻，甲夜即歸。

癸巳初五日　陰。修庭約大觀園觀劇，同坐緩雲、譜琴、澄之、辰田。譜琴先行，余與澄之繼之。澄之約往蘭舍，以日暮却之，獨至小榭，少憩而歸。夜半，懸橋巷不戒於火，其光熊熊，亟至文卿許，臬使與府縣俱在，因往文枏家，談半時許而回。是日左氏昆仲扶其太夫人柩回常，舟泊閶門，内子遣皂兒往而忘送信于余，歸家日暮，遣時福致賵，並致語明辰往拜。

甲午初六日 晴。秋丞、冰玉招飲留園。食時出門，祝王仙根壽，猶卧未起也。至瑞蓮巷拜殷小譜冥辰，與秋丞遇，即至太子馬頭吊左太夫人之喪。味閒約同往留園，因至小榭待之，良久良久然後至，同舟往留園，則筱公候久矣。遲澄之猶不至，乃飲以待之。餔後澄之始來，筱公先歸。晚復飲蘭舟，乙夜而歸。

乙未初七日 陰。宗載之招飲潁川小舫。日仄出門，至約齋許一談，即出閶門，泛小艇，登舟，早餐後，翰仙先行，天氣未佳，因未移棹。晚南雲、載之轟飲，乙夜始歸。得芝庭信。

丙申初八日 陰雨，大風寒。日仄至大井巷一轉。訪小坡，談一時，即赴寶齋、澄之、介石、軒之約，乙夜始歸。

丁酉初九日 陰，大風寒。沈伯雲辭赴靖江縣丞任。日中至畫禪寺送潘季玉丈殯，寒甚，即歸。王與軒同年文孫蘭嶼來。

戊戌初十日 晴。趙價人來，索還校宋《集均》，即以歸之。飯後正擬出門，南雲在味閒家，遣人來，即往會晤。聞北張家巷不戒於火，遣人視澄之。自出閶門，至南濠，蘭嶼之舟在而人則登岸矣。答價人，於燕支河畔得其舟，人在舟，拒而不見，詢知其携妾來，艙小無可避，乃歸。寄子湘信，並銀七兩、火骽、茶葉、筍脯、藕粉，託李半林帶京。送往，則已行矣，留話寄上海，乃屬輔卿加函寄天保棧轉交。

己亥十一日　晴。昧間約游觀音山，禺中出城，至小樹暫憩，即登陳舫。日仄抵□□，即乘筍輿登山，至范墳，人擁擠，幾無隙地，水色山光，盡爲俗塵障隔，興致索然，遂即登輿歸舟，張燈而飲，甲夜即歸。倪竹泉來。

庚子十二日　晴。緩翁生日，修庭、廣葊約置酒水窗公祝，即作虎阜之游。晨起祀先祖，日仄出閶門，問壽卿，則已行，乃肩輿而往。人擁擠不得前，舍輿而徒。以修庭函告，舟是大灣子，泊吉公祠前，遂如其言覓之，不可得。至茶肆小憩，復使人大索之，亦不可得。徘徊無計，將歸矣，遇載之，乃登其鷁首望焉。又久之久之而後得也，則蒲鞋，非南灣，迨登其舟則日將入矣，乃歸至楊王廟而飲，乙夜始歸。

辛丑十三日　晴。日中招同年彭訥生、楊綬臣、朱匡生、楊敏齋小飲。適蘭嶼來，即招與同坐。潘順之以老而不良於行，未到。日中昧間來，即去。日餔客散，南雲來談，坐甫定而昧間書至，邀作蘭舍之游，以體憊辭，南雲亦不願獨往，乃作札覆之，南雲遂歸。

壬寅十四日　晴。南雲招飲。日晡至小樹，主人方有延款，强之同行至蘭舍，去而復返，乙夜始歸。

癸卯十五日　晴。同人醵金演劇，借浙紹會館爲文枏、畹香共祝五十壽。禺中往，夜半始歸。

甲辰十六日 晴，晚陰，夜雨，旋止。飯後出門答拜張翰仙，即至電報局。載之留飲，過小榭，不遇。還過味間，談至暮，同赴載之之招，乙夜歸。

乙巳十七日 早晴，午後陰，晡大雨，旋止。李載門招飲蘧園，鳥語花香，殊快人意。同坐筱公、廣莽、季文。日中往，冒雨而歸。

丙午十八日 陰，大風。偕慎思、南雲、水窗公請秋丞、文枏，秋丞辭。日中至小榭，慎思、南雲繼至，即留共飯。遲文枏不至，乃往虎阜，遇種蕉於涂，過舟，泊吉公祠下。晡後歸，文枏始至，乙夜始入城。

丁未十九日 晴。種蕉招飲葒窗，期於餔後。日仄出門，過味間，談一時許，即至大井巷視和保病。餔至慎思家，即偕行，先至蘭舍，未遇。到師子口，有小舟相待，問之，始知種蕉先來，覓葒窗，杳不知其所之，乃往小榭相待。久之久之，而葒窗猶不歸，悵無所歸，乃屬小榭薄具杯酌，將舍彼就此矣，而葒窗忽歸，味間、約齋相繼至，招之不來，徑登其舟。餞三四往覆，種蕉意奪，又欲舍此就彼，不得已爲之和解，乃先飲葒窗，然後至小榭，草草就席，啖飯而歸。種蕉中無所主，約齋胸有成見，余真無妄之災矣。

戊申二十日 晴。味間約翰仙作水窗小集，議江陰事，邀余與吴子儀作陪。晡刻登舟，則主客已齊，遂作留園之遊，薄莫迴棹。遲横波，久之久之而後至。晚飲潁川小樓，甲夜即歸。

己酉二十一日 晴。修庭招飲。禺中出門，賀潘順老娶孫婦、沈旭初娶子婦、吴子和新婦回門、顧艮老嫁孫女、汪幹卿嫁女喜。飲旭初家。日仄弔陸鳳石封翁喪，即歸。晚赴脩庭之約，同坐筱公、培卿、文卿、廣莽、文梠、伯珩，遲鳳不至，時加亥乃各散歸。

庚戌二十二日　晴。味問約西游。日仄至小榭，而主人觀劇未歸，坐半時許，聞味問在潁川，遂往焉。已而種蕉至小榭，遣人來告，問主人，則歸而又往留園矣。以其約而無信，將命輿歸，味問强拉而往，則種蕉已置酒相待。主人歸，意恬然也，勉坐至亥，辭二君先歸。

辛亥二十三日　晴。筱公約同味問至其家覈江陰計簿，期於餔刻。飯後爲横波書聚骨扇，凡《畫眉詞》二十章，章廿八字，計兩行，長短廿一字三句也，誤寫四句，則後之空幅多，不能盈矣，及半始知之。適味問來，遂同往筱公家，則張蕙生先在焉，帳已覈明焉，復與味問參校，日莫始歸。

壬子二十四日　晴。潘祝年來談。爲横波書扇，日中而畢。味問來，約同遊觀前，却之。日晡赴旭初家公賀局，先至味問許，猶未歸，乃迂道觀前，遇於涂，談數語而别。先往旭初家，日將暮，味問始來觀劇。至甲夜，味問先行，余復坐一時許，夜半始歸。是日壽卿約作半日談，以不暇往，作札辭之，期諸明日。

癸丑二十五日　晴。味問約細核澄江事，飯後出城，待至餔後人始齊集，事畢日已銜山矣。至小榭一轉，進城復往大井巷少談而歸。

甲寅二十六日　晴。赴湖州掃墓，夜半登舟南灣子，往返半月，賈十三元，泊虹橋。

乙卯二十七日　晴。黎明解維，日晡至平望泊。

丙辰二十八日　晴。順風，挂颿而行，日仄至湖州，進南門，泊駱駝橋下。悦卿來，即乘小艇同至籩箕巷，訪蓮槎大兄，云明日適往竹墩，爲沈氏相墓，事畢即來蘆泉圩，約在彼相會。還至東街訪沈鑪青、古愚昆仲，即留晚飯。黄昏回船，復至戴笠青弟許，待其歸，談半時許，笠青復送余至船，夜半始去。少卿來。寄家信。夜雨。

丁巳二十九日　早大雨，旋止。日加辰解維，禺中抵蘆泉圩，祗謁文僖公墓。悦卿偕行，餔時蓮槎兄來，謹爲相視方向、空利，宜於十月動工。六侄女來，比部公之後只此一人，歸傅氏，雖鄉人，亦足自給，兒女成行，先墓亦尚賴其護持也。夜泊大浦圩，距傅氏僅咫尺。

四　月

四月戊午朔　晴。早解維，至聽九堡謁達齋公墓，明堂石板近爲人盗去，跡之無蹤，可恨也。偕蓮槎兄謹勘方向，亦空，惟鄉人養蠶，仍須十月方能動工也。回舟午餐，蓮兄先歸。日仄至雲巢拜吕仙祠，還至世父比部公墓上一轉，即返棹。薄莫入城，遇笠青於門，即往敦仁晚飯，人定始歸。守梅二弟來，雲巢地主王德峰、知客高澄江。

己未初二日　晴。清晨笠青偕石鹿苹兄來，縵雲、鑪青、且泉繼至，客去日將中矣。獨至醉六堂一轉，申甫在滬，其夥友不相識，問舊書，曰無，若恐客之浼己者，不可解也。歸舟午餐畢，雇肩輿出門，拜與軒同年之靈，訪存齋、芝岑、香屏、縵雲，晤縵翁、芝翁、蘭嶼。晚蓮槎兄、守梅弟、悦卿侄邀飲翼經堂，同坐包子莊、吴茗生二甥。守弟赴滬，以三侄廉泉主之，甲夜而散。偕子莊、悦卿同步至府前，子莊别去，悦卿送余，然後去。接皀皀來禀。寄家書。石□□、子莊、茗生、少蘭、古愚、蘭嶼來。

庚申初三日　晴。放舟至丁家村謁建昌公墓。蓮兄云巽山乾向兼已亥，本年不宜修方。禮成下山，日方晡。蓮兄云有地在樊市長興轄，距此僅一九，可以往觀，遂乘輕舟行，而使大船泊霅水橋相待。過潘店，水道紛歧，舟人懵焉，問而行至樊市，夕陽在山矣。地在集雲山下，無龍脈，無龍虎沙，頑石數堆，荒場一片，如此而已。日已暮，雇温人王甲道而行，人定始至霅水橋宿。

辛酉初四日　晴。沈幼生來。石鹿苹得弟四孫，彌月，作湯餅會，偕笠青往賀。餔刻訪費且泉，遇諸涂，偕往薰風閣一談。遇李□□，蓋在菱湖釐局，解餉至郡也。歸舟，鑪青來，得頤儀女禀。晚芝岑招飲。

壬戌初五日　晴。凌初平、陸存齋來。日中鑪兄招飲，同坐縵雲、存齋、鹿苹、笠青、李松雲塏。餔時回船，松雲來。包子莊邀往館前一步，購得磚研二天紀，一吉語、白菓青田石印一，直番銀三餅。又繒雲縣城隍廟碑、黄帝祠宇、大吉摩崖新拓本三張，直錢四百。得皀皀禀。

癸亥初六日　陰雨，日中微晴，日一見即隱，餔時大雨，一時許方止。感冒，憊不可言，飯罷，偕魯卿至館前一步。得皀皀稟並海珊書。

甲子初七日 早雨，食時漸止。即放舟至王家板橋，易小舟到北窑灣。墳丁潘四來迎，就令其弟往白雀寺雇筍輿，偕内子同往鮑家山謁外舅姑墓，禮畢，就近往白雀一遊。不來兹寺三十四年，道路老松摧析無存，新種者已拱把。三門内，潭水依然，有萬曆、天啓豐碑二通。弟一層殿宇燬於火，支木蓋瓦，以庇風雨，今折卸，將重建矣。知客定寶導入客寮小憩，鄉人環坐，詢知爲退院老僧覺印明日將閉關，特建道場也。偕笠青策杖登望湖亭，折而之真身殿。真身殿者，梁比邱尼道績法師瘞骨之處，大同年塔湧青蓮華，故以『法華』名寺，實開山之祖也。壁間有乾隆時陽湖汪肇徵重脩碑記，今塔已無存，殿中一龕若邱壠，中供道績，或以爲普門大士，誤也。方丈超塵設伊蒲饌，參玉版禪，甚甘美。食畢，復乘筍輿至將軍橋登小舟，由報恩橋渡至王家板橋，乘大船而歸。晡後晴，下山日色熒然，入城猶未莫。悦卿來，同至館前一步。晚子莊來談。

乙丑初八日 晴。早偕笠青同内子至堂子山謁外太舅姑墓，擬開溝洩水，添築幽圈，此不得已之舉也。以青烏法，不宜。鄙意宜於左溝之半坤方、右溝之下寅方開兩插浜，而濬乾方原有之插浜，或可補救一二，當再與地師商之。日仄回城，即赴存齋之約，同坐鑪青、縵雲、子莊、菘畇。觀小字本《説文》及《白六帖》，皆宋板。又《羲獻墨跡》卷、朱子二手札、《雲郎出浴圖》，並精妙絶倫。《雲郎》卷題詩盈幅，約數十人，詞科諸君，太半在焉。酒罷，日將入，復至菘畇家一轉而歸。寄家信，得兩女稟。

丙寅初九日　陰，小雨間作，晚雨。禺中答拜初平，即赴菘畇之招，同坐存齋、芝岑、子莊、古愚，又吴正甫。日晡散歸，小憩。晚王蘭嶼招飲，甲夜冒雨歸。

丁卯初十日　晴。日中初平假潛園招飲，偕笠青泛舟而往。先至丁寶書家，談一刻許，至園，日甫中也。同坐存齋、笠青、李少青，餔刻仍偕笠青泛舟而歸。子莊來，即同往南街徐姓骨董肆一步。

戊辰十一日　晴。子莊來，日中鹿苹招飲，同坐且泉、芝岑、菘畇、鑪青、笠青。日餔偕且泉、笠青同訪府經歷吴君念椿慶餘，蓋子實之昆弟行也，人極風雅。牙署在府儀門内左偏，荒寂若古廟，竹樹參差，鳥聲上下，極幽雅之趣。談一刻許，復偕笠青、悦卿往青雲閣啜茗，遇高澥梅，談地理，云有一地在吴家埠穴基，現有小土地廟，又重雲亦有平洋一地，惜背後有三洞小橋直沖重雲。土著張君亦能相地，據澥翁云，似尚不誤。其人曾爲雙林黄氏作冢，當問諸培之。又張君命造頗異，乙卯、乙酉、丁未、丁未，附記之。吴慶餘贈所刻顔帖。

十二日驟病，十三日返棹，望日抵蘇，困頓於衽席者百有餘日，屢瀕於死，幸而不死而百事俱廢矣。兹自十一月朔起，另記於後。

十一月

十一月甲寅朔　陰。石來保自湖來謁陳少希也。日晡子實來談。寄悦卿信。巳蘭回上海，夜半登舟。來保，字仲穌。

乙卯初二日　晴。先妣胡太夫人忌辰，謹修祀事。徐親母有疾，延張小林診治之。爲儀女致黄幼瀾夫人書。寄陸存齋信並《東家雜記》一本，託來保帶。

丙辰初三日　晴。日中鄭秋亭來談。爲儀女致培之信，託胡子賢轉交。徐親母病稍愈，仍延小林視之。得夔石朔日書。又爲儀女致幼瀾夫人書。

丁巳初四日　晴。徐親母病增劇，仍延小林。爲儀女致幼瀾夫人書，促其速來。潘祝年來談。

戊午初五日　晴。徐親母病未減，小林言之甚危，因電促培之歸，並遣阿虎往接幼瀾夫人。來保回湖。傍晚輔卿來。

己未初六日　平旦雨，旋止，禺中晴。得守梅、悦卿、笠青信，輔卿帶來。晡刻趙福來，帶到夔石書並寄食物。其友人沈君亦來，留其下榻，云明日須至信昌成算帳，即往彼處。趙福亟欲歸去，沈君云有事須擔閣二三日，當即函致夔石。傍晚得揚州電，培之今日動身從上海歸來。徐親母病少有起色，延小林，因修墓，上燈時始來。儀女得幼瀾夫人回信，竟不肯來，且看阿虎去如何説法。

庚申初七日　晴。徐親母病危，電達少青，盼培之、幼瀾夫人不至，尚望其少留一二日以待子女一見，不意延至酉時竟爾長逝，亟請其本家旭卿來，爲備附身之具。得二琮叔信，並十月月總二本。夜雨。

辛酉初八日　冬至，早雨，旋晴。阿虎歸，言幼瀾伉儷今日過節後即買棹來。發福建電報，遣夔石新姬赴杭，致夔石信並身契一紙，交趙福帶。得周夢九、翁巳蘭書。

壬戌初九日　晴。沈絜齋自都來，談蜀中及京師事甚悉。致吴倉碩並廣莽信。傍晚黄幼瀾夫婦來，徐親母大殮，殮畢而培之至。

癸亥初十日　晴。早寄鵠山信。傍晚由永豐送來鵠山信一件、津平化寶銀弍千兩十月廿九日發，合蘇票紋壹千九百二十兩，其銀即存永豐，當作一牋覆之。得芝庭信並十月月總一本。又得陸存齋信，云所藏《棠湖詩稿》乃知不足齋校本。

甲子十一日　晴。何生樹勳來。

乙丑十二日　晴。鄭曉荷來。張九謙甫之僕潘申云：『周老太太小鶴夫人之生母，周介甫之妾，依女而居，故其家人尊之爲大母之病甚奇，大小便不禁，穢惡狼籍，又時時作態，或舌於口者數寸，或面目扭動，若有使之者，疑其有陰譴也。』余曰：『大小便不禁乃年老氣虚，面目作態或是肝風抽掣，未必遂有鬼神。』蔡良曰：『是本介甫寵姬素來驕縱，常以細故手致二婢女於死，故人疑其陰譴。』若然，則又不可知矣。本日長官祈雪、斷屠。

丙寅十三日 晴。俞起霞妻喪開弔，遣皂皂往。二琮叔來，用常州公款領狀圖記四紙，息摺三個，皆兆興摺典。丁經笙觀察以湖州東塘橋工捐册來書，寶書所託也，即捐洋十元，同捐册一併送還經笙。

丁卯十四日 晴。曉荷回雙林。得廣莽、倉碩信，即送筱翁看。人定，青龍橋不戒於火。

戊辰十五日 陰，大風。二琮叔回湖。日晡吳又樂大令來長談，送《心經》一萬張，與吳子實學士又自助二千張。補十四日事。叔來來。

己巳十六日 晴，大風寒。擁衾圍鑪而坐，不能作一事。

庚午十七日 晴，大風寒。早起噯腐、吞酸，腹中作楚，似是昨日多食受寒之故，因停丸藥及朝粥。禺中遺矢多許，霍然而愈。

辛未十八日 晴。日晡楊綬臣、錢念劬來談，聞易笏山乞病，蘇藩放黄子壽同年。

壬申十九日 晴。竟無雪意，奈何。

癸酉二十日 晴。得夔石十六日書，新寵頗得意，亦可卸蹇脩之責矣。

輓蔣迪甫

莫逆憶尊公堂構甫承驚易簀，

未忘憐弱妹鄉邦重遇淚霑襟。

甲戌二十一日　晴。日仄董新甫來，聞惲蘭生得子信。酉刻徐親母神回。接笠青書。

乙亥二十二日　晴。吴倉碩來談，云接眷赴滬也。假慎思所藏濠叟篆《六月詩》四幅，即交倉碩帶滬納還。

丙子二十三日　晴。斷屠久矣，竟無雪意，不特畎畝之憂，食無肉亦殊苦。日晡朱悟庵來談。

丁丑二十四日　晴。礎潤，或將雨乎？得生萬二弟太原書，沈申伯帶來。寄夔石信並用帳餘洋蚨一百七十三枚二角，存另算。

戊寅二十五日　晴。倉碩送石印四方來，即轉送筱公。筱公贈刻資番蚨三餅，即同來函一併交倉碩，並自贈以重慶府學重模石鼓文墨本一分。

己卯二十六日　晴。天甚暖，仍無雪意。

庚辰二十七日　晴。爲悟庵寫對、李少薇世兄寫小額。傍晚叔來來。

辛巳二十八日　晴。爲瘦碧寫對。叔來送書畫九件來看，皆贋鼎之最下者，即還之。

壬午二十九日　陰，晡後微雨數點，夜雨。爲奉尚衣叔璋作篆。

十二月

十二月癸未朔　大雪。書卿、叔來、季文、譜笙、霞仙均來預祝，置酒款之。

甲申初二日 晴。六十五初度，親友來祝，治具款之，夜半始散。有泰州劉君燿曾持舊碑帖、書畫來售，云供職太常，其叔蒓甫係農部同曹，已不復記憶矣。

乙酉初三日 陰。爲奉叔璋作篆。

丙戌初四日 陰。張小渭自粤東來，爲葬親也。日晡文枬自白下來，談至薄莫始去。寄戴笠青書，並還洋八元、錢三百五十七，託悅卿轉交。又覆卞□□祖彝書，並贈洋二元，寄還印單田畝一張、圖章三方，交正大信局。

丁亥初五日 陰，夜雨。

戊子初六日 陰雨。得何建之賀壽禀，即作覆。傍晚文枬來談。燈下作石印一方，文曰『餘福司計之符』，爲帳房用也。寄二琮叔信。

己丑初七日 陰。二琮叔來。得子湘書。

庚寅初八日 陰。二琮叔回揚庫。得吴慶餘書。徐農伯之子若農來。

辛卯初九日 陰。寄守梅信，並屬書『棄塵廬』扁額，交輔卿封發。得石五兄信並喜茶，知萊保之弟振篪於初二日聯姻周宅，即覆。

壬辰初十日 薄晴。體中不適，似是受寒之故。

癸巳十一日 陰。得畹香書，又得昌碩書，寄還所刻石印三方，信到而印未交來。文枬、小坡來談。

甲午十二日　陰。徐親母開弔。得卞祖彝回書，收到洋及印單。問吳寄石印，仍未送來。先生解館回家。

乙未十三日　大雨雪。徐親母出殯昌善局。送到石印，覆昌碩書。

丙申十四日　雪，晡後雪止。芝庭來。徐若農辭回揚州。

丁酉十五日　雪時作時止〔一〕。得少裳十四弟暨倪竹泉信。少裳已補□□，現署沙河也。又得思臣七弟書。沈穀塍新設吉祥雲香肆，贈香十種。

戊戌十六日　大雪竟日。晡後文枏來談，還肉桂一片。芝庭辭回華墅，黃幼瀾回雙林。購得東洋老花眼鏡二副，每副價洋八角，甚精緻，與內子分用之。自作名字兩面石印，仿漢法，尚可觀。

己亥十七日　大雪竟日。譜笙辭回湖。收到文枏交來鹽利一宗。得思臣寄皂皂書。

庚子十八日　大雪。戴少梅來。夜半海珊回湖。得吳子備書，並贈風雞、鹽鴨、橘糕、膠菜，即覆。

辛丑十九日　晴。寄夔石書。晡後叔來來，以鹽利付之。得朱世兄信。

壬寅二十日　晴。掃舍宇。張小渭辭回粵，即留其晚飯。寄陶春海書，索還《大唐類要》，託小渭帶，並託其代購速香、女兒香。又內子託購洋灰鼠坎、女袿、荷包、魚翅，共付花銀十三兩六錢零。又寄還魁和參，價銀九十五兩，託永豐匯付。再付小渭紋銀十兩□錢零，又紋銀四兩六錢。

癸卯二十一日 晴。移梅花。致趙惠青、吴碩卿書，均託小渭帶。

甲辰二十二日 晴。寄張純卿束脩二十元。得吴慶餘參軍書，附觀津尉印拓本一紙，甚佳，云徐辛谷三庚物，曾欲以三十元售諸平齋，未成，今尚在也。又印來文待詔『停云』圖印，云監修惠山昭忠祠掘地得之。玉印出土時甚完整，今其鈕已損，以待詔書畫勘之，似差小，莫能明也。即作覆，交信局帶。沈調甫、蔭甫來。致巳蘭書，並寄還另編《千字文》一本。

乙巳二十三日 晴，立春。皀兒生日，書卿、叔來昆仲、張謙甫、蓮士、蔭甫諸君來，具麵款之。

丙午二十四日 早晴，午陰，晡後雪。鄭秋亭來談。吴申甫來索書逋，携有《楊鐵厓集》，明刻耳傳中『大明革命』及『洪武』字可證，而以爲元版。又鈔本王原吉《梧溪集》，首葉有『應氏家藏』朱文印；又卷首有『陸伯子慶循家藏』白文及『上海陸氏寶森圖書記』朱文二方印，皆舊跡；更有『結弌廬藏書印』朱文方印首葉、『復廬贅媚滬上所得』白文長方印，皆近人所鈐；又小傳上方有『午生子秘珍』白文方印，亦舊。書内朱校不知何人手筆，然亦尋常物耳，而索價至昂，恐買不成。

丁未二十五日 早晴，旋陰。得許星臺賀年信，即覆。日晡文枏來談，廣莽繼至，蓋自滬回度歲也。薄暮廣莽先行，文枏張燈始去。

戊申二十六日　晴，夜大風。得夔石書，云嘉定錢氏著述有小廬先生繹《方言箋疏》及《十三經斷句考》兩種在伊處，皆手稿。夔石蓋小廬先生婿也。尚有可廬先生《説文統釋》一書稿本，各房分存，兵燹後已佚其半矣。〔二〕

己酉二十七日　晴。平旦蜡祭百神，不能跪拜，命皂兒行禮，坐以待之。禮成飲福，然後卧。吴慶餘寄來銅印十方九官印、一『青世私印』，皆翻沙贋品，銅質不精，粗惡可厭，只可俟開正還之矣。李潤觀携來叔單鼎，亦非真品，然尚可觀。

庚戌二十八日　晴。得巳蘭信，並闊門綯布一疋，譚少柳帶來。

辛亥二十九日　晴。七鹿周歲，書卿、季文、蓮士、張子茀來賀。

壬子三十日　大雪。寫《心經》，至是凡得二百本。晚祠先祖神影，使皂兒扶掖，居然跪拜成禮，亦可喜也。

〔一〕『時作時止』，原作『昨作時止』，據上下文意改。

〔二〕陳乃乾抄本有案語：乃乾案，《方言箋疏》後得夔石爲之刊行，其板今歸浙江書局。

光緒十四年（據上海圖書館藏《弓齋日記》稿本整理）

光緒十有四年，歲次戊子。

正　月

正月癸丑朔　大建甲寅。陰，午微晴，日一見即隱。拜先像，仍扶掖行禮。

甲寅初二日　大雪竟日。客來甚稀，皆避不敢見。傍晚彭伯珩來，辭赴山東，談半時而去，託覓郭有道碑拓本。李橘農贈以周元錢一枚見示，云無錫人掘地得之，三千有奇，伊索得十枚，此其一也。文極漫漶，質亦不精，特兩面有文，無分正背，爲可異耳。

乙卯初三日　早陰，午晴，晚復陰。道涂泥濘，拜年者頗稀，玄妙觀生意可知矣。

丙辰初四日　雨，竟日夜淋漓不止。續校《北山小集》，自廿九卷五葉起至三十一卷，凡三十九葉。文楫來。

丁巳初五日　雨雪竟日。校《北山小集》三十二、三十三兩卷，凡三十四葉。張謙甫來。

戊午初六日　晴。校《北山小集》三十四、五至三十六卷十三葉止，共三十七葉。

己未初七日　雨雪。校《北山小集》三十六卷十四葉至三十八卷七葉止，凡二十一葉。

庚申初八日　午正初刻十一分雨水中。早雨，旋止，午微見日景，晚晴。得芝庭信。叔來來。自作『啓事』小印。校《北山小集》，起卅八卷弟八葉，訖卅〔一〕九卷，凡二十七葉。

辛酉初九日　晴。校《北山小集》卷四十，計二十四葉，全部並訖。得笠青信。

壬戌初十日　晴。覆吴慶餘書，寄還僞漢印十方。吴枚生三兄偕趙甥翰卿自湖來，翰卿送其五兄柩回里，兹返粤西。枚生將入都，故偕行赴滬也。

癸亥十一日　晴。筱公書來，云有持東洋所刻書版求售者，凡六十九種，版一萬二千二百塊，索英洋四千元。細閲之，經部皆翻《通志堂》，其中以《王荆公詩集》李雁湖注本爲最善，《韓柳文》《韋蘇州集》《宋高僧詩選》《毗陵集》次之，《彙刻書目》亦尚行銷，餘無甚足重也。覆筱公，即以自製牋封贈之。

甲子十二日　晴，日值金奎。教五、六鹿識字。得英朴庵信，已補叙永廳，解制錢入都，回至滬上，欲來蘇，爲同寮牽掣，不果，遂作此書也。

拈字占晴雨法，信手拈一字，以起筆爲驗，歌曰：

丶點晴丨直雨亠蓋滂沱，丿撇霧一横風雨不多。惟有糸攪絲連夜雨，亅勾丁環午後唱晴歌。

乙丑十三日　早晴，午後陰。何生世勳來，以腌肉及魚爲饋。蜀官紳皆與我厚，生尤其淳摯者也。菱湖人王嘉楨九思堂勿庵先生之侄孫，故稱蘭卿、讀學爲伯父著《在野邇言》，其議論多快私臆，未爲定評，其記事亦多訛謬如『姚中書』條並其父之表德、官階皆誤之類，言掌故則竟門外漢矣如擬謚，謂學士十人，各擬其一；又論謚『文』，以『周文忠』『彭文敬』並列之類。蓋令甲非翰林不謚『文』，彭已大學士，本得謚『文』；若周，則其異數耳。卷七弟十七葉有『正月上旬無子』一條，今年戊子正月癸丑朔上旬亦無子，録之於左，以驗其説：

《卜年占運歌》以正月上旬甲子等子日占驗豐歉，《揮麈新譚》下又有『正月上旬若無子，朝内大臣去一半』二句，《堅瓠集》載『康熙癸未正月上旬無子，大臣去位者甚多』。予觀嘉慶三年誅和珅，其黨盡去之，道光紀元、咸豐十一年皆無子，朝臣亦多罷去。今光緒十年甲申元旦丁丑，十二日戊子，樞臣概行斥退，此理真不可解也。

丙寅十四日　早晴，午後陰，大風。爲趙甥致仲復、丹叔書，即交其帶。又寄子湘家書並熏豆、酥糖，託枚生帶京。又寄子湘銀四兩、火腿二只。

丁卯十五日　晴，晚月色皎然。趙甥辭回粵西。飯後無事，爲洗蕉老人作『書卿』朱文印。

戊辰十六日　晴。傍晚文枬來，交到鹽引餘利，因周藕生招飲，略坐即去。自作『蕭巷一飄』白文長方印。蓮妹來。

己巳十七日　晴。盛旭人來，以未出房門辭之。遣輔卿至閶門劃洋票，即分送文枬、叔來。日晡濯足，除脚甲，甚適。夜半雨。

庚午十八日　陰，微雨。遣皂兒至留園答拜旭人。寄沈鑪青喪妾慰信並幛子，託悦卿轉送。晚家祭，謹藏喜神，扶掖行禮，較元旦爲勝。朱修庭來談陳松亭之謬，可笑亦可憐。

辛未十九日　晴。費幼亭來談。

壬申二十日　晴。朱悟庵來談。

癸酉二十一日　陰，夜雪。館師徐松生來，即開館。購得《遵生八牋》，閱之以破岑寂。夜半大雪，寒甚。

甲戌二十二日　晴。黎明聞簷溜聲，以爲雪化爲雨矣，迨再睡而覺，則晴旭滿窗，盎然春意，天下事不可預料，大率如此。譜笙自湖來。黼卿回湖，搭莊船行。燈下爲筱沅作朱文『晧晧之白』石印一方。

乙亥二十三日　巳正二刻七分驚蟄。晴。石子元來談。爲筱沅作『寄翁』白文石印一方，二石皆雞血昌化，性軟澀，不如青田之爽脆易見刀法也。

丙子二十四日　晴。得巳蘭致黼卿書，索所存舊床，並寄來外洋花草子一封。又得吴枚生致黼卿書，寄來吕宋票三張。文栮來談。

丁丑二十五日　晴。爲筱沅作『東海歸來』白文徑寸方印。芝庭自華墅來。沈澄之來談。

戊寅二十六日　陰。飯後爲趙小溪作篆四幅。寄翁巳蘭信。文栮偕叔來至嚴衙前看屋，歸塗一轉，告知皂皂，未入内即去。從蔣香生太守假讀海昌周春芚兮號松靄《爾雅補注》四卷，未刊。

《後漢·宦者傳》：汝陽李巡稱爲『清忠』，『巡以諸博士試甲乙科，争第高下，更相告言，至有行賂定蘭臺漆書經字，以合其私文者。乃白帝，與諸儒共刻五經文于石，於是詔蔡邕等正其文字。自後五經一定，争者用息』。則巡固篤好經學之士，刑餘得此，爲難能也。又《三國志·王肅傳》：『肅不好鄭氏，時樂安孫叔然注云：「與晋武帝同名，故稱其字。」受〔二〕學鄭玄之門，人稱「東川大儒」，徵爲秘書監，不就。肅集《聖證論》以譏短玄，叔然駁而釋之，作《周易》《春秋》例、《毛詩》《禮記》《春秋三〔三〕傳》《國語》《爾雅》諸注。』顔之推謂：『古人音書，止爲譬況之説。孫炎，漢末人，撰《音義》，獨知反語。』則其學博而業勤，宜見重當時而傳於後世矣。

沈璇，休文子，集注《爾疏》當佳，惜不傳。

己卯二十七日 晴。爲文枏作『月圓花好』小印，仿古切玉法，頗精美。『竺』，鄭作『笁』，注云：『與「篤」同，古文「工」即「馬」字。』亭林云：『《尚書》俱作「兹」，《論語》俱作「斯」，《大學》以下之書俱作「此」，語音有輕重，亦時代爲之也。《詩》與《檀弓》亦多作「斯」。』

庚辰二十八日 晴。叔來、文枏先後來。文枏欲購嚴衙前張氏住屋，來議價。

辛巳二十九日 晴。爲書卿作朱文『洗蕉』小印，仿鈍丁『漪亭』印也，頗不惡。爲何□□致星臺書。

壬午三十日 陰，晚雨。又鄭盦先生書，寄贈近得金石拓本。又得輔卿信，爲輔卿致蘭畦書，薦其子瑩保典中學徒。

二　月

二月癸未朔　陰，午見日。芝庭爲其子娶婦，行納采禮。天驟暖，换棉衣。

甲申初二日　陰，早雨，旋止。謙甫辭赴杭州。寄夔石書，並銅香爐、燭臺，託謙甫帶。又致畹香書，託秋塍附寄。接徐厲青信，即覆。

乙酉初三日　晴。爲文枏作『味閒』朱文方印。傍晚文枏來。得李荆南黄州書，即覆。

丙戌初四日　陰。潘祝年來談。石子元辭往開封，託其尋《嘉祐石經》《三龜記》精拓本。季文來。

丁亥初五日　晴。飯後爲筱公作『閉門即是深山』朱文大印。季文代購《郭有道碑》新拓本，直二元。

戊子初六日　陰雨，大風寒。接徐厲青信，寄還三弟上年家書，不知何以誤入封内，幸無要語防人見也。

己丑初七日　晴。得魁和收到參價回信，内云：『有參五兩，並參鬚，交局寄來，另有發單。』檢閲函内僅有發單，函外亦未注明有參，想是另寄，因於收條内詳悉叙明，付之。皂兒喉間作楚，延小林治之。質得章碩卿新、舊書五箱，直番蚨三百餅。先是，碩卿交代有虧例，勒限追繳，本府與之有隙，委員守提，碩卿無他長物，所畜者書耳，因攫之而去，此其遺者。因内有精抄本及叢書稿本未刊者，不肯售去，又不欲多押，以爲將來贖取地步，三百番其所自定也，因爲代措而留之。另有《金史詳校》版片，刻價二百五十金，欲以二百金售去而無受主，余則因自己書版已多，刷印不易，故不敢留。適與周藕生來，皂兒與之相商，因以二百元質與伊處，俟有要者，再贖取出脱也。譜笙來。書版藕生未要，後質於何氏。

庚寅初八日　午初三刻八分春分。晴。叔來來。體中不適，殆交節氣耶？懶甚，竟日未作一事。

辛卯初九日　晴。體猶不適。得吴世兄保福信，屬爲其侄於潘鏡如處説項。

壬辰初十日　晴。日中黄幼瀾伉儷到蘇，爲徐親母百日也。晡刻叔來偕錢子明來談。

癸巳十一日　晴。爲筱公作『老潛』白文長方印，即同『閉門』巨印送去。黄昏筱公書來，復以二石屬刻，殆有嗜痂之癖歟？

甲午十二日　陰雨。黼卿來。從李菘畇乞得黄薔薇一枝，扦之瓦缶，至蘇已數日矣，而枝葉如新，可喜也。徐詠虞自滇迎親至揚州，回雙林掃墓，事畢旋揚，便道過訪。詢子静表叔光景，宦況頗佳，惟半身不遂，轉側需人，亦美中不足耳。得周達齋表兄訃信。又得巳蘭信，並順氣化痰丸一瓶、麢皮小袋二只。

乙未十三日　陰雨。婢合桃，蜀人也，年長矣，適先文僖公守塚人尹百順無妻，因以配之。順之叔挐舟來迎，乃給以奩具衣飾，遣之同歸。頤女購得月季花一盆，視之不類。其老幹已枯，新苗者亦巨如筆管，長尺許而頭童，殆掘得野薔薇而翦爲盆景者。因移植後院中，發其泥，根蟠互盈盎，知非一日矣。今而後始遂其暢達之性乎？寄悦卿信，交百順帶呈。

丙申十四日　陰雨滴瀝竟日，夜冷不可言。自作『彦侍耤讀』朱文方印。

丁酉十五日　陰雨，夜晴，月色皎然。偶閲《埋憂集》，乃南潯朱翊清梅叔所著，前有周蓮史太史序，蓋其師也。書記郡人事頗多，率未之前聞，文亦平平，大致獵取前人説部改頭換面，或指一人以實之，不足觀也。接胡子賢信。

戊戌十六日　陰，夜晴，月色如昨。覆子賢書。聞沈鑪青兄到蘇，住仲復家，遣皂皂往視之。

《遵生八牋·竹譜》：《志林》云：『竹有雌雄，雌者多筍，欲識雌雄，當自根上第一節觀之，雙枝是雌，獨枝是雄。種竹以五月十三日爲上，一云用辰日，山谷所謂：「根須辰日斸，筍看上番成。」又宜用臘日，諺云：「栽竹無時，雨過便移，多留宿土，記取南枝。」又法：三兩竿作一本移種，其根自相扶持，易活。』其『上番』『下番』，即今言『大番』『小番』也。『番』，去聲，謂大年生筍多，小年生筍少也。杜詩『會須上番看成竹』，蔡夢弼注不知此義，乃云：『「上番」，音「上筤」，蜀名竹叢曰林筤。』誤矣。

己亥十七日　陰。徐親母百日，培之夫婦至廟中釋衰經。晡後鑪青來談，至傍晚始去。黼卿扞來黄薔薇已及旬，適逢陰雨，青蔥如故，殆已活，惜太穉耳。凡薔薇老幹少花，每年必有新條怒發，經旬即長數尺，粗若小指，取而扦之，不但易活，抑且易長，以其生氣全也。黼卿未明此理，爲菘耘僕人所愚，僅掐得嫩頭數莖，長不過二三寸，細如繩索，恐活後尚煩培植，方得暢其生機耳。夜雨，至曉方止。

庚子十八日 陰。禺中任筱翁來談。潘祝年贈素心蘭一盎，花只一箭而香氣襲人，果與尋常之花不同也。叔來扦薔薇于盆送來，凡四條，亦只三數寸，殆恐長則易於動摇，生根時易損耳。又云覓得黄薔薇，但無大者，須百餘文一株，問要否，屬即爲購之。

龔定庵禮部舊藏《齊蘭陵王碑拓》，孤本也，字體近《唐邕寫經記》，今歸宗湘文太守，予從高宰平五丈得觀《復堂日記》卷二弟三葉。

宗湘文太守得沈小宛《兩漢書疏證》殘稿，闕班書《列傳》，《志》亦未完，范書缺《帝紀》，如謀補輯付刻，不易之，予告太守《藝文志》《古今人表》皆可别行又二十葉。

辛丑十九日 晴。徐洽齋來。爲瘦碧舍人作『北海鄭氏大鶴山館』印，白文，仿秦九字小璽。

顧千里傳校《文心雕龍》十卷，蓋出黄蕘圃，蕘圃則據元刻本、弘治活字本、嘉靖汪一元刻本，朱墨合校，足爲是書弟一善本。彦和著書自成一子，上篇廿五昭晰群言，下篇廿五發揮衆妙，並世則《詩品》讓能，後來則《史通》失雋。文苑之學，寡二少雙。立言宏惛，在于《述聖》《宗經》，此所以群言就冶，衆妙朝宗者也。

壬寅二十日　晴。覓得黄薔薇一枝阿三花廠，種於假山西北隅。又種蘭一盆、蕙二盆。已蘭從上海寄來洋人花草子一封，上有洋字標明，竟不能識，因以瓦鉢著泥種之。又覓得秋葵、藍菊等種，亦種之瓦鉢，閒中消遣如是而已。洽齋、文枏先後來談。

癸卯二十一日　陰雨，夜晴。文小坡偕李遠辰來談。遠辰，梅生廉訪之嗣子，愚騃，每爲人所誑，易笏山父子，其最著者耳。爲筱公作『宏我漢京』朱文方印，仿漢銅，尚不惡。

甲辰二十二日　晴。爲筱沅作『藐然一物』白文印，昌化石澀而皮，頗不快意。皂兒於對門吴茂材許借得長洲程際盛東治《説文引經考》，乃乾隆時家刻本，張孝達謂『未見刻本』，蓋所傳者希也，不意得諸於學究案頭，何快如之！

乙巳二十三日　申正一刻三分清明。早晴，午後陰，夜雨。祠先祖，拜跪較前差勝。少蓀、文枏來談。寄少蓮親家書並壽禮，又寄三弟書並衣料等物，均託蔣欣如帶。筱翁贈釣臺先生《周易洗心》《尚書約注》，先取《尚書》讀之，蓋家塾課讀本所以不入著作内者此也，曲園一序昭然若揭矣。

張少渠大令屬題其先德渠生司馬《西齋讀書圖》，率成一律：

憶泛鴛湖棹，于今四十年。西齋渺何處，書卷化雲烟。幸有雙鷂鳳，同時並象賢。畫圖無恙在，好共一經傳。

丙午二十四日　陰雨。文枏來。晡後朱畊圃來談，即托其倩人畫《詩夢鐘聲圖》。俞研雲以《燕居瑣語》《續語》來售，《瑣語》四十卷，成於嘉慶己未，時年七十；《續語》十六卷，成于嘉慶壬戌。均有自序，署曰『西吴悔堂老人』而不著姓名，《瑣語》前有茅燦及其弟城兩序，茅序稱曰『徐子』，讀書中所稱『吾邑』皆德清事，又稱『蘋郵』爲族伯高祖，則德清徐氏也，而名則無可考。悔堂長於史學，所論皆具有本末條理，經學非所長，寥寥數則，無心得語。每卷皆有夾籤考正得失，識是武康王松齋丈手筆。丈與從叔華隰先生同登道光乙酉拔萃科，又於癸卯與覲同領鄉薦，故識其手蹟。卷首有籤注曰『後學王誠識』，一曰『松齋附識』。又有籤注曰『洙較』，曰『檜堂』，則不知何人也。松齋云：『大約悔堂先生長於史鑑、稗乘，而經非所嫻，説經數條，不存可也。』與鄙意正相合云。

丁未二十五日　晴，夜陰。禺中任越華來談。文枏偕劉仲藩至嚴衙前相屋，傍晚來，云屋是正午嚮，修理亦太鉅，只可作罷論。

戊申二十六日　晴。鑪青來。爲文枏作『老文啓事』白文方印，有邊款。瘦碧云有《黄小松印譜》，假讀之，是當日印稿，中有另紙黏者，記爲某人作，小松筆也，然不能盡佳，朱文用澀刀，宛如鋸齒，頗不雅觀，殆是少年手筆，與成名後所作絶不同也。

己酉二十七日　晴。陸存齋來談，送還《海陵集》。爲文枏作『緘』字圓印，覺平平無奇，乃刻邊款四十八字櫬之。文枏來，以存齋在坐，即去。

庚戌二十八日　陰，微雨。筱沅中丞來談。讀電傳邸抄：談文卿乞病，得温旨，准開缺。

楊石泉調陝甘。卞頌臣升閩浙總督。夔石復起撫湘，即致書賀之。種木香於竹邊，又於咫進齋小院西墻下種黄薔薇一枝，東墻下種十姊妹一枝。收拾假山畢，以花子散入石子縫中。日中，文桐來話别，即日登舟而行。

辛亥二十九日　晴。檢點林文忠手簡，將模勒以傳，凡若干通，三百五十九葉，皆在粤東與長白怡良公者，此洋務之濫觴也，中言燒鴉片烟事最詳。當是時，怡良公方撫粤東，與文忠同事，先君在怡公幕府掌牋奏，積而成之，兵燹之後，幸未遺失。久思入石，因爲人借觀，次序零亂，無從理董。壬午，在粤東遇文忠文孫評西司馬，云有日記可查，因爲按日排比，黏籤其上，置之篋中，又五年矣。頃開篋見之，遂注其次第於簡背，謀刻石焉。

三　月

三月壬子朔　晴。得直卿、惲大令書，兼饋錫壺、歐紬、藥餌，即作覆。致星臺書。飯後無聊，自作『一瓢居士』小印，字若蠅頭，且界四格，居然筆畫清朗，不走一絲，差喜老眼尚明，欣慰無已。

癸丑初二日　晴，夜大風，天黑如墨。取阮吾山司寇《茶餘客話》讀之，舊聞軼事，備載無遺，考掌故者咸取資焉，此小説家之上乘，勿漫視之。又頤女輩賃得《咫聞録》，題著『慵訥居士』，不知何人，筆墨蕪穢鄙陋，不直一哂也。

甲寅初三日 晴。未能修禊，臨潁上《蘭亭》一通，聊以解嘲。接胡子賢信，寄來唵叭香少許，莫辨真僞，即作覆，屬其便覓銅印。得子湘書，附凌初平函。

乙卯初四日 陰，晡後雨。洗蕉老人以《廣雁蕩山志》見示，乾隆庚辰刻本也，當再讀之。同治癸酉在東川，有以石柱石贈者，斲爲小硯，題詩於背，久不用矣，兹檢得之，因録於後。寄子賢信。

女土司名石柱標，一峰青峭勢岧嶢。雲根斲得争貽饋，偃武修文是聖朝。

緑豆紅絲總不如，紫雲一片勝瓊琚。官齋月色明於晝，判牘裁完又著書。

丙辰初五日 晴，禺中陰。寄夔石書。接陶春海信，寄還《大唐類要》，並贈所刻《後山集》及《學海堂四集》。

丁巳初六日 陰，晡後晴。小坡以石印屬刻，上有『大鶴』二字，欲摩去之。玩其篆法、章法，尚不甚謬，因爲修改。及成，居然有曼生、小松意思，因作函還之。

戊午初七日 晴。得張謙甫書，並青田石十四方。石赭色，乃新坑之下者，只二青色者尚可用，當作覆，仍交其家轉寄。餔刻周季相妹倩自袁浦來，談至傍晚而去。

己未初八日 早晴，午後陰，大霧。得兆興信，寄來二月總帳兩册。爲筱翁作『陟屺子』朱文方印，仿漢鑄銅，頗肖，即令唐福送去。

庚申初九日 子初三刻十分縠雨。陰雨。體倦耆卧，似有濕氣。自作小印，白文曰『白皮松樹人家』，仿『里中父老』私印。得夔石初七日書，云候部文到，具摺謝恩，附片請假一月。陰雨，頗寒。

辛酉初十日　晴。約鑪青、祝年、季相、少蓀晚飯，不能久坐，命皂兒陪之，人定始散。

壬戌十一日　晴，晚陰，夜半大雷雨。飯後爲人作書。寄翁巳蘭信。趙價人來，赴杭路過也。

癸亥十二日　早陰，旋晴，已復陰，餔雨。吴子備來，即請其診脈。接兆豐二月總並信。

甲子十三日　陰。禺中爲季相篆書屏幅，甫三行，而季相來，乃輟而縱談。飯後季相偕黼卿遊怡園，遂續書之。字大如碗，運腕頗勞，日晡而畢。得宋石井闌，置諸白皮松下井上。先是皂兒過皮市街，於人家廢圃内見舊井，闌上有『嘉定改元』字，托人購之，將一年矣。至是送來，索直十二元，如數與之。闌八角，有『義井』二大字，對列更有三面刻文，當洗而細考焉。

乙丑十四日　陰。爲季相寫對聯。季相來，辭回清江，談至傍晚始行。洗視石井闌，有『嘉定改元』暨『寶祐四年』刻文二段。按：嘉定改元，歲次戊辰，迄今戊子，凡六百八十一年矣。

丙寅十五日　陰雨。馬小圃娶婦歸，開賀，遣皂皂往。接陶春海上巳書，即覆。

丁卯十六日　陰雨，午後雨止。陰寒特甚，感冒三日矣，鼻塞流涕，渾身發痛，難過之至。

戊辰十七日　晴。地濕如洗，樓板皆滴水，黄昏大霧。體較昨日差勝，惟胃口不開。得稺夔信，本月十三日卯時得一子，名晋孫，小字天喜。夔石已有四孫，穉夔則初舉雄也。八字：戊子、丙辰、甲子、丁卯。

己巳十八日　陰。潮濕如昨。寄夔石賀信。又寄汪錦標信，托其照應兩典。胃口仍未開，人亦較倦，蓋晴則體舒，陰則疲憊，已久矣。

庚午十九日　陰，微雨。種石榴一株於東院。接何生樹勳信，欲請輔卿幫辦絲捐，即覆。告以輔卿已爲翁巳蘭延訂，另薦朱世兄福保，號輔廷，白榆先生之孫也。並寄朱世兄書，屬其於月底前往。輔卿回湖，爲其女定婚。王氏小院牡丹乍開，精綻可喜，欲配黄色一株。賣花者云：『今年牡丹是小年，法華客人僅到一起，黄色只一棵一花，開否正未可必，其餘亦不佳，只可以待來年矣。』得謙甫信。

辛未二十日　陰，早雨，旋止。感冒總未愈，煩苦之至。鑪青書來，云今日放舟至閶門，明早鼓棹回湖。爲楊實之弟楊通索書，薦於夔石，即揮數行付之。自作『老彦手書』朱文小印。

壬申二十一日　陰，餔時日一見即隱。芝庭偕其兄倬雲自湖來，與倬雲言東川事，不勝今昔之感。聞蠶桑之事大有效驗，小民有利可圖，競起而爲之。郡城頓設絲行，合東川一帶計之，每歲地方可增四十萬之利，故尚有念及余者。蠶神廟甚興旺，每年報賽即在余初度之日，既慰且愧矣。

癸酉二十二日　陰，午後晴，晚驟寒。沈調甫、蔭甫回粤。食鯧魚、蠶豆，甚美。

甲戌二十三日　陰，晚雨。黄子壽同年來談。芝庭酬客，以寒秀草堂爲之設饌。庭中牡丹大開，一淡粉紅者，花大如盎，可喜也。

乙亥二十四日　陰雨。巳蘭來。感冒竟不愈，且渾身作楚，意立夏而然歟？

丙子二十五日　巳正二刻五分立夏。早雨，旋止。陰寒，可著重棉，蠶事可憂矣。芝庭回華墅。巳蘭贈竹根鼻烟壺，作一大蝦蟆踞地形，背負其子，即蓋也。製作甚妙，惟不宜於烟耳。侯駝子以常熟陳選卿《愛古樓印鑑》來售，凡六册，首列漢銅玉官印四方，元戳三枚，以下則自明文、何以迄今濠叟，凡四百又六方，略仿飛鴻堂例，而真僞雜陳，即真者亦不能盡佳，特在今日搜羅不易，亦煞費苦心耳。又《壺盧書屋印隅》四集，凡二百方，乃選卿之友張汝升摹古之作，優孟衣冠，亦在依稀彷佛間，不足觀也。

丁丑二十六日　早晴，午後陰。日加酉得上海電信，乃翁復卿到滬促其兄歸去，即告知巳蘭，定明日回滬。寄潘伯寅尚書信，並《續復古編》一函、《婦闟卣》拓文二分、宋石井闌拓文一分，交信局帶。作《次山中丞遺像題後》一篇。

戊寅二十七日　陰雨。書卿來。巳蘭回上海，晚設小飲，同倬雲一併款之，夜半始登舟。

己卯二十八日　陰。購得漢『鷹揚將軍』銅章一、『虞㝷』『臣㝷』穿帶兩面銅印一，其直洋蚨七枚。得趙甥惠卿信。

庚辰二十九日　陰。倬雲回杭州。

辛巳三十日 晴。爲文小坡刻朱文小印小方，文曰『文焯校讀』。唐仁齋送碑帖來看，皆新拓本，還之。

四　月

四月壬午朔 晴。日仄鄭秋亭來談。得子湘信並大八件十二斤。

癸未初二日 晴。徐季海表兄敦瀛來，五祖姑母之承繼孫也。携彭岱霖信並贈詩稿一部。岱霖於昆仲中年最幼，詩筆斐然可觀，具此美材，棄會試而不顧，可惜也。

甲申初三日 晴。得子湘信，京師翰文齋書坊韓友帶來，云熊官患傷寒甚劇，幸而無恙，人則尚未復元也。唐仁齋以《雪浪石盆》拓本來售，氊蠟頗精而舊，然只是宋人物，索價甚鉅，還之。晚檢得仙臺通寶銻錢一枚，體方，字畫亦工整，自來著録家皆謂其有類寬永，附於日本後，究莫知其所從來也。

乙酉初四日 晴。張蓮士病危，内子親往視之。爲小坡作白文名印，文曰『鄭文焯』，主人之意如此，其實非也。此表德印，或若姓名下則當用『印』字或『之印』『私印』『印章』『信』等字耳。

丙戌初五日 陰，微雨。寄子湘信並朱印《續復古編》一部、筍乾四簍、茶葉四簍，託翰文齋魏友帶。得陸宅赴，秋塍兄於本日寅時逝世。秋翁長余十一歲，而精神特健，前十日尚枉顧，不虞其遽爾長往也，傷哉！又張蓮士向無疾病，今年新正三日前來拜年，忽見嘔吐不止，嗣是屢聞其病，亦以爲因貧鬱結所致，無性命之憂也，乃三月以來，漸致卧床不起，至今日申刻，溘然而逝。上有老母，下有弱妻、四子，家徒壁立，較之秋翁，其慘百倍。內子至大井巷，約明日至彼，邀同子實昆仲共議此事。子實亦至戚也。

丁亥初六日　陰，午後晴。爲徐季海表兄預致夔石書，託薦館事。《彭城三秀集》錢氏刻：一爲吳夫人黄，字文裳，《荻雪集》；一爲沈夫人榛，字伯虔，《松籟閣遺稿》；一爲蔣夫人紉蘭，字秋佩，《繡餘詩存》。姑婦相承，世傳風雅。吳夫人爲前朝塞庵相國子婦，籛庵駕部女，適丁國亡家破之時，故多傷事感時之語。蔣夫人生長閨閣，于歸巨族，秦嘉上計，徐淑工愁，故弄筆然脂，多綺麗緣情之作。沈夫人詩筆不逮姑婦，而詩餘一體，遠接《漱玉》，亦一奇也。吳詩《聞劉節婦淑英倡義勤王》一律云：『天綱竟墜地，倡義滿方隅。白面譚兵有，紅妝殉國無。王章還有女自注：節婦爲揚州守殉璫禍劉公諱鐸女，少寡守義，吕母本無夫。我亦髡髦者，深閨愧執殳。』右見吳江郭麐祥伯所著《樗園銷夏録》卷下十二葉。劉節婦所適何人，容再考之。

戊子初七日　晴。內子率皂皂送蓮士殮，並令皂皂送秋翁殮。蓮士家事紛如亂絲，書卿約子實擬爲之安排，作久長計，而小鶴夫人偏執，不顧大局，並不顧祖宗。松浦夫人，其胞姊也，亦只知有母而不知有父，旁人無可置喙，遂散歸。賻蓮士三十元，遣魯卿送去。徐季海來取信，贈以十二元而行。

己丑初八日 晴。鄉人采野薔薇花，去蒂而留其瓣，肩以入城，藥肆購之以蒸露。每花瓣一斤直錢六十有四，即所謂薔薇露也，古人極珍之，今亦不足爲異，每兩不過錢十餘文，然他處亦未之有也。家人購以取露，余則以之熏鼻烟，皆香甚，末利不足道也。得味間書。

庚寅初九日 晴。購得玉印一，蹲螭鈕，土蝕斑斕，確是古物，文曰『關内侯印』，疑是後人摹刻，刀痕宛然，然篆刻精妙，具有漢意，亦非近今庸手所能辦，可珍也。寄夒石信，並送其文孫彌月賀禮，計金鐲、玉鎖、繡花衫裙，交信局帶。爲周藕生、彭我山書紈扇，適讀頻伽《江行日記》，有《衢州橘枝詞》六首，遂分書之。劉穎如來。季文來，謝爲其尊甫題遺像後。

陽湖惲中丞遺像題後

右湖南巡撫次山惲公遺像，格言一篇，公手書也。公生平政績已上史館，湘人士至今能道之。其始爲吏部郎，豐裁峻整，遇事不苟，以是結主知。迨出守以至巡撫，愈殫精竭慮，視國事如家事，性嚴正而慈，愛民如子，尤以操守自厲，視貪墨吏若仇敵，遇事敢爲，不避嫌怨。其爲巡撫也，事必躬親，治官事恒至夜半，不少休，素有肝疾，至是大劇。或勸其節勞，則曰：『我受國厚恩，恨不捐糜頂踵以報，敢自惜其軀乎？』已而罷歸，囊無餘資，泰然也。獨自念受恩深重，未得圖報萬一，居恒戚戚若甚有歉於心者，而病亦由此日深矣。再被徵命，皆以病不得出。天不假年，年未六十，遽爾謝世。嗚呼！可哀也矣！覲元與公，幼同几硯，知公最真，故著於篇，以告世之尚論者。光緒十有四年四月壬午朔，歸安姚覲元記。

辛卯初十日 子初三刻十四分小滿。陰，晚大風，夜半大雨。醫者陳君，介侯駝子之子來，乞爲其母尹太宜人墓志銘篆蓋，即書與之。

壬辰十一日 陰雨。自刻『彥侍所藏貞石』朱文方印，仍用漢法。

癸巳十二日 晴。有風而寒。分所種草花。

甲午十三日 晴。自作『姚氏所㝷吉金』朱文方印，用籀文，略師秦印法，頗不愜意，尚須另作。購得何震雪漁『苦吟人』白文印一方。

乙未十四日 晴。王鳳章以銅印八方來售，秦一，文不可識；漢七，皆私印，頗佳。索直四十元，未免過昂，尚須與之重議。

丙申十五日 晴。寄悦卿信。

丁酉十六日 晴。倪源之玉器店來，説海昌查氏所藏拜經樓宋版《説苑》現又携來吴門。前年曾經還價，請少增益，便可成交。

戊戌十七日 早陰，微雨，午後晴。俞蔭甫二兄來談，出示《文昌生日歌》，以《隸釋》所載《周公禮殿記》中『梓潼文君易張惡子』爲前人所未道。又云見魁太守，云鄭工事消息甚惡，七百萬已用罄，停工而待。料本不足，又失火燒去不少，更有所招工振營勇，因無餉譁潰，到處擄掠，真不勝杞人之憂矣。得吴慶餘書。

己亥十八日　晴。覆吴慶餘書。得夔石信，云已得電音，謝恩請覲摺批『來見』，請假片，賞假一月。現擬於端陽左右起程，擇五月初四、初八兩日，臨時再定。屬付巳蘭四十元，又其姬人家信，屬塾五元，送去。《説苑》送到，非一百十元不售，可謂貴矣，然尚有人争買，不甘舍去，遂留之。

庚子十九日　晴。搭凉棚。湘保率五、七鹿回家。

辛丑二十日　晴。

壬寅二十一日　晴。得巳蘭信並代購《冶梅石譜》《蘭竹譜》暨訪春清卿篆書石印條幅。

癸卯二十二日　晴。筱公爲塋地事屬爲占課，並送到李憲之書，云前年别時爲人占課，一一皆驗，屬更爲占卜，以定行止。

甲辰二十三日　陰，晚雨。汪錦標自華墅來。少蓀辭入都引見。作子湘書並繡鞵底、筍乾八斤、筍衣四斤，託其帶交。筱翁、季文先後來談，季文刻次翁遺像成，以拓本來送。

乙巳二十四日　陰，旋晴。汪錦標來，與之細談，即辭回典，欲留一飯而不及，命皂皂邀至聞樂園款之。爲筱沅占課。又爲叔來、季文占本年鄉試，申將幕貴，又爲日德官星加未命，三傳進茹斷未命者中。

丙午二十五日　晴。

丁未二十六日　申初二刻一分芒種。晴。寄夔石書並《詩夢鐘聲録》四本，稺夔所索也。

戊申二十七日　晴。寄翁巳蘭信並夔石所送四十元，託永豐匯滬。又趙姬家信並洋五元，呼其母來付之，亦夔石所託。因趙媪赴滬，今始歸也。

己酉二十八日　陰雨。移秋葵于假山下。不至聽事十許日矣，小院草滿，不可以駐步，督僕掃除，半日方畢。

庚戌二十九日　晴。爲筱沅作『嘯傲東軒下，聊復得此生』十字白文方印，陶句也，用古切玉法，頗精美。雖臂痛未痊，猶勝于鈿閣女子之伎倆，惟不能如彼家公之遽鑿山骨耳。

辛亥三十日　晴。收拾後房。叔來來談。

五　月

五月壬子朔　陸介眉通知，畹香於四月十九日在潁州差次病故，其家明日招魂設座。傷哉！送香楮，交同里航船寄。爲胡式嘉占壬課。

癸丑初二日　晴。悟庵、蕉懷來，爲吕庭芷事也。得巳蘭回信，内附王宅寄洋收條，即轉寄夔石。

甲寅初三日　晴，夜雨。侯駝子以元板《考古圖》來售。校《易林釋文》，三日而畢。

乙卯初四日　早陰，午晴，晚復陰，夜大雨。朱修庭來談。王鳳章復以前秦漢印八枚來，以二十元購之，可謂貴矣。真印日少，而號稱好事者日多，價直之昂亦由於此，故不肯交臂失之也。自製『恖進齋』朱文方印。左臂驟痛，以觀音膏貼之，不效，用火罐治之，稍好。叔來送閶門外當店租錢來，即去。

丙辰初五日 陰雨。潘祝年辭往杭州。叔來、季文、壽臣來賀節。昨檢得鄧山人籀書《陰符經》墨本，同付王鳳章裝池，至是送來，因題其後。又作《續復古編書後》，凡二首。又詩二首，一併附後。

跋永綏張氏重刻鄧山人書《陰符經》

篆書之不傳久矣，自皖鄧先生出，而學者始知古法，顧先生工筆法而疏於小學，故所書往往不免舛訛，如此篇内『藏』字當作『臧』、『静』字當作『竫』之類，皆是也。同時有錢州判坫獻之，則又通小學而拙於筆法。甚矣，兼善之難也。常熟楊觀察沂孫，自號濠叟，吾同歲生也，學問淵雅。曩同在京師，自道光壬寅至乙巳，日日相見，見輒商榷許書，互以復古相砥礪。其篆書初宗鄧先生，繼而上追獵碣，沈酣于三代鐘鼎款識、拓文，盡變其舊日面目，而學乃大進。濠叟没，愙齋吴中丞繼之，以斯冰之筆傳汳長之薪，於是三吴篆學遂突過皖山矣。此《陰符》一篇，乃鄧先生晚年書，用小篆筆法，規模古籀，實爲濠叟導其先路，真跡不知尚在人間否？先生之子密，字守之，藏有雙鈎本，同歲生楊分巡翰海琴刻於永州，永綏張比部世準叔平復用楊本模刻于京師。叔平留心翰墨，刻前人法書甚多，然不求甚解，刻工類多草惡，觀于此，可見一斑。其尤謬者，則截去書人署名，而自題其後，往往爲識者所詬病。夫傳刻前賢法書，誠屬盛事，欲附名以傳，則跋其尾可矣，而必删其名，何邪？同治辛未冬，覲元奉命備兵東川，叔平以所刻墨本贈別，此其一也。頃檢敝簏得之，因付裝池，以備觀覽。楊本頗精，海琴亦曾郵贈，今不知流落何許矣。惜哉！光緒十有四年歲在屠維困敦端午日姚覲元書。

續復古編書後其二

案古人著書，或自序，或他人作序，皆一序，不再序。自宋以後，務通聲氣交遊，於是自序之外，復有他人之序，且序不一序。要之，自序必連本書，其餘諸序，歲月既有後先，則層累而加，自必後來居上，此一定之理也。後人刊書率順第其歲月，其理已非。此書則首列自序，而以危素等六序聯綴于後，歲月凌躐，更無義理。推原其故，蓋諸序各自爲次，庸工裝書，隨手亂疊，寫官仍之，致成此失，子學原書必不如是也。今悉爲舉正如前，仍合諸序而次第之，以防後之竄亂，如千年謬誤人所不經意之處，一旦頓還舊觀，快何如之。越歲重午覲元再記。

戊子重午口號

安石榴花照眼鮮，菖蒲艾葉傍門縣。犀觚細酌雄黄酒，病榻纏緜已一年。

梅子黄時雨滿天，酢坊橋下水淪漣。如何五月蘇州路，纔换紗衣又著緜。《中吴紀聞》：賀方回居酢坊橋。『梅子黄時雨』，方回詞句也。

丁巳初六日　晴，寒猶未退。書紈扇。賀胡式嘉令郎幼嘉入泮喜。聞惲叔裕季生滬典被燬書畫，即許文恪師舊物，仲弢質與徐與之，徐復向典質錢，遂致絳雲之厄，惜哉！得悦卿書。

戊午初七日　晴。寄輔卿信，問其庖人已尋得否？米且緩來。晡後幼亭來談。

己未初八日　早陰，日仄晴。得芝庭信，並四月總，即覆。又寄二琮叔信。

庚申初九日　晴。寄巳蘭信，附夔石一書，託其轉交。作《論正朔》一篇，另入《消夏記》。

辛酉初十日　陰，晡後微雨。胡式嘉太守來談，問占卜事，因談江南州縣情形。得子賢信，已得東台緝私差，可敷衍數月矣。

壬戌十一日　陰。倦甚，嬾于舉動，閒居筋骨懈矣。偶檢在粵時購香舊單，附記于此。蓋托人往購，總不得其地，雖生長在粵之張小渭亦然，故寄之使閱也。

[illegible]頂上正南沈香四兩半　艮[illegible]

[illegible]原上花劙香四兩　艮[illegible]

[illegible]頂上安息香八兩　艮[illegible]

[illegible]正水安息油壹箇　艮[illegible]

[illegible]正蘇合油四兩　艮[illegible]

[illegible]老山公司貢香弍兩　艮壹[illegible]

共該艮[illegible]　[illegible]艮　内完

二月十五日　狀元坊成泰號單此癸未年在粵所購，照原單式録此。

癸亥十二日　辰正一刻十四分夏至。晴，夜雨。夏至，祠先祖，拜跪較可，但覺軟耳。皂皂言，有人云城隍廟前骨董店有柳如是遺硯出售，且有拓本題跋，恐是好事者所爲。徐阿寶云，悉其蹤跡，可爲物色之。輔卿來。

甲子十三日　早陰，旋晴。筱翁屬占越華夫人病。戌時，未將亥，命課象，大凶辰上酉克日，本命作長生落空，幸初傳午火，正當旺令，尚爲有救。

乙丑十四日　晴。

丙寅十五日　陰雨。叔來、季文來謝壽。季文請占鄉試。幕貴朱雀，從日上發用，大佳卯時未將寅命。舊僕張怡送朱少愚回海鹽，仍返廣東，迂道來見，爲致竹君一書。

丁卯十六日　早晴，旋陰雨，晚復晴。接芝庭信，即覆。寄惲竹坡書，爲靖江典事，仍托其經管，交叔來。又致趙惠青書，交張怡。

戊辰十七日　晴。文小坡來談。日加酉得味間書，云自鄂回吴，現寓天保棧，報効鄭工銀萬二千兩，由合肥入告，得旨，開復原官，歸部選用，屬告知其家。當將原信送其令郎閲看，即時作覆，交信局寄滬。小坡云，院得電信，鄭工六月准可合龍。

己巳十八日　晴。季文來辭行。得子湘信，即作覆内附少裳信，托張子茀帶。又得朱輔廷書現在戴埠分局，即覆，交局帶溧陽轉交。

庚午十九日　晴。叔來來辭行。陳雲裳自湖來謝孝。得文卿海外書，言各國風土人情甚備，其最奇者埃及國，爲阿非利加洲之東北境，中華聲教所不能被，乃三四千年之碑碣石槨，所鎸之字有類鳥篆者、科斗文者、大篆者，如𓈋之爲山，𓈗之爲水，可以意度得之。西人不惜重貲，輦載而來，陳諸博物院，以供考訂。古屍赫然穹碑屹，若此，誠吾華之不及。惜西人以墨拓爲污物，不能模得，欲以照相法施之，又嫌室暗，難於起重，籌之再四，尚鮮良謀。其石刻、畫像直是武梁，何由而同，殊不可解。埃及久爲天占所佔，尚有油炸檜一食品類乎中土，其易服色、改制度，不過二百餘年，食烟卷而不用長烟管，不過三十餘年耳。竊思蒐討歐洲數大國典章、政令，勒爲一書，其軼聞、瑣事另輯一編，以備參考。所願頗奢，尚需時日。中俄接壤，而中國迄無詳善之圖，爰取新出之俄圖，專就其交界地方，譯以華音，印成一帙，本年度可告成云云。按：『山』『水』二字即『六書』中之象形，或埃及上古曾通中國亦未可知，然不可考矣。中俄分界，迄無定議，在彼無不了然，亦並不秘密，特無人搜及此耳。文卿誠有人心哉！

挽陸秋丞一聯附後時已得畹香赴：

六載寄珂鄉老友云亡屈指金蘭還有幾，

一書傳潁水善人不禄傷心冰玉竟同歸。

辛未二十日 晴。張子苐辭入都應試。寄楊鵠山書並花露、名香，託叔來昆仲帶。趙曾三來避家難，來即高卧，傍晚始卧起，啖麵而去。云昨爲人所持，徹夜未眠也。

壬申二十一日 陰。張杞堂來，云在滬見夔石，鵠山亦在彼，已先回京矣。日晡陸綬生來談，叔來亦至，云已登舟，明早方解維也。

癸酉二十二日　陰。鄭秋亭來，爲宋蕉午善堂收租事也。周春伯表兄靈櫬回籍，道出吴門，舟泊胥門，自不能往，遣皂兒登舟拜奠。得季相書，伯庶母劉宜人老病，不飲食、不言語已十許日。比雖小愈，而年已七十有八，亦風中之燭矣。世父一房僅存碩果，幸其身後壙墓已早爲預備，所難者子明尚餘有一妾，安頓甚難耳。

甲戌二十三日　朝陰，午晴，晚雨。錢笓仙儀部書來，索去《復古編》紅樣一部。

乙亥二十四日　陰雨。任筱翁來談，出示西江人書，言憲之之謬，恐將有大獄矣。

丙子二十五日　陰雨。書卿來。

丁丑二十六日　晴。戴少梅自揚州來，赴浙應官，歷言其候補之不得意，決意欲過班作候補道。云月前鵠山回京，江約伊渡江盤桓十日，允假千金，蓋志在必行也。謙甫來談。

戊寅二十七日　陰，微雨，午後晴。王蘭嶼自湖州來，陳雲裳辭回里。

己卯二十八日　丑正初刻七分小暑。晴。沈旭初、沈澄之先後來談。

庚辰二十九日　晴。費幼亭六十生辰，有優觴之設，書聯贈之句未能佳，故不録，而遣皂皂往祝。座客甚盛，天太熱，甫人定，即各散歸。

六　月

六月辛巳朔　晴。宋蕉午來。爲胡式嘉揮汗作書。晚約蘭嶼便飯。

壬午初二日 晴。熱甚，静坐摇扇，尚汗如雨下，竟不作一事。

癸未初三日 晴。購得顧亭林《宅京記》二十卷舊寫本，極工緻，其直四元。

甲申初四日 晴。潮悶而酷熱，不舒服之至。欲爲人書扇而蚊擾之，竟不可得。

乙酉初五日 晴。熱甚，竟無雨意，奈何？作穉夔書，並趙姬布包二個，交信昌成寄。

丙戌初六日 晴。風颸颸撼牖户，而暑濕炎蒸略不得解。讀昌黎詩『如坐深甑遭蒸炊』，歎其斲句之工，而他人不能道也。得二琮叔、芝庭侄書，並五月總，即刻覆之。從宋蕉午處取得。得去臘所購書回，凡十五種，除《古詩箋》外，皆醫書也，尚少《本草醫方備要》，當再問之。

丁亥初七日 早晴，旋陰，日中小雨，一陣即晴。購得漢關内侯銅印一方，龜紐嵌銀絲，極細，惜已磨滅，尚隱隱可見，其直番銀三餅。挽任畹香：

清穎慰來蘇十萬灾黎方慶更生君竟死，

吴趨思往事半年契闊頓成永訣我何堪。

戊子初八日 晴。酷暑較昨更甚，飛蚊嚙人，無處無之，亦無刻無之，不能做一事，並不能食一物，苦不可言。

己丑初九日 晴。從瘦碧處索回約齋書，欲作覆而熱不可支，竟不能寫一字。

庚寅初十日 晴。俞蔭甫孫女與宗湘文令郎聯姻，來請作冰上人。錢君研來談，言伊曾患脚軟，貼衍澤堂膏藥加麝香百文、肉桂四十文，不可揭動，癢則隔藥磨擦，兩張而癒。又言右眼上皮起一痰核，貼吐沫膏可消，皆經親試，因志之。以白石盆儲水，畜金魚其中，不敢畜珍品，以尋常龍種爲玩，或較勝草種耳。

辛卯十一日　晴。微有風而絶無雨意，苦哉！

壬辰十二日　晴。余舊畜之石盆，本石供也，深不過五寸，因魯卿聞之校人，謂畜魚須水淺透風方得活，遂投紅魚十尾於其中，乃未三日而失其半，始知所言謬也。亟購一巨缸，如石盆之深而五倍之，餘魚始有更生之樂。嗟乎！天下事誤於庸妄之一言者，何可勝道，獨魚也乎哉！然聽言而不察其理，而遽信之，其失均也，可不慎哉！

癸巳十三日　晴。

甲午十四日　戌初二刻三分大暑。早晴，午後陰，晡雨。吴廣莽來談，知其夫人病已漸愈。又云龔仲仁之織布局，伊有經手舊股六千金，現仲仁欲其找補三成作爲新股，需一千八百兩，可否，屬爲占壬課決之。得味間書。又得厚庵弟汴梁書，伊派在西壩當差，口門尚有百六七十丈新做者，伏汛恐不能保，大約秋後，須另起爐竈。目睹之言，較之傳聞，或當實也。

乙未十五日　早、晚晴，日仄大雨一陣，半時許即止。內子生日，親友賀者踵至，具麵款之。爲廣莽占課，得伏吟自任，月將正時，日辰重重受脱，殆非休徵也。偶寫《考工記》自遣，爲蚊所擾，不能終幅，苦哉！陣雨，汗體爲風所薄，四肢覺冷，頭岑岑然，殆將病矣。亟服午時藥，覆棉被而卧。

丙申十六日 晴。早得微汗，頭痛已解，惟體倦嗜卧，胃口亦不開，仍以午時茶投之，至晚始稍愈。

丁酉十七日 晴。外感已愈，惟體倦而已。聞滋齋、修庭以竹游鬩，奇哉！

戊戌十八日 晴。得稺夔書並所刊伊師周桐侯《制服成誦編》。夔石十一日請訓，二十日出都，計月底當抵滬矣。又得張丹叔暨趙甥淶彦書，言廣西情形，大有滄桑之感象，不禁感慨係之矣。

己亥十九日 晴。讀《制服成誦編》，援古證今，凡後來例案，悉載靡遺。有用之書，非空談經學之士所可比倫也。

庚子二十日 晴，晚雨。覆宗湘文書，宗書蓋請執柯也。又寄沈書田信並趙翰卿家用一百元，託悦卿轉交。

辛丑二十一日 早晴，旋陰，禺中陣雨，半時許即霽。趙緯卿自桂林回里鄉試，來談。

壬寅二十二日 晴。終日喘汗，不能作一事。飛蚊千萬成群，飢來柳絮，飽去嬰桃，而體無完膚矣。

癸卯二十三日 晴。

甲辰二十四日 晴。皂皂之婦三十初度，賀者來，具麵款之。

乙巳二十五日 晴。日晡大風起，雷聲殷然，而日仍杲杲，刻許而定。得悦卿書，内附沈書田收洋信。

丙午二十六日　晴。唐福以蟋蟀盆來，即陸墓金磚廠所造而不佳。其佳者，云出自常熟也。

丁未二十七日　晴。熱甚，竟不得雨。今年西瓜至多而鮮佳者，即佳者，味亦不甜。北諺云『旱瓜澇棗』，竟亦不然，豈南北有不同耶？

戊申二十八日　晴。得趙惠卿粤東信。

己酉二十九日　晴。大風連日，風雲驟起，頗有陣雨之勢而竟不雨，畎畝之憂切矣，奈何！

庚戌三十日　午初三刻九分立秋。風雨竟日，驟凉，可著單衣。俞蔭甫來取兆興子金，即致書芝庭索之。嚴芝生表兄病亟，來索參，遣皂皂往探之。

七　月

七月辛亥朔　晴，大風。嚴三表兄竟於昨子時作古，傷哉！　文小坡送還《粤東金石略》二本。

壬子初二日　晴，大風。得李廉甫信，並大八件一匣、白麵一匣，蔣欣如帶來。

癸丑初三日　晴。大風三日矣，不雨，奈何？　蚊蟲肆虐，雖白晝亦撲面嚙人，此民不畏其長上之象也，是可憂已。

甲寅初四日 晴，大風。接竹坡信，言靖典事，袁姓實難共事，欲與之分畺畫畛。非輪直之年，不復過問，是固省事之一法，但任其所爲，設其敗壞，則我亦有不利焉，還當致書商之。晚得巳蘭信，知夔石初二日到滬。巳蘭移寓後馬路仁美里。

乙卯初五日 晴，大風。覆巳蘭信，並致夔石書，即託巳蘭轉交。

丙辰初六日 晴。風仍未已。張杞堂來談，言夔石所坐之輪船遇大風，漂泊三晝夜，亦險已哉！

丁巳初七日 晴。得芝庭華墅信，問方麗生賻事，即覆。

戊午初八日 晴。不雨而風，苗將槁矣，奈何？

己未初九日 晴。日仄驟雨一陣，一刹那頃即止。接二琮信、楊庫信並六月總册。

庚申初十日 晴，日晡微雨數點。大風而熱不減，蚊之擾人，無間晝夜，亦他處他年所無也。會稽董氏以活字版重印《琳琅秘室叢書》，極精妙。當石印縱横之日，居然得此，亦世之有心也。書廿四本，直番蚨十六餅，皂兒以家刻書易之。

辛酉十一日 晴，大風。左頰忽腫而不甚痛，殆爲牙根所牽掣也。左輔一牙欲落不落者久矣，煩苦之至。侯駝子以《訒葊集古印存》殘帙來，僅十七、八兩卷，以二百錢購之。

壬戌十二日 晴。程藻庵來，以熱甚，未晤。又以巨紙二幅屬書『豫盦』字。得二琮叔信，亦問方麗生事，即覆。

癸亥十三日　晴。汪錦標來，知芝庭病瘧，故未能到。得子湘信並菉豆粉、小菜，少蓀帶來。晚作芝庭信，告以申榮南事，由錦標經理。六鹿忽病，今二日矣，延小林診治之。

甲子十四日　晴。寄芝庭信。少蓀來，詢京中事，渠亦未了然。六鹿病未減，延小林並小兒科吴新之同治之。

乙丑十五日　晴。六鹿病無增減，仍延小林、新之同治之。夜半大風雨。

丙寅十六日　丑正一刻十二分處暑。晴。六鹿病無增減，傍晚覺有轉機，仍延小林、新之。輔卿聞有蔣□□住懸橋巷，即請來診視。書卿又請曹景堂來。諸説大同小異，蔣君謂有食積，宜先消導之，用檳榔、枳實，其實小林亦用枳實，但太輕耳。復用外治推那之法，至晡後腹中作微響，洩氣甚臭，知有轉機矣。

丁卯十七日　晴。六鹿於晡時大解，胸中之塊已消，惟神尚不清。

戊辰十八日　晴。六鹿病不減，又不得小便，服牛黄丸，以鮮石斛煎湯代茶，口内復得津液。

己巳十九日　晴。六鹿病勢甚迫，醫家束手無策。晚以西洋參滲入石斛湯，頻頻飲之，至平旦居然小解。惲直卿來。

庚午二十日　晴。六鹿病勢仍未減。爲直卿致書星臺。

辛未二十一日 晴。六鹿病有轉機。遣皂皂答拜直卿。鄭秋亭來談。錢笣僊來，未晤。

壬申二十二日 晴。六鹿病大有轉機，小林云尚有宿矢未下，下後當漸進補劑矣。

癸酉二十三日 早晴，旋陰，日中雷殷殷然，而風雨不至，遂復開霽。六鹿仍未大解，故多急躁，此苦余舊年曾經閱歷，蓋非至其時不得下也。劉穎如來談。

甲戌二十四日 晴，竟不得雨。六鹿病如昨，仍延小林治之。

乙亥二十五日 晴。六鹿病不增不減，復延吴新之並張君診之，開方與小林大致相同。

丙子二十六日 晴，晡陰，似有雨意，而竟不雨。六鹿病仍如昨，不大解亦不言語，奈何？錢笣僊屬書張宗伯祠祭櫝，蓋宗伯，霽庭同年也，爲笣仙座主，故約其同年於孤山建祠祀之。

『匠人丁緩、李菊巧爲天下第一』《西京雜記》卷一五葉，漢成帝時締構昭陽殿。

丁丑二十七日 晴。六鹿於晡時下燥糞一枚，而尚覺發躁，蓋積滯猶未盡净也，仍延小林治之。得吴慶餘書，即覆。

戊寅二十八日 晴。六鹿卧甚適，醒仍發躁，燥屎欲下未下，仍延小林。

己卯二十九日 早小雨數點，頗凉爽，竟日薄陰。六鹿煩躁稍定，尚未續解，亦仍不語言。

八　月

八月庚辰朔 薄陰。六鹿病漸有起色，惟尚未續解，仍未語言。

辛巳初二日　未正二刻白露。陰雨竟日。六鹿神氣較清，仍延小林診視。

壬午初三日　晴。六鹿病仍如昨，仍未續解，復延吴新之視之，其用藥與小林略同。

癸未初四日　晴。六鹿病無增減，延星渚、小林視之。小林用薑附，星渚以爲不然。培之於其母座前焚香默禱，拈得小林方，乃服之。

甲申初五日　晴。六鹿服薑附，亦未見動静，似非不投也。小林膽怯，以鹿角霜易之。稺夔從上海來，留其小住，云亟須歸去部署行裝，擬二十左右赴湘，述夔石都中事並大局情形頗詳。

乙酉初六日　晴。六鹿病稍有起色，下宿糞二枚，堅如鐵石，然猶未盡也，仍延小林。陸綬生來談。接二琮叔信並七月總，又接李黄州書。稺夔來。

丙戌初七日　晴。六鹿卧甚安，神亦漸慧，糞已及肛門而不得下，蓋力弱不能送也，仍延小林。稺夔回杭州。

丁亥初八日　晴。六鹿下宿糞二枚，夜卧甚安。覆吴慶餘信。劉穎如來。

戊子初九日　晴。六鹿又下宿糞二枚，較昨下者巨而更臭，皆黑色，疑尚未净也。神情亦較昨爲勝，仍延小林。俞香屏來。晚六鹿復下宿糞多許，蓋面已見黄色，是宿垢已净矣。夜半雨。

己丑初十日　陰雨。六鹿已見安適，惟尚不能言語，仍延小林。

庚寅十一日 晴。六鹿大解，已見新糞，又見好些，仍延小林。

辛卯十二日 晴。六鹿病漸愈，惟不能言語，故見人説話即哭。查《經驗方》，有『小兒病後不能言語』一條，是本有此證，不足異也。治法『用膽南星、淡薑湯下』，南星除痰，心主言，殆有宿痰塞於心竅間乎？

壬辰十三日 晴。感冒不適已甚，服輕劑散之，黎明一汗而愈。

癸巳十四日 早晴，午後陰雨。六鹿仍未能言，延小林。得悦卿信。

甲午十五日 陰。六鹿漸能言語，惟音尚未清，亦未能多説，殆竅中之痰漸開，尚未盡去耳。夜月色朦朧，家人拜月，焚斗香方熾，不敢即卧。迨香燼就寢，夜已過半矣。邀香屏過節。

乙未十六日 晴。叔來生日，皂兒夫婦及諸孫均去，又邀黼卿、魯卿去。寄悦卿信。六鹿又見好些，延小林。右鄰邱君有小孩病，與六鹿同，延小兒科蔣君治，不効，尋黼卿問醫，即以小林薦之。

丙申十七日 子初二刻七分秋分。晴。得子湘書，爲景月汀索《續復古編》也。六鹿語漸清，仍延小林。黼卿寄稺夔信，抄送年來用帳。

丁酉十八日 晴。爲六鹿延小林定方，云可服兩劑。

戊戌十九日 晴。俞香屏來長談。

己亥二十日 晴。延小林，以下鄉未來。倪源源以海寧查氏藏書來售，皆尋常，不足觀，惟明刻《陶靖節集》尚可，係翻宋版，避諱字尚有仍其舊者。前有跋語，後題五律一首，皆初白手蹟。

庚子二十一日　晴。六鹿有見好些，惟言語尚不靈便，四肢無力，仍延小林。寄朱少愚太夫人素分。

辛丑二十二日　晴，夜雨。酉正三刻得趙甥翰卿桂林電信，屬寄家用百元。電多誤字，有『接懲遠令』語，不解，恐『懲』是『懷』字，同在心部，致誤。懷遠屬柳州，或權懷遠令耳。

壬寅二十三日　陰。爲翰卿寄家用百元，交沈書田手收，由永豐匯交悦卿轉付。海珊自湖來。

癸卯二十四日　晴。六鹿漸能起坐，延小林。小林言，小兒病後不能言語，遍檢方書，未見此症，惟《東醫寶鑑》有之，現開之方即《東醫》法也。又嘗治一怪症，每大便輒自口中出，其人縣吏，頗疑其孽報，繼而亦於《寶鑑》中得之，藥只生黄生連一味，以薑汁浸透，服之果愈。

甲辰二十五日　晴。鄞郭孝廉傳璞以書來，欲走訪，以不能見客辭之。贈新刻齊次風侍郎《寶綸堂集》，索所刻《三均》，久未刷印，無以爲報，檢舊存，得《集韵》一部，即以贈之。

乙巳二十六日　晴。爲海珊寫壽聯，蓋海珊今年六秩，適敦仁堂新修落成，擬於下月稱觴也。敦仁堂建於康熙戊子，迄今正一百八十年，海珊以此意自撰一聯，辭未達意，語亦不甚雅馴，屬爲潤色。跋而書之，附録於左。何福生來。

花甲歷三周看此日重新堂構，

林壬開六豒祝他年更慶期頤。

譙國敦仁堂，覲元甥館也，建於康熙戊子，恰干支三周矣。今歲告成，適海珊三弟六秩初度，書此奉祝遐齡，兼志笠青大弟肯承之美。門閫多喜氣，特自愧乘龍，豚子亦難爲宅相耳。

丙午二十七日　晴。六侄女自湖州來，欲爲子阿高娶婦，來告也。百順、合桃同來。何福生携鴻喜去。此婢之惡，實聞所未聞，故只可還之。

丁未二十八日　晴。延小林。接蘭甥書，鄭小荷忽於廿六日夭折，可傷！可駭！小坡來談。

戊申二十九日　晴。體憊甚，檢舊方，皆補藥，擬服一劑試之。

九月

九月己酉朔　晴。寄味閒主人，爲秋亭託催育嬰堂上海新添經費，暨約齋令叔事也，交其家附達。聞繆小山來，亟向屺裒問之，則已解維矣。奠分未送，只可寄往。

庚戌初二日　晴，晡後陰。天沈沈若大雨將至，而仍未雨。蓮妹來。

辛亥初三日　陰，日仄雨。六侄女回湖，百順夫婦同去。送阿高喜分十二元，又檢夾袍褂一副並女衣裙四件贈之，給百順夫婦六元。

壬子初四日　卯初二刻三分寒露。晴。有持程榮本《漢魏叢書》來售者，居爲奇貨，非個中人不可以理説，只可聽之。

癸丑初五日　晴。翁巳蘭自上海來見。田熾廷少談即去。

甲寅初六日　晴。有持趙府本嚴粲《詩緝》來售者，亦視爲至寶，議價不成而去。得少裳十四弟天津來書，並沙河紬二疋、杏仁二匣，已交卸沙河，飭赴大名本任，至津謁傅相也。又得許星臺覆書、二琮叔書，並八月總二册。

乙卯初七日　晴。接稺夔致皂兒書，前月廿二日所發，云定於廿四日赴湘，寄還洋壹百元内有黼卿廿五元。寄雙林信，並曉荷素分四元。

丙辰初八日　晴。有持明李宓小隸書《維摩詰所説經方便品》拓本來觀者，頗精工，惜石已中裂。本云有人託其售石，今取來觀，則又云送在蔭甫處題字，大約伊本不識爲何物，探得口氣，則又居爲奇貨矣。石高六寸又半，闊八寸，凡卅三行，行卅二字，首行題目九字，末行十四字，空三格，下署『李宓書』。雖非古蹟，要是明人物，鑲作硯屏，亦尚不惡也。

丁巳初九日　晴。晡刻扶杖登假山，以當登高。得子湘信，云熊兒已於前月驗看，附惲伯思解餉回里，便南來，並催索《復古編》甚亟。又得朱畊圃信，云前託其《詩夢鐘聲圖》補景，已倩吴江陸廉夫畫好，託師竹齋轉送，不知何日事，未經寫明，當往師竹問之。

戊午初十日　晴。寄子湘信並紅印《續復古編》一部，交森昌盛帶京，交任秀山京局坐莊轉送。定石碑四通，先付洋十元。

己未十一日 晴。傳聞北闈明日放榜，計今日必報録，而電報局杳無一信，何耶？

庚申十二日 晴。張子茀得上海信，云北闈十五日方揭曉，本日見湖北題名録。

辛酉十三日 平旦雨，旋晴，日仄陰，天黑如墨，晡後雨，黄昏大雨。芝庭來。寄繆小山信並太夫人素分八元。

壬戌十四日 陰雨。叔來信至，北闈十七日方揭曉，此從來未有之事，不知何故如此遲遲也。

癸亥十五日 早陰，旋晴，日仄復陰。潘□□來，云浙榜已發，湖郡中二人、副車一人，皆不相識。夜大雨。

甲子十六日 晴。北闈電至，張子茀高中二十八名，吟邨之幼子亦中，叔來、季文又落孫山，爲之短氣。

乙丑十七日 晴。書卿將往上海，欲携湘保去，皂皂謂年輕人不宜出頭露面，且侍奉並不乏人，人各有翁姑在，以大義止之，堅不聽，遂至勃谿，相持至黄昏。寫均室主人遣人往，以婉言解之，頓逢洗蕉之怒，遂聽其去。夜半大興問罪之師，余已卧，次日方知之。

丙寅十八日 晴。湘保隨其母赴滬，日仄甫解維，而季文書至，云已自滬來蘇，明日可到其家，遣人追送。

丁卯十九日　辰正一刻一分霜降。晴。盛旭人爲子娶婦，贈之以聯，遣皂皂往賀。叔來、季文回蘇，蓋涂中失之交臂矣。見順天題名録，本泉侄中式七十七名，韻龢之弟詩馨亦中式。

戊辰二十日　早晴，午後陰，餔後雨。自課大、二鹿讀書。叔來、季文來。

己巳二十一日　陰。無事爲福。

庚午二十二日　晴。頤女四十初度，至親來賀，具麵款之，頗歡愜。

辛未二十三日　晴。權館徐先生名國霖，號培之來，始授大、二鹿讀。江南榜發，費屺褱中式。前以文送閱，余決其必中，今果然矣。蘇城中者多知名士，若農真吾友也，杏耘之子季生亦中。近來惲氏科名頗利，已三科蟬聯有人，而叔來昆仲竟不得與，天道果何如哉！

壬申二十四日　晴。沈書田持翰清書來取存項，書中言三百金，檢其寄銀原信，係申平四百，信面翰清親筆寫明『合洋送交，計收到洋五百四十七元七角』，除兩次付過家用二百元，又除玉器十六元，魯卿乾脩卅六元外，實存二百九十八元七角，即付書田手收。錢君研來談近事，子壽頗有風骨，可敬也。讀《草木子》，明葉子奇撰，語皆精覈可喜，言元代事尤悉。

癸酉二十五日　晴，午後陰。季文來。欲治具款書滇而無庖人，令皂皂邀往酒肆小飲，仍饋以洋銀四餅。王□齋來繼香之弟。

甲戌二十六日　早大霧，霧散地濕如洗，旋晴。書滇談清瀾家事，爲之太息。李潤觀持漢印二十八方來售，皆精好，索每方三元。夜雨。巳蘭來。

乙亥二十七日 陰。漢印廿八方，完以五十元，蓋中有精好，亦有不佳者，未能一律也。潤觀云是顧若波物，持去問肯售與否。蓋意欲照前買王鳳章經手例，二元一方也。慎思來談，有勸其乘桴者，屬爲卜之。

丙子二十八日 時加寅天大雷電，雨下如注水，午晴，已復陰，晡後雨。芝庭自湖來，即赴華墅。雷收聲逾月矣，忽有此異，殆陽不潛藏乎？抑豈有非尋之號令震驚天下與？其聲鬱而不暢，又何也？

丁丑二十九日 陰，大風寒，午見日。俞香屏自皖歸，來談。朱畊圃來。

戊寅三十日 早陰，午晴，旋復陰。趙竹君自京引見回，由常州來，談粤事甚悉。季文來，夜半始歸。

十月

十月己卯朔 晴。祀先祖，禮未畢而湘保携七鹿歸。晚約竹君便飯，邀香屏、少蓀、季文作陪。致鄭伯更信，交竹君面致。彭伯横寄贈《郭有道碑》並漢碑十七種。

庚辰初二日 晴。沈絜齋來談，已買屋碧鳳坊，遷入，距此甚近也。竹君辭回粤東，諄諄以謙退戒之。閲《申報》有感。檢《郭有道碑》，額與碑陰俱全，不知何以搬運至山東。正面文字只存十之二三，似以丁頭畫損者；陰則似作階石而嫌其光滑，遍鑿横紋，與今階砌無異。然審其存字，的是漢物無疑。或以爲僞造，並云京師琉璃廠碑賈所爲，陳松泉於清卿初攜來時即加痛詆，且指宋拓爲僞物，其實松泉亦並未見宋拓也。今石在濟寧州學，則非琉璃作僞，不辯自明矣。至宋拓漢石，原非明眼人不能識，彼狂吠者，本盲於目而盲于心，亦無怪其狂吠也。餘漢碑十七種，皆在濟寧州學。《魯峻》並碑陰一，《鄭季宣》並碑陰、碑側二，《景君》並碑陰三，《武榮》四，《鄭固》又殘石五，《范式》並碑陰六，《孔子見老子畫像》七，《王君》八，《朱君長》九，《永建刻石》十，其實祇十種十七幅也。

辛巳初三日　晴。培之回雙林。

壬午初四日　辰初三刻十分立冬。晴。寄彭伯横書。接沈世湞信。漢印廿八方，以二元一方購之，外犒李潤觀四元，共六十元。

癸未初五日　晴。季文來，言篤甫娶妾，其家方大鬨，爲之和解而甚難也。

甲申初六日　陰雨。得子湘信，言熊官已於上月十二日出京，附伯思便南來。十六日有信到京，云十四日到津，伯思遲待友同行，須遲七八日方起程，計此時已抵滬上，明後可到矣。即作覆，交局寄。

乙酉初七日　陰雨。楊子通觀察來。皂皂從宗湘文借得別下齋舊藏《讀書敏求記》，書眉有五色批，擬手臨之。飯後作『老復丁庵』白文印。

丙戌初八日　晴。芝庭來，云甫到華二日，疊接篤甫書，促其速速來蘇，故不得不來。問何事，則欲提存款六千也，然並未告我，何也？

丁亥初九日　晴。日加酉熊侄到蘇。皂兒購得《九經直音》十五卷，即元至元丁亥書隱堂所刊宋人《排字九經直音》也，惟卷第一多『廬陵孫奕』一行。見卷末莫子偲跋尾。先是，查益甫藏有宋版此書，擬借之刊行，固靳而不與。此本乃劉泖生舊物，即從益甫抄録者。侯念椿物色得之，始索價三元，令其取來，忽又增二元。問何故，則云益甫索此甚亟，故非加價不能奪，出益甫手简爲證。余意益甫既有宋本，何必更需此卷？據蕉垞云，宋版中缺一葉，欲得此補全，余始亦信之，及讀莫跋，然後恍然。伊蓋欲獨據此書，非特宋本不肯假人，亦過録本不欲使流傳於外，缺葉之説飾詞耳。〔四〕亦鄙矣哉！

戊子初十日　晴。惲伯施來，云即刻登舟解維回常，年内尚須赴粤一行，來年方能回晋。董新甫來談。接子湘書熊侄帶來，附篆文《儀禮》殘本弟九至十九，凡十一卷；又篆文《周禮·天官》至《春官》，凡三卷有目，《冬官》不用《考工記》，以五官所屬勻入，較官刻《九經》篆文差小，每半葉九行，行十三字，不知何時何人所刻。《周禮》篇目下有『筆補造化天無功』白文方印一，又卷一有『謝樓寶笈』白文、『葉鑒皃圖書記』朱文方印各一，亦不知何許人也。

己丑十一日　晴。寄子湘信，内附熊稟函。又致朱少虞書璧手版。徐松山先生來。皂皂從李鞠農借得元大德本《風俗通義》，每半葉九行，行十七字。此盧抱經之所未見者，今於無意中遇之，可見善本書自在天壤，特可遇而不可求耳。

庚寅十二日　晴。王仙根來，以王文成座右銘大楷書屏幅見視，書法端嚴，不敢妄議真僞，惟印章作時派，不似明人印，色亦太新。黄忠端題跋則確乎贋鼎，伊墨卿題首尚好，汪稼門後跋亦未佳。又有署款『世遠』，印曰『梁邨』，稼門跋稱『文勤』，一時不憶其人爲誰，當再詳考。遣皂兒回里掃墓。

辛卯十三日　晴。徐松山先生病，仍請培之權館。夜半皂皂偕輔卿登舟。致鑪青、守梅書。購得『奉都尉』『落索平難司馬』漢印二方，其直四元。又『殿中司馬』印一，龜鈕極精，真漢物，惜印文及四周均爲妄人剉損，文大致尚存，以一元五角購之。

壬辰十四日　晴。俞蔭甫來談，出順天等省鄉試題，擬墨七篇見視。張子茀來，答熊侄也。爲輔卿致胡式嘉太守書，薦奔牛鼇局司事。

癸巳十五日　晴，晚陰。宋蕉午來，託其辦熊宅禀到事。芝庭交到兆豐、兆興官利三洋八元。

甲午十六日　陰雨。翁巳蘭借去灰鼠皮外褂一件此昨日事。得趙竹君致皂兒書，並還曾

乙未十七日　陰雨。侯念椿送《讀書敏求記》來，以宋本對勘，手自過録各家校語。

丙申十八日　早晴，旋陰。得皂皂來禀，十五日晚已到湖，而二琮叔至今未來，何耶？

丁酉十九日　寅正三刻十二分小雪。晴。寄皂皂信。自作『姚』字朱文石印一。見電報，衛静老調晋撫，崧振青調浙，剛子良調蘇，陳六舟以三品京堂内召，仲復調皖，高紫峰升桂撫。

劉穎如送《讀書敏求記》第一本來，换弟四本去此昨晚事，補記。

戊戌二十日 晴。權館徐培之先生因松山先生病已愈，解館去，余未知其行也。迨大鹿來告，始知之，因作札，贈以脩金一月五元並月費一元，遣熊侄偕魯卿前往其寓齋吴衙場陳來之家道達歉懷，蓋敬師之道當如此也。遣穆子美購銀杏版刻《林文忠手札》，先付洋四元。

己亥二十一日 晴。繆小山來，觀余上年所得宋元及舊鈔本書。季文偕來，傍晚始去。熊侄稟到報十九日，爲付小費十二元。

庚子二十二日 晴。侯駝以宋巾箱本《論語》《孟子》注疏來售，似未甚真，尚當細看。四函索直四百金，真駭人聽聞矣。得子湘書。

辛丑二十三日 晴。吴道甫夫婦同其五弟誠甫來，蓋回常營葬，路過此也。得皂皂稟。

壬寅二十四日 晴。二琮叔來，帶到悦卿信並米、菜等物，即請其回楊庫。再得皂皂稟。

癸卯二十五日 陰。巳蘭來談，假二十元，即面付之，夜半始去。侯駝以秦權來售，八角，方六分强，高四分，鼻鈕製作頗精，周遭刻二世詔文，皆有界格，亦甚精妙，乃權中之至小者。上有青緑，其色極新，似近人新造者，然其製作非近人所能到。或妄人疑其是金，洗去色澤驗之，賈人重上青緑耳。

甲辰二十六日 陰。侯駝秦權索價三十元，聞之大笑，告以此係近人僞造，其青緑即是明證，則云二折大約可賣，還以二元，謂此非骨董，蘇州人所謂『好勃相』而已。侯無詞，但云去問前途，大抵相距不遠矣。寄皂皂信並磚文字。

乙巳二十七日　晴。胡式嘉來，談其常州查辦奔牛釐局事。日晡周季貺來，言祥利典盤帳，虧至十分之七，亦駭人聽聞也。

丙午二十八日　晴。接芝亭信，並找補兆豐官利四百千，合洋三百八十八元七角二分六釐，由永豐送來，即作覆，交其轉寄。接漢章八弟信，又子湘信。

丁未二十九日　晴。時福來。接子湘信。俟駝秦權細看，「廿六年」、「六」字譌「大」，其爲仿刻無疑矣，即還之。

十一月

十一月戊申朔　陰雨。覆漢章八弟信，並洋十二元、高麗參二兩，託少蓀轉寄。爲趙幼吟一大幅，又小對一聯，告以現發願作書勸振，屬其酌捐，附以收潤單一紙，意其必於潤格加增也，乃只助洋一元，並不及潤格之數。僕書固不直一錢，惟巨幅亦頗費力，辛苦半日，加以手札，僅博得賞封一箇。本擬原封送還，繼思功德出於本心，非市道交可比，遂收而注於籍，以俟彙寄少欽焉。

己酉初二日　晴。得皂皂來信，響搨宋本《范式碑》告成，優孟衣冠，輾轉相效，殊覺無謂，亦取其存字較多，作宋本釋文觀可耳。

庚戌初三日 晴。丁寶書來，觀宋元本書籍，云近就所知各家藏本編成一書，各有小記，底稿交在皂皂處，大約與莫子偲《經眼録》相類，亦有心人也。

辛亥初四日 子初三刻十分大雪。晴。宗湘文早來，余卧未起，未得見。云現泊舟新學前，即日開往閶門，明早解維赴杭，望後回蘇，再圖良晤。遣人答拜，並通知寶書。李潤觀復以僞秦權來，云是龔姓所刻，減價求售。核其刻文，凡二十八字，以刻石章價，每字洋二角，羸二角作爲鑄銅之直，付以三元而留之。仍屬其將誤文六字修改作泐文，以掩其迹，並令其以精銅再造一枚，寫其文而使龔君精刻，或較勝于此耳。又有明仿漢鏡，大徑七寸餘，文與畫頗工，因有鑄者姓氏，不能充作漢鏡，以洋蚨二枚收之。瑩其面而懸諸楣，究勝於新鑄也。或笑余一日而收兩贋物，爲不可解，豈將爲米老之狡獪邪？余曰：『僞權誠可疑，鏡則彼固明告人以仿製矣，尚何狡獪乎？』

壬子初五日 陰。得穉夔湘中信，言老翁舊患溏洩復發。武闈奏明，令藩司隨同辦理，而不言下部。外證與奏摺不同，何邪？又得季相信，内附陸秋丞素分，即爲轉送。

癸丑初六日 陰，晚雨。朱輔廷因其弟□□來，贈以餅金各二枚。接皂皂信，飯後作書，尚未發，得信，即添一牋，同悦卿所要京韡，交信局帶。

甲寅初七日 陰。徐親母周年，大鹿等釋服。朱世兄同宜興窑貨棧主陳柏亭來，其店號德興，開在宜興南大街城隍廟北首，云有人定製各器，明日送看。

轉寄。

乙卯初八日　陰。陳柏亭以宜興器來，皆尋常揀落貨，不直一笑。云皂兒有定燒之件，因方盤須另做，故未携來，以印池並鼻烟壺樣付之，支給洋三元。再得季相書並喜果大㚷定姻紹興孟氏、淮麵、黄芽菜。委員羅君附屏號詩伯送來，内附祝年信並淮麵、喜果，即日加函，託繼之轉寄。

丙辰初九日　陰，夜雨。寄皂皂信。

丁巳初十日　陰雨。少蓀來談。接平湖信，漢章八弟於初六日戌時逝世，傷哉！孤兒寡婦，如何是好？則又憂之矣。又接新市育嬰堂本家來信，名肇楨，不知其人，當作書詢諸悦卿。

戊午十一日　陰雨。寄皂皂信，内附輔卿一函，告知胡式嘉處館已薦成，促其速來。又寄徐清卿再㚷書，爲漢弟後事，先寄與洋叁拾元。又寄斐卿信，告知八弟事。日晡得皂皂信，知修理建昌公墓已擇吉本月廿六日，文僖公墓擇吉十二月十六日。兩處同時興工，難以照料，擬蘆泉圩先行破土，明春再興工，作以磚料須定燒也。又請書祠堂先公狀元扁字。時加亥九點一刻二女生第三外孫，發動僅刻許，可謂『先生如達』矣，可喜可賀。

己未十二日　晴。寄皂皂信，並所書『狀元』字。張蓮士遺腹生一子，小鶴夫人欲撫爲子，按之愛繼例，無所不可。松圃夫人遣人通知，並請内子前往，同證成此事，此必當前往者也。乃使來時，唐福傳述，僅稱得子，欲繼與小鶴夫人，轉將『相邀證盟』要語抹去。蓋唐福口吃，内子云見其説至此，期期艾艾，竟不能出一字，以爲語盡，故未追問，伊亦從此不言。此輩誤事，大率如此。下午叔來來，方言及之，天已晚，不能再往矣。得子湘書並京麵、香片茶。景月汀來，以未能見客，謝之。送土儀，受其韡子一雙、榛子二匣。齒痛不能食物，兩輔車摇摇已年餘矣，而竟不落，閒時必一發，可厭之至。

庚申十三日 晴。顧康民來，徐氏五祖姑之孫婿也，名肇新，孝廉，刑部主事，丁内艱，偕其兄緝亭觀察扶柩回籍安葬。借寓文卿家，談都門事並彭氏之盛衰，相與太息久之。詢徐氏事，伊亦未能了然。

辛酉十四日 晴。覆季相書，正欲交局寄去，適羅詩伯遣人來取，即以付之，託其帶交。得徐清卿信。

壬戌十五日 晴。接皂皂信。覆倪子蘭書，託鄭秋亭轉寄。過録《讀書敏求記》經、史、子三册，五色筆，均訖。第四册爲劉穎如取去鈔録，久未送還，尚須待之。

癸亥十六日 晴。朱少愚自海鹽來謝孝，談别後事甚悉，云亦欲來住蘇州，但房屋不易覓耳。

甲子十七日 陰。得皂皂信。徐阿寶以銅印來售，凡五方，一元戳，餘俱明人私印。有嵌銀絲一鈕，甚精，惜文不佳，還之。石匠來，言碑已磨好，命其載至養竹居，以便刻字。

乙丑十八日 陰，黄昏微雪。篆書《心經》一通。得皂兒十四日信昨日到，即寄覆。又得徐清卿收洋回信。

丙寅十九日　酉正二刻冬至。晴。叔來辭往常州。爲筱珊覓地。得楊見山手札，云有人持書求售，中有舊抄《淮南》，有黄蕘圃印記，校字亦似蕘圃手筆；舊精抄《後邨集》，有朱潛采、吴兔牀印記，校字云是抱經，未見碻據，而校甚好；明版《長慶集》，有見復跋，跋云是絳雲樓舊藏，校字是牧翁壯年手筆。以上三種最精，因無閒錢，不能購置，問余能留否。當即作覆，託其代爲議價。胡子賢解餉到蘇，舟泊盤門新橋巷浙紹會館前，傍晚來，以餉未交，仍回船宿。

丁卯二十日　晴。寄李筱帥賀函，即作札寄季相，託其轉。接陳幼懷信。日加酉永豐字來，云叔來已將常州一款付出，當即劃與兆興錢壹千串，除收英洋九百四十四元九角二分七厘外，净少錢十九千零零四十九，合洋十八元、錢三百六十五，當屬其於來往帳内畫清。即刻致書二琮叔並芝庭查照。查靖典官利，本應收錢一千零八串，今不特不能找回八千，轉又出十九千，出入並計，是已虧二十七千矣。來帳未見，不知有無扣項，大約總是洋虧耳。

戊辰二十一日　晴。寄皁皁信，甫發而伊稟至，云定於二十日回蘇，今未見到，殆又夜半登舟，或更改期矣。石匠以太湖石來，大而且頑，不能作盆供，留其已運到者一，餘一還之。

己巳二十二日　晴。見山送書來，《淮南》乃棉紙紅格，明人舊鈔，四册，細字密行。黄蕘圃先以紅筆校道藏本，復以墨筆校宋，有二跋，言之甚詳，價洋七元。又棉紙藍格明人精抄《後邨全集》十六本，前有潛采圖章，並兔床朱文印，朱筆不知何人所校，末有抱經二印，價十六元八角。又《長慶集》四册，乃明人刻本，朱校寥寥且未畢。有見復跋，在目録後，云是絳雲舊物，朱筆乃牧翁校宋。以余觀之，不特絳雲舊物、牧翁手筆未足憑，即校宋亦無碻據。聞蕘翁晚年爲境所迫，無書不跋，往往有尋常習見之本，亦贊嘆欲絶，蓋志在利也。此跋大抵即彼時所作，取《敏求記・天元玉〔一〕曆》之跋而敷衍之，痕跡顯然。又蕘圃藏書前後多有印記，此則無之，亦可疑也。因留抄本兩種，而以《長慶集》還之。彭伯横刺史寄贈武梁祠畫像全分，計武梁祠三張、前石室十三張、後石室十張、左石室九張、祥瑞圖二張、東西闕石柱三張、武斑碑並陰二張、新出畫像殘字二張、修武梁祠立石記九張。祠於光緒庚辰經山陰陳錦重修，又於邑之張氏、軒轅氏得二石，蓋小松時所未見者，購石則我鄉丁容江大令敬書也。見陳錦記。

庚午二十三日 晴。日晡皂皂偕輔卿歸自湖州。傍晚劉文枏兄來。寄鵠山書。

《後邨居士集》五十卷，卷一至十六詩，十七、八詩話，十九、二十詩餘，廿一至五十文。前有淳祐九年中春既望林希逸序，目録後有『迪功郎新差昭州司法參軍林秀發編次』一行，蓋從宋版過録也。朱筆校極精善，前有『秀水朱氏潛采堂圖書』朱文方印，又有『南面百城』白文、『兔牀』朱文兩方印，又有『劉履芳印』白文、『泖生』朱文兩方印。卷末有『武林盧文弨手校』朱文長方印、『拜經樓吴氏藏書』朱文方印，卷尾又有『西施亡國人家』朱文長方小印，牙刻極精美，當亦吴氏物，特不知何以用此典故耳。

辛未二十四日 晴。東側小廎梁有朽蠹，擬重葺之，而年内不及，來年方向又不利，因以木支柱，以防傾覆。文小坡來談。爲子賢致趙小溪書。

壬申二十五日　晴。吴子實來談，子賢回揚州，輔卿往奔牛，即附子賢便行。

癸酉二十六日　晴。芝庭來，以增三所立兆興匯券付之，令其收取。

甲戌二十七日　晴。芝庭之來，爲與錢莊結帳也，事畢辭回華墅。

乙亥二十八日　晴。購得銅牌一扇，長四寸五分，寬一寸五分，一面居中『奉御』二字，下從人，牌子四守皆陰文，右邊『日字第三十三號』，左邊『得入苐壹重門』各一行，皆陽文。一面『左右宿直將軍司』七大字，下有陽文『左右宿直將軍司印』。上方有穿孔，與今時腰牌大略相仿，未知何代物，當細考之。

丙子二十九日　陰，小雨。皂兒購得影鈔郝氏萬玉堂重刻宋本《太玄經》，乃葉鞠裳孝廉從馮敬亭宫詹藏本手寫以贈查翼甫者。先是，江山劉泖生藏書散出，中有此書萬玉堂刻本，俟念椿爲我購取，中道爲翼甫篡去。其實翼甫已有此寫本矣，既得刻本，乃以寫本出售，俟生復爲我購之。李潤觀以玉虎符半合來售，乃其牝也，當腹有『左一』二字，合逢處有『興三齊王爲虎符』七字，皆篆文，極精，中一字未能懸揣，惜已斷裂矣。戴少梅來，爲趙增三捐振事，屬爲勸助也。下午朱脩庭、趙增三來。

丁丑三十日

十二月

十二月戊寅朔　雨雪。季文、增三、譜笙來。侯念椿以趙氏小山堂鈔本《蘇魏公集》來售，有朱筆校字，不知出誰手。每卷均有『曾在張月霄處』朱文小長方印，文不惡而色紫黑，似市儈計簿上所用，絶非年久色變，恐不足恃。吴子和處取到租米折洋百元。

己卯初二日　晴。初度，戚友來祝，謝不敢當，偶成五律一首：歲月堂堂去，居然六六人。齊眉成二老，初度又今辰。已少出游興，翻爲志學身。兒孫群拜舞，喜作滿堂春。

庚辰初三日　晴，寒甚。缸水結冰，厚半寸許。文枬送鹽利來協昌洋票五百七十元七角三分二，每引只千三百，較之上年，尚不足七成也。寄楊鵠山信。洪文卿五十壽，令皀皀往祝。吴道甫兄弟自常回鄂，來謁。

辛巳初四日　晴。寒甚，不能出手，静坐圍鑪觀書而已。留道甫便飯。

壬午初五日　雪。寒愈甚，硯池之水皆冰，亦六年來未有之事也。

癸未初六日　雪，旋止。胡小如二表弟之女嫁新市屠氏，忽携子女來，蓋不見已三十餘年矣。張謙甫來。爲王棨致星臺書。又寄悦卿書並洋二百元，送鹽利與大井巷，交湘保帶交。皀兒購宋十行本《周易》，明修明印明補刻版，較原版差小，中多墨丁空白，殆因原版模胡之故，當時豈無初印之本，而不補全，殊不可解，然亦見前人之慎。若在今日，則不必求原書，亦可隨意補完矣。

甲申初七日　陰。寒未解而雪未融。龔藹人方伯自滬來，爲整頓織布局而出也。日仄鄭秋亭來長談，未去而文枏至，復共談良久。秋亭先行，文枏坐至張燈而去。小如之女回新市，贈以十六元及絮被、棉衣。

乙酉初八日　晴。喫臘八粥，此蘇人之所不解者。吴子實之弟三郎再續娶，内子往賀。寄徐清卿賀分四元，交局寄平湖。

丙戌初九日　晴。俞蔭甫來。文枏送《讀書敏求記》弟四本至。侯念椿以五硯樓校宋本明刻《水經注》來售，後有貝簡香跋，綬階其婦翁也。

丁亥初十日　晴。接平湖徐氏九姊信。過録《讀書敏求記》第四本。又接李漕帥書。

戊子十一日　陰雨。讀邸抄，知明年有恩科。又黄子壽權護蘇撫。

己丑十二日　陰雨。漢玉虎符來議直，以番銀二餅購之。又以一餅購得鄭文公上下兩碑拓本，紙之接縫處均脱，蓋猶是數十年前打本也，皆李潤觀物。

庚寅十三日　陰雨。培之幼子彌月薙頭。書卿來。蔭甫孫女贅婿宗湘文之子舜年，新孝廉也，延余作冰，以皂兒代之。寄季相信，内附李漕帥賀年稟。

辛卯十四日　陰雨。芝庭來，收到韻記子金並蔭甫、文枏兩家子金，即送蔭甫。晚文枏來談，即面付，並託其代取山查花在上海文報局，交廣莽帶蘇。致廣莽小簡。

壬辰十五日 陰，寒甚。爲修庭作書，隨寫隨凍，殆不可耐。得悦卿書。

癸巳十六日 晴。張小鶴夫人以蓮士遺腹子爲後，邀親族定議立券，遣皂兒往代押。杜瑞從汪柳門來，言粤東事，不勝今昔之感。

甲午十七日 晴，午後陰。院得北電，冬十有二月壬辰太和殿災，一日夜火不絶，可深駭異。得夔石書。

乙未十八日 晴。文小坡借去《黄華道人歲朝圖》一軸。擬修文僖公墓，珠墩用磚八百塊，令楊木匠至陸墓定燒，言定用金磚材料，自書年月與之。每塊價洋四分五釐，須明年七月方成，先付定洋十元。

跋影鈔晉范望注《太玄經》後

光緒戊子立冬，江山劉氏藏書散出，中有郝氏萬玉堂刊本晉范望注《太玄經》，世所稱善本也。侯念椿爲我購之，已議價矣，中道爲查翼甫攫去。其實翼甫已先有此鈔本矣。既得刊本，乃以鈔本出售。念椿因復持以畀予以塞責。予年來〔六〕百念俱灰，衹餘書癖，然巧取豪奪，生平不爲，得固欣然，失亦可喜，況買王得羊，失固未盡失乎？抑吾思之，書之貴乎善本者，貴其文耳。文既是矣，爲刊爲鈔，夫何以異，故書此以示我子孫，且諗後之得我書者。是歲嘉平，某記。

丙申十九日 大雪。寒甚，不能作一事。購得《王秋澗大全集》，明刻殘本；又《宛陵集》，乃澹生堂舊物；吕氏《讀詩紀》，孫淵如舊藏，惜亦殘缺。寄李廉甫書。

丁酉二十日　晴。寄李黄州荆南書。皂兒購《古史》六册，宋版中之佳者，惜亦不全，乃汪士鐘舊物。

戊戌二十一日　晴。寒甚，積雪未融，恐仍欲雪也。閲邸抄，始知十五日之災是始於貞度門失慎，延及太和門及庫房等處，非太和殿也，謹節録於後：

光緒十四年十二月十七日内閣奉上諭：本月十五日夜間，貞度門不戒於火，延燒太和門及庫房等處，經王大臣等督率官員、弁兵等撲救止熄，實屬勤奮出力，深堪嘉尚。著每名賞銀二兩，水會十五處著賞銀一萬兩，各木廠、匠夫等著賞銀一千兩，受傷兵匠每名加賞銀十兩，以示奬勵。火災示警，深宫祗懼實深，惟有寅畏天威，益加修省，於一切政事不敢稍涉懈弛。爾大小臣工亦當仰體兢惕之懷，精白乃心，勤修職業，以彌災異，而迓祥和。將此通諭知之等因。欽此。

己亥二十二日　晴，寒甚。製一棉帳禦風。印花洋布，尚是先公從前自粤携回者，已四十餘年矣。余生平不肯以綢絹作褻衣、帷幔等用，非惜財，實惜福也，後人其知之。寄悦卿信並米袋等。

庚子二十三日　晴。皂兒生日，書卿及季文、小宜、老七來。得味問信，云茶花託吴問巢帶蘇。問巢，未知何人，無從問信，只可俟其通來矣。

慶歷中，議弛茶鹽之禁及減商税，范文正以爲不可。茶鹽商税之入，但分減商賈之利耳，行於商賈，未甚有害也。今國用未減，歲入不可闕，既不取之於山澤及商賈，須取之於農。與其害農，孰若取之於商賈。今爲計莫若先省國用，國用有餘，當先寬賦役，然後及商賈，弛禁非所當先也。其議遂寢。右見《夢溪筆議》卷十三葉。與今之欲免釐金而規復正賦者，其意略同，故録于此。又卷十一第八葉『皇祐二年吴中大饑』一條，可以爲振饑法，亦范文正事。文不録，可檢而得也。

辛丑二十四日 陰。沈旭初送茶花來，蓋文枏托子梅交吴問巢帶來也，惜已枯矣。皂兒購宋王阮《義豐集》一卷，蓋從閣本鈔録。卷末有晋安黄瓚跋，謂抄自晚邨家，莫明其故，或藏書者於他處見此跋，遂綴于後耳。又《錢遵王詩稿》一册，舊鈔本，凡六種，曰《懷園小集》《交蘆言怨集》《鶯花集》《風興草堂集》《判春集》《奚囊集》。

壬寅二十五日 陰，微有雪。李潤觀求售，還之。廣莽來。日晡子實來，仍薦朱簡生先生，即託其代訂明年課大鹿、六鹿讀，先送聘金。

癸卯二十六日 陰。平旦蜡祭百神，命皂兒恭代行禮。得惲直卿信。

甲辰二十七日 晴。料脚甲甚適。覆惲直卿書。洗蕉以《乾嘉詩壇點將録》見視，以歸愚當晁蓋，是也，謂及時雨爲袁簡齋，恐未洽後人之意。此必隨園弟子之所爲，非公論也。種緑萼梅於寒秀草堂之右。

乙巳二十八日　晴。購得《古史》六册，宋版宋印，惜所缺太多。記得上年皂兒曾收一册，前有『汪士鐘印』，與此相同，取視之，果然。

丙午二十九日　陰。晚祀先祖、喜神，跪拜成禮，居然從容，亦可喜也。

〔一〕卅，原作『二』，據上下意改。

〔二〕受，原作『授』，據《三國志》改。

〔三〕三，原作『二』，據《三國志》改。

〔四〕陳乃乾抄本有案語：乃乾案，查氏所藏宋本今歸吴興許氏。

〔五〕『天元玉暦』，原作『天元正歷』，據《讀書敏求記》改。

〔六〕『來』字下删去『已鮮嗜好，惟愛書之癖尚未能忘，然』十四字。

光緒十五年（據上海圖書館藏《弓齋日記》稿本整理）

光緒十有五年　歲在己丑。

正　月

正月丁未朔　早陰，午晴，平安無事。

戊申初二日　陰，日昳雪。皂兒購得《劉隨州集》十一卷，棉紙藍格，明人鈔本也。有朱校，甚佳，不知出誰手。無題識，亦無印記，可惜也。先是，皂兒於除夕至觀前閒矚，見有以此書求售者，天將曙矣，而無人顧問，遂以千二百錢收得，置諸世經堂，至是取歸呈予。挑燈讀之，漫記於此。

己酉初三日　雨雪。得許星臺同年覆書。

庚戌初四日　陰，微雪。接署靖江令朱少軒賀年信。

辛亥初五日　大晴，晚陰，寒甚。覆朱大令書。

壬子初六日　大雪。

癸丑初七日　暢晴。卧醒，披帷見日，恰逢人日，可喜也。客有以元錢思復《江月松風集》

求售者，康熙時人翁栻又張手鈔本也。字頗精美，首有蕘圃題記，録之于此：

錢思復《江月松風集》，余向未之見，今見諸玉峰考棚汗筠齋書籍鋪，蓋太倉金元功家物也，却爲吾郡人手録本。翁名栻，字又張，號南陔，其景仰昔賢之意可見。住東洞庭山，則太湖、具區兩書中當必有其人，惜案頭無其書，不之詳，然愛書如命，手澤猶新，其人固可想見。且爲金侃亦陶之高足，宜其流風餘韻洋溢於縹緗翰墨間也。余生平嗜書，並嗜藏書之人，書賴人以傳，人亦賴書以傳，安能離而二邪？此書罕有，固不待言。藏書之人於此僅見，余故表而出之，爲今撰修郡志者有考焉。道光癸未三月望日雨窗蕘夫識。〔一〕

蕘翁跋此書正在余生之歲，三月望則尚在余生八月之前也。鹿叟記。

連朝風雪人日喜逢晴霽適有以《江月松風》來售者讀之中有《人日喜晴》一首因次其韻

開歲多風雪，平蕪緑未勻。喜逢新霽色，歡洽老年人。淑氣回暘谷，流光逐暗塵。披編尋甲子，恰與我同春。書有黄蕘圃主事道光癸未題跋，余始生之歲也。

甲寅初八日　晴。

乙卯初九日　晴。讀邸抄，去臘十九日鄭工合龍，賞賚有差。親政前得此，誠盛事也。

丙辰初十日　早晴，午後陰，晡後雨，大風。得子湘上年嘉平六日書。夜半雪。

丁巳十一日　早雪，旋晴。覆子湘書。

戊午十二日　晴。得芝庭信。

己未十三日 晴。寄夔石書，得二琮叔信。

庚申十四日 陰。叔來過談。寄二叔、芝庭並汪錦標信，爲潘燮卿事也。

辛酉十五日 晴，夜月色皎然。京師俗語有『八月十五日雲遮月，正月十五雪打燈』之説，余幼時即習聞之。南方亦以中秋、元宵陰晴互驗。上年中秋雖晴，而月色却不如今夜。記之於此，以待今年中秋驗之。

壬戌十六日 晴。寄戴笠青弟信，並夢波丈撤席分兩元。劉穎如送到蕙生交來洋一百七十五元六角一分，又惲記三十元二分五釐，當交湘甥轉送。

癸亥十七日 晴。吴子實來。

甲子十八日 晴。晚祀先祖，謹收喜神。爲筱沅中丞書《釣臺先生遺書》封面。

乙丑十九日 晴，午後陰。延朱簡生茂材課大鹿。簡生，崑山人，彦生少京兆堂弟也。

丙寅二十日 陰雨。簡生先生到館，晚置酒宴之，邀蔣甥暨善卿作陪。得叔來札，云收得莊姓歸完五百金，於十七日送交永豐入帳。

丁卯二十一日 早雨，旋晴，午後復陰。寄悦卿信並英洋一百元，托永豐匯去。譜笙自湖來。

戊辰二十二日 陰。寄宗湘文書，送還《讀書敏求記》四册，附宣紙一幅，託湘文携京，轉乞翁大司農書『寒秀草堂』額。

己巳二十三日　陰雨。師伯駿兄來，不見二十餘年，今年七十三矣，精神矍鑠，可羡之至。有書院在山東武定府南，來訪親，寓其侄婿張通守家，談别後事甚悉，贈以十元，聊盡此心而已。晡後孫晋江來，年少進士，分得吏部，何患不出頭，無故改捐知縣，選得江西□□，被劾而歸，流寓於此，又心想發財，所餘宦囊十去三四，亦可憐也。

庚午二十四日　陰雨。李遠辰來，盛服而携書畫一箱，云來就正以余，而又不盡出，僅以碑帖四種，手卷書畫三種相示。即向其借觀懷素《千文》一册、《隸韻》殘本六册，皆宋拓也。又《魏崔敬邕墓誌銘》一册，亦著名之物，其實是康熙間安平出土，北碑似此者亦多，不過因此拓本少，故遂稱奇耳。朱先生考書院。雪始聲。

辛未二十五日　陰雨。校《隸韻》，始知阿厚菴所刻秦敦復本是影寫入木，秦臧宋本不知今尚在人間否。幸留此一綫，不至種子斷絶，其功豈淺鮮哉！擬用初印精本，倩好手鈎摹刻石，以還劉氏舊觀，奈床頭金盡，此願不克償矣。皂兒購得漢印一鈕，文曰『歸義長印』，甚精好，亦前人所未多見者。無意得之，可喜也。

壬申二十六日　陰雨。徐松生先生來。叔來來，云閶門外店房已同楊木匠説定，前一進三間，騎門梁後一進兩間，騎門梁樓六幢，每幢英洋九十元，兩披厢外加二十元。問開工日期，擇廿九日吉。日仄鄭秋亭來談。校《隸韻》，宋本斷爛處以朱鈎勒之。得李漕帥覆信，又接周季相信。

癸酉二十七日　陰寒。徐先生開館，晚置酒款之，邀李鞠農、查蕉坨、張謙甫作陪。戴世兄屬題尊甫鰲峰同年課孫草文一篇。題『不知其人，可乎？是以論其世也』。全篇徵引四子書，短兵相接，凡一千四百餘言，足以開發初學心思。

甲戌二十八日　晴，寒甚。諺云『未過驚蟄一聲雷，四十九日雪花飛』，言春寒也。斯言信矣。

乙亥二十九日　晴。

丙子三十日　晴。接悦卿信。皂兒購得明嘉靖本《陳後山集》三十卷，其直七元。又《淵雅堂全集》五十卷，其直三元。夜雨，偶憶一詞，附録于後：

少年聽雨青樓上，銀燭昏羅帳。壯年聽雨客舟中，天闊雲低、斷雁叫西風。而今聽雨僧廬下，鬢已星星也。悲歡離總無心，一任窗前、點滴到天明。

二　月

二月丁丑朔　早晴，旋陰，晡後復晴。校《隸韻》畢，有跋尾一通在本書。寄子湘信，並花夏布四匹、熏豆、酥糖、筍乾、椿芽，交張子茀帶。

戊寅初二日　晴。寄潘大司空書，並《陸宣公奏議》《四聲易知録》《説文韻譜校》各一部，仍託子茀帶。皂皂購得精抄本《建康集》，與張月霄《藏書志》符合，似是明人舊鈔，與家藏葉調笙、勞季言校本可互觀。於李鞠農處假得元大德刊本《風俗通義》，第一行題云『大德新刊校正風俗通義序』，次行『漢太山太守應劭』『漢』與『俗』並，每半葉九行，行十七字，十卷，乃鞠農族人藏本。

己卯初三日　晴。欲景鈔《風俗通義》而不可留，乃手印一葉，屬鞠農覓寫官足成之。此元刊本，即盧抱經覓而未見者，卷末題云：

余在餘杭，借本於會稽陳正卿，蓋一得于中書徐淵子。訛舛已甚，殆不可讀二一。愛其近古，抄録藏之。携至中都，得館中三木及孔復君寺丞本，互加參考，始可句四讀，今刻之。夔子好古者，或得善本，從而五增改，是所望云。嘉定十三年秋七月庚六子東徐丁黼書。

庚辰初四日　晴。穆子美回家，付給洋二十元。讀葉調笙《吹網録》《漁陂餘話》。

辛巳初五日　晴。補録葉調笙《讀書敏求記》校語一條於臨寫宗湘文藏本後，並自作跋尾。跋長不録。

壬午初六日　晴。朱修庭來談。購得銅章二：一『朱遠之印』，乃漢子母印，子印已失；一『載拜』二字，初疑是元物，細觀印章獸鈕，製作精妙，朱文亦頗圓美，殆是明人所造，與元人『頓首』『謹封』等製，厚薄懸殊也。

癸未初七日　晴。爲漢章事致少裳、虎臣信，寄子湘轉達。又爲謙甫致星臺。暖甚，地潮濕數日矣，日來更甚，到處汪如積潦，雖黃梅亦不過如是，恐有大雨來矣。

甲申初八日 陰雨，復冷。飯後作書，殊不快意。讀《世説新語》。

乙酉初九日 陰雨。寒甚，不能作一事。欲購《容齋隨筆》而不得，託少蓀解餉至白下，順便物色之。有一隅草堂本《白香山集》，欲購之而價甚昂，議未妥。予藏書不爲少矣，而尋常通行本轉未有，亦可笑也。得稺夔致皂兒書，夔石姬人於正月廿六日生一子。

丙戌初十日 陰雨，寒冷如昨。飯後爲人作書。致夔石信。挽徐子静表叔：

宦轍嘅殊塗晌息廿年適館京華真似夢，

僑居悵隔郡疎來萬里班荆江上竟無緣。

丁亥十一日 陰雨，寒更甚。初八、九日黄昏聞隆隆聲，以爲雷也，今有言及，云並非是雷，乃是天愁。余按，『天愁』之説，不見於天官家，豈所謂『天鼓』耶？是可憂已。購得《古印集成》六册，乃吴人唐詔手摹，前無序文，有退樓識語，亦言之不詳。每卷前題曰『桃塢唐詔心賞』，封面之背木印文曰『蘇州桃塢唐氏讀山居辛生臧印』。退樓以顧氏《印藪》比之。無年月，每卷有許信生中丞題籤，則辛生此譜，當成於咸豐年間矣。按：顧氏《印藪》是木版，〔二〕與《秦漢印統》並是明人所刊，雖摹勒未精，尚存古意。今之自謂仿漢者，大率以刓敝爲能，初未得古人用意之妙。辛生則左規右矩，動與古會，真今之高手也。譜中所模秦印頗多，文大半不可識。『坎』爲『壐』之異文，又有『叀』字，吴清卿河帥謂是周壐，而亦莫識爲何字。余按，此字從『卢』從『又』，『又』即手，似與『又』執中同意，《周禮》『貨賄用壐節』，疑此是『節』字。譜內有朱文『大叀』一印，與清卿所寶玉印正同。又有數印，『叀』字在右，而左一字均不可識，竊意文是左行『厶節』二字；又有『㫐』字，與『叀』筆畫小異，疑亦是『節』字，非《説文》『㫐』字。附識于此，以俟博雅君子論定之。

戊子十二日　晴，春寒。得詩一首，凡卅六韻。外姑九十冥誕，依俗例，在寶積寺諷經一日。

春寒

日月如跳丸，招摇倏指卯。憶昨正月末，雷聲發天表。吴儂切切言，古諺有預兆。曰未驚蟄雷，春寒凍人腦。七七雪花飛，視如指掌瞭。我未以爲然，占驗聽父老。好風自東來，冰泮波浩淼。唼喋出遊魚，緜蠻語黄鳥。桃李花孕苞，笑靨倩先巧。風檐舞柳枝，青泥迸百草。淑氣轉融和，晴光泛縹渺。萬物翏翏然，春臺游雍皞。詎期事不然，寒燠變昏曉。一夜聽蕭蕭，雨急風又攪。六出飛瓊琚，開門積已皓。敝裘冷不温，鑪火熄又燎。出門逢餓夫，涕泣爲我道。天氣日昨佳，日出光杲杲。曝背南榮下，如著黄緜襖。遂脱舊衣裳，易米圖一飽。衣去天又寒，失計圖懊惱。朔風撲面來，齒噤唯堅齩。迫仄猨聳肩，瑟縮鴉拳爪。回首顧妻孥，蓬蓬髮如葆。但聞寒啼兒，並乏羹頡嫂。無食更無衣，指日成餓殍。我聞斯語言，惄焉心如擣。所見既如斯，未見恐不少。是豈天不仁，炎凉故顛倒。陽氣偶邅屯，群陰遂纏繞。盛極必有衰，寒甚豈無燠。我欲拜緑章，虔誠叩蒼昊。乞畀青帝權，陽和施令號。曰雨而曰暘，不驚復不擾。庶幾萬〔三〕物倫，蘇息回枯槁。耕鑿無飢寒，生成戴大造。

己丑十三日 晴，寒猶未解。有持《元詩選》癸集來售者。按：顧氏此書二集、三集均至壬而止，此不知二集抑三集者。癸之甲不分上下，及壬上下已刊，有校樣，餘俱寫樣未刊，惜只存甲刊本缺序目、戊之下、己上下、庚上下、壬上下刊本、癸上下十卷，而十卷亦有缺損，其乙、丙、丁、戊上、辛均亡之矣。

庚寅十四日 晴。任筱沅來。天稍和而寒未解。飯後作字，少蓀强作行楷，因塗與之。

辛卯十五日 晴，寒冷如昨。爲少蓀作大楷《程子四箴》。久不作此，殊不成字，不如篆書之尚可觀也。

壬辰十六日 晴，天驟暖。季文來。

癸巳十七日 晴。沈旭初來，僕人以卧未起，辭之。必欲相見，坐以相待。見則爲弟子禂官事相詢也。子禂，朗山子，本以道員分發江蘇，因回避旭初，欲改捐四川，問辦法，以例告之。日仄子禂來談，蜀中不勝今昔之感。

甲午十八日 晴。移盆中茶花於假山之趾。季文以任筱沅中丞所刻《崔敬邕碑》雙鈎本相貽，因假李香巖所藏原拓本校之，摹失處甚多。擇其最謬誤者，手自鈎摹，黏諸刻本以正之。

乙未十九日 晴。黼卿自常州來，以其居停胡式嘉太守辭差，薦與後任，不收也。作悦卿書，並匯洋百元，令時福明早送至永豐轉寄。

丙申二十日　晴，午後陰，晡雨。閶門外殳家墻門店屋上梁，遣時福往視之。

丁酉二十一日　陰。收拾花木，見盆橘發花，白香可愛，因成一律：

春寒十日阻遊人，虎阜靈巖一色新。却軌閉門容我嬾，焚香掃地見天真。玉禾酒熟黄於月，金橘花開白似銀。惟有窗前松樹子，終朝相伴苦吟身。

戊戌二十二日　晴。爲子實諸君作書。楊世兄贈其尊人所書墨拓各種並家集。得沈世湞信。

己亥二十三日　晴，暖甚，夜大風。得悦卿信。種黄薔薇于假山之西緣，上年所栽未發也。先是，唐福以百六十錢購得一枝，已植之矣。花傭視之，曰：『不但非黄薔薇，亦並非薔薇。』問其故，曰：『薔薇枝間有刺，此則無也。』驗之，信然。唐福誠不識花，然購諸飲馬橋花局，彼固城内巨肆也，乃欺人如是，人心真叵測哉！

盆橘花開偶成重出

春寒十日阻游人〔四〕，虎阜靈巖一色新。却軌閉門容我嬾，焚香掃地見天真。玉禾酒熟黄於月，金橘花開白似銀。惟有窗前松樹子，終朝相伴苦吟身。

庚子二十四日　晴。檢點舊書。尋宣龢孫雙鈎《林文忠公手札》，竟未見。

辛丑二十五日　晴。林篤甫生日，自往蕭山，而家中待客，且告客只備晚飯，無早麵，祝壽者皆以飯後往，亦可異矣。龢卿之子肇祥請命字，以『吉士』字之。二琮叔自典來。篤甫生日乃廿六日，誤記於前，聞其去而復返，不知何意也。

壬寅二十六日 晴。叔來病將一月，似是消渴。此間竟無良醫，張小林雖亦平常，而人尚虚心，肯查檢方書，特太膽小，不能了事。勸其往無錫請子備一看，聞尚游移，心竊憂之。

癸卯二十七日 平明雨，旋晴。二琮叔回湖。爲叔來事躊躇無計，内子雖日日前往，亦愛莫能助，因致書竹坡，約其前來共商之。

甲辰二十八日 晴。爲王仙根寫壽聯。日仄篤甫來謝壽，幼亭繼至，欲邀作春遊，謝之以詩。

王仙根五十雙壽對：

慶叶林壬義圖大衍，

鼇延上巳仙耦長生。

乙巳二十九日 早晴，午後陰。添種黄薔薇於咫進齋小院中。寄沈書慎信。

費五觀察弟枉顧，邀作春遊，詩以謝之

病榻纏緜一載餘，揭來猶自閉門居。喜逢舊雨遨頭約，況是春風拂面初。遣興久經懷白墮，出行無奈怯藍輿。和陶擬效東坡體，漫説公榮勝不知。

附録

正月

二月

三月　廿八，六鹿乙酉

四月　十六，儀保庚申；十七，培之辛酉

五月

六月　十五，太太甲申；廿四，湘保己未

七月　廿二，二鹿辛巳

八月

九月　初三，五鹿甲申；廿二，頤保己酉

十月

十一月　十一，八鹿戊子；十六，大鹿庚辰

十二月　初二，老爺癸未；初五，四鹿癸未；廿三，皂皂丁巳；廿九，七鹿丙戌

鹽公堂同人照戊子春祭知單録

潘子欒，芝庭，麗生，晋笙，佑之，桐生，仲溪，偉如　本潘氏業，後陸續出售于人

金秋苹，祝柳莊，葉筱珊，胡謹定甫，蘇仰泉

盧廉風，張惠生，盧筱松，王耀庭

任寄鷗，陸介眉，劉味間，姚咫瞻

戊子年蘇城節氣時刻較都城遲九分

大建甲寅癸丑朔正月八日庚申午正初刻十一分雨水，廿三日乙亥巳正二刻七分驚蟄

小建乙卯癸未朔二月八日庚寅午初三刻八分春分，廿三日乙巳甲正一刻三分清明

大建丙辰壬子朔三月九日庚申子初三刻十分穀雨，廿五日丙子巳正二刻五分立夏

大建丁巳壬午朔四月十日辛卯子初三刻十四分小滿，廿六日丁未申初二刻一分芒種

小建戊午壬子朔五月十二日癸亥辰正一刻十四分夏至，廿八日己卯丑正初刻七分小暑

大建己未辛巳朔六月十四日甲午戌初二刻三分大暑，三十日庚戌午初三刻九分立秋

小建庚申辛亥朔七月十六日丙寅丑正一刻十二分處暑

大建辛酉庚辰朔八月二日辛巳未正二刻白露，十七日丙申子初二刻七分秋分

大建壬戌己酉朔九月四日壬子卯初二刻三分寒露，十九日丁卯辰正一刻一分霜降

小建癸亥己卯朔十月四日壬午辰初三刻十分立冬，十九日丁酉寅正三刻十二分小雪

大建甲子戊申朔十一月四日辛亥子初三刻十分大雪，十九日丙寅酉初二刻冬至

小建乙丑戊寅朔十二月四日辛巳巳正一刻十三分小寒，十九日丙申寅初二刻十二分大寒

《爾疋》

甲閼逢、乙旃蒙、丙柔兆、丁强圉、戊著雍、己屠維、庚上章、辛重光、壬玄黓、癸昭陽，子困敦、丑赤奮若、寅攝提格、卯單閼、辰執徐、巳大荒落、午敦牂、未協洽、申涒灘、酉作噩、戌閹茂、亥大淵獻

《史記·曆書》

焉逢甲。端蒙乙。「端」，《爾雅》作「旃」。游兆丙。《爾疋》作「柔兆」，徐廣作「游桃」。彊梧丁。徒維戊。《爾雅》作「著雍」。〔五〕祝犁己。商横庚。《爾疋》作「上章」。昭陽辛。《爾疋》作「重光」。横艾壬。《爾疋》作「玄默」。尚章癸。《爾疋》作「昭陽」。

困敦子。赤奮若丑。攝提格寅。單閼卯。一作「亶安」。執徐辰。大芒落巳。「芒」一作「荒」。敦牂午。汁洽未。「汁」一作「協」。涒灘申。一作「芮漢」。作噩酉。「噩」一作「鄂」。淹茂戌。「淹」一作「閹」。大淵獻亥。

夜半子、雞鳴丑、平旦寅、日出卯、食時辰、禺中巳、日中午、日仄未、餔時申、日入酉、黄昏戌、

人定亥

建子爲正，以夜半爲朔；建丑爲正，以雞鳴爲朔；建寅爲正，以平旦爲朔。正者一歲之首，朔者一日之首。

畢甲、橘乙、修丙、圉丁、厲戊、則己、窒庚、塞辛、終壬、極癸，月陽《爾疋》。陬正、如二、寎三、余四、皋五、且六、相七、壯八、玄九、陽十、辜十一、涂十二，月名《爾疋》。《史記·曆書》：『夜半朔旦冬至。』《索隱》曰：『以建子爲正，故以夜半爲朔；其至與朔同日，故云「夜半朔旦冬至」。若建寅爲正，則以平旦爲朔。』《曆術甲子篇》『曆建作於孟春』，《索隱》曰：『上元太初曆等，皆以建寅爲正。』『次順四時，卒于冬分時』，《索隱》曰：『言建曆起孟春，盡季冬；冬盡之後，分爲來春。』『雞三號，卒明』，《索隱》曰：『言夜至雞三鳴則天曉，乃始爲正月一日。』『撫十二節，卒于丑』，《正義》曰：『自平明寅至雞鳴丑，凡十二辰，辰盡丑又至明朝寅，使一日一夜，故曰「幽明」。』《史記·曆書·弟四》

鴿山錢莊名源豐潤。

石來保，字仲龢。

翁巳蘭住上海大馬路集賢里移寓後馬路仁美里。

王夔石十月廿四日生辰，庚寅生。

造印信牋封在臨頓路顯子巷口潤昌號作坊。

徐劍華表叔住揚州北柳巷龍背南首。

上海寶善街王大吉寄售四川保寧府穆復泰範記半夏麯，每兩制錢二百文戊子二月十二日正張。

朱福保，號輔廷，妙喜人，白榆先生之孫，現住宜興東門東關橋南麥場。

徐敦瀛，號季海，住湖南省寶南局五祖姑母之嗣孫。

朱少愚住海鹽城内西門大街通奉第寄信由嘉興南門大街大和典轉遞。

任秀山，森昌，盛京局坐莊，與子湘相好。

鹽公堂同人：潘佑之，桐生，仲溪，偉如，子樂，英庭，麗生，晉笙，金秋苹，祝柳莊，葉筱珊，胡謹定甫，蘇仰泉，盧廉風，張惠生，盧筱松，王耀庭，任老潛，陸介眉，劉味間，姚咫瞻凡廿一家而附股者不列焉，照戊子五月知單録。

陳德興窑貨棧在宜興縣城南大街城隍廟北首，掌櫃號柏亭。

惲竹坡住常州府城内周綫巷。

劉文枏住南京侯府防營報銷局。

〔一〕瞿鳳起抄本有案語：黄跋已見繆刊本。

〔二〕瞿鳳起抄本有案語：顧氏《印藪》先有墨鈐印本及朱鈐印本，後入木，又有朱印及墨印兩種。

〔三〕『萬』字稿本原脱，據《大疊山房詩存》補。

〔四〕據前一日日記補『人』字。

〔五〕此條原在『祝犁已』下，誤。今移至此。

光緒十六年（據上海圖書館藏《弓齋日記》稿本整理）

光緒十有六年，歲在庚寅，寓蘇州蕭家巷。

四　月

四月壬子十三日　陰，晡後晴。寄黼卿書。購得舊鈔本《春秋通説》。按：《通志堂經解》何義門評云：『東海先有鈔本，從黄俞邰處來，乃僞書也。後汲古得李中麓所藏景宋鈔本，用以付刊。』其書前有表、序，今此本無之，文亦迥異，是千頃堂本也。鈔手甚精而舊，疑與東海同時，惜無印記，不知何人舊藏也。

癸丑十四日　晴。培之回雙林成服，即由雙星奔赴閩。爲熊侄致廣蕣書。購得明鈔《中州集》，出弘治刊本，後附《中州樂府》，則出嘉靖本。每卷前有『每愛奇書手自鈔』朱文方印，序目及《樂府》出一手，餘又一手。開卷書味盎然，蓋出藏書人手録，非尋常寫官所能爲。惜無題識及印記，姓名翳如矣。甲卷有錢蒙叟印，乃後人作僞，不可信。

甲寅十五日　晴。徐洽齋、鄭小軒自雙林來，蓋亦得延平電信也。傍晚儀女率兒女回雙，二君即同去，遣皂兒送之。胡雲臺自滬進省，來談。汪實齋來。陳幼懷來借洋，以十元付之。熊兒赴滬，謁吳廣葊。

乙卯十六日　晴。帖賈錢生以舊帖來售，有巾箱本米書《陰符經》，前有篆書『有美堂帖』，標目下方『笠澤隱居』小印，疑刊帖人所識，是此帖出吳下矣。書凡三十三行，《陰符》書至『以時物文理悊』止，次行署『南山米老學書課』，後鈐『米芾』二字白文印，刻手致精，氊蠟尤精美，惜未知爲何時何人刊石耳。後有小跋，不署款，有『夢莊』小印，似出近人，謂是帖乃宋時拓本，不足信也。

丙辰十七日　陰，小雨，晚晴。得皂皂八尺信，言風不利，昨至吳江喫飯，晚僅至八尺也。

丁巳十八日　晴。黼卿來。寄皂皂信。又接徐龍伯信，乞爲尊甫子静表丈書墓志銘，文不合格，尚須再商。俞曲園來，欲爲彭雪岑尚書湖上鄉祠請列祀典，屬於公呈内列名，諾之。

戊午十九日　陰雨。接皂皂南潯來禀。寄皂皂信，内附張笏臣一函，培之所欲也。

己未二十日　陰雨。彭仲崧來，索仲復信。楊綬臣七十壽，遣人祝之，辭不受饋。得李荆南書。

庚申二十一日　陰雨。得皂皂禀，知十八日始到雙林，培之等十九日成服，二十日培之星奔赴閩，仍走内地，云二十日即可到，特未知有人同去否。儀女輩相即可同皂兒歸矣。寄生萬弟信，交胡萬昌帶。

辛酉二十二日　陰雨。覆李黄州賀節書，並爲頤女覆其夫人一信，交信局寄。

壬戌二十三日　陰，午後晴。得皂皂二十日來禀，培之已於是日赴閩。

癸亥二十四日　陰，午晴，旋復陰。得皂皂禀，知廿二日到郡，即日歸矣。薄莫熊侄自滬歸。寄芝庭信。又覆凌子餘書，並《續復古編》一部，交信局帶。

甲子二十五日　陰，薄晴。吴廣菁來，知熊侄已詳委糖捐差，可感也。

狀元吴魯，福建。榜眼文廷式，江西。探花吴蔭培，江蘇。

乙丑二十六日　陰，微雨，晚薄晴見日。覆龍伯信，告以金石例，並以王景之墓志示之，其蓋亦余所篆也。日加酉皂兒兄妹歸。得吴氏赴，子實學士於昨日作古。先是，有傳其病危者，遣人視之，愈矣，而不料其竟歸道山也。傷哉！

丙寅二十七日　晴。方大令□□來，奉檄赴湖北采買太和門祈年殿工程架木，來辭行也。凡采買杉木二千五百支，領銀二萬五千兩。養竹居以吴山子先生手録歸太僕平閲《史記》古香齋袖珍本來售，上有丹筆題跋，云是韓侍御舊藏，李申耆乞得相贈，因録歸批於其上。又題云：『韓自差旋忽來相索，因上有手批，另購一本還之。』韓侍御者，韓侍郎克均也。卷首有其印記，故知之。批精工不苟，書亦初印，裝以柟木匣，蓋潘秋谷物也。索廿八元，還以二十元，云明日回信。

丁卯二十八日 晴。陳幼懷來。傍晚得武昌電報，詢行期。《史記》竟非廿四元不售。

戊辰二十九日 陰雨。辰刻電覆武昌。體憊甚。有同鄉書船友來，以舊鈔《金薤琳琅》等書求售，惜無致佳之品。

五　月

五月己巳朔 陰雨。寄趙竹君信。購得三卷本《世説新語》，萬曆己酉春周氏博古堂刊本也。《世説》以嘉靖袁褧刻本爲最善，以其從宋陸放翁本出也。此又出于袁本，每半葉十行，行二十字，邵位西書目曾載之。余先得一本，乃凌瀛初所刊，亦出自袁褧本，特增王世懋批點，又改三卷爲八卷，不知何據。每葉十八行，字數亦同周本。又每葉標目下添入王、凌兩題名，故通卷展下，遂失袁本面目耳。位西書目未載，殆未經寓目也。

庚午初二日 陰雨。寄朱少虞書，並尊甫神道碑額，託新甫轉達。又寄平湖漢章妾子洋十元，交徐清卿轉付。又寄石萊保洋十元。皂皂作書。書船友以舊書來看，内有《鐵函齋書跋》，山陰楊賓耕夫著，鐵嶺楊霈慰農編，道光丁未秋刊於粤東糧道署。書無甚精義，非大瓢極作也。

連江吴襄惠公文華得舊拓《石鼓文》於楊用修，用修得之李西涯，實蘇子瞻藏本也。康熙初，其後人吴子鈞屬冶城李登、陳延之、歐陽惟禮篆而刻之木，連江令□繼生爲之作序。壬午冬，余既得國子監本，每以磨泐不全爲憾。一日，過報國寺集市，得小本，完好可讀，喜而夸示于人，遽爲張敬止中丞奪去，復悵悵不已。乙酉歲，客閩中，有以此獻李質君中丞者，考之，知在連江，因拓得之，是日爲之一快。楊大瓢《鐵函齋書跋》

連江《石鼓文》七百二字，相傳楊用修得之李賓之，賓之得之蘇長公，既入《陝西通志》，又刻木本以傳。朱竹垞以爲石鼓在唐時便已殘缺，焉得至明尚有完本，況第三鼓以『六師』二字更『避衆』二字，第四鼓以『六轡沃若』更『六轡□騖』句，弟五鼓增『我來自東』四字，弟六鼓每行增一字，弟七鼓增『徒御嘽嘽』五句，且以郭注『惡獸白澤』入正文中，娓娓數百言，皆有根據，而又以長公詩中『模糊半已似瘢胝』爲證，則是爲升庵僞作無疑矣。而余取而裝於國學本後者，亦存其説，以助後人之鑒别云爾。仝上

辛未初三日　陰雨，日仄晴。得龍伯覆書，爲子静丈墓誌銘事。

壬申初四日　陰雨，午後大晴，晡復陰，晚雨。得悦卿信，寄來饅頭山地契一紙。皂兒購得牙印一，文曰『許棲珍賞』，蓋楊聾石爲珊林丈作也。朱文，極圓美，款『聾石』，分書，二字亦佳，非近人謝梅石輩所能及也。

癸酉初五日　晴。楊鹿亭、惲季文、壽臣來賀節。購得青田石印一，白文『吉羅山農』，款曰『仿漢人印法，乾隆辛巳八月朔蔣仁記』；又小牙章一，朱文『玉帶水』，款曰『龍石』，隸書，其直洋銀一餅。得子湘信。

甲戌初六日 晴。得二琮叔信，並兆興月總。熊兒奉檄委糖捐查驗差。

乙亥初七日 陰雨。爲龍伯撰次静丈墓誌銘。龍伯先請沈明經作一首，次舟以爲不佳而重撰。沈作有八股氣，叙事徇俗，固不足以言文；次舟貌似古文，亦未盡善，然太無事實，而孝子之意又太高，頗難著筆，姑就次舟原作改其不合法者，寄龍伯商之。

丙子初八日 晴。汪錦標來，命皂皂等聞乐園觴之。朱辛伯來談。得三太太寄韻書，并玫瑰餅、挂面。傍晚吴子懋來，云將回湖北，索菘耘信。錦標言江陰田價每畝約二十千以上，每畝可收米二石，然活契爲多，或三年，或五年，年滿聽贖，是買而實典也，其價較廉，每畝約十千以外，收米數同。又言無錫知仁錢莊現换牌輔仁。凡錢莊皆經手管事人爲政，財東不得過問，故往往虧空倒閉，貽害東人。輔仁則資本鼎足而三：東一、管事人一、衆夥一。其用人最有條理，人妥而無資不用，有資而人不妥亦不用。人人爲東家做事，即人人爲自己做事，宜其隆隆日上也。

丁丑初九日 晴。刻林文忠手札跋尾竣，筆意毫無，版亦不平，竟不可用，只能重書，换版另刻矣。

戊寅初十日 晴。平旦得培之電信，知已於初八日到延平。施君懷自蜀來。

己卯十一日 晴，大熱。卧方起而君懷至，乃吐哺握髮而見之。談蜀中事，並自述宦況。問其何事到蘇，則專爲鄙人來也。自余家居以來，各寮寀之顧山中者，雖不乏人，然亦有爲余一手提拔而名利兼收者，徘徊滬上，揚揚得意，有告以余之蹤跡，竟置之不答，亦無一字見投者，則君懷之買棹而來，其意爲尤可感矣。

庚辰十二日　晴。骨董客杭州胡生以銅印三方求售，一『東萊守丞』，僞刻；一『白水儇渚』，明人閒章；一『立義行事』，真舊印，索價太昂，未能買成此印敝藏已有一方。

辛巳十三日　晴。吕世兄只園來。欲至考棚前一步，天太熱且無足觀，遂止。

壬午十四日　晴。江容舫前輩來。寄悦卿信並洋五十元。又爲吴子懋致惲菘耘書。接李廉甫信，並培之起服文一角。

癸未十五日　晴。讀邸抄，知陳舫仙引見，蒙恩開復原官銜翎，發往江南，交曾□□差遣委用。

甲申十六日　晴，午後陰，暴雨一陣即止。日中容舫來，疏飯茗飲，談至晡而去。侯佗以《摭古遺文》來售，此書多見前人引用，而未得刻本，今始遇之。凡上下二卷，文似《汗簡》，搜羅頗富，惜未注明出處。前有萬曆甲午孟夏上元如真生李登自序，行狎書，云『從愚新定私韻爲帙』，又云『姚允吉氏索玩不置，復借王崑石録之梓』。卷尾自題云『萬曆廿年壬辰六月六日寓東山精舍書完如真老生紀事』，然則是李登如真自著、自書，姚允吉、王崑石梓行也。又《六書準》不分卷，凡列象形、指事、會意、諧聲四屬，而以假借、轉注附入象形、指事、會意之内，每屬仍以四聲爲次。華亭馮鼎調雪鷗述，前有順治庚子七月晦日自序。不知其所學如何，尚當細讀之。熊侄赴上海當差。

乙酉十七日 晴。鄒和之來，言伊保案又駁又頂，當無異議。又言楊藝舫可補通永道，本在家，昨得信，已赴津矣。晡後季文來，言筱翁將有合肥之薦，屬杏蓀起草，昨已面商定擬矣。

丙戌十八日 晴，午後陰雨。疲倦甚，刻刻思卧，恐有濕氣矣。購得漢印二，一作龜形，一盤龍。余舊有銀印，龜腹内尚有小方印。古人用芝泥，故製度如此，今用艾染，則見龜形而不見印文矣。

丁亥十九日 晴。聞沈鑪青兄於十七日歸道山。傷哉！

戊子二十日 晴，晚陰，夜雨。爲二女致黄幼瀾夫人書，並蓬條八十根。二鹿昨至外家，食過量，又嬉戲撲地，且爲黄狗所駭，發熱嗜卧，胸前跳盪不已，夜半鼻中出血，覺餓，食粥少許，始得安眠。

己丑二十一日 晴。延張小林爲二鹿診視，云受暑熱，兼有食積，其脇間跳蕩，恐是努傷，幸出鼻血，兼得大解，病已漸去，便易奏效矣。賤體疲倦已甚，自疑是濕氣，小林一見，即謂黄色現於面上，與敝意適念，因屬小林開方治之。

庚寅二十二日 晴，大風。爲二小姐寄培之信。傍晚得文枏江寧來書，言慎齋館事朗西已允，俟有乾脩缺出，即爲安置。二鹿漸愈，仍延小林診之。

辛卯二十三日 晴。爲大女致廉甫書，問翁病，託爲培之報丁外艱，並將咨文寄回，託其回繳。

壬辰二十四日　晴。閲邸抄，知廉甫引見，開復原官。日晡得廉甫赴，少蓮親家竟於十四日作古，壽至八十有四，兒孫滿堂，不可謂非福，特無奈窮耳。大女例應成服，商之内子，云須爲之預備鞋脚等類，人手少，勢不能速，擬且緩告之。覆潘嶧琴學使書，並《吴興詩録》等書十一種，又贈以《邃雅堂集》一部、《偲進齋叢書》三集，交曲園託宗子戴孝廉帶杭。

借書目：

《吴興詩録》卅四卷《續録》十六卷，十八册；《鐙窗瑣話》八卷，二册；《賜硯齋詩存》五卷，三册；《高東井詩選》四卷，二册；《姚鏡堂全集》，六册；《緑蔭山房詩鈔》二卷，一册；《遠邨吟稿》，一册；《有真意齋詩鈔》五卷，二册；《松齋憶存草》，一册；《訒菴遺稿》，一册。

癸巳二十五日　晴，日仄陰，晡雨。季文來，談半時許而去，多聞所未聞。

甲午二十六日　早晴，午後陰雨，夜大雨。揚州書賈以舊書求售，無甚出奇者，有《奇晋齋叢書》，擬留之。

乙未二十七日　晴。二鹿之病總未見愈，連日延小林診視，總謂暑熱未净，雖知其跌傷，亦未專治也。黄昏時，忽覺胸中難過欲嘔，已而大吐，皆血塊也。然則其胸前跳盪，實是淤血爲患，色紫而成塊，幸而吐出，真天相也。申齋來。

丙申二十八日　早晴，旋陰，大雨一陣，午後復晴，大風。二鹿熱仍未退，延小林早晚視之。

丁酉二十九日 晴。二鹿漸愈，時思食物，是胃氣蘇矣。仍延小林治之。

戊戌三十日 晴。二鹿較昨日又好些，惟熱總未净，仍延小林。爲内子作三弟婦書，告以熊兒事。李潤觀以銅印四十方求售，十之八皆秦印也，確是翻沙而精工之至。

六月

六月己亥朔 晴。延小林。有以舊扇來售者，凡十柄，皆道咸間名人書畫，骨亦精好，以嗜慾無窮，而財力有限，且予舊畜類此者不少，並更有勝於此者，今俱失去，故不復於此措意，玩半日而還之。

庚子初二日 晴，大風。延小林。又購得《摭古遺文》一册，此書近頗罕見，故並留之。

辛丑初三日 晴，大風，日入始定。窓齋薦山東骨董客人劉姓來，有舊印八十餘方，真者十之九，惜斷爛者未能致精耳。

壬寅初四日 晴。盆荷水涸，新植牡丹及胡盧、扁豆亦待澤孔殷，乃督周福灌溉之。爲二小姐致黄幼瀾夫人書。

癸卯初五日 晴。體不適，疲軟已甚，腹中亦不快，乃嗅痧藥取嚏，已而汗出，覺少爽，食粥半甌而卧。

甲辰初六日 晴。體猶未愈，小林云是濕氣，姑照方服藥治之。得培之信，又得二琮叔信，爲二小姐寄培之信與幼瀾夫人。與山東客言定，漢印每方一金。

乙巳初七日　晴。山東客以古錢刀幣來看，皆僞品也。徐阿寶以商父丁爵來售，觜與足皆破而重修，文亦不甚精。

丙午初八日　晴。父丁爵議三十六元，本可不收，阿寶言乃吴子實家物，需錢湊用，甚亟，遂留之。鑪青舊僕楊貴來，言鑪青身後甫易簀，其弟鑄號古愚者，因伊妻病亦臨危，不欲停兄之柩。李松雲勸其停於側廳，亦不從。大殮畢，即刻移入宗祠，亦人倫之變也，慘哉！得生萬弟沈梅孫書。

會試及京闈鄉試十八房，原定《易》《詩》各五房，《書》四房，《春秋》《禮記》各二房，嗣因同考官以經分房，有關節者易於按經尋索，特旨不復分經，但以一二爲次，仍用十八人《陔餘叢考》，似乾隆年間事。

丁未初九日　晴。爲二小姐致培之書，寄福州，託招商局總辦王念劬大令轉交。念劬，蘇州人，吴清卿之妹婿也。

戊申初十日　晴。山東客又以六朝造像佛坐及秦篆刻石來看，是直以爲我無目者矣，一笑擲還之。

己酉十一日　晴。體又不適，小林云濕總未净，兼之暑易傷氣故也。藥方尚妥，照服一劑。

庚戌十二日 晴。

辛亥十三日 晴。寄子湘信，内附韻致三太太書，告知熊兒雙囍事也。早起聞外有喧哄聲，亟視之，則老嫗攜一女子方向周福哭詈。問其故，自言居保安橋，與盧媪同院，周福調其女屢矣。今日又遇於橋，復戲之，故來告。時福置不理，而周福翻怒目不遜，咤之，始不敢言。乃慰其母女，使去，而斥周福，呼薦頭來，告之故而逐之。

壬子十四日 平旦雪殷殷，雨下如注水，日出晴，晡後復陰，傍晚雪雨，一刻許即止。得黄幼瀾書。

癸丑十五日 晴。内子生日，不敢當賀，婉言謝客，而親友來者頗不乏人，置酒款之。

甲寅十六日 晴。得戴笠青弟信，又得子湘書。

乙卯十七日 早晴，旋陰雨，日仄復晴。李橘農來，回蘇接眷也。談都門近事，述子密語，促早日北行。

丙辰十八日 晴。閲《申報》，言得電傳，豹丞於十三日卒官，亦可傷已。又見邸抄，張笏臣於月朔到京。得二琮叔望日信，黼卿尚未到典，而十七日熊兒致皂皂書未提及黼卿，是不在滬矣。不知其人焉往。吁，可異哉！

丁巳十九日 晴。

戊午二十日 晴，晡後陣雨。得凌塵餘信，附《雙溪詩徵》一本，屬寄潘宗師。沈調甫來。

己未二十一日　晴。費幼亭來，爲史大令索仲復信。揚州書賈以明板《史記》來，秦藩刻本也。著録家不經見，未知出何本，當細讀之。

庚申二十二日　晴。寄守梅弟信，又覆戴笠青信，又代二小姐覆黄幼瀾夫人信。得趙甥惠卿書，上海文報局寄來。楊綬臣同年解餉赴都，來話别。

辛酉二十三日　晴。劉少枏言及公堂請振捐獎事，茫乎不知，因作書向張蕙生問之。晡後蕙生來，始知去、今兩年均有應獎之款，銚怡公名下共五百金有奇，然則我名下即有例銀五百之獎可請矣。得夔石四月十八日書，並吏部文一角，上海雲南文報局寄來。六月廿二日文報局收到，即交全盛寄蘇，今日到。

壬戌二十四日　晴。冢婦冥誕，昌善局念經。洗蕉來，蓋不登門者已一載矣。陳幼懷來。得子湘寄皂兒書。

癸亥二十五日　早晴，午後陰，晡雨。盛旭人兄、費幼亭弟、陳幼懷同來，爲典中機器款事也。持官訛索，不顧天理，不知王法，『不肖』兩字真當之無愧色矣。秦藩刻本《史記》以廿四元購得，據邵位西所記，即柯版序中所稱陝西本也。王先生來。

甲子二十六日　晴。得守梅回信，又得培之信，即轉寄黄幼瀾。咫進齋小院今年種胡盧一架，手自灌溉，居然結得十一枚，日日看視，頗覺自得。今日又往看，則只存新結四枚，其伏中所結好式樣者七枚，全爲人盜去。憶廿四日早去看尚全數具存，所未看者只昨一日耳，其爲廿四日失去無疑。其實物猶未老，即偷去亦屬無用，豈非損人不利己乎？天下玩好之物，人所共喜，亦難禁人之不偷，然亦不過擇其尤者一二可矣，從未有一網打盡如此賊之狠惡者。觀人於微，可恨亦可畏矣！

乙丑二十七日 晴。陳雲裳來。曲園持摺來取兆興存款子金，即向永豐劃取連閏七個月，計八十四兩付給，作函通知二琮叔。寄熊侄書昨日寄，補記。

丙寅二十八日 晴。廣東本家聽橋來，云入都尋志伯愚，聞天津大水，進京之路難走，故爾停頓，來此一行也。

丁卯二十九日 晴。爲徐子静表丈寫墓誌銘，窮竟日之力而成。雖不佳，或較時手尚與金石文相近耳。

戊辰三十日 晴。聽橋來，欲借百金，付以五十金。吴碩卿來，言都門事，應酬之繁數倍于往時，奈何！陳幼懷來，言許事未免大門反裝，作官數十年，固不知可以不顧天理而爲所欲爲也，今承教矣。寄龍伯信並所書墓誌銘。

七月

七月己巳朔 晴。旭人、幼亭、幼懷來。接黼卿揚庫來信。碩卿贈香、牛皮鋪墊、錫火鍋、水碗四，受之。

庚午初二日　晴。約碩卿、聽橋晚飯，邀子和、久也、韻和作陪。韻和因病未到。

辛未初三日　晴。朱先生到館。王先生得家信，其侄女夭折，擬暫回甫里。

壬申初四日　晴，旋陰，大雨傾盆，自禺中至日昳，凡兩時許方止。洗蕉以子婦小祥，不在家中誦經，盛怒而來，以言折之，怫然而去。

癸酉初五日　晴。子婦小祥，於昌善局爲之誦經三日。本日内子親臨，薄莫始歸。常貴附沈世兄便南來，本日到蘇。伊上月廿三日出京，到此僅十三日，可謂速矣。帶來子湘致皂兒一書，又從滬帶來熊兒一函，並漢章家七月分津貼二元。

甲戌初六日　早陰，旋晴。芝庭從華墅來，言揚典事多有向之饒舌者，交到韻記子金。

乙亥初七日　晴。得靖江典信並月總。何生世勳來。

丙子初八日　早雨，旋止。得二琮信並月總。夔石如君之姊劉桂寶偕其姑來，内子面詢實，即將來信並洋陸拾元付之。桂寶之夫所謂陸秋圃者，聞先久大當作夥，不知因何日辭出，當向芝庭問之。寄唁李廉甫，内附大小姐信。

丁丑初九日　暢。芝庭回典。得子湘信，聞何生委署丹徒主簿。陳大令壥海運回，來見。彭仲崧來。得守梅書。又得二琮叔斷絃赴。黄幼瀾寄培之信來。

戊寅初十日　晴。吴碩卿辭回廣東，託帶筱帥壽禮，如意一柄、畫一軸。爲仲崧致仲復書。

己卯十一日 陰，微雨。寄還守梅代辦捐振請奬洋九十二元由俊秀捐監加中書科中書銜，監一百八兩，銜六百五十兩，共七百五十八兩，减五成，實銀三百七九兩，除捐五百元，合銀三百三十三兩。外買票七十元，二五折，計洋十七元五角，部飯每例銀百兩，交三兩，局費亦如之。國子監每例銀百兩，飯銀一兩五錢，照費部三錢，監二錢，共四十七兩九錢，合洋如前數，託永豐匯，代何佩記支洋百元有回息。致芝庭書。

庚辰十二日 晴。

辛巳十三日 晴，夜半大雷雨。

壬午十四日 晴，黄昏小雨。寄夔石書，内附其如君之姊劉桂寶一信。桂寶之夫吕秋圃者，其父在瓣蓮巷口開瑞泰布店，秋曾在久大典學徒。典之鄰有對聯紙店，店有女與秋年相若，秋恒窺之，其師責而斥之，秋遂投鄰店學泥金焉。店之主夫婦僅一女，極鍾愛，正擇婿，以秋之家貿布，亦屬意焉。維時桂寶已在其家作養媳矣，事覺，遂不諧，秋亦歸其家，至今猶閒居云。

癸未十五日 晴。寄趙竹君書，告以北行須措資，託向楊黄岡商之。

甲申十六日 晴。沈退莽來。日加酉得武昌電信，問何日北行。爲二小姐作培之書。

乙酉十七日 晴。日加辰電復武昌，告以昨已有函詳達。皂兒從趙增三家借得《顔魯公集》二册，明錫山安氏刊本。前列年譜、本傳，後只補遺。據都太僕後序，『凡詩文十五卷』，今悉亡矣。惜哉！

丙戌十八日　陰雨，驟凉。得銅劍璏一，上龍虎二文極精妙。余所收及所見璏皆玉也，銅者絶少，亦未見前人著録，無意得之，欣喜無量。得守梅書，並寄到振捐，實收二張曾爵督銜，捐名肇和，但願諸孫自立，不用此也，即日寄覆。

丁亥十九日　陰雨竟日。讀《鳳墅殘帖》，彭忠肅一帖云：『數日天氣殊不常，或暖或寒，十分如三四月之間，未雨時，地至蒸潤，才雨便寒，蘇秀間水田政正此收刈，不致芽稻否。』與日來天氣正同，雖爲時差早，未至收刈時，已不勝畎畝之憂矣。聞任筱翁諸君消夏雅集，頗有咏物之作，内《晚香玉》一題，羌無故實，頗難著筆，擬作二律，録後。

晚香玉

氣若芝蘭色若霜，安排晚節到昏黄。冰肌玉骨清無汗，水榭風廊夜未央。比似宓妃來解佩，莫須荀令去留香。素馨末麗誰高下，付與詩人子細商。

香爲骨格玉精神，如此豐姿不遇春。媚夜情懷醲似酒，横秋色相爛于銀。濃熏班馬涵書味，小朵玲瓏是席珍。漫對夕陽嗟日晚，月明還有賞花人。

戊子二十日　陰，午後晴。爲陳伯雅致文枏書。何建之權主丹徒簿，辭赴任。

己丑二十一日　晴。

庚寅二十二日　晴。李潤觀以《倉頡廟碑》來售，拓手甚舊，而字亦不能增多，以餅金收之。

辛卯二十三日 晴。李潤觀以晉銅印三枚來售，一真二僞，索價極昂，不知能買得成否。

壬辰二十四日 晴。寄朱少虞書，欲向暫借千金，備北行之用。信交嘉興南門内大和典轉達。

癸巳二十五日 晴。陳幼懷來，辭回江陰，典事又起波瀾。予無樂乎爲官，惟其言而莫予違，百姓之爲人魚肉如此，胡可一朝居，今而後予北行之計決矣。敖觀樓來，贈金甫同年詩文全集。

甲午二十六日 晴。輓吴子實。

乙未二十七日 晴。爲二小姐覆黄幼瀾夫人信。

輓吴子實聯：

身已到蓬山，些子回風偏引去，

官曾同粉署，似君舊雨更無多。

又施少欽夫人：

義粟仁漿克相夫子，

金花羅紙是爲太君。嫌其似壽聯，未用。

丙申二十八日 晴。汪寶齋來，談吴郡及鄂中近事，力勸余出山，與敏齋絶相反。施笏亭與皂兒談，極言朱修庭之謬。

丁酉二十九日　晴。得陸存齋書。

八　月

八月戊戌朔　晴。信局送到存齋寄還《續金石萃編》。得熊兒信，並所購洋餅三瓶。

己亥初二日　晴。由朱竹石處送來少虞回信，允假千金，云初四、五日由上海匯來。

庚子初三日　晴。日加辰得京電，庶母王太恭人逝世。電簡，未云日期，觀發電時刻，乃昨下午十點鐘，或即係初二日事也。太恭人今年八十有五，子孫皆在宦塗，生得四品封誥，亦可無憾。惟十二年不見，滿擬秋間入都，尚可一瞻顏色，乃竟不及待，嗚呼傷哉！致熊兒書，通知此事，想伊亦得電信矣。芝庭來。

辛丑初四日　晴。寄子湘信，並銀一百兩，交永豐莊匯。

壬寅初五日　晴。竹石送到少虞借款，上海九八規元銀壹千兩，計履康票一張，當即作覆，並借券一張，託竹石轉寄。覆信並券稿均附日記卷尾，以備查考。履康票交芝庭劃存永豐。陸存齋來。

癸卯初六日　晴。閲永豐摺，規元一千，合蘇漕紋九百二十五兩五錢，蓋上海規元時有盈縮，本日市價如此也。接熊侄信，即覆。又接李廉甫信寄大小姐，託報到籍，因無履歷，作書索之。又接黼卿信並月總。又接荊南信。

甲辰初七日 晴。芝庭約兆興各股東集寒秀草堂，登注劉恒吉股本歸併姚餘福。日晡同人齊集，惲職思不到，篤甫云已經儘到，不來只可聽之。注畢，即與篤甫、周子楨同飲，盡醉而散。凡注合同林衍祚、周陸褎、何佩記、姚餘福四分，文録於後。

劉恒吉正本五千千文，又加貫五百千文，於光緒十三年五月歸併於姚餘福，以後典中進出盈虧，概與劉姓無涉，劉股合同作爲廢紙，此注。

光緒十六年八月□日書議　姚芝庭押

乙巳初八日 晴。

丙午初九日 晴。文波以二鶴至，色灰白，實鸛也。購自淮安，云即吕四場所産。相傳吕四場之鶴乃純陽祖師黄鶴之苗裔，夫曰黄鶴，則異於白鶴可知。是蒼蒼者，豈即黄之變色歟？價直三千，亦廉矣哉！

丁未初十日 晴。得二琮叔信，其長君硯池弟又於初七日化去。老年病軀，何堪當此，亦可傷已。得培之書。周子貞贈魏稼孫《績語堂詩文題跋》，共一册，又《碑録》四册，周涑人星譽同年《傳忠堂學古文》一卷，畇叔《鷗堂賸稿》一卷、《東歐草堂詞》二卷。

戊申十一日 晴。寄漢章子十元，託徐清卿轉交。

己酉十二日 晴。文小坡來。爲二小姐作培之信，又黄幼瀾夫人信。接蘭甥書，索普濟丹，即覆。

庚戌十三日　晴。皂兒購得古香齋《施注蘇詩》，其直洋蚨六餅。得悦卿信。

辛亥十四日　晴。寄二琮叔慰信，並二嬸奠敬四元、硯池弟楮儀二元。惲厚存來。次遠之子扶其繼母柩回常，送奠儀四元。帶到子湘信並月餅等物，例贈季文夫婦節儀。自余到蘇，每節皆然，本届辭不受，並壽臣者亦退回，知其憾深矣。閲電報，湖北、江蘇兩藩司對調。

壬子十五日　晴。季文來賀節，仍以洋付之，辭而後受，云此來爲堂上所不知也。皂兒往賀，拒不納，季文云，伊私來此，爲人道破，大受譴責，姑妄聽之，一笑而已。購得套紅鼻烟壺一，膽瓶式，黄藕粉地，一面刻巨桃、蝙蝠，一面榴實，蓋福壽、多男子意也。刀刻精妙，而深可以兩指掐起，真辛家坯無疑。此間無識者，久而無人過問，乃以歸余，而索洋蚨四餅又半去。夜，月色皎然。

癸丑十六日　晴。得子湘信。

甲寅十七日　晴。預定王也愓、朱簡生兩先生明年教讀也。愓欲帶附學，告以事原可行，惟學生太多，人家往往有因附學而致賓主參商者，不可不慎之於始。因議定明年增修，致送六十元，簡翁亦同此數。兩君首肯，即日送聯敬爲定。

乙卯十八日　晴。

丙辰十九日　晴。建昌公忌日，虔修祀事歸。蔣氏妹來，言接花甥信，正陽門甕城敵樓坍塌，而《申報》未提及，何也？申刻發武昌電報，詢前信到否。

丁巳二十日 晴。日仄得竹覆電，云葆初籌《毛詩》一部，已匯蘇，計日内可到矣。

戊午二十一日 晴。禺中沈旭初來，坐未久而新廉訪張笏臣至，蓋我故人張樂山都護之子也，不見二十有二年，已鬑鬑有須矣。睹其狀貌，宛若乃翁，喜故人之有子，亦不勝今昔之感焉。談少青事，纖屑盡知，其關切有逾骨肉，使人可感可敬。

己未二十二日 晴。聞容臺豫作大禮議，或勸余且緩北行，或謂宜在津門小住者，心爲之游移不定。邵書賈以影元抄本《飲膳正要》來售〔一〕，書三卷。天歷三年三月三日，飲膳太醫忽思慧撰進，前有虞集奉勅撰序，次表文。忽思慧外，又有列銜三〔二〕人：耿允謙、張金界奴、拜住、常普蘭奚，字畫工整，圖尤精美，蓋元人官書，非尋常版本所可比擬也。往見《蘭亭序》，有元□宗賜張金界奴本，初不知其爲何人，今讀此書，其表文内結銜云『奎章閣都主管工事資政大夫大都留守内宰隆祥總管提調織染雜造人匠都總管府事臣張金界奴校正』，虞序内云『大都留守臣金界奴傳勅命臣集序其端』云云，然則張金界奴固元之宦官耳，託文字以傳其名，亦幸矣哉！

庚申二十三日 晴。芝庭交來兆興合同補注加戳粘單，何、姚各一紙，當即粘附訖。得朱少虞收到借券信。

辛酉二十四日 晴。購得元版元印《北史》，惜首册配明萬曆監本，其直番蚨十有二枚，謝經手人一枚。舊書日見其少，雖元版亦足珍矣。郁老寶從滬上來，言石印書竟成弩末，現減價至十之二三，尚不能暢銷，亦可憐矣。鄙意物極必返，趁此賤直，可以廣收，將來必有大獲其利者。老寶曰誠然，又云《圖書集成》名曰告成，其中缺葉不知若干，甚有二三葉即作一卷者，不足爲外人道也。穆子美病，回家。

壬戌二十五日　晴。鄒和之來談，伊保案又爲吏部所駁，祇存原銜，憤憤不已。

癸亥二十六日　晴。得趙竹君信。

甲子二十七日　晴。陳雲裳自湖來，將赴粤東，爲其弟索仲復、崧耘信。范久也來。

乙丑二十八日　晴。爲雲裳令弟其鈺致仲復、崧耘書，又爲二小女作黄幼瀾夫人信。

丙寅二十九日　晴。購得《吴門補乘》七卷，吴縣錢思元宗上輯，前有乾隆癸巳海昌黄炳序，大都采入《府志》矣。夜雨。

丁卯三十日　陰，小雨，晚晴。得湖信，包甥子莊卒於皖山。傷哉！

洗碑圖跋尾

《洗碑圖》者，年丈黄岡汪先生爲元孝子丁鶴年作也。原圖久佚，此哲嗣寶齋司馬所重作者。其事之端委，具曲園俞太史席中。於以嘆先生之識，爲獨超千古，而寶齋克承先志，久而不忘，非恒人所能及也。覲元嘗得《孝子詩集》，是長塘鮑氏從元刊本録出者，天下第一善本也。末有以文翁跋，引陳景鐘《清波小志》，謂：『孝子卒於明永樂時，葬錢塘西湖之濱，俗所謂「回回墳」者。』心竊疑之，顧亦無以折之也。按：元遺民烏斯藏、戴良均爲孝子立傳，而不言卒、葬，《明史》列傳謂『晚學浮屠氏，依父廬墓以終』，而亦未實指其葬地。今讀此圖，然後知孝子之墓實在武昌，且確知其在寒溪寺後，則《清波》之説妄矣。吾嘗讀地理書，自《水經注》而下，其載前人冢墓，複沓附會，殆不可更僕數。雖謡以傳謡，要必其人爲衆所推服之人，故記載者每不惜多方援引，以爲己重，是亦『高山仰止，景行行止』意也。錢塘之墓亦斯類焉，而吾所獨拳拳于中者，曰元曰明，爲孝子大節之所繫。武昌之墓，謡『元』爲『明』，其立石不知幾何年，而迄無一人焉援晉處士例爲之訂正。吾知孝子之心，必有惄焉其不安者。得先生一舉手爲之表章，而孝子之大節遂昭如日月。其報以科第也，蓋適得乎理之常，而或者以果報目之，毋乃世俗之見，視先生不太淺乎？年月日年家子姚覲元記。

九月

九月戊辰朔 晴。丁經笙來，談春明事甚悉。吴申甫之侄以曹倦圃鈔本書來售，紅格竹紙，每半葉八行，行廿二字，無中縫，若長牋然，幅右下方有『蒼雪庵日抄』五字，亦朱印。每書首葉有『古林』胡盧朱文印及『曹溶』『鑒躬』兩朱文方印，卷尾有『曹溶』朱文小長方印。計鈔《南遷録》張師顔□卷一册，《改正湘山野録》《續録》釋文瑩三卷二册，《太平兩同書》羅隱二卷、《十家注孫子遺説》鄭友賢一卷、《諸子摘抄》一卷共一册，《儒林公議》□□不分卷一册，《鑑遊録》韓端彦弘一卷、《詩源》張炎叔夏一卷共一册，凡六册。又有『曹溶私印』朱文方印在《儒林公議》、『雪尻』白文方印在《鑑遊録》，惟《太平兩同書》無印識，亦舊書之足珍者也。

己巳初二日　晴。書賈復以汲古閣刻明孫大雅《滄螺集》六卷、金惟駿漁書樓刻黄陶菴評點《李長吉集》四卷、《外集》一卷、張宗松刻李壁箋注《王荆文公詩》五十卷來售。《滄螺集》字大而方整，與毛刻他書絶異。卷首有『明善堂』『安樂堂』『宣城李氏□硎石室藏書』三印，皆長方朱文，弟二册卷三有『宛陵李士郇藏書』狹長印，黄綾書衣，尚是禮邸舊裝。《長吉集》丹筆評點，淋灕滿卷，書法亦絶工，惜未署名，亦無印識，不知出誰人手。《荆公詩》丹、墨兩校，丹書極精，圍亦工緻，未署名，墨筆署曰『沈欽韓爲許晁舟評點本』，皆是正李注之訛，非論詩也。卷首有『寧國縣儒學記』官印，又有『纖簾藏書』白文、『有此廬圖書』朱文兩方印，凡六册，每册首並同。又有『文起手校』白文方印，在首册下方。以上三書雖非古籍，亦堪珍重，因與議價。並昨所看倦圃鈔書，以洋銀十六餅收之。得子湘信。

庚午初三日　陰。

辛未初四日　陰，早微雨，旋止。陳雲裳來。斐卿完姻，偕芝庭辭往上海女宅同里施氏。

壬申初五日　晴。晡時偕魯卿訪藕，未有開者，還過玄妙觀啜茗，遇林篤甫。購得粉皮地套藍烟壺一，上刻朵蘭九，頗精妙。

癸酉初六日　晴。寄包滇生子莊之子唁信，並奠分四元，又還書價二十元。又寄悦卿信，託送沈宅素幛。得培之朔日來書，即覆。

甲戌初七日 晴。同鄉骨董客費□□以古銅器來觀，皆小品，而贗者居多。有商父己爵頗佳，又有漢劉氏鏡，亦真，其銘即『厶氏作竟四夷服』四句，而『五穀』下奪『熟』字，『長保二親』下奪『得天力』三字。或疑其僞，愚以爲不然。此四語殆漢人作竟之通用，庸工不諳文義，往往奪誤，予所見似此者多矣，皆是漢器，若僞造則唯恐其不肖，轉無此訛矣。

乙亥初八日 晴。日仄至觀前一步，購得玉帶版一塊，玉色及琢手均未佳，然確是宋物，作鑲嵌用，究勝於新者也。得厚庵河南書。日方中忽得雲南電信，累累六十餘字，不知何人所發，旋譯之，乃周道甫奉諱，欲留滇當差，屬爲轉懇高峰也。索回電而不言住處，我其奈之何哉！

丙子初九日 晴。日仄偕魯卿至逍遥樓啜茗，聊取登高之意。得悦卿並酥糖、柿子。

丁丑初十日 晴。章□□來，言沈古愚之謬，使人且怒且笑。周道甫又有電來問，以不知住處無從電覆覆之。閲《吴門補乘》，『人物』門一條云：『木瀆張思聰《撫古帖》，自名「鳳皇翻身」。』因摘此四字，自作白文小印，並記其事於印側。前記劉氏鏡，李潤觀物也，以番銀二餅購之。

戊寅十一日 晴。李潤觀以銅器來售，云是香爐，余觀之，殆犧尊類也。豎耳長尾，其形若羸，而四足甚短，不知何物，以其無款識還之。得吴道甫信。讀《吴門補乘》，有與見聞足相印證者，因録於此：

章華，字心朴，山陰人，諸生。入貲，雍正七年知蘇州，爲治精勤廉幹，發奸摘伏如神，事有不可，持之甚力。時奉詔清查康熙五十一年以來江蘇負課一千二百餘萬。巡撫督責急，逮捕比校無虚日，華固請寬之。巡撫怒，曰：『汝逆旨耶？』對曰：『華非逆旨，乃遵旨也。皇上知有積欠，不命嚴追、命清查者，正欲清其來歷，查其委曲。或在官，或在役，或在民，或應征，或不應征，使了然分曉，然後奏請，以候聖裁，此詔書意也。今奉行者絶不顧名思義，徒以十五年積欠，汲汲焉求完納於一時，是暴徵，非清查也。』曰：『汝欲云何？』曰：『限華三月，當部居别白，分牒以報。』巡撫從其請，乃量釋獄繫者千餘人，次第造册，呈請轉奏。未幾，世宗聞江南清查不善，下詔嚴飭，如華言。巡撫嘗訪僧與民婦奸，製一枷，兩人荷以徇。華聞，即破枷出之，而詣巡撫曰：『犯奸者，枷律也。兩人共荷之，非政體也。且薄罪非尊官所宜聞，今縱之矣。』巡撫謝之，而心弗悦。九年，引見去。《小倉山房集》《學福齋集》童岳薦述。

己卯十二日　晴。徐阿寶以銅鏡來售，銘曰：『見日之光，天下大明。千秋萬歲，長樂未央。』按：此銘亦習見，余曾畜大小數枚，但字體正方，在篆、隸之間。兹則純用小篆，筆勢近李陽冰，已開唐宋風氣，且『天』譌『夫』，『大』又類『天』，『秋』上更奪『千』字。古人鑄金必不草率，疑是李唐以來庸工所造，特質地至佳，遍身青緑，其露地處純是水銀沁，亦可取也。

庚辰十三日　晴。日仄至覲前一步。皂兒從惲赤坤假得任文臺輯謝承等《後漢書》及張璠《漢記》。予久聞此書，購之不得，今讀此，前有崔國榜序及趙益甫署檢，是刻于江西也，不知版藏誰氏，容細訪之。

辛巳十四日　晴。吴廣芬來。以任輯本校《北堂書鈔》，中多有未載者，細讀之，始知其所引《書鈔》，蓋陳禹謨本也。凡《書鈔》引書錯誤不可讀者，禹謨輒以他書亂之，今此本之所無者，適當其處，非陳本而何？崔序言『出於潛采堂所藏《大唐類要》』，直欺人之談耳。

壬午十五日　晴。得胡受之信，並本年官利洋九百十元，由協順莊送來，即付以收條。

按：潛采所藏《書鈔》名《古唐類範》，先在周香巖家，黄蕘圃有跋。嚴鐵橋暨先文僖公所引入《説文考異》者皆此書，不知何時流轉入粤。予在粤時，曾有人持以求售，索直七百金，居爲奇貨，竟買不成。聞此書今歸孔氏，此余所目睹者。至名《大唐類要》者，江浙有數本：一顧氏藝海樓所藏，今歸丁雨生中丞，曾爲予鈔得副本；一出何夢華家，聞嚴先生手校其上，先流轉入周季貺手，今在蔣香生處，深藏不肯示人，即崔序所謂『入閩者』是也。然嚴校實只後六十卷，四録堂題跋詳之甚詳。蔣藏本不知如何，現嚴氏尚藏有一本，亦云鐵橋手校。予前年購《説文翼》時，其家曾允歸余，後爲沈穀塍就中攫取，許以三數百金重價，遂匿而不出。惜哉！皂兒嘗從同里丁布衣處借得嚴校刊本十卷，即爲胡觀察所經營，已校六十卷中之十卷。不知當時是否只刻此十卷，抑六十卷全刊，只存此十卷，無從考究。要之，此是真正嚴校，其餘皆未可信耳。

檢舊計簿，得廣東票號開來各省平砝輕重數目，漫録於此：

光緒十六年　九月

廣東九九七平比京二兩平每百兩大六兩三錢三分
京市平每百兩大四兩三錢三分
公議平每百兩大三兩七錢三分
比漢口漕平每百兩大二兩五錢三分
漢口九八五平每百兩大四兩
比蘇州漕平每百兩大二兩〇九分
上海蘇漕平每百兩大二兩二錢九分
成都省平每百兩大三兩九錢三分
上海豈規銀壹百兩歸上海漕平足銀九十三兩一錢五分
歸廣東九九七平足銀九十一兩〇弍分

癸未十六日　晴。天久不雨，河水盡涸。飯後至考棚前一步，舊書稀若星鳳。購得明北監板《晋紀》《隋書》，又《才調集》各一部，其直番銀五餅又四角。

甲申十七日　晴。《隋書》破弊，不能收拾，還之。飯後出門訪蘅，竟無佳品，還過三萬昌啜茗而歸。穆子美從。

乙酉十八日　晴，大風寒。楊鹿亭來。邵賈以何義門批《漢書》《三國志》來，潘氏物也，而詭云鄉間來，殆與侯佗合轍矣。山東骨董客來，言李遠辰以頌鼎兩敦三爵售伊，係一薙髮人，引進與其家僕作交易，説明不令本城人知，外費加一云云。聞之不禁浩歎，使人購物之念頓灰。

丙戌十九日 晴。購得《紅梅》小卷，高四寸弱，長一尺八寸，款曰『道光甲午小春申林女子董姝』，後有東村老許伯監題云：『燕園先生以鳳白令嫒小西周晬，屬其閨人寫《紅梅》卷子致賀，鳳白以示東村，因系二十字：「官閣吟梅候，清閨點筆妍。一枝嗛雪艷，高士晬盤邊。」』再後有蔣因培及瞿毓秀、黄均、黄鞠、□儀祖五詩，又楊文蓀、蔣篔、陳中、女子陳袁瑛、蔣敦復觀款，皆道咸時人。至同治己巳，江山劉泖生得於虎邱骨董家，潘麐生爲題二絶，石渠莫友芝復題名於後，卷首『眉壽期頤』四字，則平翰樾峰筆也。雖小品，而一時名士略見於此，亦可珍也。又舊玉勒子二，亦真物，特盤出不易耳。

丁亥二十日 晴。鋪時至考棚前一步，購得箭鏃一。長□臘，廣三分，中有棱，棱之左文一，曰『右』，小篆極精，是漢物也。古者射爲六藝之一，故弓矢人皆有之，不必定爲克敵之用，兹文之『右』當是左右軍之識，爲軍中利器，而非士大夫所佩服者矣。按：阮文達《商周兵器説》云，鄭注《考工記》：『古矢鏃長二寸。』近人得古長平銅箭鏃，與之合。漢去古未遠，故其制亦大略相同。自來金石家著録古兵器，罕有及箭鏃者，殆以其無文字也。兹鏃明明有字，而積古齋所收僅有漢弩機及戈、劍、刀，亦不及此，是此銘爲文達所未見，雖漢器，亦足珍矣。又近世所傳古劍珌，皆玉質而無文字。余今年曾得一銅珌，上有『龍虎』二籀文，亦金石家所未著録者，當就博物君子一考其源流也。又安邑二釿幣，一刀幣，一□□。又吴三桂『昭武通寶』錢一，篆文，背有『一分』二字，亦篆文，極精好。僭竊之徒，而製作如此，宜其爲患之劇也。又玉印一，文曰『長宜子孫』，雖非古物，而文字完善，亦非時手所能辨。又齊武平九年《馬天祥造像》拓文一，隸書，陽文，云是陝西新出土者，真僞難辨。即真，亦不及始平公多矣。

戊子二十一日　晴。購得《漢文鑑》四十卷《東漢》目録脱『卷之二十』字，石壁野人陳鑑編。此四庫未收書，見張月霄《藏書記》，亦秘笈也。又元遺山《續夷堅志》四卷，大梁書院刊本，軟體字，極精，惜序跋失去，不知何年何人所刊。又卷一缺弟七葉，卷二缺三、四、五、六、七葉，共五葉。當訪諸藏書家，補抄以成全璧焉。

己丑二十二日　晴，薄陰。東賈以銅印來售，以贋物也，就其中檢得二十三方，尚是真品，特不甚精耳，以白銀十五兩五錢有奇收之合每方一元。

庚寅二十三日　早陰，旋晴。日晡偕魯卿至考棚前一步，購得段茂堂《讀碑小録》手稿一册。書只八葉，而自漢至宋並有論説大抵言篆隸增減筆意，似是隨筆記録，濫觴之始，非成書也宋只三條，非隸書，故無論説。又《冷齋夜話》十卷，明人刻本，有丹筆校語，署名孫星衍，字跡頗似，而文不雅馴，恐非淵翁筆，又爲俗子以僞印鈐之，益增其惡，以同段稿合售，故並收之。又購得白玉帶版一，較前所收玉色頗純，惜微有損耳。

辛卯二十四日　晴。得汪錦標致芝庭書，云黼卿患病，欲至蘇就醫。維時日正加酉，方與内子言之，而黼卿已到，詢典中有起色，甚慰。

壬辰二十五日　晴。禺中芝庭自滬來，云熊兒於八月廿五日生一子，竟無一字來告，可異也。皂兒以二元購得明朱西亭《中州人物志》及《周易易簡》《尚書説》三種，可謂廉矣。近來不知誰氏書本散出，頗有善本，而售者不知。一入書賈之手，便成奇貨，而本家所得仍屬無幾，昨所得《漢文鑑》亦其一也，可嘅也。夫天不雨久矣，花木枯渴可憐，督阿虎剪除蕪穢，即灌溉之。

癸巳二十六日　甘霖渥霈，竟晝夜未已，四野霑足，慶幸何如！楊綬臣同年解京餉回，來談。

甲午二十七日　陰雨。芝庭、黼卿回典。

乙未二十八日　陰，午後晴。

丙申二十九日　陰，寒甚。培之久無信，發電報詢之。

十　月

十月丁酉朔　薄晴。感冒，體不適。閩省竟無回電，疑慮之至，正徬徨間，而培之信到酉刻來，已於二十三日自閩起程，廿五日抵滬，欣慰不可言喻。所可恨者，理之尚在閩省，竟不發回電，而培之上海之信尚是廿七日辰刻所寫，又爲其本家延閣二日，使人焦急萬分矣。爲二女致黄幼瀾夫人書，而黄信亦至。

附録

覆朱少虞借款書

頃奉環雲，具悉壹是。規元一千兩，頃已由竹石兄交來，如數收到。此本借款，若不立券，不知者且疑弟借端生發，無以自明矣。來書情意真摯，感何可言。今擬以正款立券，而邀免子金，則盛情既已叨領，而弟心亦安，想執事當不責其冒昧也。弟擬于中秋後即行，尚擬回家度歲，不知能來得及否。謹呈手書借券一張，祈檢收示覆手滋。祇請台安。

今借到

少虞仁兄大人九八規元壹千兩，期至年底歸還。言明情借，不起息，後欲有憑，立此存照。

此據

光緒十六年八月初五日立借券　姚彦侍

華墅出官徐士傑，號訥庵，其兄士佳拙庵。吏主小樞。又許午，號曉初。

凌壓餘寓上海四馬路胡家宅鴻文書局。

朱少虞信由嘉興南門内大和典轉寄。

吴子懋寳德，行九，子權堂弟。

吴道甫，雲南轉運局，在武昌芝麻嶺。

趙竹君寓武昌大朝街。

雲南文報局在上海鐵馬路寳順里第一衖，有委員駐局，委員知州銜，分省前先補用知縣。

包家吉，號鴻卿。

熊兒寓上海大東門外施家衖黄醫室同寓。

徐龍伯住松江嘯園。

培之暫寓福建省城西門街虎婆宫河沿五福巷口。

惲蘭生住天津東門外扒頭街。

吴碩卿住粵省正南街。

〔一〕瞿鳳起抄本有案語：是景泰本。

〔二〕三，疑爲『四』之誤，下文列銜四人。

附録

誥授資政大夫覃恩晋封光禄大夫賞戴花翎二品頂戴廣東承宣布政使司布政使加九級顯考彦侍府君行狀

嗚呼！天何奪我府君之遽耶？府君自前年病愈後，不孝朝夕定省，察言觀色，精神健旺，猶日手一編，孜孜不倦。私心竊喜，期頤克享，膝下長依，胡天不吊，降此鞠凶，皆由不孝侍奉無狀所致，泣血椎心，百身莫贖，尚何言哉！惟念府君學古入官，敭歷中外，垂四十年，出爲循吏，入爲純儒，生平嘉言懿行，允足以信今傳後，若不及時詮次，罪戾益深，用是濡淚和墨，泣陳梗概。

府君姚姓，諱覲元，初名經炳，後易今名，號彦侍，亦號彦士，晚自稱復丁老人，系出吴興，世居湖郡東北鄉姚家埭，籍隸歸安。明萬曆中封廣昌知縣諱讓府君，始居府城東。十世祖封侍御府君，諱舜牧，始居月河。再傳至八世祖方伯府君，諱延著，生六子。七世祖府君昌樂知縣念劬公，其季子也，居宏遠堂，爲宏遠堂分支之始。曾祖諱益治，號達齋，縣學增生，贈翰林院修撰，晋贈户部左侍郎。本生祖諱文田，號秋農，嘉慶己未狀元，官至禮部尚書，謚文僖。祖加果，號兑齋，縣學生。父衡，太學生，江西建昌府同知，兑齋公未娶而卒，文僖公命爲之後。三代皆累贈光禄大夫。曾祖妣氏沈，祖妣氏周，妣氏胡，皆贈一品夫人。祖府君丈夫子四人，府君俱長，生於京師鐵門，有奇穎，至性過人，五歲入塾，即知向學。文僖公於諸孫中獨許以大器。未幾，文僖公薨於位。府君哀痛如成人，人咸異之。稍長，益刻苦自勵，無間寒暑，博極群書。後乃折衷漢儒，潛研經學，形聲訓詁，尤爲專門。好金石文字，工小篆，兼肆力詩古文辭，旁及占驗、印刻、畫繪之事，靡所不通。一時文名藉甚。先輩如東武劉燕庭方伯、漢陽葉東卿封翁、嘉興張叔未解元，皆與爲忘年交。

癸卯中順天鄉試舉人，座師爲長白文端公麟魁、錢塘許文恪公乃普、蒙古文定公花沙納，房師爲長白文端公瑞常。甲辰考取景山官學漢教習，遵例報捐内閣中書。庚戌，祖府君以建昌同知奉委轉漕，行抵袁江，殁於舟次。府君在京，聞訃，痛不欲生，偕三叔父星奔，扶櫬回籍，祭葬如禮。時胡太夫人與四、五兩叔府君尚滯江右，迎歸，寄居石門屠家壩舅家胡氏者五年。咸豐乙卯三月，到閣行走。六月，補漢票，簽中書舍人，充本衙門撰文。

先是，金陵陷，蘇杭震動，在本籍團練勸捐。八月，叙功，保升主事。丙辰，協辦侍讀。丁巳冬十一月，胡太夫人棄養。府君哀毁骨立，正擬扶櫬歸葬，會長白文端公桂良與文定公奉命查辦江南海口事務，素重府君，奏請奪情隨往，固辭不獲，隨節赴滬，事無巨細，悉參决焉。己未六月，差旋，亟請假，偕三叔父扶胡太夫人靈柩南歸，合葬郡西門外太史山丁家村新阡，經營捧土，親自庀視，每與不孝語及，淚輒潸潸然。以事勢所迫，不得在家終制爲憾。葬畢，將還都，庚申春，金陵大營餞潰，粵逆東竄，道路以梗，同郡徐莊湣公有壬開府吴門，延入幕府。無何，湖郡告警，莊湣派兵往援，府君以桑梓故，仗劍請行。莊湣韙之，乃歸，佐趙忠節公景賢籌辦湖防，迭出奇計殲賊。事聞，以功晋員外郎，免補主事，並賞戴花翎。既而蘇郡陷，莊湣殉節，郡縣相繼不守，南北阻絶，復與三叔父繞道湖廣入都，會不孝外舅陽湖惲次山世臨中丞分巡岳常澧道，爲府君癸卯同年生，遂至常德，時辛酉正月也。握手言歡，悲喜交集，盤桓數月，由長沙渡洞庭，十一月抵荆州，取道襄樊，回京供職。

同治壬戌二月，簽分户部雲南司，兼山東司行走。在部十年，先後充玉牒館總校官，襄辦大婚典禮，奉派隨辦奉天馬賊，通州、天津歷届驗收海運米石，軍需局、捐銅局、現審處、捐納房各差。丙寅四月，録奉天剿賊功，免補員外郎，以郎中遇缺即補。十一月，校對玉牒全書告成，以本部郎中，無論題選咨留，遇缺即補，己巳六月，補雲南司郎中。十一月，記名御史。庚午京察一等，以道府用。三月，以捐銅局出力專歸道員簡放。府君於部務庫款，悉心勾稽，遇事不避嫌怨，歷任堂官皆倚爲左右手。如嚴治銅局書吏、裁革南苑供奉白糧、議定蘇杭減漕章程、金陵克復軍需免其報銷諸大政，通盤籌畫，貫澈始終，總期於國計民生，兩有裨益。減漕、報銷兩案，尤關重大。

先是，吴縣潘文勤公祖蔭爲光禄寺卿時，請減蘇松漕額，福建道監察御史山陽丁怡伯壽昌亦以蘇杭減漕請，先後交部議奏。府君查山東、河南有漕八省，共額徵米四百五十餘萬石，而江蘇之蘇、松、常、鎮、太，浙江之杭嘉湖七府一州，漕額幾十分之六，蘇、松最重，杭、嘉、湖、太次之，常、鎮又次之。承平之日，力已不支，兵燹之餘，賦將安出？欲培國本，先恤民艱，與同官後爲陝西布政使閩縣林穎叔壽圖方伯、今雲貴總督仁和王夔石制軍斟酌盡善，請將蘇、松、太三屬額漕酌減三之一，常、鎮減十之一，其杭、嘉、湖三府各州縣飭令各按漕額輕重分別減成，統俟三年後，再照減數全徵，以蘇民困而實倉儲。歷届軍需報銷，全以則例爲憑，與例不符，絲毫必駁，以價就例，弊竇叢生。府君謂實數不準銷，準銷非實數，徒爲委員、書吏開需索之門，力請司農籲懇天恩，凖將同治三年六月以前各處軍輸，分年分起，開單奏明成案，免其造册報銷，並請查禁勸捐彌補、私設釐卡各情弊。命下之日，各路軍營歡聲如雷，人人思奮，不數年，回捻各逆，以次削平。歷届保奏尚書、長白佩蘅相國均以品端才裕、勤幹有爲注考。

辛未冬十月，拜備兵川東之命。壬申五月，赴任。川東轄府三、直隸州二、廳一，幅員遼闊，人民富庶，尤多中外交涉事件，歷年教案層見迭出，素稱難治。府君審斷，一秉大公，但論是非，不分民教。癸酉黔江一案，法使赫捷德入彼教言，氣焰頗張，府君不動聲色，鎮之以静，卒能就我範圍，歡然而去。東鄉事起，府君三上書於大府，自請單騎前往，相機分別剿撫，惜議不行，致釀大獄。渝城奸商用藥水熔銀提金，銀色低潮，日久變黑。府君實力嚴禁，此風頓息。

粤民李光照冒充知府，呈請内務府報捐木植，由四川等省運京，詭稱舊有購存兩湖、川、貴、建、廣木植十萬金，分作十年畢運，實則光照一窶人子，以京控湖北提工情虚畏審，設此奇策，下其事於疆吏，檄道飭議。府君發其奸，以光照捐運木植流弊諸多，擬請奏飭兩湖、川、貴、建、廣六省自行籌款，委員采辦。盱眙制軍吴勤惠公棠，據以入告，事得寢。楚督合肥李筱泉制軍亦交章參劾，論光照如律，滇黔肅清，營勇遣撤，渝爲孔道，絡繹過境。

甲戌九月，武字營全軍奉撤，時庫儲奇絀，負餉累累，行抵巴渝，散布城廂内外，暨綦江一帶，浮言四起，郡中又值學使案臨，生童商賈，一時雲集，良莠不齊，人心惶恐。府君聯絡營員，妥爲彈壓，稟商當道，速撥餉銀三十萬兩，而先自任其十之二於川東籌款，以資解散歸農，終其事，無一人嘩者。

府君以教養庶民、維持風化爲己任。川東地宜桑，多曠土。自吾湖采買桑秧、蠶種運渝，設局勸辦，聽民領種，不假胥吏之手。隨給《蠶桑寶要》並手編《蠶桑易知録》兩書，俾得家喻户曉。先於佛圖關官地自行試辦，以爲民勸。閱歲，民知其利，東川郡縣，遍野桑田，絲亦純白，利甲蜀中。民德之，即其地立蠶市場，後爲姚公場，民居日以稠密。府君顧而樂之，自號東川種桑叟云。川東士子，專事舉業。府君於各書院釐定條規，延聘名師，廣置書籍，添增膏火，每於朔望或夜巡時，親詣院中，與高才生講解，勖以有用之學，口講指畫，如師弟然，士風丕變。又以重慶府縣學宫祭器蕩然，府君於乙亥歲，按古制造禮器，儀度節文，一尊祀典。以時率諸生習禮，其間陳設具備，禮樂彬彬焉。銅梁節婦宋湯氏，夫亡守志，不茹葷酒，其遺腹子宋遠發年十又四矣，爲田主劣衿徐春庭逼娶爲妾，截髪絶之，纏擾不已，告官不得直，自抹咽喉身死。其父湯金玉上控，府君虚心研鞫，立予平反，置春庭於法，登銅梁令於白簡，宋湯氏隨案請旌，川民益重節孝。若夫定灘規以衛行旅，裁店綷以恤孤寡，革除巴縣二門班役，追繳墊江輪差契底，籌立銅梁書差章程，以清衙蠹，他人得其一可號循良，在府君皆緒餘焉。任東道凡七年，與百姓有家人婦子之樂。

光緒丁丑大計，制軍平越丁文誠公寶楨，以卓異薦，注考曰：『精詳明練，識卓才優。』戊寅七月，簡放湖北按察使司按察使。先是，在東道時，以郎中任内襄辦大婚典禮，加布政使銜。又因籌解黔餉防剿川邊功，賞給二品頂戴。至是復承恩命，九月卸東道篆。臨行，士民遮道攀轅者以數萬計，輿不得前，府君亦依依不忍舍。乃援我鄉李肯庵太守留像歸雲之例，以卿太學善成所繪行看子留置靈神廟焉。己卯二月到京，召見二次，温諭親承，陛辭赴鄂。以嘉興王曉蓮大經方伯入都述職，奏權鄂藩。察吏惠民，興利除弊。

時秦晋奇荒，府君救災恤鄰，不分畛域，籌辦賑捐，源源接濟。七月，回本任。鄂省界連豫陝，安襄僻在西陲，民尤獷悍，向多略賣婦女。甚者夥衆持械，黄夜劫奪，兼掠貲財，襄屬曰刀痞，安荆曰囤户。大都住居兩縣交界處所，行蹤詭秘，出没靡常，此拿彼竄，百無一獲。府君廉得其實，密委幹員，授以機宜，分頭踩緝，搗其巢穴。先後拿獲積年巨匪夏家學、褚怔興等十四名，搜出難婦樊李氏、王楊氏二口，刀錨無算，審明，立予駢誅。被掠難婦，傳屬給領，荆襄一帶，爲之肅然。江漢之間，遊女如雲，成群結隊，風化攸關，出示嚴禁。有犯者，罪坐家長，澆風漸革。

是冬十二月，擢廣東布政使司布政使，庚辰六月到任。辛巳，海氛告警，安内禦外，防費不貲，擬捐斥則河田。田隸廣州府屬，以濱海各縣，年久成熟沙坦。或僅納斥税，未請補升。或報懇逾期，並未編則數。積數千頃之多，時閲數十年之久，遲補坦餉畝在一兩以上，既不編升，遂多争競，奪沙械鬥，巨案迭興。課既大虧，業難世守，公私交病，亟須變通。乃定沙坦畝捐白金一兩，編徵升科，官給印照，作爲世業。於慎重國課之中，仍寓體恤民艱之意。裁汰浮費，嚴禁沙棍把持、書差需索，不數月，集捐數十萬，賦增數培。粤東候補人員，有例應赴部者，往往夤緣差委，逗留不前。府君履任後，澈底清查，飭令迅速啓程，不得飾詞延緩，並將輪補應委各班次職名榜示官廳，俾書吏無所上下其手。故事，凡承充傾銷鋪者，例奉藩屬陋規佛餅八千，府君謂裁近沽名，得則忘義，不如以公濟公，歸之實用，乃盡數撥入善堂，而以二千檄發學海堂生息。後以監院請，將銀修補阮文達公舊刊書板，刷印流行，以廣其傳，是爲鑄經研史書局。

府君清介絶俗，從不屑非分之財，將去官，雲南協餉積欠累累，無款可發，其人動以利，府君大聲面斥之，操守如此。乃壬午冬以追論户部司員案内削職。去官日，士民愛戴，一如川楚。府君生長京師，年二十有四始回湖郡一行，既而由部郎出膺外任，持己正，事上敬，待友誠，御下恕。在户部時，自鎸『清勤和緩』小印，以晝諾。歷任監司，皆用之，其志行亦可概見矣。

平居恂恂如，與人無競，遇事侃侃而談，不稍遷就。性孝友。兵燹後，祠墓荒蕪，府君一一修葺。文禧公著作，府君陸續校刻，已成八種，爲卷一百三十又二。刻祖府君《寒秀草堂筆記》四卷、四叔府君《春草堂遺稿》一卷。四叔府君與叔祖府君、三叔父同庚，均少府君二歲，幼時同就外傅，如影隨形，從無間言。歲癸丑，四叔府君暨叔母胡恭人，三日之間，先後謝世。府君以手足凋殘，家庭多故，哭之慟。越乙亥，五叔府君歿於鹽山任所，府君感傷亦如喪四叔父時。培養諸弟成立，叔祖府君自幼至服官户部五十年，尤未嘗一日離。歲壬戌，叔祖母朱宜人病故，思臣從叔蔣氏姑年僅數齡，府君視若同胞，保護備至，婚嫁及時。

戊寅冬，府君行抵鄂垣，已歲暮矣。聞叔祖耗，即日啓行，兼程赴京，經理其喪。送柩南歸，與伯祖韶州府君，及族人之未葬者十數柩，悉爲安葬、表墓，歲時祭掃罔缺。從叔麗生府君，幼陷於賊，既脱，輾轉至津沽，流落營中，府君收米赴津，挈與俱歸，復携之官。自川而鄂，後得狂疾，府君時其衣食，遍訪名醫調治，惜不得瘳。及還粤東，以涉重洋，不能同行，復籌二百餘金，交族人權子母，俾之度日，身後藉以喪葬。舅祖胡小園先生，需次兩淮，死事最烈，一子二妾皆殉。季女月英表姑，爲陸姓誘之清江，將鬻之矣。時吴勤惠宰清河，窮治其獄。按陸留姑，檄本籍，令親族收養。府君聞之，亟迎以歸，後適楊氏。未幾，子賢表叔亦至，府君飲食教誨，惟恐不周，今仍官兩淮。其餘睦婣任恤之事，不可殫述。

晚年專以校刻書籍、鈎摹金石爲娱老計，自謂延墜緒於既往，惠後學於將來。排日程功，所刻逾千卷，多古本未見之書。手寫付梓者，《繆篆分韻》《續復古編》《笠澤叢書》三種。手校定本尚有十餘種待梓，所著有《集韻校正會編》《急就篇校勘記》《石魚文字所見録》《金石苑目》《三十五舉校勘記》《弓齋雜志》《燈窗拾慧》《大疊山房詩文集》各若干卷。府君宦情素淡，性耽山水。曩官京曹，住大川淀地，爲嘉興朱野雲先生涵秋閣故居，空曠無際，有塵世山林氣象，時與諸舊交觴詠其間，績溪胡甘伯澍、蘇州陳培之倬兩户部並時以小學相切磋。

及自粤東罷歸，以故鄉無屋，僑寓姑蘇，杜門却掃，種花蒔竹，蕭然物外。偶當風日晴和，攜孫甥輩出外散步，鄧尉、光福，間時一涉足焉。張香濤制軍督廣，馳書相邀，婉辭却聘。己丑八月，奉特旨送部引見。府君感荷鴻慈，謂理應再出，圖報涓埃。以戊春感受時邪，掣動肝疾，一病經年。又因不孝冢婦惲以時症亡，老懷鬱拂，醫治雖痊，元氣未復，一時難以應召。今夏王夔石制軍與香帥先後來函，敦促就道，秋間精神健旺，步履如常，正擬諏吉航海北上。十月初二日，偶患嗽嗆，服藥漸即輕可。詎初六夜，將就寢，忽氣逆痰喘，群醫束手，參术無靈，竟致不起。以初七日酉時，卒於吴門寓舍。臨終猶以君恩未報、子孫努力讀書爲訓。

嗚呼！痛哉！府君生於道光三年十二月初二日亥時，享壽六十八歲。恭遇覃恩，階至光禄大夫。配，吾母戴夫人，同邑貤封資政大夫湖南巡撫候選訓導夢香公諱鼎元長女。子一，不孝慰祖，候選主事，以滇黔肅清案内保分省補用知州，賞戴花翎，娶惲宜人，陽湖原任湖南巡撫道光乙巳恩科進士次山公諱世臨季女，先卒。女四：長適丹徒刑部主事李清豫；次適順天府學廩貢生世襲騎都尉徐元基；次許仁和二品蔭生王國楨，以痘殤；次未字，殤。孫三：肇高、肇萬、肇喬，均幼讀。不孝苫塊昏迷，質書大略，不敢溢美一詞，僅備志乘采擇。伏冀當代立言君子錫之銘誄，不孝世世子孫感且不朽。

不孝慰祖泣血稽顙謹狀

賜進士出身誥授光禄大夫賞戴花翎頭品頂戴兵部侍郎都察院右副都御史巡撫安徽等處地方妹婿沈秉成頓首拜填諱

姚學邃修《姚氏家乘》卷十六，清宣統三年刊本

彦侍公墓志銘

嘉定葛起鵬撰

昔班固作《漢書》，循吏、儒林分爲兩傳，而於董仲舒、公孫弘、倪寬三人，謂其居官以經術潤飾吏事，有儒者風。古人學古，入官出其所自治者治人，上不負國，下不負民，中亦不負所學。後世仕途日益雜，吏道日益壞，闒茸者空疏，堅僻者貽誤，一不得志，則又咨嗟嘆息，咄咄作書空狀。欲其有守有爲，寵辱不驚，處爲純儒，出爲循吏，蓋亦難矣。今乃於方伯姚公見之。

公諱觀元，字彦侍，晚號復丁老人，浙之歸安人。姚氏世居吴興，自明中葉後爲郡望族，代有聞人。曾祖益治，縣學生，贈光禄大夫。祖文田，嘉慶己未一甲一名進士，授修撰，官至禮部尚書，謚文僖。父衡，國學生，江西建昌府同知。文僖公命後其叔父加果。兩世皆以公貴，贈如公官。公少穎敏，既長，博極群書，尤深於鄦鄭之學，兼好金石文字。道光癸卯舉順天鄉試，甲辰考取景山官學教習，咸豐乙卯補内閣中書，丙辰協辦侍讀。以軍功積勞階至郎中，賞戴花翎。同治壬戌，簽分户部。己巳補雲南司郎中，記名御史。庚午京察一等，以道府用。辛未簡放四川川東道，壬申以户部任内襄辦大婚禮成，加布政使銜。癸酉録防剿功，賞二品頂戴。光緒丁丑，大計卓異。戊寅擢湖北按察使，己卯署湖北布政使，升廣東布政使。癸未以追論户部司員案内落職。己丑特旨送部引見，未應召。辛卯卒於吴門寓舍。

公歟歷中外三十年，持己正，事上敬，待友誠，御下寬，而尤篤於宗族鄉黨。視猶子如己子，葬族人之未葬者、待舉火者不下數十家。平居與人無競，事關大局，錚錚不避權貴。在户部最久，蘇、杭減賦之議，公以額漕四百餘萬石，而蘇、松、常、鎮、太、杭、嘉、湖七府一州幾十之六，兵燹後，民力不支，力持其議，得以分别累減。方金陵之克復也，軍需例應報銷，公謂報銷以則例爲憑，與例不符，錙銖必較，以價就例，弊竇叢生，實數不准銷，准銷非實數，徒滋上下相蒙之習，且開書吏需索之門，請於司農奏懇免其册報。得旨，報可。江蘇億萬生靈，各路統兵大員，得邀曠典，而不知實皆公贊成之也。

及出爲川東道，蜀故宜桑而不得其法，川東尤罕有知者。公載桑秧蠶種之官，教民接桑繅絲之法，不數年川東郡縣遍野桑田，利甲蜀中。滇黔肅清，遣撤營勇，渝爲孔道，絡繹過境。時庫儲奇絀，負餉累累，公寬籌金幣，量爲接濟，終其事無一人嘩者。川東幅員遼闊，俗獷悍，多民教相訌案。前此以事涉中外，率多委曲求全，民益憤，事益棘。公但論是非，不分民教，卒亦就我範圍，事無不舉。在官七年，與百姓有家人婦子之樂。

既而陳臬開藩，爲時較淺，然宦轍所至，治行卓然。鄂之窮治刀匪，粤之斥則河田，父老至今猶嘖嘖稱道弗衰。安襄一帶，刀匪略賣婦女，習爲故常。甚者，殺其人，火其廬，大都嘯聚兩縣交界處。此拿彼竄，百無一獲。公廉得主名，直搗巢穴，殺十四人而後定。斥則河田者，廣州地濱海，斥田成熟，半爲豪强侵蝕。會海氛不靖，勸辦樂輸，公以《周禮》均賦法度地升科，給以符合，聽民世守，民不擾而兵食胥足。

歸田後，僑寓吴門，杜門謝客，日手一編，孳孳焉，惟恐不足。偶携孫輩出行，青鞋布襪，人莫知爲顯者。及再起用，當事敦促，迄未就道，倘所謂處爲純儒，出爲循吏，寵辱不驚者歟？生於道光三年十二月初二日亥時，殁於光緒十六年十月初七日酉時。年六十八歲。娶戴夫人，同邑貤贈資政大夫候選訓導鼎元女。子一，慰祖，分省知州，後公一年卒。女四：長適丹徒刑部主事李清豫；次適順天府學廪生世襲騎都尉徐元基；次字仁和二品蔭生王國楨，殤；次未字，殤。孫三：肇高、肇萬、肇喬。越三年癸巳，肇高扶櫬回籍，將以□月□日卜葬康山之陽，先期持狀徵銘，辭不獲，乃詮次其志事之大者，而爲銘曰：

於穆文僖，一代耆英。賢孫繼起，爲國之楨。學成致用，郎署蜚聲。手持蕩節，草偃風行。巴渝歌舞，江漢澄清。再遷嶺嶠，爲翰爲屏。民懷冬日，臣惕春冰。明珠薏苡，長揖歸耕。左圖右史，老眼能明。弓旌下逮，軒冕辭榮。儒林循吏，名滿寰瀛。天胡不弔，朝露俄驚。碑傾墮淚，壁弆遺經。德言不朽，雖死猶生。弁山高枕，霅水回縈。千秋萬祀，鬱鬱佳城。

姚學邃修《姚氏家乘》卷十六，清宣統三年刊本

公蓼刺史小傳

本朝崇尚經學，乾隆以後，通儒輩出，類能守其家法，以傳後人，綿綿延延，閱數世而弗替。歸安姚氏，其尤著者也。姚自文僖公以大魁起家，官至大宗伯，著作等身，《說文校議》一書，風行海內。再傳爲方伯公彦侍先生，繩祖武而啓後昆，博通經學小學，去官後僑居吴下，杜門却掃，手不釋卷，人忘其爲貴官。刊刻《咫進齋叢書》甲、乙、丙、丁四編，以惠學者，治經者必宗之。而校勘之役，則公子公蓼刺史實任之。雌黄萬卷，無一訛者，殆所謂莫爲之前，雖美勿彰，莫爲之後，雖盛弗傳者與。

刺史諱慰祖，初名學莪，故字公蓼，以字行。髫齡時，方伯使從我邑莊恒巖大令受學讀書，

粗通大義。及莊去，號咷竟日，莊爲之緩其行。其至性過人，有如此者。既長，博覽群書，一應省試不利，即舍舉子業，精研古學，嘗以唐虞世南《北堂書鈔》一書爲明陳禹謨竄改，聞常熟瞿氏藏有曹楝廷先生舊鈔本，轉輾假得，而曹本乃胥手所爲，魯魚帝虎，開卷目迷。於是陳篋發笥，鈎弋書部，日斠兩紙，日不足則繼以燭，有疑義則折衷於庭訓。隨校隨梓，已成六十餘卷，會奉諱讀禮，工暫輟，甫小祥而遽赴修文之召，莫竟其功，惜哉。又嘗手自影寫宋本《陸宣公奏議》、雙錢《楊太后宫詞》、泊錢宫詹《石經考異》《竹汀日記》、錢獻之《十經文字》《通政書》、戴文節《古錢叢話》，先後付梓，版藏於家。

性孝友，事叔父唯謹。姊早寡，妹贅婿，同居廿載，從無間言。贍恤宗親，交友以信，緩急可恃，御下無疾言遽色。工小篆，詩文有法度，善鑒别，古器鼎彝，泉幣氈搨無虚日。尤精目録之學，凡某書之源流，某刻之行款字數，言之鑿鑿，洵文行交修之士也。使天假之年，所造正未可量，而今已矣。吴中失一讀書人，姚氏失一賢子弟，而余亦失一直諒多聞之益友矣。

嗚呼！辛卯秋刺史奉庶祖妣王太夫人之喪歸葬湖州，病還吴門，十月十四日寅時卒。生於咸豐丁巳十二月二十三日卯時，春秋三十有五。太學生，議叙候選主事，軍功保以知州，分省補用，賞給四品銜花翎，加一級。娶惲淑人，先卒。子肇高、肇萬、肇喬。贊曰：方伯以文信冢孫，官躋二品，壽近七秩，而篤志勵學，刻苦甚於儒生，易簀時，枕席間無一非書，老學不倦，有衛武之遺風焉。卒之後起有人，箕裘克紹，雖年未强仕，而楹書具在，嘉惠士林。肇高等得父書而讀之，繼繼繩繩，傳之無窮，稽古之榮，與漢桓氏並垂不朽也。

欽加運同銜賞戴花翎奏調北洋差遣前四川瀘州直隸州知州姻世愚弟練川葛起鵬撰

姚學遂修《姚氏家乘》卷十六，清宣統三年刊本